李濟考古學論文集

上

李 濟 著

李濟考古學論文選集

目　　錄

上　　冊

論　文

下　册

殷 商 陶 器 初 論

　　因爲陶器是一件極普通的器物，在金石學中就沒有佔一個相當的位置。研究中國古物的人，對於它們，向來就是無文不錄。它們的樣式用處製作，均在不聞不問之列。我們現在從事這種工夫就感覺一種初學入門的困難。頭一層：那名稱就不容易定。

　　我們可以斷說：各種陶器，在一時代一區域中，皆有一定的名稱，一定的用處，一定的式樣；絲毫不容混亂的。因爲時代的變異與區域的不同，混亂就發生了。時候愈遠，距離愈長，變化也就愈多。陶器在古物上最有價值，就是這種變化；也就是它的最難考較的地方。譬如下列各種陶器圖錄，有些是向來沒見過的；有些是見過而大小又不同的。但是無論見過沒見過，它們的名稱及用處，我們多半不能確然斷定。我們所可走的，只有兩條間接的路。頭一層以古字形比較實物形，而定它們名實的關係。要是材料豐足的話，這種方法很靠得住。譬如第一圖所錄的陶器，那形狀極像一個截去頂上五分之一的一個葫蘆，不過口稍爲大一點。據我們所知道的葫蘆的用處或是裝藥，或是裝酒。但是這形狀化成陶器後，它必定可以裝水，也可煮飯。這種形似的陶器，現在有時還可看得見；或用着煮水，或者燉湯。商代的人用它作什麼咧？叫它什麼咧？吳憲齋說是古瓦尊。理由如下：

　　「山左所出瓦器，或以爲古量，大澂謂古尊字或作 𤼈 或作 𣎼𣎼 象兩手奉尊形。字體雖不盡同，其爲器不作平底而作圜底。可卽古文以驗口器之制度，知此器爲瓦尊無疑」(註一)。

　　(註一) 吳憲齋古陶器屛跋語。商務印書館印。

這是多驚人的結論啊！我們從考古圖直到寶蘊樓所見的尊也就不少。那曾見怎們樣一個尊？但是由簋齋的推論再反證甲骨上的古文字（註二）不能不信他這話確是對的；再加以這實物的存在，疑問就更少了。

由此我們可以看出兩點規律出來：第一名稱是隨着用處走的。譬如尊，本是裝酒的；它圜底時候是如此，它變成犧形象形，它的名稱用處還是如此。所以定名就可以定那器物的用。第二，形是隨着時代變化的：它不但與名無永久的關係；它與用處也不一定有永久的關係。譬如觚形，可以為唊盂；鼎形，可以為香爐。我們必需了解這種分別，方能討論古物變化的意義。

但是這種材料太少了。不能幫助我們鑒定一切的陶器。甲骨文字中可認為與陶器有關係的名辭，只有二十左右。我們此次所獲整個的陶器，雖說是只十幾件，但並不碰巧，與這些字全發生關係。譬如「鬲」本是一件極普通的器物；在甲骨文中，我們尚沒發現這個字。因此我們要考訂大部份的陶器的名稱，我們只能用一個更間接的方法。就是把它的形式與銅器比較。由銅器的名稱，推定陶器的名稱。

這方法本帶一點危險性質。但是仍是可走的一條路。我們就字形可以看得出，大部份銅器的形狀，都是依着陶器照抄。等它們的藝術獨立後，它們才發生許多新的樣式。要是我們依着老一點的銅器，定那類似陶器的名稱，雖不全準，也相差不遠了。

兩條路都不能走的時候，我們只有用普通名稱定了。好在名者，實之賓也，最要緊的還是看這實物的背景。

這話倒不是籍此轉彎下台的辦法。其實現在以陶器作文化資料研究的，並不以考求它們原來的名稱為最要的工夫。根本上就有不十分作得到的時候。譬如新石器時代的陶器，誰也沒法子可以找得出來那革衣石斧之民叫它們什麼。但是這些陶器的價值，並不因此減少。同此，好些別的民族的陶器，也是這樣。就是在那有文字的埃及出陶器最多的地方，它們原來的名稱也並不能十分考得出。埃及

（註二）羅振玉：增訂殷墟書契考釋卷中：三十六至三十九頁。

學者的辦法是就那陶器形制，按着次序，重編名目。凡是同樣形制的，都編成一個目；分成時代，互相比較，由此定那形制的演化。再由形制的演化，轉過去定那時代。依這種方法，尤其是應用在史前的研究，得的結果，異常圓滿。所以到了現在，埃及學者，看了幾塊陶片，就可以定那全體遺存的年代。假如我們順着次序作去；我們當然也可以作到那種地步。

即如現在我們要將這組陶器，與安特生所發現的仰韶及甘肅的陶器比；我們在形制花紋上，就可以看得出許多巨大的變遷。我們這次最緊要的工作，就是在訂這形制的變遷。

與仰韶及甘肅所發現的陶器比 (註三)，陶作的方法，尚沒有十分改變。仰韶時期的陶器，好多是手製的。但已經有好些是用鏇削的，並且有完全用輪轉的。細考這組陶器，也是同樣。譬如第一圖的罩，只有頸口鏇削過。第六圖的壘，就是一半手製，一半輪轉。到了第十二圖的弦紋尊，就是完全輪轉的。弦紋尊的形式，深而且圓；沒有很巧的輪轉的手法，決不能作成這樣。仰韶期中，雖也有完全輪轉的陶器，但都是寬口大腹的鉢。沒有這種高而且深的細緻的物件。由此我們可以意定，殷商時期陶人轉輪的藝術，較之仰韶期確大有進步。

比較形式，這問題就轉困難一點。有好多樣式，見於此期而不見於仰韶期的，我們並不能斷定它們是仰韶期沒有的東西。中國石銅期文化的研究，只略起首。總有好些陶器的形式尚沒找出來。固然是本來沒有的，我們決不會見着。但是我們決不能因為沒見着就斷定沒有。再以圖底罩說。這種形式是一種很普徧的。在歐州新石器時代極普通。埃及史前 (註四) 與安諾第二期均有這種類似的陶器。但是在安特生所搜集中國石銅時期的陶器中，只見着尖底的，却沒有見着圖底的。我們是說這種形狀是石銅期原有的還沒搜到？還是說殷商期的新創咧？在

（註三）安特生：中華遠古之文化（四十八至六十八頁）原文。甘肅考古記。圖版說明。
　　　　阿爾納：河南石器時代之着色陶器，八至十一頁（原文）
（註四）John B Tyler: The New Stone Age in Northern Europe: P.P. 154-159 Charles
　　　　Scribners, 1921.
　　　　Raphael Pumpelly: Exploration in Turkestan: Vol. I. Plate 20.
　　　　W. M. Flinders Petrie: Prehistoric Egypt:Plate XXXVI.

我們的材料尚沒有收集齊全以前，我們似乎尚不能武斷。

實際說：仰韶期與殷商期共有唯一的陶器，就是鬲了。我們所找的鬲足，比較起來很多，可以證明這器在殷商時代，仍是很普通。但是鬲形的變化，是很顯著的。就圖中所錄兩個鬲論，與仰韶期的鬲比較 (註五)，不但那製作精了許多；那形狀也有變化。最可注意是那鬲足。那空的程度，已經淺了。在那圈絡鬲中，只有近足的地方略微下凹一點。這次所掘一切的鬲足，均不甚深。因此我們可以想到郭注爾雅謂「鬲」為「鼎，曲腳也」，並不能算錯誤。第一、這定義與「足中空不實者」這個定義，並不矛盾；可以並存。第二、鬲皆曲腳，却並不完全都是空足。大概鬲的起原與演化，很像安特生所設想的那種情形 (註六)。最初是三個尖底瓶，放在一塊化成的鬲。那時鬲足最長最空。由此漸漸的演化直到了底差不多平了。到了現在，彰德府所出的砂鍋，還帶着三點足的遺痕，那身體却龐大了幾倍。那個能說它的老祖宗不是鬲咧？

此外的器形，沒有在仰韶期中見過。却是很多像商周的銅器。商周的銅器名稱，向來很不一致。並且傳到現在的，多屬尊彝，用器很少。卽這尊彝的形狀却也與我們這次所得的陶器，相像處很多。這是中國器形演化的一個大關鍵。我們要認定，禮器的形制，全是由用器得來的。銅器的形制，全是由瓦器得來的。所以以尊彝屬的銅器與瓦器比較，在我們意料中是應該有很多相似的。現在的結果，很多都可以證實這個設想。

這裏邊最可注意是第九圖的釜，說文：鬴，鍑屬也，或從金，父聲。段注：區四曰鬴。西清古鑑圖鍑十二（古鑑卷卅一：十八至廿九頁）、續鑑五（甲編卷十四：十八至廿二頁），形狀變化甚多，有侈口，有斂口，然而近此狀者較多。尤其是古鑑之周垂紋鍑（廿頁），與續鑑之漢大宮鍑（廿頁）；不過這釜的剷去的圈足，在銅作的鍑沒見過。至於釜的用處，大約可分為兩種。一為貯米（周禮廩人）；一為煮食品（易疏：坤為釜，化生成熟也）。這兩件事情，都是銅器時代以前

（註五）中華遠古之文化。第八版

（註六）甘肅考古記　四十六至四十七頁（原文）

的農業社會已有的事。最初負這兩種責任的用具，總是陶人作出來的。就此器的形狀大小言，以之貯米，也許太小；以之爲化生成熟的用具，總算合用。古陶文有釜字，以之名此，可謂形義兩當。

此外第四圖的瓿，第六圖的罍，皆與銅器中的瓿與罍相似。銅器中的罍，雖變化很多，大都以兩耳廣肩者爲正宗。有時帶鼻。今此兩器，適與此形合，其爲銅罍所自出，是很少疑問的了。至於瓿當然也是瓦作的最早。第四圖：大腹、短頸、斂口，圓足；其爲一切銅瓿所自出，也是很顯然的。第三圖形狀與西清續鑑（甲十六：十九）之周素瓿完全一致，所以此處也叫它作瓿。

第七圖既似彝（懷米山房吉金圖上册：商又龏彝），又像尊（恒軒所見所藏吉金圖：趩尊），又像簋（夢坡室獲古叢編金四：周迪中簋；寶蘊樓彝器圖錄五十九頁：商守婦簋）。然而尊彝皆爲共名。今從容氏，名之曰殷，（殷周銅器考略，九〇至九二頁）殷，卽簋也。

第八圖，以之比觶（陶齋吉金錄，卷十一，卅四）則中部太粗，下部太細，口部不卷；以之比壺，則頸太短（西清古鑑卷十九至廿三），口太粗；大概也是裝酒的器具，暫且叫他作壺，以待考正。

第十二圖形雖不全，製作特精，全爲輪轉；大約不是爲致祭祀，就是爲享賓客用的。銅器中無完全類此者，然而近於尊。今叫着尊，雖說有點籠統，却是一種安全的辦法。

第十三圖爲洗，是很顯然的。第十四圖爲簠的原形，也不牽強。這器的製作，稍爲笨重一點，決不像常移動的器具，或享神或殉葬，都是可能的。

只有第二圖的瓦器，在銅器中找不出類似的出來。然而這種形狀，却極平常。埃及史前的石器，亦有類此者；今暫名之曰古瓦罐，以待考正。

這些討論並不是單替各種陶器找個名兒就算了；因此我們可以看得出銅器與陶器很密切的關係。差不多大部分陶器的形制，都有銅器替它們傳代。我們也可以看得出商周之際，雖有巨大的制度上的變化；那物質上的承襲，沒有很大的裂痕。除了上列全形陶器之外，還有一組陶片，也是最強有力的證據。（第十五圖至第十六圖）。

　　陶片中第十五圖乙尤為特出。就樣式說，大概是爵的一部。就花紋說，那雲雷紋都是很普通的銅器花紋；凸眼下的小豬，雖說有點特別，與花紋的格式大體上，並不乖謬。

　　第十六圖乙丙兩個獸頭，是極值得注意的。乙形與甲四絕類似。甲圖由洛佛爾氏：中國最初玉器考第二十一版(Laufer: Archaic Chinese Jades)轉載；十個獸形，均為牛頭。其間第一第二第五第六自然是沒有疑問的。第三，四，七已經半規則化了。到了八至十就已經完全規則化。以此與這兩個陶器獸頭比，不但乙圖像甲圖四，丙圖也像甲圖八。這些獸頭都是商周銅器所常見的。但這是我們第一次知道，殷商的陶人，早已用這種裝飾品了。鑄銅器的人，不但抄了陶器的形式。連那裝飾的花紋，也全借過來。至少我們可以說，殷商時期的藝術，取象動物形的地方很多。並且這種經驗，已經經過相當的時間。因為我們所見着的，已經半規則化了。

　　這是很重要的一件事實。商周銅器的花紋，近來很為西方學者所注意。關於獸形飾的來源，如螭龍，饕餮之類，有一部份學者說是從斯西亞（Scythia）來的。主張最力的是俄國的一個學者羅斯陀夫柴夫（Rostovzeff）；他的一個忠實信徒，博羅夫加（Borovka）在最近的一部著作(Scythian Art)，把這個問題討論得很詳細（第八十二至八十九頁）。他最末了的幾句話，卻值得在此翻出來；

　　「這問題的好些方面尚不可解。尤其不明瞭的，是假如那些銅器真正是周朝的話，那時代要比西伯利亞獸形裝飾的盛期，早好些時候。何以反受了北方的影響咧？」（第八十八頁）

　　這的確是一針見血的話。現在我們知道不但周朝時行那種的裝飾，在殷商的時代，已經盛行。固然我們所見的尚不甚多。但是據我們這次的發現，這藝術在那時候的存在，是沒有疑問。這並不是否認中國商周時間與北方的關係。我們所要考慮的，是這取予之間的方面問題。我們中國方面可靠的出土物件多一點，這問題就可以迎刃而解了。

　　還有一組刻紋的陶器：其中只有一個成形（第六圖）；其餘都是片斷的（第十七圖）。 這種刻紋的陶片 ， 可以說是與那帶獸形的是一組的。 但是與那豕爵（第十五圖）那一片比，似乎有重要的分別。不但那花紋的排列不一樣，所用的花紋也不同。豕爵的土質也比一切的陶片細得多。我們取出來的陶片，差不多逾萬；像豕爵這樣刻紋的陶片只得了三塊。它的名貴，可想而知。大約這種陶器，是那時極尊貴的一種用品；在極尊貴的會期，方能用得。好像後代御窰的出品一樣，連花紋也不是平常所能仿效。到了後來，也只有銅器才傳這種花紋；至於其餘的刻紋，雖沒有這豕爵式的這樣名貴，却也不是平常日用的東西。它們的位置，至少也同仰韶時代的帶彩的陶器一樣。

　　這次雖不能替這期的陶器算總賬， 那緊要的特點已很顯著。 在這時期的陶器，繩印式的仍舊有， 手作的尚多。 然而輪轉的手藝 ， 的確已經到了很高的地位。那形式已經較仰韶期多。圓足的用處，也大發展。不過大耳尚沒有，高頸也不見。這都是在甘肅的石銅時期已經見過的。最大的變化，自然是帶彩陶器的消滅，與刻紋陶器的出現。這種興替，很像安諾的第二期與第三期。然而安諾的時期不能肯定，殷商時期可以肯定。要比較這兩處的陶器的變化，必要以小屯地點為主才對。這是將來總算賬的工作。新近日本人在南滿洲貔子窩，也發現了帶彩與刻紋兩期的陶器；這當然是黃河流域的二個支派了。

本文原載於「國立中央研究院歷史語言研究所專刊之一安陽發掘報告」第一期

民國十八年

第一圖：罋

編號：2.12.0005

場南橫溝。四月二十六日出土。

淺灰色，週身帶縱橫繩印；手作。

脰以上，內外皆鏇削。土質純一。

高：23.0糎

口徑：15.2糎

最大徑：19.4糎

第二圖：古瓦罐

編號：2.12.0006

場南橫溝出土。

黯灰色，圓身平底，均帶直繩印。

頸口皆鏇削。

高：18.4糎

口徑：15.6糎

底徑：12.5糎

最大徑：16.6糎

第三圖：繩紋瓿

編號：2.12.0003
　　　斜二北支北段・四月二日出土・
黯灰色・遍身帶繩印，縱斜交叉・
短頸，廣肩，細腰，平底・
頸，口皆鏇削・土質緊，火候足・
　　　高：30.2糎
　　　口徑：14.0糎
　　　底徑：12.4糎
　　最大徑：27.8糎

第四圖：瓿

編號：2.12.0010
　　場南橫溝出土；土色綠。深2.25粎。
深灰色。圓足，下部帶繩印。上部平。
有絃紋兩週。頸部亦具絃紋。
除底部外，全身均鏇削。土質緊。火候足。
　　高：16.8糎
　　口徑：　9.6糎
　　底徑：　9.4糎
　　最大徑：16.5糎

第五圖：素罍

編號：2.12.0009
　　　西斜北西支；五月六日出土。
淡灰色。廣肩，平底。雙耳帶鼻。
輪作。土質鬆。
存在的高度：16.6糎
　　耳下寬：16.8糎
　　底徑：　9.7糎

第六圖：刻紋罍

編號：1.12.0002

　　卅五坑，十七年十月二十五日出土．土色灰．
深灰色．廣肩平底帶兩耳．耳下雙人刻紋一週；
肩下手製，肩上鏇削；內部接榫處極顯．
帶蓋，蓋鏇削．土質緊．

　　　　　　高：18.6糎
　　　　耳下寬：19.8糎
　　　　　底徑：　9.1糎
　　　　　口徑：　？糎

第七圖：段　　　　　　　　　　　　　　第八圖：壺

編號：1.12.0007

　　十九坑・十月廿日出土・土色黑・
深灰色・圓足・上部壓紋三週，
下部一週・輪作・土質緊・
　　　　　高：　8.8糎
　　　　口徑：10.4糎
　　　　底徑：10.0糎
　　　最大徑：12.2糎

編號：1.12.0005

　　卅五坑・十月廿三日出土，土色黑・
深灰色・圓足・上部壓紋五週，絃紋一週・
下部絃紋一週，壓紋兩週，斜行連條紋一週・
上下部分製，皆鏇削・接榫處未鬮準，
故全形稍傾・土質緊
　　　　　高：12.2糎
　　　　口徑：　7.8糎
　　　　底徑：　7.0糎
　　　最大徑：11.0糎

第九圖：盉

編號：1.12.0003
　　　　卅五坑，十月廿五日出土。灰黑土。
深灰色。廣腹，歛口，帶耳。圓足剷去。
壓紋九週。輪作。土質緊。
高度（不帶足）：11.0糎
　　　最大寬度：16.6糎

第十圖：素鬲

編號：2.12.0016

聯溝一零碎出土，湊成．

灰黑色．足內半空．頸口皆鏇削．

高：12.9糎

口徑：11.8–12.0糎

第十一圖：圜絡鬲

編號：2.12.0014

115–120，零碎出土，湊成．

棕灰色，週身不一致，極細繩印，

三角式圜絡凸紋，足底灰色，內微凹．

高：10.2糎

口徑：12.0糎

第十二圖：絃紋罋

編號：2.12.0012

　　斜四及聯二，零碎出土，湊成。　　　　　　高(可量的)：38.9糎

黑色。腰上絃紋三週。腰下壓紋。　　　　　　中絃紋週度：40.7糎

圓足與身一致。全體輪作，鏃紋極顯。　　　　下絃紋週度：38.9糎

第十三圖：素洗

編號：2.12.0011

西斜北西支，四月卅日出土。

淡灰色，內鏇削，外帶繩印，土質鬆。

高： 9.4糎

口徑：32.0糎

底徑：20.6糎

第十四圖：瓦簠

編號2.12.0001　　　　　高：15.0-15.5糎

斜三東正坑出土。　　　　厚：2.5-2.7糎

淡灰色，全體手製。　　　口寬：39.5×36.0糎

深：9.0糎

第十二圖：絃紋尊

編號：2.12.0012

　　斜四及聯二，零碎出土，湊成。　　　　高（可量的）：38.9糎

黑色。腰上絃紋三週。腰下壓紋。　　　　中絃紋週度：40.7糎

圓足與身一致。全體輪作，鏇紋極顯。　　下絃紋週度：38.9糎

第十三圖：素洗

編號：2.12.0011

西斜北西支，四月卅日出土。

淡灰色，內鏇削，外帶繩印，土質鬆。

高： 9.4糎

口徑：32.0糎

底徑：20.6糎

第十四圖：瓦簠

編號2.12.0001　　　　　　　高：15.0-15.5糎

斜三東正坑出土。　　　　　厚：2.5-2.7糎

淡灰色，全體手製。　　　　口寬：39.5×36.0糎

　　　　　　　　　　　　　深：9.0糎

第十五圖

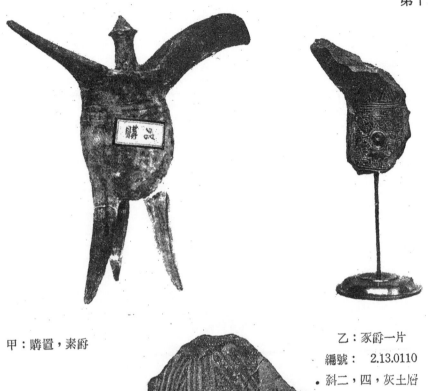

甲：購置，素爵

乙：豕爵一片

編號：　2.13.0110

斜二，四，灰土層

四月十六七日出土

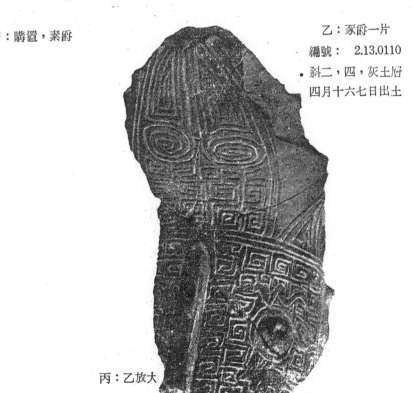

丙：乙放大

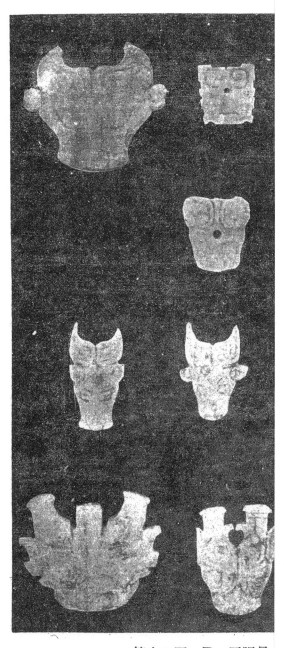

第十六圖:甲、原版見

B. Laufer: Archaic Chinese Jad

第 十 七 圖 ： 刻 紋 陶 片 十 四 種

小屯與仰韶

　　我上期討論殷商陶器的結論中認定這期時行的爲刻紋陶器,仰韶式帶彩的陶器已經消滅。 十八年秋季工作中所得陶器更證實這結論並沒錯誤——大部分的貴重陶器仍是刻紋的。 但這期工作中不意的發現了一塊帶彩的陶片;發現地點又在未經翻動的地層,雜入大堆帶字甲骨中,(圖版一)。 本村工人之熟悉三十年來殷墟出土物件者,認爲向未見着之陶片。陶片外凸,大約爲盂口之一部,紅色胎,上部外敷白衣,彩施白衣上,一端黑色格子紋界以三直線,中線紅,兩邊線黑;一端爲三套圈之一弧,內外黑,中紅。 胎質極純,似經選擇;無輪紋,全爲手作(圖版二);試以此陶片與仰韶及其類似之遺址所出之陶器比,下列諸點,均極一致:胎質,作法,色衣,彩紋,彩色 (看阿爾納:河南石器時代之着色陶器第四版至第六版)。

　　因此,我們不能不認定這塊陶片爲仰韶期的產物。 反之,我們若攷察殷虛出土之貴重陶器,幾全爲單色刻紋:或黑色,或白色,間有紅色,較之仰韶諸種陶器完全是一種不同的風尙。在此風尙之中,忽然有一代表另一風尙之仰韶式陶片發現,可以說只有兩種可能的解釋:(一)它是殷虛的外貨,(二)它是殷商時代的古董。

　　若是外貨,這話當然是說它與殷商文化前後同時,這塊陶片是交易得來的。 這種事實自然極有可能的性質。 如殷虛遺物中有極多之鹹水貝及綠松石;這兩種物件的產地均離小屯甚遠;此種物品既可以由遠地運到殷虛,當然可以代表那時有繁盛的貿易。 仰韶文化的領域,我們現在雖不敢確定,但就已經發現的說:河南澠池縣,河陰縣,奉天錦西縣,甘肅洮河,寗定,山西夏縣,及南滿州貔子窩;但是太行山以東渤海西之大平原尚無此種發現之報告;假定我們說仰韶文化的領域向沒到過河北河南間的這塊大平原;這塊平原,是發育殷商文化地;又假定仰韶文化與殷商文化前後相差不遠,這兩種文化發生接觸後自然應該有貿易的事實發生,因此得來的輸入品雜入土產中遺留到現在當然是可能的事實。

由這種解釋,發生出好些別的聯帶的問題我們必須聯帶的解釋;要是兩文化爲同時,又有貿易的關係,這種影響絕不應該只是片面的;換言之不但小屯應該發現仰韶式的產物仰韶文化中也應該有殷商式的作品(註一),如此,然後我們可以證明兩種文化爲異地同時的現象。 這當然不是只指陶器一類的物品說;要完全解決這個問題,我們必須並論到兩文化全體的內容,看它們那一部分是本有的,那一部分是外來的。 兩種各有的外來產物,若對換一下,是否可以算完全歸到老家。 此時我們只能開始研究這個問題;我們要知道,不但殷虛發掘未了,我們對於它的全體內容尚不能作一個最後的估計;就是仰韶文化的內容我們也只知道很簡單的一個大略,尚待將來大規模有計畫的挖掘給我們對於它較爲徹底的整個的觀念。 現在的目的,只是把問題提出來,定幾個研究的方向。

據我們所知道的,比較仰韶與小屯所代表兩種文化全體的內容;有幾點重要分別:小屯所表現的殷商文化爲有文字的,用銅器的,仰韶文化爲無文字的,無銅器的。 但是小屯爲殷商

圖 版 一

橫 十 三 丙 亞 支 一

刻 字 骨 版 中 所 發 現 之 帶 彩 陶 片

十 一 月 二 十 一 攝

(看 圖 版 二)

圖中捕鑷除帶彩陶片外外均為刻字骨；筐中為刻字骨版與各種獸骨。

都城所在,進化較快,物質略佔優勝是意想中的事;至於澠池的仰韶,夏縣的西陰以及甘肅奉天所發現的仰韶期文化的地方是否爲一時的都會,我們無法斷定。 假如不是一代的都會,以鄉村小邑與一首都的遺存比,在物質上當然也應該有些質與量的分別。 所以這些反面的證據,絕不能給我們多少正面的結論。 我們可以先就那相同的部份說起,由此或可以得一個較量這兩種文化相互關係的標準。

由此點立論,除了那塊帶彩的陶片外我們在殷虛發現了好些別的實物,與仰韶期的同類實物相比,確有相似的地方。最普遍的爲單色陶器中帶繩紋之鬲。 這種形制的陶器在仰韶與小屯均極普通,但是也有一點小的分別,仰韶期陶鬲有帶一耳的,在殷虛中尚沒發現此類的鬲。 小屯出土的圜絡鬲亦爲仰韶文化區中所未見。 關於這類的比較將來尚有專論,至於這些小的分別爲代表時間的差別或地方的差別,現在尚無判別的依據(註二)。

簇也是兩文化期所共有的,它們的分別都很大。 在仰韶文化區中甘肅奉天差不多沒有;仰韶所出,有石製貝製骨製;西陰只有石製與骨製的(註三)。 小屯所出的簇多是骨製或銅製的,並有貝製的,只有兩個石製的,爲三棱形。 簇身的橫截面爲等邊三角形,與仰韶西陰所出的雙棱石簇全不相似(註四)。 西陰的骨簇卻極像小屯所出的最普通的骨簇;西陰較小。 小屯骨簇形制變化極多;大多數都是仰韶文化區沒見過的,尤其是那雙棱帶刺式的銅簇。

仰韶區不但有對稱的石斧,兼有不對稱的石鏟,小屯出土者有石斧兼有銅鏟都沒有對稱的石鏟。 仰韶與小屯均出石粟鏨,陶彈,紡輪,小屯似沙鍋屯出貝瑗;似西陰村出帶穿的石斧。

這可證仰韶與小屯共有的物件甚多,卻都有若干形製上的變化。 變化最大的是小屯所出箭頭一項。 小屯所出雙棱帶刺銅簇,實代表雙棱簇之最高演化;然西陰已有倒鬚石簇,所以它的形制並不完全是殷商的獨有。 但是殷商的三棱簇卻是仰韶期所無的。 此期的三棱簇只有骨製與石製兩種,並沒有銅製。 到了周秦時代,銅質簇却差不多全是三棱的了。

由此可以推定仰韶與小屯兩種文化,不但有地域上的分別,大約很有時期的先後不同;我們可以看得出殷商物質文化有若干成分是完全承襲仰韶期沒有變化的,如陶彈石粟鏨之類;有若干成分是就仰韶原樣畧加改變者,如箭簇,陶鬲之類;有的是完全新有的:如冶銅文字之類。 要是仰韶文化只代表殷商時代同時的一個異族文化,那麼小屯旣可以有仰韶式的帶彩陶器,仰韶至少也應該有小屯所出刻紋陶器之類。 但在這些仰韶式遺址內尚沒發現這類實物。 這種片面的關係只有仰韶文化先於殷商文化的一個可能解釋。

要是我們認定仰韶期文化早於殷商,進一步問題就是這文化要早到多少時? 我們是否可以承認安特生的計算? 在詳細討論這問題以前,我們可以先看安特生的計算是何根據:

他說:"阿爾納視仰韶期之帶彩陶器與蘇薩第一與第二紀,及安諾第一與第二紀相關,他計算仰韶文化期約在紀元前三千年,(甘肅考古記英文第二十五頁)。"

他又說:"在甘肅遺址所發現的小銅器上全沒有像殷商所出象牙刻紋或古銅器的花紋;這兩種反面的證據值得說出來,因為它們可以證明在甘肅最遲的遺址中也要比殷朝早(公元前一四〇一至一一二二）（甘肅考古記第三十一頁）。"

　　這是安特生四年前的結論；他的意見現在是否有什麼改變，我們不得而知。　就他這樣標年的依據，確有可以商確的地方。　安陽所見帶彩的陶片屬於仰韶，仰韶爲安特生所定的六期中之第二期。　他所定仰韶以後四期文化中第三期馬廠文化期並無自別的實物，陶器與仰韶期尙有若干相似處；第四期辛店文化確爲一新發展，陶器彩紋包括兀紋連續回紋及獸形花紋，如人馬犬羊等；陶質甚鬆，且其製作遠遜前期，第五期之寺窪期已漸有銅器，至第六期之沙井則銅器更多且有帶翼銅簇與貝貨；其帶彩的陶器則有鳥形之橫帶紋（甘肅考古記十一至十九頁）。　但是關於這類的實物我們尙沒得到詳細的報告，無法與小屯出土物品比較。　銅簇，綠松石及貝貨都是小屯與沙井所同有的，細節處它們是否有分別，現在我們無法斷定。　我們要注意的是甘肅的鎮番離河南安陽相距約千餘里，隔山河數重；在周秦以前完全是兩種不同的文化區域；張衡所謂隴坻之險隔閡華戎是也。　那分別好像銅器時代南歐與北歐。　這兩處的文化發展的階級是否完全同時并進尙是一個疑問。　譬如在甘肅仰韶以後的四期石銅文化在河南是否有同樣的進展我們全不知道；我們不能否認帶彩的陶器在中原以仰韶期爲止的這個可能。　果然，安特生所標的六期文化只能代表西北一部分的歷史；那最後一期就不能說它一定早於殷商時代了。（後註一）

　　至於以蘇薩及安諾定仰韶期年代，安特生全靠着阿爾納意見：阿爾納的原文說：

　　"欲定河南住址的時代，全靠着大家對於蘇薩一二與安諾一二及烏克愛恩與塞思尼銅器期時代的意見。 此處我沒有空地方詳細討論所提出的各種關於各遺址的標年問題:似乎是大多數學者都同意以這種文化約在公元前二千五百年以前;大約在公元前三千年與二千五百年之間,近乎公元前三千年。 河南的這種陶器也應該在這個時間(阿爾納:河南石器時代之着色陶器第三十二頁)。"

這段結論中有兩點須加討論:(一)關於蘇薩一二期及安諾第一二期等遺址的年代是否已如此肯定,(二)仰韶期文化是否無疑的與它們同時。 我們先討論第二點,因為第二點必須先解決然後討論第一點方有價值。

我們知道自從甘肅發現宣佈以後,中亞又發現了好多有帶彩陶器的遺址;最重要的為波斯的塞斯坦 (Seistan)印度的慕恒佐大羅 (Mohenjo-daro) 及烏爾 (Ur) (註五);同時關於各區域帶彩陶器的比較研究已有極詳細的討論出現。 安特生及阿爾納的報告已得此類學者充分注意。 所以仰韶期帶彩的陶器在歐亞石銅時代的位置已經過好多專家的詳細審察。 他們的意見是否完全與安特生與阿爾納一樣是我們研究中國早期歷史的人應該知道的。

佛蘭克復 (Frankfurt) 於一九二四,一九二七兩年著專論兩種詳細討論這類的問題。 他在第二本最後的幾頁曾討論中國的仰韶問題;他的取材立論較之斯密低 (Schmidt) 及佛蘭克 (Frank) 均為審慎,所以他的結論尤值得我們的稱引。 他的敘論中一段說:

"……頂奇怪的好像這種發現的重要(指安特生在中國的發現),除了他們的本身價值外,因為與好些別的地方比較而增高;這一些混雜的地名排在一起却代表些根本上不同的文化,那唯一的相同點就是碰巧這些地方都有畫陶器的藝術。 雖說是這種藝術需要些機械的知識;但是現在我還看不出爲什麼在這幾千年中各民族爭相前進的時候,這種知識不能兩次三次的不約而同的悟到⋯⋯⋯(H. Frankfurt: Studies in Early Potteries of Near East, p. 179)。"

所以他的立論是說圖案與花紋偶爾的相似不一定是因爲傳播的關係。 但他並不完全否認有時也必須以傳播來解釋這種類似。 譬如螺紋在河南所見的與居波里亞的(Tripolje)極相似;但這種花紋是一種很可獨演得到的。 它在河南帶彩的陶器圖案中並不居重要的地位。 所以斯密低因這種花紋而定河南與居波里亞有特別的關係,他並不承認。 同時他承認沙井期所發見的一排鳥紋與蘇薩一有相當的類似,並與莫罕昧得加發 (Mohammed Djaffar)烏爾米亞 (Urmya) 有或然的關係。要是這種關係可以確定,安特生所定那甘肅年代的基礎又根本搖動了。

佛蘭克佛沒有詳細討論安特生所論的仰韶與安諾的關係;我們知道關於安諾的紀年最初研究的兩人意見就不相同,斯密低 (Schmidt) 以它的一二兩紀在公元前二千年至一千年;彭裴來 (Pumpelly) 郤以爲在公元前八千年至五千二百年。 那公元前三千年的數目不過是旁人的一個折中的辦法。 至於仰韶與安諾陶器的類似問題也有好些不可解釋的地方。 譬如帶彩的陶器在甘肅經過五次的變化,爲什麼在安諾沒有同樣的現象呢?

由此我們可以看得出不但我們不能斷定仰韶期文化是

否與安諾蘇薩等處確爲同時,就是這兩處的本身標年的問題
尚有若干疑問。

　　所以仰韶文化的時期並不能因爲它與中亞與西亞共同
有帶彩的陶器緣故而得到什麼準確的程度;它可以很早,早到
與烏爾史前同時,要是我們把沙井與蘇薩第二認爲同期,那就
更早得差不多要像彭裴萊所說的安諾第一與第二兩期的文
化了;但是它也可以很遲,那至遲的時候直沒有限期。我記得
初次將西陰村帶彩陶器展覽時,有一位同事就以爲它是宋朝
的東西。他的意見完全是根據他的直覺,沒有什麼實物作證
據;但這並不是什麼不可能的事實;我們知道合衆國西南部的
紅印度人直到現在還在製造那種帶彩的陶器。

　　不過這次殷虛的工作可以確切的證明仰韶的文化不得
晚過歷史上的殷商,並且要早若干世紀。有些證據使我們相
信這塊陶器是殷商時代一件古董,好像現代人玩的唐宋磁器
似的。今列舉如下:

　(一)仰韶與殷虛所共有的實物中互相比較時,殷虛出土的
　　演化程度稍高,例如箭簇,貝飾。

　(二)殷虛器物與歷史期間之實物較之仰韶期與歷史期爲
　　近,例如一切銅範及石器。

　(三)殷虛有仰韶式最名貴之實物仰韶無殷虛式最名貴之
　　實物。

　(四)殷商陶器形式較仰韶爲多;共有的鬲亦以殷虛所出者
　　爲較進化。

　(五)殷商期實物有大宗鹹水貝及綠松石,似皆爲貿易得來;
　　若帶彩陶片亦爲互易得來,應當不止一片。

(六)安諾及貔子窩均有兩種陶器發現;兩處均是帶彩的陶器在前,刻紋·在後:這種演化的階級在中國也一定一樣。因此我們不能不認那帶彩的陶器出產期較殷商期早;所以仰韶文化期由此得一個最低限制。 但是就應該早多少時期咧?

要答這個問題,我們只能靠些別的比較材料,彭裴萊由沙礫堆積的速率定安諾各期的年代如下(R. Pumpelly, Explorations in Turkestan: Vol. I, p. 50, 57): (後註 二)

(一)北枯爾干, (North Kurgan) 建始　　公元前九千年 ｝(一)
(二)初畜家畜　　　　　　　　　約公元前八千年
(三)初用黃銅時代　　　　　　　約公元前六千年 ｝(二)
(四)南枯爾干(South Kurgan)初用銅器 約公元前五千二百年(三)
(五)黃銅文化完了時代　　　　　約公元前二千二百年(四)

同時斯密低據實物之比較標定各期年代如下:

(一)北枯爾干初建時　　　約公元前三二千年間
(二)安諾第一　　　　　　約公元前二千年
(三)安諾第二　　　　　　約公元前二千年至一千五百年
(四)安諾第三　　　　　　約公元前一千五百年至一千年
(五)安諾第四　　　　　　約公元前一千年至五百年

安諾刻紋陶器初現於第二紀,漸盛於第三紀。 然在第三紀的時候,那帶彩的陶器尚未完全消滅。 由此我們可以看出由帶彩的陶器到刻紋的陶器在安諾是一種漸的變化;由全盛的帶彩的陶器到全盛的刻紋的陶器歷時至少也有兩千年左右。 照着彭裴萊的計算差不多有四千年。 不過帶彩的陶器在安諾四期文化中始終沒有完全消滅,安諾三四期所出的刻紋陶器都是極簡單的,沒有像仰韶所出的那種複雜的刻紋陶器。 要是我們認定安諾各期文化爲一脈相傳的演進,我們就不能說仰韶與小屯也是同樣的關係。 這其間的距離比之安諾三四與一二要遠得多。 如此看去,殷商文化之代表於小屯者或者另有一個來源,仰韶與它的關係最多不過像那遠房的叔姪,輩分確差,年齡郤甚難準定。

註一: 最好的一個旁例是新近所發現的埃及與綺琴文化閔羅早期的關係;克利人用埃及石瓶時,埃及人也抄了綺琴螺紋的裝飾。 要是同時有兩個文化發生貿易的關係,那關係總是相互的,不是片面的。 看 H. R. Hall. Ancient History of Near East. p. 36。

註二: 比較安特生中華遠古之文化第七版,十五圖鬲形與安陽發掘報告第一冊殷商陶器初論第十一圖鬲形。

註三: 看李濟西陰村史前的遺存第十二版與中華遠古之文化第六版及其說明。

註四: 看上文十八年秋季發掘殷虛之經過及其重要發現插圖二,二四二頁.

註五: 關於塞斯坦帶彩的陶片見: Aural Stein:Innermost Asia, 第三十章第三段;烏爾報告見 C. L. Wooly, H. R. Hall:Ur Excavations. Vol. I 第十八版至第二十版。 二書均由英國牛津大學印刷處出版。印度發現正式報告尙在預備中.其預報見: Annual Report of the Archaeological Survey of India: 1923-4; 1924-5;又 Illustrated London News: 1924, Sept.

20, 27; Oct. 4; 1926 Feb. 27, March 6; 1928. Jan. 7, 14.

（後註一）：這文付印後,得到瑞典遠東古物館雜誌第一期,中載安特生一文,題名爲: Der Weg über die Steppen (Bulletin No: 1, Ostasiatiska Samling-arna),文中認內蒙一帶西至甘新之銅器遺物頗有自別之處,可以自成一區,與西伯利亞出現之斯西安 (Scythian) 遺物相像處甚多;又因沙井期之帶彩陶器曾與此類銅器同時出現,照此類銅器在斯西安出現的年代計算,安氏將甘肅沙井期推晚一千餘年,重訂爲公元前六百年至一百年(P.153)。 但河南之仰韶文化應該如何改訂,安氏尙無確定意見發表,想他在他正預備發表的 (China before History) 定要告訴我們的。

（後註二）：彭裴來在他的自傳中(Reminiscences)曾將他的估計改變如下：

安諾第二及第三約在公元前三五〇〇至一〇〇〇。(見 R. Pumpelly, Reminiscence, Vol. II, p. 813).

本文原載於國立中央研究院歷史語言研究所專刊之一——「安陽發掘報告」第二期
民國十九年

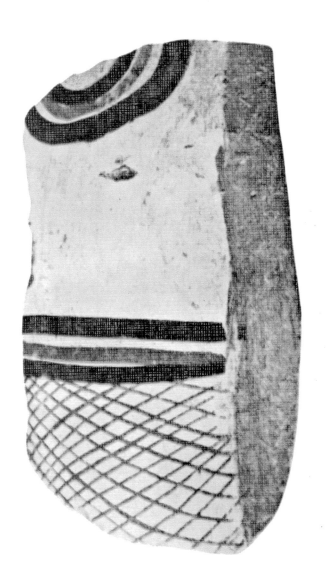

圖版二

殷虛出土之樣原 小大彩帶陶片

十八年十一月二十一日出土

圖二版圖

殷虛出土彩幣之樣片

原大　小陶片

十八年十一月二十一日出土

民國十八年秋季發掘殷墟之經過

及其重要發現

　　秋季發掘分為兩期:頭一期自十月七日開工至十月二十一日停工,共作兩週, 第二期自十一月十五日開工至十二月十二日停工,共作四週。 頭一期開工的時候棉花尚沒割盡,工作範圍較小;第二期棉花已割盡,範圍約大兩倍。 關於此季工作之事務報告將另有記述,此篇只說發掘本身之經過及重要發現。 就是這一方面,也只能講個大概,大部分的記載尚在整理期中,須待將來陸續發表。

(一)十八年秋季的小屯

　　秋季初到安陽的時候,我們最引為驚異的是小屯附近地面那顯然的變遷。 自我們春季因為政治與軍事的變化,離開安陽後,此地得過幾次大雨,隨着山洪暴發,洹河水橫溢兩岸,連車站都淹着了。 據說要不是駐軍的努力,洹上村也要遭水。小屯附近的河岸,有些地方,因為被水沖了,就崩潰了好幾畝地。村北低一點的也被水淹沒了好些時候,因此得了些淤土;地面較去春就略為增高。 上季測的地形圖,也有些必須更改的地方。 所以開工的時候我們認為最先要工作的,是再測一幅小屯村附近的地形圖;尤其是關於小屯村北的一部,確有更準切表現的必要。 此事由張君蔚然擔任,以半米等高將小屯村北及西北重測一次,較之春季所測範圍雖較小,形勢特詳。 秋季所掘各溝之位置亦詳載此圖中(第四圖。一,二,三,三圖見上期報告)。村北形勢東西行作一起一伏狀;然在河岸以上(水溝除外)最高處與最低處相差不過四米。 小屯正北有水溝一道由南向北流,直入洹河,故北去下凹亦漸甚。 水溝東部至河岸漸壅而上,最高處為一沙邱,高度為九十七米半。 這部份是秋季工作集中的地方。 水溝以西,靠河岸的地方,直至四盤磨村,起伏三次;最高處都差不多相等。 十月初開工的時候只在中間的那高邱打了三道溝(第四圖), 這種地面的起伏有好多是人工作成的,並且是很可解釋的現象。 譬如村北的那條向北下凹的水溝,大約是小屯成立以後才有的。 這邊的地勢大致是北高南低。 小屯的地方比村北最高處要低約三四米;在這種形勢之下,要是下大雨的話,那村北的水就都要向村中流;有了村北這道水溝,這種趨勢就逆轉過來。 由此我們可以看出來,那村北下凹處,恰恰為小屯作一道洩水的孔道;村人說是人工經營的,似為可靠的傳說。 這溝的歷史大約與小屯村的歷史一樣的長久。

老的村人都告訴我們說水溝以西沒有字骨。 我們固深信這是經驗之談;同時,因為看定了水溝成立的緣故,並且字骨不是殷墟唯一的遺品,我們却不能據此就定殷墟的範圍。 因此我們在溝西第二邱打了三條溝(即西北地三溝),想藉此看這一帶地面下情形與東部是否有類似的地方。 結果使我們覺得在此地很有擴大工作的價值。 但同時挖掘有集中的需要,這一段就沒有繼續作下去。

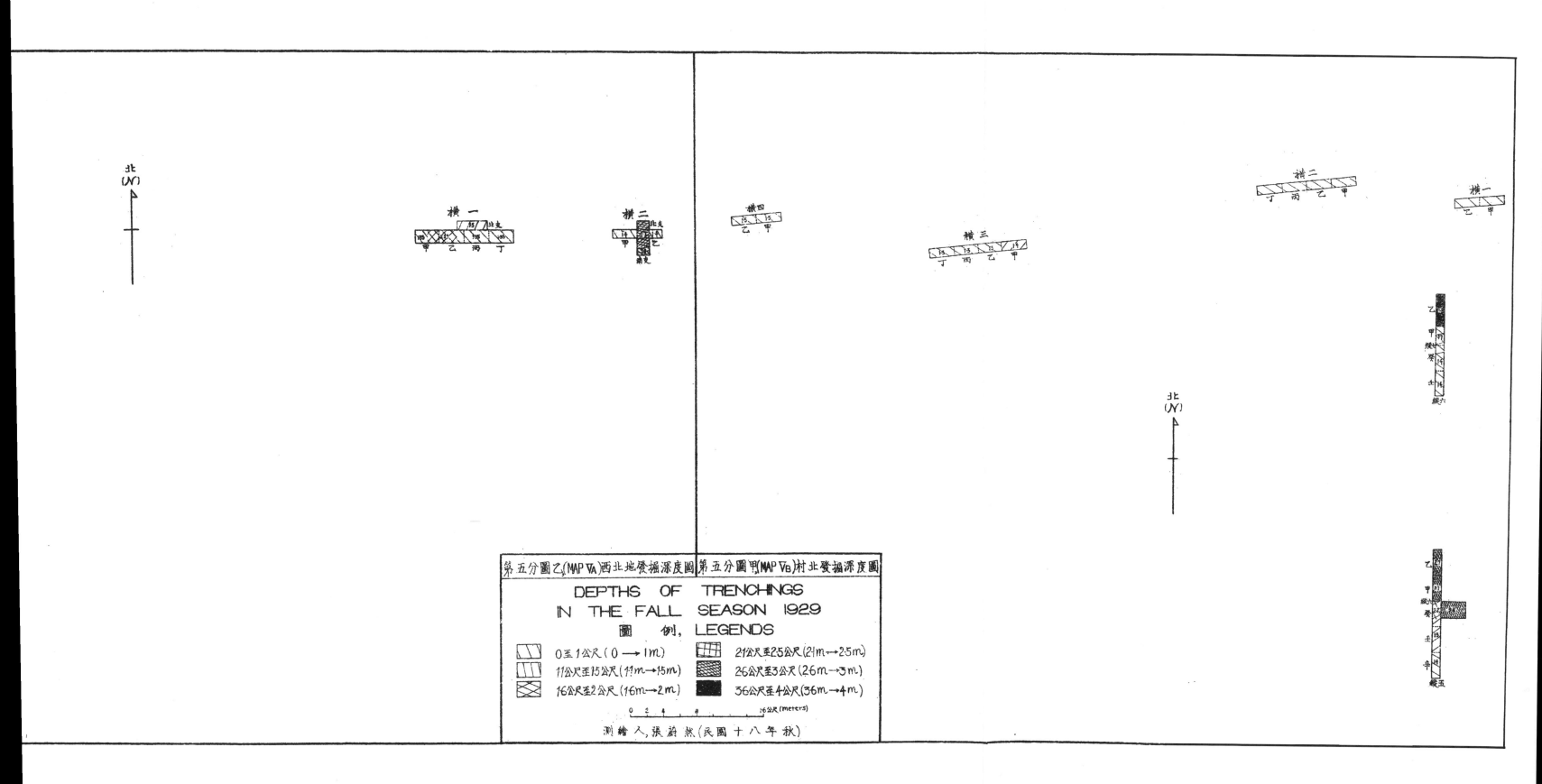

第五分圖乙(MAP V A)西北地發掘深度圖　第五分圖甲(MAP V B)村北發掘深度圖

DEPTHS OF TRENCHINGS
IN THE FALL SEASON 1929
圖 例, LEGENDS

0至1公尺 (0 → 1m)		2·1公尺至2·5公尺 (2·1m → 2·5m)
1·1公尺至1·5公尺 (1·1m → 1·5m)		2·6公尺至3公尺 (2·6m → 3m)
1·6公尺至2公尺 (1·6m → 2m)		3·6公尺至4公尺 (3·6m → 4m)

測繪人, 張蔚然 (民國十八年秋)

(二)發掘工作(看第四圖)

這季的發掘,除西北地三溝外,全集中在村北沿沙邱的地方;今將所掘各溝之長寬及離地面最深處列表如下:

第 一 表

十八年秋季發掘各坑一覽表

(看第五圖及分圖)

名 稱	地面長度	地面寬度	深 度	發掘日期 月	日	附 注
西北橫一	*12.00	1.50	1.35—2.25	10	7—10	西北支深 1.55。
西北橫二	6.00	1.00	1.05—1.45	10	10—12	南北縱支最深2.90,各寬1.50 ×1.50。
西北斜溝	6.00	1.00	2.85—2.90	10	10—12	
°縱一甲至丁	12.00 (南北下同)	1.50	2.35—2.45	10	7—11	
縱一己亥	6.00	1.00	2.65—2.70	10	11—17	十三日至十六日未掘。
縱一辛壬癸	9.00	1.00	2.85—3.95	10	10—17	十一日至十四日未掘。
縱二甲乙	6.00	1.00	3.90	10	9—14	
縱二甲乙西支	3.00 (東西)	2.00	4.02	10	14—19	
縱二丙	3.00	1.00	3.35	10	16—17	
縱二丁	3.00	1.00	4.50	10	14—19	
縱二戊	3.00	1.00	3.05—3.10	10	14—15	

* 注:以米達為單位,下同。　　° 注:自"縱一甲至丁"以下皆在村北發掘,看第四圖。

縱三甲乙	6.00	1.00	2.16-2.30	10	9—10	
縱三庚辛壬癸	12.00	1.00	1.80	10	18	
縱五辛壬癸	9.00	1.00	2.40	10	14—15	
縱五癸東支	3.00 (東西)	2.00	2.55	10	16—19	
東東五癸東支			7.00	10	19	
縱六甲乙	6.00	1.00	2.68	10	16—17	
縱六壬癸	6.00	1.00	1.40	10	14—15	
縱七甲乙	6.00	1.00	3.00	10	15	
縱八甲乙	6.00	1.00	1.70	10	18—19	開乙坑西支,長寬各1.50深1.70。
縱八己	3.00	1.00	0.80	10	19	
縱九甲乙	6.00	1.00	2.80	10	18—19	
橫一甲乙	6.00 (東西下同)	1.00	1.33	10	17	
橫一丙丁	6.00	1.00	1.30	10	17	
橫一壬癸	6.00	1.00	1.50	10	17	
橫十一甲	10.00	1.00	2.50	11	15—19	
橫十一乙	10.00	1.00	2.80-4.80	11	15—19	
橫十一丙	10.00	1.00	2.80	11	15—19	西北支寬長各3.00,深2.20。
橫十二丁戊己	30.00	1.00	1.50-2.20	11	21—22	
橫十二甲	10.00	1.00	2.80-3.60	11	15—18	
橫十二乙	10.00	1.00	2.50-4.20	11	15—20	南支一南

横十二乙 (續)					北長 3.00, 寬 1.50,深 1.80 — 9.50, 南支二南北 長 2.00, 寬 1.50,深2.20。
横十二丙	10.00	1.00	2.80-4.80	11	15—25	乙丙南支 東西長 1.50,南北 長 .75。
横十二.五 甲	10.00	1.00	2.40-2.50	11	26—28	北支南北 長 1.50,東 西寬 1.00。
横十二.五 乙	10.00	1.00	2.70-4.80	11—12	26—3	
横十二.五 丙	10.00	1.00	2.70-4.50	11—12	29—10	南支一南 北 1.50,東 西 1.00,深 2.55。南 支二長寬 各 1.00 深 6.30。
横十三東 甲	10.00	1.00	1.60-2.20	11—12	30—5	
横十三甲	10.00	1.00	2.20-4.90	11	15—19	
横十三乙	10.00	1.00	2.30-2.50	11	15—18	南支一南 北 1.50,東 西 1.00,深 1.70。南 支二南北 1.50。東西 1.50,深2.20。
横十三丙	9.50	1.00	2.85-3.35	11	15—18	
横十三戊	10.00	1.00	2.20-2.60	11	20—24	
横十三己	10.00	1.00	1.60-2.30	11	22—24	
横十三庚	10.00	1.00	1.40-2.50	11	24—25	
横十三辛	10.00	1.00	1.40	11	25	

橫十三壬	10.00	1.00	3.50-5.80	11—12	25—8	壬南支寬長各2.00深3.45。壬北支寬長各1.00深3.60
橫十三癸	10.00	1.00	5.40-6.20	11—12	25—8	
橫十三・五東甲	10.00	1.00	1.90	11	24	
橫十三・五甲	10.00	1.00	2.20	11	24—25	
橫十三・五乙	10.00	1.00	1.20-3.00	11	24—25	
橫十三・五丙	10.00	1.00	2.00-2.20	11	24—26	
橫十三・五丁	9.00	1.00	2.00-2.90	11	26—28	
橫十三五戊	10.00	1.00	2.50-3.50	11	26—28	
橫十三・五己	10.00	1.00	2.50-2.70	11	26—28	
橫十三・五庚	10.00	1.00	1.50-2.20	11	27—28	
橫十三・五辛	10.00	1.00	1.60-2.00	11	29	
橫十三・五壬	10.00	1.00	4.20-5.10	11—12	29—8	辛壬南支東西2.50,南北1.00,深2.30—3.70。壬南支長寬各1.00深1.30。
橫十三五癸	9.00	1.00	4.40-4.90	11—12	29—10	
橫十四東甲	10.00	1.00	2.10-25.0	11	17—19	
橫十四東乙	10.00	1.00	2.10-2.40	11	17—19	
橫十四東丙	10.00	1.00	1.50-2.50	11	17—19	南支南北1.50,東西1.00.深1.50。

橫十四甲	10.00	1.00	2.50	11	15—17	北支南北長.50東西1.00,深.60。
橫十四乙	10.00	1.00	2.20–2.50	11	15—17	
橫十四丙	10.00	1.00	2.20–3.20	11	15—18	
橫十四丁	8.00	1.00	2.50–5.10	11	21—25	
橫十四戊	10.00	1.00		11	21—24	
橫十四己	10.00	1.00	2.00–6.90	11	21—26	
橫十四庚	10.00	1.00	2.00–2.50	11	21—22	
橫十四辛	10.00	1.00	2.80–3.40	11	20—29	
橫十四壬	10.00	1.00	1.70–5.60	11	24—29	北支東西2.50,南北1.00,深1.60。
橫十四癸	10.00	1.00	1.50	11	25—27	
橫十四西溝甲	10.00	1.00	1.50–6.60	11—12	26—4	南支長寬各2.00。
西甲縱連一	10.00	1.00	1.50–2.30	11	27—28	
西乙縱連一	10.00	1.00	3.50–4.70	11—12	27—6	
西丙縱連一	9.00	1.00	5.10–5.20	11—12	29—8	
西乙甲縱連二	14.00	1.00	4.00	12	9—11	
橫一三.二五	10.00	1.00	2.05–2.85	11—12	29—6	北支南北1.60,東西1.20,深1.20。
橫一三丙北支一	3.00 (東西)	2.20	4.35	11	18—23	西北段東西2.60,南北2.20,未掘。

横北一支三丙二	4.70 (東西)	2.00	3.00	11	19—26	西南圓坑深7.00。
横北一支三丙三	1.50	4.40 (南北)	2.45	11	23—30	
横北一支三丙北二支	2.80 (東西)	3.10 (南北)	3.00	11—12	24—6	
大連坑東段	6.30 (東西)	3.10 (南北)	2.00—2.95	12	6—11	
大連坑中段	2.60 (東西)	5.10 (南北)	3.45	12	6—11	
大連坑西段	2.20	5.10	2.45	12	6—11	
大連坑南段	3.60	6.20	3.50	12	6—11	東西長方坑深5.00以上。

　　在村北的工作最先是掘兩條長的縱溝；這兩條縱溝雖說是斷斷續續不十分連貫，由此却看出堆積情形的好些變化。原來的計畫是想從沙邱起，把村北的地皮整個的翻出來；這是沒有疑問的，唯一的，徹底的辦法；並且我們也打算從此季就實行起。　但是不意的忽然發生了一種無意識的糾葛（看附錄），遂使這一種純粹的科學工作不能安然的進行下去；工作的計畫就有變更的必要，最後只有回到這掘縱橫溝的辦法。

　　發掘的計畫雖受了這種不幸的限制，所得的觀察與結果仍是意外的豐富；這是在下列的敘述可以顯然的看得出來的。

　　(三)殷墟範圍

　　殷墟的範圍實超出小屯村境界以外。　小屯北爲洹水所繞，好像是天然的界線；但是這條水代表一個偉大的摧殘力量。

十八年一夏的汎濫,就冲崩了小屯南邊的河岸好幾畝地;三千
個夏天可以毀壞多少? 大水固然不是年年有的,不過冲崩河
岸並不要很大的水。 繞小屯村東北的這一段洹水,過去的時
候遠在更東北,這可以由小屯對岸的河灘看得出來。 由此我
們可以推定這段水現在的河身及它的東北岸的一部沙灘原
是殷墟的一部,原來的寶藏都冲走了。 在這河灘間走,有時尙
可拾些磨光的繩紋陶片;這些水磨的痕迹,就是它們經過飄泊
的證據。 至於南部,那春季道上的發掘已足證明道以南定有
同樣的堆積。 秋季所開西北地的三溝中出現好幾個圜底尊
與村北村中甲骨文同層所出的圜底尊製作完全一樣,陶片也
同,並有卜骨;這種物品向西尙有,可以由河岸看得出;不過沒有
字骨罷了。 但是殷墟不能專以出字骨定;出字骨的地方只是
殷墟一部分。 要是商朝的都城在此只佔小屯村那麼小一塊
地方,豈不小得沒道理? 反過來說商部所在的地方也決不會
全出字骨。 所以出字骨的小屯只是商都一個特別的區域,要
定商都的範圍,只可用陶片定。 若以陶片爲標準,我們至少可
以說商都的面積遠超過現在小屯的領土之外。

(四)村北大部分都翻動了

擾地層的原動力在上次的報告已經詳細分析過。 秋季
的觀察又加了許多同樣的證據:──葬人,掘井,移土,水冲,把小屯
北地的大部分都擾亂了。 這種擾亂是可以一而再再而三,以
至於十數次的。 要體察這亂後的光景,比較各處的地層就可
以了解一大部份。 由這種比較,我們秋季發現了殷墟文化層

的保護層,一種夾細白毛的褐色土,這種土層就是保存殷墟遺物的地層。 關於它的來源詳見下文張蔚然先生的分析。 這種褐色夾細白毛的土層凝結力都很大,極難翻動,可以厚至兩米達上下。 若是沒經翻動,中間除些須黑木炭外,沒有人作的物品屬進去的。 把這層揭開後,下部文化層──要是有的話──就可以包藏着許多意想不到的物品雜在刻字甲骨一起。 這樣沒翻動的地層却不多;我們只在橫十三丙及大連坑發現了幾處;就是這一帶也有好多後時的墓葬插入。 但這是很容易分開的。 有了這個發現,殷墟的地層大部份就可解釋;並且由這種文化層同著的實物,可以標定在別處曾經翻動地層中遺存的年代。

(五)各種遺物堆積的情形

地層既是翻動的居多,各種遺物在地下堆積的情形當然不會一樣。 那被翻動的物件可以由原處移到旁處;可以由深處移到淺處;也可以由淺處翻入深處。 頭一種移動很難定;後兩種移動有時可以定。 譬如在秋季第一次所掘的縱二甲乙西支就是很好的一個上下移動的例子。 這個坑南北寬二米東西長三米,見黃沙土處深四.二〇米,是隋朝處士卜仁的墓葬;墓中有誌一方,詳載死者年月,為隋仁壽三年三月十六日(即公元六〇三,五月二日),殉葬物有各種明器及磁器(圖版一,二)。 葬後沒人動過,這是可以一看圖就明白的。 然堆積在這墓上四米達厚的土層如何? 這是很有說明的價值。 下列說明,根據董作賓先生記載。

圖版一：卜仁墓，初開未動時的排列，×處下蓋墓誌。

圖版二：卜仁墓誌銘

圖版三：橫十三丙北支二北支西南角圓坑，下有甲骨成堆。

(1) 地面的半米。

山地面至.四五米皆黃土,東北稍有褐色淤土;半米下皆爲褐色淤土,間有爐灶紅土。

(2) 半米至一米。

間有紅燒土塊,出少數繩紋瓦片,磁片一塊。六米深有龜甲一塊。

(3) 一米至一四五米。

深一.一五米時褐色土與黃土相間,北半褐色土中無炭及陶片,間有煉煙,南半黃土中間有陶片及紅燒土。

(4) 一.四五米至一.八米。

南半黃黑土,北半褐黑土;南壁山東至西約二米爲擾動之黃土;黑土中有大陶器殘片,石刀片,白陶片,花骨,箭簇,綠松石;間有紅燒土塊。

(5) 一.八米至二.〇米。

一.九以下全爲黑土,漸有繩紋陶片及紅色陶片與白陶;黑土中出骨簇骨料,字甲字骨各一塊,並有貝製小物。

(6) 二.〇米至二.四米

二米以下南半平面黑黃土相雜,確經擾亂;二.二五米以下皆爲黑黃相雜之土。有煉煙,西北出字骨一塊;二.二五米西南角黑土中出字甲三片。

(7) 二.四米至二.七米。

全面黑黃土,中部及近南壁無遺物;餘部有繩紋陶片,獸頭刻紋陶片,石刀,骨料,骨簇,松綠石,貝器,銅簇,字骨一塊,

(8) 二.七米至三.〇米。

土層同上,有繩紋片獸骨煉煙,多數骨簇,蚌器,石器殘片二,

字骨一塊。

(9)三·○米至三·三米。

三·○五爲淤土層,一層黃沙,一層褐色盧土;淤土上有陶片
紅土塊雜煉燈,銅範,字甲,字骨,刻花白陶;淤土下陶片漸少,
有骨簇及蚌器。

(10)三·三米至三·六米。

深三四米西壁下有黃沙土,南北行約·八米寬;此層留下作
東段;東段三·五米下仍爲黑黃土,有淤層,陶片較上層少;仍
有煉燈,石刀片,蚌器,松綠石,玉器;深三·五七米北壁下出銅
範一塊,北面三·六下見鐵釘及已腐棺木。

(11)三·六米以下。

灰黃土有黑色陶片,極多石刀,方底骨簇,殘玉,蚌器;又有刻
紋白陶片,在墓葬西墻下黑土中,深三·六米。 此層以及墓
頂仍有雜件,如玉,無字卜骨,簇,石刀,字骨,貝器等。

(12)卜仁葬

詳細情形見圖版一。

關於這十二段的記載,我們應該注意下列的幾點: (一)卜
仁的墓葬原是有棺木的,但至我們發掘的時候已經腐完了。
(二)墓葬上淤土一層,不是葬的時候有的,填墓的土總帶一點擾
亂的痕記,這樣成層的淤土大概是葬後沖入;卜仁的骨殖大半
腐亂,就是受過水的緣故。 (三)淤土上的土層黃黑雜糅爲翻動
後的現象。 (四)黑土出物較多,可爲遺物原藏在黑色土中之證。
試以此記載與下列橫十三丙北支二北支之發掘史比 (以下說
明根據李濟記載):

(1)地面層約·四○米。

地面雜土中有綱硾一個。

　　(2).四〇米至.八七米。

土黃黑色,只石刀一片,無他物。

　　(3).八七米至一.四〇米。

褐色土無物。

　　(4)一.四〇米至一.八五米。

仍為褐色土,甚硬,有少許煉煴,貝一,餘無他物。

　　(5)一.八五米至二.一〇米。

漸及黑土,甚硬,陶片甚少,有煉煴,出沙石一塊,上有花紋。

　　(6)二.一〇米至二.四〇米。

黑土極硬,西北角夾黃沙洙土,燒過土塊極多,幷有煉煴。

　　(7)二.四〇米至二.六五米。

東北角二.六五米下漸及灰土,略鬆,出陶片漸多,並有字骨,沿南出人頭骨數片。

　　(8)二.六五米至二.八〇米。

灰黃色,東北角較深,出物漸多;有紅色單繩紋,黑色單繩紋,紅色及黑色方格紋,交义紋,平槽,刻紋,白色與各色刻紋各種陶片;常見物件有蚌壳,字骨,石蛋,石刀;稀見物件有鹿牙,骨錐,人頭骨及長骨,銅範,刻字鹿角,石斧,殘石。

　　(9)二.八〇米至二.九五米。

全坑均為灰土,陶片種類如上;有字骨,刻花骨,蚌器,石刻器,象牙刻器等;出品甚尠。

　　(10)二.九五米至三.二〇米。

仍為灰黃色,三.一米下北部見黃土;沿黃土南有黑炭一堆,有紅灰色平行繩紋,方格紋,黑色刻紋等陶片,石子銅範.蚌壳,石刀,雜骨,人骨,銅刀,松綠石,字骨及無字火號骨。

(11)三·二〇米至三·三〇米。

土色黃黑雜糅,漸及底,出物漸少;三·三〇下只西南角有半圓形灰土,餘多及底。 東北有燒土一薄層,下直接黃沙土,似爲屋內地面土。

(12)西南圓土坑至四·〇五米(圖版三)。

圓坑內多燒灰,有成層者似曾淤過;有大塊灰色交乂繩紋陶片,獸骨,蚌壳,及殘石。

(13)四·〇五米至四·五〇米。

仍爲灰土,出蚌壳極多,有大塊陶片,獸骨,鹿牙,牛角,鹿角等。

(14)四·五〇米至五·三〇米。

土仍爲黑色,出大塊陶片,方格紋,交乂紋,凸紋,獸骨,長條細骨,龜版,鹿角,木炭。

(15)五·三〇米至五·六五米。

仍爲灰黃土,出陶片,蚌壳,龜版,馬蹄。 五·五深有龜版,馬蹄一堆(圖版三,四)。 用膠加力,然後取出。

(16)五·六五米至五·九〇米。

土色如上,出單行繩紋與黑光陶片,鹿角,蚌壳甚多;無字骨馬蹄及龜版。

(17)五·九〇米至六·六〇米。

土色如上,有繩紋黑光陶片,蚌壳,鹿角,骨簇,殘玉,銅銹等并字骨一塊。

關於這十七段的記載,我們應該注意下列數點: (一)地面土內雜有綱硾與石刀片,這兩件東西都不是後來的物件,確是別處移來的。(二)〇·八七米以下至二·一米深,全爲褐色土,土性

圖版四 同上：甲骨堆積狀況．

圖版五：橫14王方坑，龜甲堆積狀況。

極硬；我記得開這層土的時候，曾折過好幾柄鐵齒釘耙；土內除少數煉爐及一塊刻紋砂石外，別無他物；連陶片都沒有。(三)二.一〇米至二.六五米中，土發黑色，仍硬，漸雜黃沙淤土，燒過土塊漸多，陶片亦漸見。(四)二.六五米下全爲文化層，陶片極多。(五)三.三〇深，全坑及黃沙土底，西南角忽現一圓形黑土坑,(圖版三)；此坑掘至七米深尚不見底，中出陶片，蚌壳，獸骨，木炭等極多，並有字骨。

　　比較這兩坑的記載，我們可以看得出幾件很顯然的分別。以陶片的分配說，縱二甲乙西支從上至下沒間斷的出；橫十三丙北支二北支却全積中在下層，上蓋着約半米厚的黑硬土再蓋着一米多的褐色硬土。 這種純粹不帶陶片的褐色硬土是卜仁墓葬上所沒有的;不過在卜處士(墓誌如此稱謂)葬此以前，我們可以斷定這塊地的土層確與橫十三丙北支二北支一樣也有不帶陶片的褐色硬土及黑色硬土。 這種褐色及黑色的硬土爲破土葬卜處士的時候破去了，並且直破到黃沙土底連這塊的文化層土都全起出來，然後才安葬卜君。 在這種情形之下，那上下的土層當然就混合夾雜起來。 會葬卜處士的親友大概總有見過土中所包的字骨白陶片等實物，但他們在那哀傷的情感中絕不會有心緒來理會這件事。 他們填窆的時候，仍舊把這些張杜揚許未見的文字埋下去，直到我們去秋發掘的時候才重見天日。 所以葬卜君的這塊地雖說翻動過一次，但除了最下的卜君殉葬物及最上的一塊磁片，却沒有什麼別的後來的東西雜入。 出土實物的內容與那地層沒翻動的橫十三丙北支二北支出來實物的內容沒有什麼分別。 由此也可以看出自從葬卜仁以後，這塊地除了地面的一薄層外，沒有經過第二次的翻動。 就地層的現象說,那土從上到下雖說是黃黑雜糅那雜糅的程度却極不勻調,黃一塊,黑一塊,好像百衲衣似的;要是經過第二次的翻動,那相糅的狀態,一定要融合得多。

沒翻動的文化層不是一次成立的,下文中張蔚然先生將有很詳細的討論。 這是與文化層中各實物堆積狀態有相當關係的一件事。 上次分析地面下情形,已提到實物在地下成堆的狀况(見第一期安陽發掘報告),但那次推論所根據的觀察尚不多。 秋季的發掘增加了好多同類的觀察,愈證實上次的推論。 圖版四至圖版七爲各種實物在地下堆積狀况之實地寫眞。 橫十二乙之鹿角堆中(圖版六)有已鋸過的,痕跡極爲顯著。這大概是作鹿角器的材料貨棧;作器的工場也許離此不遠。橫十四壬坑大堆的龜版夾骨版(圖版五)與橫十三丙北支內的大堆骨版夾龜版(圖版四)都是極重要的發現。 這兩堆甲骨皆是占卜用過的;但皆沒有字。 龜版夾骨版堆積地是一個長方坑;骨版夾龜版的堆積地是一個圓坑。 由這兩堆大宗的甲骨,我們可以看出甲骨與刻辭的一個反面的關係;就是占卜用過的甲骨不一定有刻辭。 要是統計起來,不刻辭的占卜甲骨要比刻字的多好幾倍。 爲什麼這種不刻字的甲骨也堆得怎們整齊,是一個值得考慮的問題。 統說起來,文化層中大多數的實物均散漫無紀,就是分配較密的部分也沒有什麼規矩可尋。有好些情形可以招這種凌亂的狀態;大概那埋沒殷都的種種動力就是致這實物於凌亂狀態的動力。 有些堆積的埋沒,在殷都最後的廢棄以前;埋沒的過程比較和平,原來堆積的狀態沒十分動搖,就保存下來。 但大部份的實物都經過大力的動

圖版六：橫12乙鹿角堆積狀況。

圖版七：橫十三丙北支一，卜骨堆積狀況，雜有人骨及陶器等。

搖;那利害的甚至散到別處去了;其次的也亂雜無章的混起來像橫十三丙北支一(圖版七)的甲骨。 所以在保護層下沒經後來翻動的文化層中各實物堆積的狀況至少也可分作三種: (一)散到別處去的; (二)在原處但已經擾動過的; (三)原封未動的。

(六)圓坑與方坑

春季在村中發掘,我們已發現過長方坑與圓坑的遺址,並且注意到在這種坑中所出比較完整的陶器(第一期小屯村地面下情形分析初步)。秋季發掘中,所見的這種長方坑更多,並有整齊的圓坑;掘出的實物保存的情形,也有特別可記的地方。 今先將各長方坑及圓坑的位置,深度及所藏實物,略叙如下:

(1)橫十二乙南支二長方坑: 東西長一.九米,南北寬〇.九米,下掘至離地面九.五〇米(離坑口七.七米)見水;出骨器,陶片甚多,有可對成的,並有豬骨,鹿角,殘石,獸牙,骨簪,火號骨及石器。

(2)橫十二乙丙間南支長方坑: 東西長一.五五米南北長〇.七米,內出陶片及豬骨。 深處距地面六.三米,離洞口一.五米。

(3)橫十二.五丙南支二長方坑: 南北長一.六〇米,東西寬一.一米,坑底距地面六.三米離口二.七米。 五.六米至六.二米深處出人骨一副,殘鬲一個。 下又有人骨一副,餘無他物(版圖八)。

(4) 橫十三甲中間黑土坑: 東西寬三.二二米,南北長三米以上(未見邊),深處距洞口二‧六米,距地面四‧九米,出整形陶器及黑光陶片甚多。

(5)橫十三丙北支二北支圓坑: 徑長一米九,最深處未見底,距地面七米,距坑口四米;出大塊陶片,獸骨,蚌壳,鹿牙,牛角極多;並有成層骨版,骨簇及殘玉等(圖版三,四)。

(6)大連坑南段長方坑: 東西長三米,南北寬一米八,最深處未見底,距地面五‧六米,距坑口二‧一米;坑口有隋墓一座,下出整龜一,刻字龜版四;再下有蚌壳一層,再下又有貝一層,並夾銅器及石刀等。

(7)橫十四丁長方坑: 南北一‧四米,東西一米;最深處見底,距地面五‧一〇米;距坑口二‧六米;中出全形陶器,骨器,鹿角,獸牙等。

(8)橫十四己長方坑: 南北長一‧八米,東西寬一‧一米最深處距地面六‧九〇,距坑口四‧九〇,中出各種陶片骨簇,帶火號龜版。

(9)橫十四壬東段長方坑: 東西長一八‧五米,南北寬一‧四〇米,最深處距地面五‧六米,距坑口三‧一米;出陶片及成形陶罐,人骨,獸骨,卜骨,骨簇,綠松石等。

(10)橫十四壬西部長方坑: 東西長二‧四米南北寬一米,深處距地面一‧七米,距坑口約半米,出整個龜版十餘,均無字(圖版五)。

(11)橫十四西甲長方坑: 東西長一‧四米,南北寬一米,最深處見水,距地面六‧六米,距坑口一‧四米;中見字骨,陶片及骨版。

各坑的平面分配已見第五圖,今再將它們上下的距離與地面高的關係列表及圖如下:

第 二 表

十八年秋季所發現各方坑與圓坑之位置及度量

	位　　　　　置	東西距	南北距	口至底	坑底深	地面高
1	橫十二乙南支二	1.9 米達	0.9 米達	7.70 米達	9.5 米達	96.7 米達
2	橫十二乙丙間南支	1.55 ,, ,,	0.7 ,, ,,	1.50 ,, ,,	6.30 ,, ,,	96.7 ,, ,,
3	橫十二.五丙南支二	1.10 ,, ,,	1.60 ,, ,,	2.70 ,, ,,	6.30 ,, ,,	96.6 ,, ,,
4	橫 十三 甲 中 間	3.22 ,, ,,	3.00 ,, ,,	2.60 ,, ,,	4.90 ,, ,,	96.8 ,, ,,
5	橫十三丙北支二北支	口 徑 1.9 米 達		4.00 ,, ,,	7.00 ,, ,,	96.6 ,, ,,
6	大 連 坑 南 段	3.00 米達	1.80 米達	2.10 ,, ,,	5.60 ,, ,,	96.6 ,, ,,
7	橫 十四 丁 南 北	1.00 ,, ,,	1.40 ,, ,,	2.60 ,, ,,	5.10 ,, ,,	96.5 ,, ,,
8	橫 十 四 己	1.10 ,, ,,	1.80 ,, ,,	4.90 ,, ,,	6.90 ,, ,,	96.0 ,, ,,
9	橫 十 四 壬 東 段	1.85 ,, ,,	1.40 ,, ,,	3.10 ,, ,,	5.60 ,, ,,	94.6 ,, ,,
10	橫 十 四 壬 西 段	2.40 ,, ,,	1.00 ,, ,,	1.50 ,, ,,	1.70 ,, ,,	94.7 ,, ,,
11	橫 十 四 西 溝 甲	1.40 ,, ,,	1.00 ,, ,,	1.40 ,, ,,	6.60 ., ,.	94.6 ,, ,,

插　圖　一

各長方坑與圓坑之深度及坑

口離地面之深度比較圖

比尺；百分之一

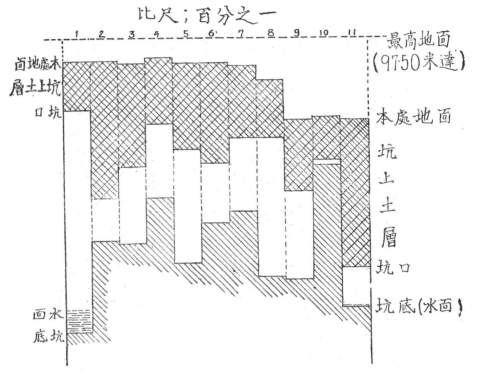

這些坑究竟是作什麼用的？　要等到把它們所出的實物
詳細研究後方能解釋出來。　大部份這類的實物尚滯留在彰
德,所以這種研究尚是有待。　就記載言,我們可以看出這坑的
好些特點出來。　尤值得注意的是：(一)所出的實物較為完整;(二)
堆積的狀況擾亂較少。　安特生發掘仰韶的時候,見到好些袋
狀的灰土坑,他說是一種藏物的窖穴（安特生中華遠古之文化,十
四,十五）,像德人弗雷爾氏(Forror)所述阿爾塞司省 (Elsass), 阿希

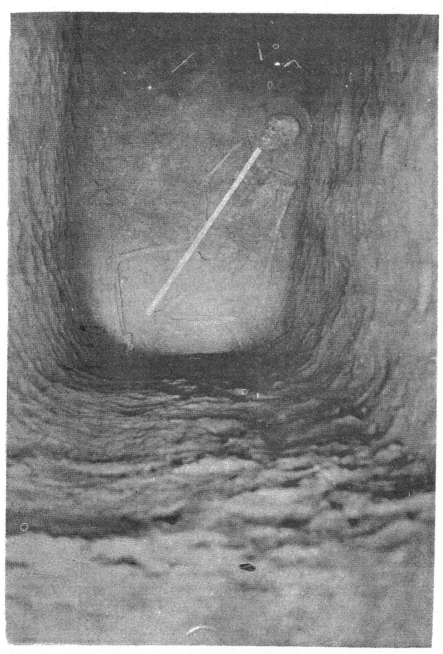

圖版八：橫12.5丙南支二長方坑下人骨。

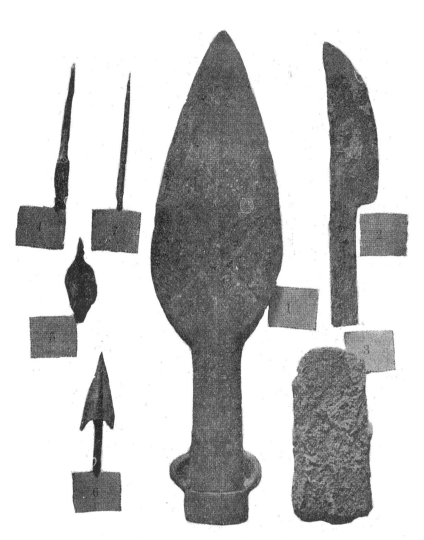

圖 版 九 ： 各 種 銅 器 樣 本
(1) 矛 　　　 (5) 鏃
(2) 刀 　　　 (6) 鏃
(3) 空頭錛 　 (7) 針
(4) 錐

亥穆 (Achenheim) 及 司徒茲亥穆 (Stützheim) 新石時代遺址所說的那種窖穴一樣。 殷墟的這些方坑與圓坑也許有同樣的作用,大概好多是作藏物用的。 但是這不能解釋爲何有些坑直到水面尙不見底,並且有的有人骨。 這種深到水面及出人骨的坑一定還有別的意義。 殷墟書契考釋,引周禮大宗伯,以貍沉祭山林川澤,釋 ？ ？ 等字:謂即貍字,並謂此字象掘地及泉,實牛於中;又說貍牛曰 ？ ,貍犬曰 ？ ,實一字也 (增訂本卷中十六頁)。這種坑是否爲祭山林川澤貍牛用的,我們不得而知;但這是一種極可能的解釋。 不過我們在這類坑裏,尙沒發現過整個的牛或犬;就是零碎的,也沒見過多少。 只在一處發現過整副的豬骨;但並不在這整齊的坑內。 至於有人骨的坑是否一種祭坑也不能十分定;雖然是有人說商朝尙有殺人作祭的習慣(郭沫若:中國古代社會研究;二八二至二八三頁),但那坑內的骨殖並不像被殺的人留下來的。 關於商朝人對於一部份人骨沒有什麼敬畏的觀念,却有好些證據;文化層內,尤其是那沒翻動的文化層內,屢見零碎的人骨與別的遺物雜在一起。 這些零碎人骨不像是坟墓中翻出來的;它們的來源似乎是包括些慘劇在內。 至於這慘劇的詳細內容,却不能隨便揣測了。

總括起來,我們可以說這些長方坑或圓坑有的是作藏東西用的。 最顯明的例是橫十三丙北支二北支的圓坑與大連坑南段的長方坑。 有些却不能如此解釋;尤要詳細考慮的是那出人骨及深到水底的幾個坑。

(七)新發現的種類

多數的新發現都集中在橫十三乙,丙,與橫十三.五乙,丙之間。 經了四週不間斷的工作,才把這一帶漸漸的作完。 這季所得大部份刻字的甲骨都由此帶掘出,同時出現的也有好多沒字的卜骨。 與這些刻字甲骨同時出土的實物有下列的種類:銅器,銅範,白陶,帶釉的陶片蚌器,骨器,石器,刻花石器,刻花骨器;這篇內只檢那最重要的幾種署先說明。

(八)銅器,銅範

春季發掘時已有好些銅鏃出土,村北所出的銅範尤令人稱道。 這是第一次切實的證明,商末已到了很進化的青銅時期。 中國銅器的記載,向來是一段沒頭沒腦的歷史。 雖說是自漢以來不斷的有彝器出土,經過好些皇帝的收集,好多文人的欣賞,然而始終是真贋雜糅;加以出土的地點向不明瞭,欣賞的目標專在文字,就是對於真的彝器也沒有什麼相當的價值上的估計。 在我們發掘殷墟以前,固然有好些號稱商朝的銅器為人所知,然而小心的史學家沒有說敢用它們為證明商代已為青銅時代的證據的。 這次的發現原是我們意料中應該有的事。 它的特別價值在能證明這些銅器為刻字甲骨同著的實物。 秋季所見的除大多數銅鏃外,尚有矛,刀,釘,錐等,及好些塊銅範, 幾塊銅範上尚有銅銹的遺留,可以證明它們是已用作鑄過銅器。 在縱二甲坑的南頭,所得的紅燒土塊與橫十三丙大連坑一帶所得的煉爐木炭尤夥。 煉爐與木炭往往雜有鎔鑄的銅塊。 不成形的銅塊也得了不少。 這些發現不但證明商代已有銅器,並同時證明商人已知道鑄銅的藝術,鑄銅的地方,就在小屯本地。 這三件事情是不必在一起的,今能說它們在一起,也是一種特別的發現。

銅器的種類雖不多,都有特別討論的必要,這都要留待將來的專論。 此處只揀幾個樣子說說。 那最多及最普通的要算是銅鏃。 除一個外所有的銅鏃,都是倒鬚式(插圖二,III3丁,圖版九:五與六)

插圖二分類說明

I. 圓錐式: 此式頂銳身圓有柄,只有骨製一種(2.4.0047)。

II. 扁平式: 此式橫截面作腰圓形;銳頂有柄,只有骨製一種(3.4.0344)。

III. 雙棱式: 鏃身橫截面趨於扁式,兩邊銳角成棱。

    1. 無脊類: 無

    2. 單脊類: 此類橫截面似三角形;然一角為脊之突出,不成棱,或上凸下凹;俗呼為蕎麥棱或桃葉狀。

        甲種: 無底,鏃身斜接鏃柄,界不分明:此種骨製最多(2.4.0338)。

        乙種: 方角平底;射入後較甲種難出(2.4.0339)。

    3. 雙脊類: 此類兩面都凸出,相對作雙脊。

        甲種: 銳脊,鈍角斜底,鏃身橫截面作四角形;身下有圓托似頸;托下為柄(3.4.0231)。

        乙種: 銳脊,銳角平底,此種鏃身橫截面亦作四邊形;身底下有托,托下為柄(2.4.0332)。

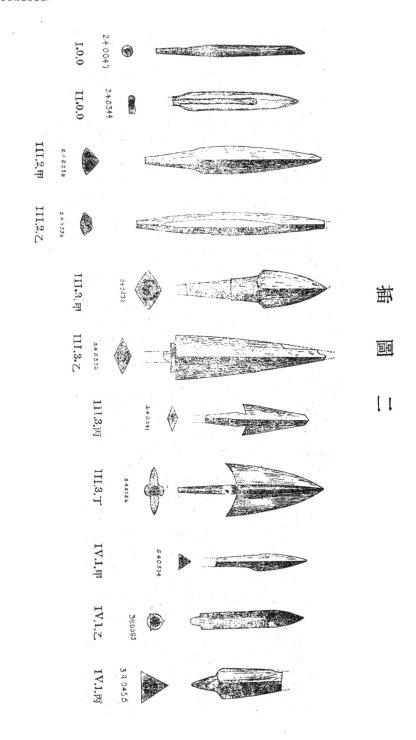

插圖二

丙種: 銳脊,銳角凹底;此種簇身橫截面畧作不等邊四角形,身底內凹,身與柄間無托(2.4.0341)。

丁種: 圓脊,銳角凹底,此種簇身橫截面似十字形,底角極銳,俗呼爲翼狀,或倒鬚式,殷虛出土銅簇幾全作此形,間有骨製與蚌製者(2.4.0126)。

IV. 參稜式:

　　1. 平邊類: 此類簇身橫截面作等邊三角形。

　　甲種: 無底,簇身斜接簇柄,僅有骨製一種(2.4.0354)。

　　乙種: 圓形平底;簇身頂部三稜形,底部圓形,圓形平底,有石製骨製各一(3.9.0395)。

　　丙種: 全身等邊三角,三角斜底,下爲圓柄,只有石製一種(3.9.0456)。

插圖二　各簇出土記載一覽表

編名	號目	坑　　名	出土日期	土色	土質	標點	x	y	z	備考
I.0.0	2.4.0047	斜1北西支	4月26日	灰黑		東南	1.25	0.00	3.15	
II.0.0	3.4.0344	橫13.5甲	11月24日			東北	0.40	0.60	1.20	
III.2.甲	2.4.0338	村北斜2	5月6日	黃沙					1.56	
III.2.乙	2.4.0339	村北斜2	6月5日	黃沙					1.56	
III.3.甲	3.4.0231	北縱2甲乙西支	10月18日	黑					3.60	卜仁墓西壁
III.3.乙	2.4.0332	村北斜2	5月6日	黃沙						

									色及繩片 黑紋色陶出 與刻灰紋同
III.3.丙	2.4.0341	村北斜2	5月6日	黃沙				1.56	
III.3.丁	2.4.0126	村北斜2	5月3日						
IV.1.甲	2.4.0354	村北斜2	5月6日						
IV.1.乙	3.9.0395	橫13甲黑土坑	11月18日	黑	東北	0.40	0.38	3.60	
IV.1.丙	3.9.0456	橫13.25大連南	12月8日						

這種形式的起源尚不知道。 骨簇中也有這樣的形式;是骨質的在先還是銅質的在先尚是一個問題。 骨簇的形式却很多,並可排成一個演進的秩序出來(插圖二)。 單就骨簇說那翼狀的形式(III.3.丁,插圖二)似乎是演進中自然的經歷;也許這種形式在骨質中先演到,鑄銅器的人就借過來。 大體說骨簇在先,銅鏃在後是沒有什麼疑問的。 那蕎麥棱式的(III.2.甲)骨簇,是殷墟最多的,形式是最爲原始;這種形式的骨簇在石器時代的西陰遺存曾見過(李濟:西陰村史前的遺存,第十一版)。 西陰遺存中也有翼狀式的石簇,但這種石簇却沒有柄。 小屯一切翼狀式的骨簇都具柄。 這些來源是否相同很值得將來詳細的討論。翼狀式的鏃直傳到周朝尚有;後來却漸漸作三棱式的替代了。殷墟又出了三棱式的石簇與骨簇,但沒出銅作的(注一)。

矛爲刺兵下爲圜骹空其中以受柲,與戈並稱,但考工記獨詳戈之形制;後來樸學家考古兵對於矛也較疏略。 此次殷墟出土銅器中最上品是一對雙鋒帶骹的兵器。 柄端特厚,柄旁有半環一對(圖版九,插圖三)。

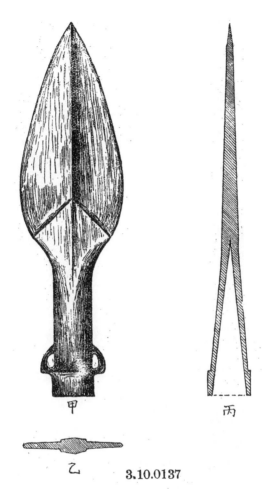

甲

乙   3.10.0137

丙

插圖三： 銅矛,原形二分之一。

橫 13 丙,十一月二十八日出土,深 2.70 米

甲： 平面狀。

乙： 橫截面。

丙： 縱截面。

比較圖版九.1.

鋒刃如新,保存的狀態最好;看那形制與夢坡室獲古叢編

所圖諸矛（金，古兵器下）雖有畧異，大致相同；尤與陶齋吉金錄（卷三，四十八），所錄之矛頭相似；大約總是矛屬的兵器。鄭風傳云："重

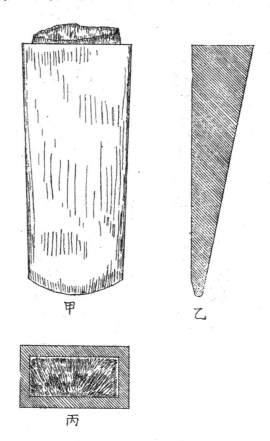

甲

乙

丙

2.10.0017

插圖四：　銎空頭，原形大小，

西斜南東支，五月一日出土，東北角量.50×1.05×1.20

　　甲：　寬面狀，

　　乙：　仄面狀，

　　丙：　空頭狀，中為腐木，

比較圖版九：3.

英,矛有英飾也。"那柄旁的兩個半環豈不正是爲結重英而設。段注說文說 "考工記謂之刺兵,其刃當直而字形曲其首未聞…………。"固然我們不知道許君所據的象形矛字從何而來;且金文中尚未發現矛字(據金文編),看這次出土的矛,也許那曲首是代表鋒刃彎形(簠室殷契徵文第四十至四十九及殷虛書契後編卷下,十三葉之九,均有矛字,象形頗近)。

此外的銅器值得提的是一柄空頭錛。錛雖養化特甚,形制仍極清楚;从邊看不很對稱的,可以斷定它形近於錛而不近於斧(插圖 四)。

安特生說灤平縣上牛城某墓中曾出此錛(中華遠古之文化第四版),並斷定爲眞正銅器時代以後的產品(原譯略誤);以之與陶齋吉金錄(卷三,四十九)呂太叔斧比,却極相似;不過我們無從知道呂太叔斧的从面是否對稱。英國人類學家塞里格曼氏(C. G. Seligmann)十八年秋初遊北平時曾以這種空頭斧錛在中國出現最早的時期詢北平學界同人;那時我們尚不敢說它早到商朝就有。他在一篇文章中說(註 二),這種器具是埃及小亞細亞伊蘭與印度所沒有的;却見於歐洲南俄烏克愛恩西伯利亞之葉利塞河流域,及暹羅北部緬甸坎波的亞與中國之雲南及山東。在結論中他說,這種器具由歐洲到中國走的是西伯利亞大道,不是希瑪剌亞山南的或海上的一道(第一五五頁)。在歐洲銅器時代第四紀這種器具是很普遍的;在這紀以前却並不多見。歐洲銅器第四紀約在公元前十四紀以後,與小屯之殷虛前後同時;要是塞里格曼教授所說屬實,那銅器時代西歐與東亞的交通可謂敏速之至;但現在所有的證據似乎尚不能證明這試說準確到如何程度。

(九)石器與石刻

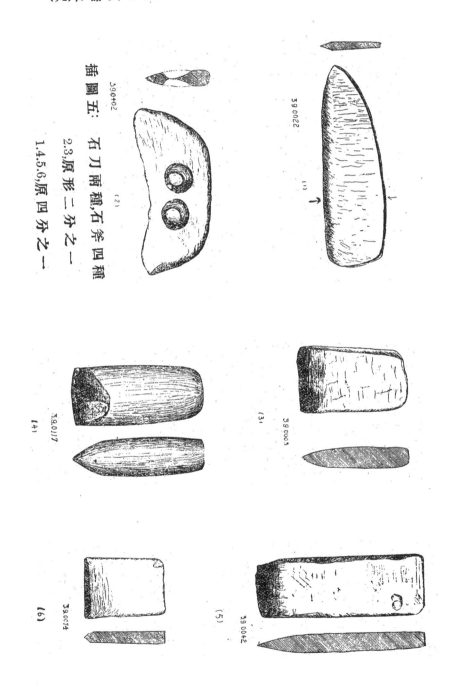

描圖五：　石刀兩種石斧四種
2.3,原形二分之一
1.4.5.6,原四分之一

鑄銅的藝術雖說是到了很高的境界,生銅的供給不多;好些日用的器具尚是用石作的。 最普通的日用石器是一種石刀(插圖 五)。

插圖五　各種石器出土記載一覽表

	號　目	坑　　　名	出土日期	土色	土質	標點	X	Y	Z
1	3.9.0022	縱五癸東	10月17日	黑灰	鬆		0.90	1.00	1.05
2	3.9.0402	村北連一一丙	12月4日	灰		東北	0.00	0.00	2.65
3	3.9.0003	霸斜甲乙	10月11日	黃			0.20	0.20	1.20
4	3.9.0117	大連坑	12月9日						
5	3.9.0042	橫一四庚	11月11日				0.00	1.50	0.70
6	3.9.0074	橫一三.二五乙	12月5日						

這類石刀出了過千;它的用處一定很廣;像是一種刮刀;與製骨業有密切的關係。 此外有石斧很多;偶見的石器有三棱石簇(插圖二,IV.乙.1.與雙眼月牙刀(即石粟鑿;插圖五:2)石簇見過兩次,石粟鑿只見過一次。 這兩種石器許是外來貨。 但大多數的石器都非平常用的東西;有的是一種藝術的創造,有的是一種宗教的寄托,這類的東西到周朝的時候,好些都用玉作。 譬如璧,琮,戚,一類的禮器相傳在周朝的時候全是玉琢的;在殷墟所見的仍爲石製。 在這些石器中最新穎的是一個半截抱腿而坐的人像(圖版十)膀腿均刻有花紋;圖案與花骨刻紋一致;獨惜上半截沒找着不能斷定它是什麼面孔。 身後有槽,身寬七至九生的深約四.五生的,下平,脚已失去。 發現處爲大連坑;三節找出;運到北平才知道是一件東西;這塊殘石最寬爲〇.二六三米,

最高為〇・二二米,最厚〇・二三〇米。 背後有紅土與石灰印。
它的用處經過好多揣測,那最近情理的可以試述如下:

　　背有紅土與石灰印,大約是嵌在墻內的遺痕;身後有槽是
預備別種立方形的柱子插進去的;抱腿而坐是一種托東西的
姿勢。 綜合在一起可以說極像一塊塞在墻內托柱的人像柱
礎。 這種東西在現在的中國建築中沒有遺留,但在太平洋群
島以東,尚有可以比較的材料。 新錫蘭島卯利民族所築的神
屋內外圖騰柱下均有人形以作柱礎(註三)。 商時的建築也許
有與這民族類似的地方;這個半截石像大概就是托圖騰柱的
石礎。 大連坑的基址界線極為整齊;帶很顯然的建築的遺留。
這幾塊殘石恰在這地方找出,更可證明它與建築的關係。

　　(十)陶器

　　陶器中最大的發現,除了一塊仰韶式帶彩的陶片將另論
外,就是確定一種帶釉陶器為殷商時代的產品。 這類陶器在
春季發掘時已經見過,但那出土的層次多已翻亂,不能斷定它
們的時代;故秋季發掘前,尚疑為後代的侵入。 秋季發掘,在大
連坑及橫十三丙諸北支保護層下,見此類陶片多塊均夾入未
翻動之文化層中,與刻字甲骨及白色陶片並著;方信這類陶器
確為殷商時代製造。 好些塊的釉已漸剝落,足證那時敷釉的
藝術尚極粗淺,仍在初級試驗中。 保存尚好的也有多塊, 燒
的火候極高,片子極薄,除邊口外,仍為手作。 邊口約有三種(插
圖六,圖版十一),

1

2

3

4

圖版十：抱膝石像

1：前面　　　　3：右面

2：後面　　　　4：左面

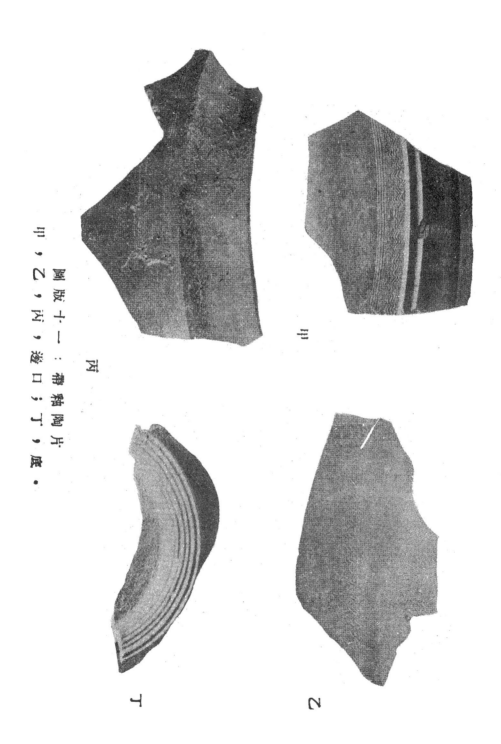

甲

乙

丙

丁

圖版十一：帶稜陶片

甲，乙，丙，邊口；丁，底。

插　圖　六

3.13.0201　　　3.13.0370　　　　　　　3.13.0332

外為浪形剗紋,或一道或兩道有多至五六道者。　釉的成分,尚
待分析(圖版十一)。

(十一)餘論

　　秋季發掘的收獲,除上列的幾種重要觀察與發現外,尚有多數他種實物;有的價值一時尚不能絕對的估定,大部分的——一譬如刻字甲骨,刻花骨片,白陶等——只替已有的知識加些新材料。 但這部份的材料也有它們特別的價值,因為它們出土的歷史極清楚;研究的結果可以作一個估計他種類似研究的標準。 但我們的基本材料仍是那極多極平常的陶片,獸骨等,在這種材料上我們希望能漸漸的建築一部可靠的殷商末年小小的新史。

註 一:看貔子窩:五十七頁,三十七圖五十四版;夢坡室獲古叢編金石兵器下。

註 二:Birds chariot and Socketed Celts in Europe and China (Journal of Royal Authropological Institutes Vol.L. Jan—June, 1920, pp. 153—158)

註 三:Ettie A. Rout: Maori Symbolism, Plate VII, VIII.

本文原載於國立中央研究院歷史語言研究所專刊之一——「安陽發掘報告」第二期
民國十九年

俯　身　葬

　　十八年秋季在小屯村北及西北地所發現的墓葬大多數是隋唐上下的；據各種明器的形製看，與卜仁的相差，大約不過一二百年(卜仁墓，看第二期十八年秋季發掘殷虛之經過及其重要發現：圖版一,二)；但有幾座確遠在隋唐以前，具有銅製的殉葬物。銅器的研究，自宋以來，總算已經積了很厚的根基了；但它們的來源，向來的研究者都是"譚莫如深,"一字不談，有了許君的"郡國亦往往於山川得鼎彝"那種含蓄的詞調，就養成了那"地不愛寶"的這種欺世的口頭禪語。其實揭開了說，那一件銅器(假的除外)不是由那幸運的農夫，或者有志的賊刨出來的！這種翻尸盜骨慘無人理的行為，在士大夫的心目中，自然是極可惡可恨的！不過同時有骨董癖的先生們又不能不愛那因這種可恨的行為而出現的那種"地不愛"的寶。在這兩種矛盾的情緒中，就養成了七八百年來的半截式的古物研究。古器物的價值，他們是已經認定；它們的來源，他們却不願深問。那最關緊要的前半截，即出土情形，就沒得到它應該得的注意。到了現在回看一下，真不敢說我們這些老前輩們的功與罪，就多就少。他們的功，文字的貢獻很多；他們的罪，毀壞的材科更多。這毀壞固然是間接的，無心的；然而實是他們獎勵出來的。我們現在檢舉這些材料，真感覺一種"太缺少"的煩悶，又焉得不感慨繫之！

* 中華教育文化基金董事會考古學研究教授,中央研究院歷史語言研究所考古組主任。

在四個有銅器殉葬的墓葬內,三個是俯身葬。 我們固深幸這種發現,但同時又極感於在中國這種比較材料等於零的痛苦。 外國的參考書少,一時也查不出這種葬式在那希風異俗的外國是否有相同的。 所以發現的時候立時就寫信問一個美國朋友復利爾藝術館長羅基先生;他即時回信來告訴我說,據他所知,這種葬式是一種新的發現;並且說他詢問華盛頓國家博物館諸考古家及人類學家,他們也都這樣說。 由安陽回平後,偶與協和醫學校教授步達生先生談起,他說,安特生在甘肅發現過一座墓葬,屬於沙井期,是俯身的;承他的美意,並且把安氏的記錄給我看過;但太簡略,又無照像可比,所以看不出與小屯的發現是否有些關係。 及至十九年的秋天,英國倫敦大學斯密氏教授來平講演時,來研究所參觀;說起這種葬式,他說似乎記得在非洲的奴比亞看見過一次,見芮斯勒(G. A. Reisner)教授編著的奴比亞古墓調查記(Archaeological Survey of Nubia)之記載。 碰巧這部書三年前我替清華研究院購買過;借來一看,不覺又大失所望;斯密氏教授所記得的這座俯身葬;並不是原來就是如此葬。 照芮斯勒教授的記載:

Grave 30 : 2. Denuded grave of uncertain shape, about 140×85 cm. Two burials A and B (A on the top of B).

A. Skeleton lying on debris 25 cm. high and over contracted, lying on right side, *fallon forward on face*, head 22° north of east. Fig. 128. (The Archaeological Survey of Nubia, Report for 1907—1908. Vol. I. Archaeological Report. p. 194)

照這記述,很顯然的,這墓發現時是為俯身;但原來是躺在右邊且是屈肢的,葬後斜傾,所以弄成面向下了。 與我們這次的發現比,眞是風馬牛不相及。 所以現在只能就我們的觀察所及,據我們發現的材料作一個相互的比較,以供將來類似發現的參考。

墓葬 18•2

(圖版壹,插圖一)

發掘日: 十八年十月十二日
出土地: 西北地斜坑乙中部

插圖一 墓葬 18•2
(參閱圖版壹)
1. 陶異銅戈

墓形長方,兩端不齊;朱色滿身,頂向北又西七度;軀幹西北東南行;面,胸,向下;脚尖均向北偏西;上肢,胸,臂,骨質全腐;下肢略具;背上有銅作戈形兵器;頂部離地面 2•95 米。

墓葬 18•3

(圖版貳,插圖二)

發掘日: 十八年十月十一日至十二日
出土地: 西北地橫二縱溝

坑形長方, 2•20 × •85 米; 正南
北, 頂向北, 俯身, 右手在右胯下;
左手在左胯旁; 左脚在右脚上;
骨質保存極好, 惟面已腐去, 頂
北有瓦瓶, 瓦爵各一; 離首東部
•13 米有銅作戈形兵器, 養化
太甚木質紋極顯, 潑蠟後方起;
其南有小塊火號卜骨一; 兩大
腿間有石製長塊器二, 一黑一
白, 黑長白短。 頂部離地面2•
65米. （註:此墓之發現全爲無意
的; 首先出土者爲頂前之瓦爵與瓶;
兩器掘破後, 工人方報告; 瓶與爵執
左執右, 不明瞭, 頭以下皆由支坑開
出。）

插圖二: 墓葬18·3
（參閱圖版貳）
1.瓦爵. 4.卜骨.
2.瓦瓶. 5}石瑳.
3.銅戈. 6

墓葬 18•4

（圖版叄, 插圖三）

發掘日: 十八年十月十九日

出土地: 村北縱八乙及乙西支

墓形長方2•1 × •85米, 東西長;
頂向西偏北五度, 面向下, 軀腿
東西行; 上肢平行, 手指散行, 脚
尖互相向。 左手下有蕭印。
頂前有羊腿[*], 腿前圜足皿, 左腿

---

[*] 地質調查所楊鍾健博士定爲山羊之一種

旁有銅觚,銅爵及瓦罍,右腿旁有瓦鬲瀰,罍均在外,殘缺不全,觚成兩截。 骨質大部已將腐,用膠加力,保存大牛。 死者約為二十餘歲之青年,第三臼齒尚未全出。 有極顯刻之簸箕式切齒 (Shovel Incisors) 頭部離地 1•7 米。

插圖三:墓葬18·4
(參關圖版叁)
1. 圖足四   4.瓦罍
2. 羊腿   5.銅爵
3. 銅觚   6.瓦鬲

這三座墓葬,都是無意發現的。 初破土的時候並沒料到地下會有這類的埋藏。 18•2, 18•3 兩葬方出現的時候,就觀察所得,尚以為這種埋人的方法或是殷虛慶前的習慣;西北地恰在殷虛文化圈外,又離居住地甚近,作小屯北居民的幽宅,豈不恰好。 但 18•4墓出現後,這假設的本身就有點搖動了。 縱八乙及乙西支,差不多正在殷虛的中心點,離秋季所掘的大連坑不過五十米(插圖四)大連坑中豐富的遺藏與顯著的基址均可證明,它是生者的福地澄能在同一時期,在離此很近的地方,又作死者的幽居?(看上期第四圖及第五圖) 因此,那最初的“這類墓葬為與殷虛文化層同時的假設”就需要一種進一步的詳細的考慮了。

第一:我們是否絕對的認定這三座墓葬代表一個時代一個民族的習慣? 它們的相同點如下:

1. 均爲俯身

2. 四肢均直

3. 均有銅器殉葬物

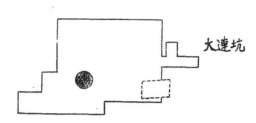

比尺＝1:400

18:4墓葬

插圖四：　18:4墓葬與大連坑的距離
（參閱第二期　第四圖）

它們的不同點如下：

1. 方向各異：　18.2 向西北；18.3 向北；18.4 向
   西偏北五度。

2. 明器的多少不同,排列不同。

3. 18•2 有紅色, 18•3, 18•4 無; 18•4 有蓆紋, 18•2, 18•3, 無; 18•3 有小塊帶火號卜骨, 18•2, 18•4 無; 18•4 有牲, 18•2, 18•3 無。 列表如下:

	18•2	18•3	18•4
紅色	有	無	無
蓆紋	無	無	有
牲	無	無	有
卜骨	無	有	無

這些事實都含有若干意義;有的極為重要。 埋藏死者的樣式,不是像我們現在穿衣服似的,可以隨時變動。 它多牢代表一個民族極堅決的信仰;在那神權的時代尤為如此;所以習於火葬的,總是火葬;習於鳥葬的總是鳥葬;屈肢的總是屈肢,仄身的總是仄身。 這種風俗要有變遷,差不多就代表那民族文化本身的一種極劇大的變動。 考古家因此可以依葬式的研究發現古民族在一個區域內的興替。 譬如上段所說芮斯勒教授在奴比亞的研究,由那葬式的變化就考出奴比亞風俗沿革的許多故事出來。 所以俯身葬這種習慣,我們可以認定它代表一個區域內一個時代,一個民族的普遍習慣。 這區域問題,沒有多少討論的材料;我們姑且以小屯為中心,不會有多大錯誤的;至於時代的問題就極煩難,我們只可肯定的說它必是銅器時代的。 但中國的銅器時代既有千年以上的長久,它代表銅器時代的那一期,就是一個極需討論的問題。 至於那民族的問題,也有那時代問題的同樣的廣泛。 自然,由骨格的研究,可

以看出許多論據；18•4 的"簸箕式的切齒"可以證明這些死者是與蒙古種有關；但民族問題與種族問題有若干分別；我們所尤要知道的還是那更進一步的民族問題；這却全要靠別的比較材料。

就那三墓互異的各點說，它們意義的深淺也不能遽定。方向各異是代表一種時代的變化或是那時已有風水的迷信，都為可能。明器的多少許只是貧富階級的表現。子游問葬具，夫子謂："稱家之有亡，"有亡不齊，自有財產觀念以來就如此，所以我們不必設想那俯身葬時代有什麼例外。至於那紅色，蓆紋，牲與卜骨的或有或無，均有偶然性質的可能。最初我們以為那小塊卜骨的發現或者可以為這種葬式屬於殷虛文化層時代的一個證據。但十九年秋天發掘濟南龍山城子崖的時候，發現了在這地方卜骨可以與齊刀同時。假如我們承認骨卜的習慣不是與商代文化同為始終，那 18•3 墓內出土的一小塊卜骨就不能作我們推定這墓的年代問題的什麼證據。骨上塗硃直到春秋戰國期尚有；這個習慣也可以早到石器時代 (見甘肅攷古記)，所以這習慣也不具仄的時代性。至於用牲於墓似乎有點限制了，那 18•4 的羊腿恰給旣夕禮中"徹者入，踊如初，包牲，取下體"那一段文字的一個頂好的物證，可以說是周朝的禮了；但周公制禮也不過是一番點綴描畫的工夫，並不是完全創造，"周因於殷禮，所損益可知也，"所以三禮所記，沿習甚遠，連孔子都十分承認，我們焉知道這不是商朝的習慣已如此？又焉知道這不是殷遺民的義冢，葬在這故宮禾黍中表他們懷故國的愚誠咧？

由這初步的討論，我們應該知道俯身葬這種處置死人的方式自成一組討論的資料;它與甲骨文的殷墟的關係是一個未定的。 一部分的中國學術界對於這點似乎尚沒認識清楚結果遂引出好些站不住的推論。 譬如殷禮在斯堂所圖的古殷墟器物五十五種,作者均以極肯定的口氣認為"三千餘年前良工手迹"(看羅振玉殷墟古器物圖錄);這斷定惟一的根據是這些東西都出在殷墟。 雖說那結論不一定是完全錯誤,那大前題的靠不住一望可知。 但羅君既以此敎人,他的弟子就有服從而無問難的翕然相從;遊於羅君之門的若何日章等等諸先生對於殷墟出土的器物也取一種同樣的決然的態度。 總而言之,只要是殷墟出土的東西,就是殷商的了。(看殷墟器物存真第一頁)* 幸而羅先生對於別的物件不十分注意;因為要根據他的大前題,殷墟不但出銅器,連鐵器,磁器,彩色的明器也出。照那種推論方法,那它們當然也是商朝的了! 有朋友說,這未免近於玩邏輯的把戲了;羅君的立論,雖未下十分精密的界說,他心目中有一定的界限是一望可知的所以他舉的實物與由實際地下觀察所得的結論比,並沒相差很多。 關於這一點,我們可以很毅然決然的申明,我們所以不敢苟同於羅君,正是因為他的結論也有是的可能,遂使他的那種極稀鬆的大前題作了一班懶學生的保障;依著他的權威,他們居然以為不出門就可考古,不用眼睛就可研究材料;炎之棗梨,貽笑外國! 這並不是我隨便瞎扯,看安特生講的話:

'它們(指殷墟古器物圖錄的器物)並不是由羅先生所派的人發掘出來的;是在一九一〇年的時候在這遺址的附

近小屯村收買的。 據賣這些骨頭的村人說,這些骨頭是與甲骨文同時出土。 在這種情形之下,羅先生遂認為毫無疑問的,他的殷虛古器物圖錄所輯錄的器物,是殷商在那地方建都時候的器物。(甘肅攷古記 29 頁)

"由這種石法,羅先生所尋的物件是具有最高的興趣的………"

這總算是極外交的話了,他的立詞也總算對於羅先生極週旋了。 然而他那骨子裏邊的半信半疑,眞令同行者敬服,眞令中國的學者羞死。 靠幾個村人的傳說,遂認為毫無疑問如何如何,由科學的立場說,這眞是什麼話呀?

然而羅先生的門徒對於這段恭維式的諷刺,並沒感覺到絲毫的難過,大約還以為連外國人都在稱讚他們的老師咧! 要是由這種說法,我們對於俯身葬,(及一切小屯墓葬)就不必討論了,就說它們是殷商時候的墓葬就得了。 但事實並不是如此。 安特生的懷疑是對的。 小屯出土的東西,連與甲骨同時出土的在內,並不一定是殷商的,好多是很遲的,有的遲了很久,各種實物的時代只能由它的本身性質及出土的情形定。 所以這三座俯身葬雖出在殷虛,雖有銅器,這兩件事實並不能算它是與殷商甲骨同時的證據。 我們可以不躊躇的承認這種結論也有可能性,但這要等我們把各方面的事實都分析一下,才可知道這種可能性有幾成。

墓上土層

先從 18•4 墓說起,因為它正佔甲骨區的中心。 本葬離地面只 1•7 米,埋在紅褐土內, 掩它的土層,除地面土厚約 •2 米外,全爲褐土,但這褐土中却夾一層•1米厚的次黃沙土。 這墓葬最初出現的部分爲脚部及其左右明器,適在縱八乙的北一米;開西支坑的時候就注意到上部土層;上一部差不多沒甚麼變化,等到見'次黃沙土'的時候,就有黃黑土相雜的層次,中間紅褐土有略帶灰之土。 那北牆的地層如下:

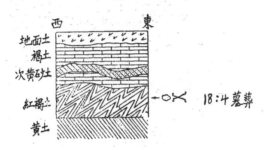

插圖五:縱八乙西支墓葬18:4
北墙土層

看圖可知墓下尚有紅褐土一層;此層共厚約•70——•80米,然後方到那普遍的黃土,(張蔚然君所謂黃沙土 = True loess).所以這個墓埋葬的時候,大約在紅褐土及一部褐土與次黃沙土成立以後,又上層褐土成立之前。 我們可以就這種土層成立的先後,與附近別區地層比較看看。 據下圖(插圖六),可知包括殷虛文化層的灰褐土,上層也有褐土,下層却直接黃沙土;與這灰褐土同時成立的也有紅褐土。

據張君蔚然的地質研究,說商朝的地面不是黃沙土,他的結論說:"那時的地面,雖不在黃沙土面上,然距黃沙土面亦不得過高。 若與一平均高度,最初地面,當在高距黃沙土面上0•2

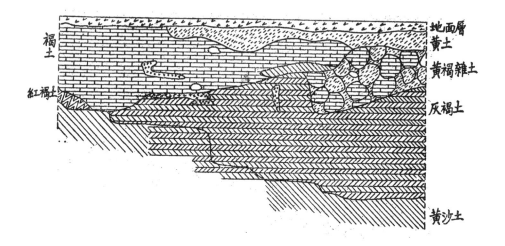

插圖六: 橫12.5乙南墻縱剖面

公尺與0•5公尺之間"（第二期:張蔚然,殷虛地層研究: 267—270 頁)。
若以此說解釋18•4 墓,那埋葬的地方適在商朝的地面。 這事
在情理上似乎很難成立,要是死者只是一個窮小子,死後拋在
街上,過路的人隨便掩埋,也許是可能的。 但它既有包牲,又有
銅製的明器,必屬於中等以上階級;入土的時候決不能離地面
只一尺兩尺;因此我們不能不認這墓破土的時候,那地面離商
朝原來的地面已高出若干;一部分褐土已經成立,又經過一次
黃沙土的遮蓋;這不一定離殷虛最後廢棄的時候很久;但說它
是殷都廢後的墓較合於觀察所得的事實。

　　就此葬的明器說,有幾點應該注意的地方;五件明器中除
了銅爵外,不是殘的就是破的。 羊腿前"皿"的圈足,失了一塊;
銅瓿成了兩截;瓦鬲與瓦罍均殘缺不全。 這種排列的狀態似
乎不像"原來如此";那破的鬲與罍為何對不全,是一個很難的
疑問。 若就這初掘出的狀態(圖版三)試為解釋;我們應該把破

裂的各部分都注意到。　試就觚說起,看它初出土的形狀破裂的地方在腹與足之間。　假如我們認定那足的放置,仍在原來的位置,那上半截的脛與腹是後來打下來的;打這觚的力量必定是由觚的東北,死者腿上運來;因為觚口正向西南,觚足的裂痕又以向西南者為深;銅爵為瓦罍所碰倒的是很顯的一件事實;瓦罍的破恰在腰間,一部分破得很碎,這可以證明它是平倒後的破裂。　但為何失了一部分瓦片咧?　鬲的口傾向北,一足壓在右骬骨上,也失了一部瓦片。　鬲下煙薰的痕記尚在,可以證明它是用過。　今將毀壞這幾種明器勢力的來源試釋如下:

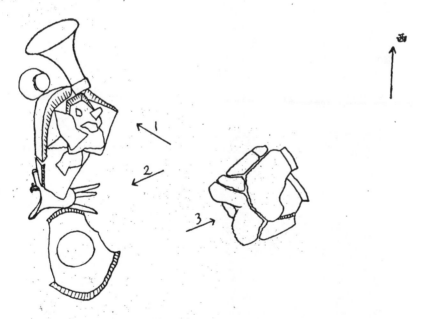

插圖七: 墓葬18:4腿旁明器
破壞力來向之推測

第一力由東北向西南下傾折斷銅觚;第二山北往南折碎瓦罍打倒銅爵;第三由南往北下傾打碎瓦鬲。　這三種力量的來源很近,都由上斜下;發動於下肢的上部。 大約瓦鬲與瓦罍放置的地方,均不是原來的位置;死者的腿上許有放置它們的一種間隔,是否是棺材不敢斷定,因為腐木的痕迹都沒找着。 這種間隔朽了,忽然上面有人在此掘坑,把它們打毀滾往兩邊;掘坑的人見了人骨又趕快的埋起來了;因此所以那瓦鬲瓦罍均失了些塊數。 這種解說是否合理,下文可以再行討論,現在暫記在此以備一說。

棺材的問題,雖有可以討論的地方我們很可以斷定它沒有;要是有的話不但沒有腐木的遺留那隻羊腿也沒法擺佈;要是在棺內,何以那羊腿現在的放置要高於頂一公寸以上? 要是在外何以與頂部沒有一點間隔? 左下膀蓆紋甚顯(插圖八)蓆紋存留,木朽不應全消;所以這個死尸曾用蓆裹是很顯然的事實;至於棺材咧,差不多沒有一點證據。 棺槨的

插圖八: 墓葬 18.4

左橈骨及尺骨手端之蓆紋,

制度雖傳說中有極詳細的解釋,也許並不普遍。 這不但有個貧富的階級在作別,也有個隨鄉隨俗不同信仰的表現在裏邊。本來'葬'字的本意只說"藏也,"並不必要'關'的 (關,棺本意),這個事先的籌備;到了許君說這個字,亦只說 "从死在茻中一其中所目荐之," 換言之,只要有條蓆裹屍,把它藏在地下就算葬。 這決不是一個望文生意的解說;一定代表那時極普遍的習慣。棺椁的制度只是一部份富貴人家的排場架子。 古史考說的舜作瓦棺,湯作木棺,姑不論其可信到如何程度;縱實有這件事亦只如現代的闊大爺們乘汽車乘飛機旅行一樣。 至於喪大記等所說的君,大夫士的棺椁,很有一點像一種徽章制度,與那時普通民衆的關係大約尚少。

插圖九:墓葬18‧5
頭下扎綑髮

我們所發現的俯身葬都沒有用棺的痕迹。 18‧2 的骨,已腐到差不多沒有的程度了;但那週身的輪廓尚在,所以那俯的樣式尚可以看得清楚。 這墓出現的那一天,日記中有這一段記載:

> 西北斜坑出兩墓葬,均帶銅作
> 兵器骨質均腐,下葬硃色滿身,上葬
> 無;下爲俯身,上爲仰身,………

這坑的地層,與 18‧4 墓上的大別,全爲黃淤土,所以看不出一點時代材料出來。但那上部的墓葬, (插圖九:墓葬18‧5),確是一個很大的關鍵:

它是仰身的;它也有銅製殉葬物;它並且在俯身葬上頭 (插圖十):從埋葬的次序說,俯身的在前,仰身的在

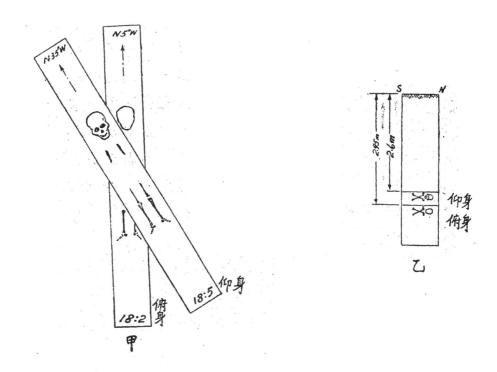

插圖十：　甲，墓葬18:2與18:5橫的關係
　　　　　乙，墓葬18:2與18:5縱的關係

後是無疑問的。　地層觀察中,沒有找出18•2墓或18•5墓是由旁邊掏洞葬的這種證據;除了這兩個可能外,再不能假設他種情形說18•5墓可以先於18•2墓了。　由此我們可以看出來兩件重要的事體來：

　　1.　以銅器殉葬的尸體放置,除俯身外也可仰身。

　　2.　據西北斜坑的發現,俯身葬的時代早於仰身。

這兩個墓葬都只有一件殉葬物;兩個唯一的殉葬物都是戈形銅器;但它們倆的排列卻微有不同,仰身的枕在頭下,俯身的放在背上。　兩個的形製也不全一樣。

此地的仰身葬在俯身後還有一個證據, 18•6 墓葬出現於 13•5 壬坑(插圖十一)。

插圖十一: 墓葬 18:6
1.瓦豆 3.罐
2.瓦鬲

有三件殉葬的瓦器:一個不全,一個已破,只有一個是整的。那件破的黏起來看是一個將近平底的"鬲。" 從陶器形制的演化說,這是一個很大的發現(插圖十四:三),後文將另討論。那不全的一件,很像一個瓦豆(登?)的上部。這兩件陶器都可以說晚於 18•4 墓中陶器的時代;因此,我們可以認定這個墓葬是晚於 18•4 墓葬的。 這是在這一帶,仰身葬晚於俯身葬的第二個證據。

18•3 墓上的地層情形,極像西北斜二;只是一層黃土,上下略有軟硬不同;要不與 18•2 與 18•4 同是俯身,單由地層上就沒法看它的時代性了。 但它的殉葬物雖與 18•4 的殉葬物件數一樣多,性質却微有不同。 18•4 的鬲,確曾用過;18•3 的全不像用過的似乎專為殉葬而作,實副明器之名了。 這種分別是否代表時代的先後,極值得一番研究的。

綜合這俯身葬的地層,與殉葬物的排列及其性質,我們可以得到下列的幾項觀察:

1. 俯身葬是銅器時代的一種風俗。

2. 小屯在殷商都城廢棄以後,尚有這習慣。

3. 銅器時代的仰身葬有在俯身以後者。

殉葬物

關於這種墓葬的時代問題,我們自然可以從殉葬的器物看出些着落。 但殉葬的明器,自身既沒有標定時代,那就都要靠着別的比較材料替它們定年歲。 我們先從那句兵屬的銅器講起:

句兵的演化 我很大胆的叫這兩件銅器爲戈 (圖版伍:二,三);向來研究戈形的幾位大師都從考工記的記載作出發點。這自然是一條極穩當的道路;但這條可走的路差不多已走盡了。 考工記的時代頂早亦過不了晚周或者竟是西漢時的;所講的制度,大約總是以作者的時代所親見的爲根據。 譬如現在講機械學的敎授講火車頭,總以現在時用的火車頭作樣子講。 要不是講它的歷史,他決不會扯到一千九百年的時候火車頭如何製造上去。 考工記大部份只是講義性質;所講各物製造法很有一個時代的限制,或者並有一個地方上的限制亦未可知。 因此,所以執考工記所說的一切,以繩後來所發現漢以前的一切器物,決不會件件合格;這是我們可以預料得到的。我們要認清此點,有好些古器物的形製就可以解釋了。 譬如戈,據考工記所載:

"冶氏………爲戈,廣二寸,內倍之,胡三之,援四之,倨句外博,重三鋝………"(冶人)

關於此項記載,我們第一件事所應講求的是一個正確的注解;這是程瑤田的功勞。 第二件事我們應該知道,這只是在一個時代,一個地方,戈的形製是如此;並非自開創以來,就已如此製造,直到考工記的時候,一點也沒有變化。 要如此看去,我們不但可以得一個關於戈兵演化的正確觀念,並且可以藉此得些時代的標準。 這種觀念在自然科學沒發達以前較難成立;是不足怪的所以黃伯思雖然發現了古代兵器只用銅鑄(東觀餘論,卷上,銅戈辨),他只以古人知道銅的好及精於冶銅的法來解釋這件事;並不能更進一步作一個近代觀的解說;這真是一件可惜的事。 但在自然科學發達的現在,這個觀念就不用費事的隨我們應用了。 安特生到底是一個西洋學者,他可以說第一個人如此看'戈'的演化(中華遠古之文化,第五版),不拘定於尺寸上的講求;有好些不合於考工記所述的句兵,就由此得一個着落,自然的歸於戈類。 但這件事情也並不如此簡單,因為除了因時代演進而起的制度上的變化外,還有地方上的差異也應該注意。 這種地方,現代的學者很容易弄錯,其實是一件極容易明瞭的事實,不過我們不肯細想罷了。 遠的不說,只說中國最近的內戰,一方盛用大刀,一方只用西洋剌刀;一方用手溜彈,一方用飛機擲炸彈。 現代如此難得說春秋時齊晉秦楚鄭吳等國就會立盟用一樣的兵器麼? 那戈的製造各地各樣,當然存在的;所以現在研究小屯所出的幾個戈式的句兵,一定要認定這其中也可以有過地方上的限制。 還有一件我們應該注意的事實就是明器中所見的戈與戰鬪的戈是否一樣。 照檀弓的傳說"明器,鬼器也,"孔子謂"為明器者,知喪道矣,備物而不可用也。" 這些不可用的明器與那可用的用器是否"若響斯應"的同時變化,是我們考究古器物制度沿革的人極應該注意的一件事。 要是現代風俗也可以代表古人的心理,我們看看那冥衣鋪所紮的樓庫與車,船,轎,馬,就可以知道生人替死人備的明器不一定完全代表那些生人們自己用的東西。結果是墓葬中器物制度演化的方向差不多自成一格;要把它們與生人的器物雜在一起比較,必定有講不通的地方。 但這並不是說所有墓葬的器物都是"不可用的明器,"孔先生所發的議論恐怕並不能代表一切的習慣;一個人的一部分生前的用物隨着他死,隨着他葬,是一定會有的事;不然,我們就沒法解釋 18•4 墓葬的破鬲何以為烟薰了。

有了這些講究,我們考究這些俯身葬中所出的器物就不能不受重重疊疊的限制。 第一應該問的是這些器物是"專門的"明器,還是這些死人生前用過與他們同死同埋的? 這幾個"戈形的"句兵就是一個疑問;它們養化過甚了,與殷虛出土的銅矛比(見上期十八年秋季發掘殷虛之經過及發現圖版九及插圖三),它們却極像"備而不可用"的物件。 但是與安陽市中所得的那十足的偸工減料殉葬用的明器比,它們却又極像可用的物件(圖版伍,陸),18•2 葬的戈形兵器的內尚有極顯著的布紋,像是固秘用過或者是埋葬時用布包過的;18•3 葬內的"雕戈"(圖版柒)安秘的兩欄中有殘的橫木在穿口,大約也是同秘用的;安陽市中所得的却並沒這類的痕迹(圖版伍,陸),在理想中這才算是真正的明器;因為那目的既是"備而不可用的,"為什麼要有安秘的地方咧? 但 18•3 的這件句兵的體質,實在過於單薄,不像實在砍人的利器;還是叫它為明器為近。

就形制說這三件句兵,無論它們是十足的明器或是假借的明器,倒底是"戈,"還是"瞿"? 譬如 18•3 那雕內這類的兵,鄒安就放在殘瞿屬(周金文存六,六十八,六十九,七十八),羅振玉却叫它們為戈(殷虛器物存真圖考);18•2 與 18•5 的兩件,程瑤田疑是

瞿類 (考工創物小記,皇清經解,卷五三七,四十三,四十四頁), 馮氏兄弟却叫作戈 (金索二,第七頁)。 在這地方,我想羅馮的理由較為充足。 瞿究竟有多少用處,我們尚不知道;根據顧命的一段,它不過是一種壯威武的排飾,只像後代皇帝們用金瓜斧鉞一類的東西;嚴可均最初發現的瞿,有穿,中間兩脊突出,與這幾件兵器全不相類(兩罍軒彝器圖識卷八第七頁);周金文存六,六十六頁有此器拓本,原物的箭全未顯出,亦未注明;沒看兩罍軒的,差不多不知道這器是以箭安秘的;考古家喜藏拓本,那曉得拓本可以如此誤人。

馮氏兄弟跋商舟戈說:

"此器似戈,似戳;戳無胡;戈之胡不如是之短,與考工記不合,疑商時戈也。………"(金索二,第七頁)

這確是一段很好的疑問;考工記式的戈,現在所發現的,沒有可以證明早到商朝的;恐怕壓根兒在商朝就沒有這類的戈。 但商朝有這件兵器是沒有疑問的;甲骨文中發現"戈"字已有六條(殷虛文字類編,十二,八);並且從戈的字也很有幾個。 不過在這時代,這個字已不是完全象形了。 這六處所見的戈字如下:

看這幾個字所代表的戈只是一橫而已;大概那時的人已經見慣戈這種兵器,所以只畫一橫就算代表它的全形。 但在金文中有好些象形的荷戈很象是真正的"象形",據金文編所集的這些荷戈式的小畫樣兒 (插圖十二),雖說不是一期的東西,要

是我們可以認它為戈的話,那差不多全沒有考工記的戈,全是無胡的可以叫作瞿的。

我很疑惑大部份所謂瞿者,就是雕戈之一種,介乎明器用器之間。晉語第九,有"穆公衡'雕戈'出見使者"的話;韋昭注曰,"衡,橫也,雕,鏤也"。這注過於簡略,不能使我們得一個關於此種器物的具體印象。程瑤田說:"又有內首鏤空,其紋兩面相通者;又有鏤其紋中復嵌以銅條者;亦有刻紋為飾而不交通…………疑皆雕戈遺制,"(經解本卷五三七,二十八頁)。顧名思義,程瑤田的話大約是對的;不然我們就沒法設想另外一種雕戈出來。看晉語所記,似乎是這種戈是專為上級軍官用的;所雕的花紋許就是代表用者的官銜;它的用處就像現

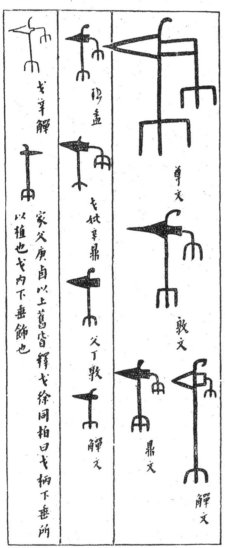

插圖十二:見容庚:金文編附錄

代的指揮刀一樣,並不一定要作砍殺的勾當,不過在必要時也可以砍殺得。所以這種戈可以說是備而不用的,與那'備而不可用的'明器又稍微有些分別。

嚴可均的瞿說總算是一篇極有領會的解釋;但那雙目究竟尚有可以作花紋講的可能;不過在我們能找着比這更好的證據以前,我們不能不承認這是認識瞿的形制的唯一的根據。這柄瞿的一個特點是用銎安柲,不用內;後來的古器學家把這一點都忘記了,把好些以內安柲的句兵都叫作瞿,卒致把瞿本來的面目都弄混了。

至於雕戈,雕於內首的花紋雖有種種的分別,然尚有一個常見的"母題"(motif 胡適之先生如此譯),就是金石學家所謂蠻紋(圖版柒),這母題最顯著的幾點,是嘴,眼,與尾把;它們的排列可以發生許多變化(圖版捌)。 這是不是蠻,自然是問題;但它像一隻鳥,一看可知。 句兵的作用既在"句"與"啄,"造這兵器的對於它的希望總是"看得準""啄得疾"如鳥一般,近而言之,希望它像鷄;遠而言之,希望它像鷹,隼,所以這個母題雖經金石學家叫作蠻,原來的面目,大約不是鷹就是鷄;雕它們在內頭,原來的目的大約帶一個"感應的"心理 (Sympathetic magic),並沒包含什麼美的意思;到後來也許以爲這可以表美,並藉它作了一個階級的標幟,所以連別的母題也採用了。 由此看去,我們可以說連"嚴瞿"也算雕戈的一種旁枝,那雙目只是從那鳥的母題變化出來的。

根據這些觀察,可以得到下列的幾個條例出來:

(1)戈之原始遠在石器時代(見上引安特生著錄),也許是由斧便化出來的這時候的戈尚沒有胡。

(2)冶銅術與後,那銅的兵器漸多,戈亦漸漸的用銅製;但那最初的形制,大約與石器相類,就好像銅鏃與骨鏃的關係一樣。

（3）戈的得用不得用完全看柲安得堅固不堅固；砍殺的事多了，經驗漸漸充足，造戈的人就感覺得戈形頗有可以改良的地方；最注意的地方是那近內納柲的外欄；它愈引得長就可以愈堅固；所以"胡"就漸漸發生了。

（4）除改良戈身的形制外，纏戈的結法也漸漸改良；最初的改良時期大約用過小橫木的；先把"內"中鑿一小孔；柲箇容內的兩邊也可鑿孔，一根橫木穿過；戈身與柲的關係就親密得多。

（5）上列的改良仍有毛病，於是在胡邊鑿孔；結得仍不堅固，第三次改良就把胡的身上也鑿了孔；這是一個大進步；用戈的人看出來了，由一孔添到兩孔，至於三孔四孔；孔添多了，胡也引長了。 到了寫考工記的時候就根據這一切經驗寫成這一條來：

> "廣二寸，內倍之，胡三之，援四之，"

並且把幾百年造戈所得經驗的得失寫出來告人說：

> "已倨則不入；已句則不決；長內則折前，短內則不疾。"

這眞是好些年殺人經驗所得的冷酷的結果；意思就是說這些形制都曾用過的，都有毛病，請你們後來造戈的不要再那樣造法了。 我相信早期的戈，犯這四種毛病的總不少。

（6）戰爭是古代常有的事，所以兵器與人發生了極密切的關係。 戰鬥時候用它，希望用得如意；不戰的時候也用它壯威武，排架子；死的時候帶着它走，埋在一起；沒有的也作些臨時的出來，以備做鬼的時候用。

（7）埋葬用的,究與實在生活關係較少,沒有時時改良的必要,所以那形制的演化就許慢些。 今再列表如下:

1. 無穿無胡的石戈——石器時代

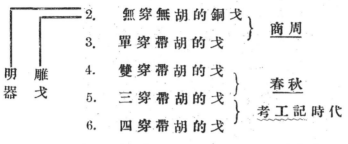

2. 無穿無胡的銅戈 ⎫
3. 單穿帶胡的戈 ⎭ 商周
4. 雙穿帶胡的戈 ⎫
5. 三穿帶胡的戈 ⎬ 春秋
6. 四穿帶胡的戈 ⎭ 考工記時代

明器 雕戈

（比安特生中華遠古之文化,第五版）

（8）以箇安柲的瞿,大約不在這個演化統系之內;它是特種情形下的產品。

據第七條所列的系統,18‧2 墓葬中的戈形,要屬於銅戈的早期;但上文已說過,明器的形制演化不必與實用器物同時並進;所以它的形制雖說是初期的,那墓葬的時期未必就可以由此代表。 18‧5 墓內的戈就形制上說,比 18‧2 還要簡畧一點;但它既同屬明器的性質,與時代的關係也就同樣的微弱了。 18‧3 的雕戈,比上說的兩戈形制上要進一級,內中有穿且有橫木的痕迹;因為它養化過甚,我們不能斷定它是否十足的明器,但內首刻紋甚深,實質較明器厚重,也許生前用過的;這墓的主人,大約生前在社會中有一相當的位置,所以用雕戈殉葬。 若真如此,這戈與上述兩戈形制上的分別又不能代表多少時代上的差別了。 但就這雕戈說,要是實用戈的話,它的演化階級只介於第二第三之間,它所代表的時期也就可由此推定,大約離商周之際也就不遠。

◻觚與爵◻ 實物的觚與爵,在形制及大小上向來是不完全一致的。 兩物的名全由宋人意定。 古器銘辭中均無銘文可以自證(看王國維設觥,觀堂集林三,第十二頁),然而"至今日仍無以易其說"(上文語)。 這可以說是金石學家最近的申明。 容庚作殷周禮樂器考略(燕京學報,第一期,八三至一四二頁),說:

> 專名之爵,其制前有流,後有尾,旁有鋬,上有二柱,下有三足(上文一〇一頁)。

按着這個定義,18•4墓中這件三足兩柱前有流後有尾旁有鋬的銅器(圖版玖)總算合與爵的定義了。 所以我們可以暫叫它作爵。

但18•3墓中那件三足有流帶"鋬"的瓦器(圖版拾)是不是爵呢? 說它是爵,它却差了兩根柱子,一條尾把! 說它不是;是什麼咧? 這是我們應該討論的第一個問題。

容先生說斝的定義:

> 其形如圓柱,腹微鼓,足微侈,而大張其口,腹以下四面有斝棱。 有其體特巨,四面有斝棱。 有方者。 有無斝棱者,此孔子所為致嘆於"觚不觚"也。………(上文,一〇二頁)

18•4墓葬中的第二件銅器(圖版拾壹)也合於這個斝的定義,不過腹下應該四面有斝棱已失其二,已有一半"不斝"了。 18•3墓葬中的第二件瓦器(圖版拾貳),除了"不斝"外,也竟合斝形。 這個"不斝"的瓦斝時代是否後於"半斝"的銅斝時代? 這是我們應該討論的第二個問題。

18•3墓中只有兩件瓦器;一個像斝一個像爵。 18•4墓中只有兩件銅器;也是一個極合於斝的"定義,"一個極合於爵的"定義。" 我們暫認此定義為起點來研究它們。 這兩件器物大約總有些相互的關係。 先從它們的容量說起;量法,先用細

沙盛量杯內,後倒入以上各器,均以水平算滿。 結果如下·

器物	容量	
銅"爵"	210 c.c.	
銅"斝"	510 c.c.	角與斝比 ＝1：2•43
瓦"爵"	275 c.c.	
瓦"斝"	420 c.c.	角與斝比 ＝1：1•53

所以銅斝的容量大於銅爵兩倍半略不足;瓦斝的容量大於瓦爵一倍半有餘。 這不但不合於韓詩說的 "一升曰爵二升曰斝," 並不合於考工記的 "爵一升,斝三升," 還是我們叫錯了名字,還是兩書說錯了比例？ 這是我們應該討論的第三個問題。

　　但我們最要知道的一點仍是,由這兩器的形制是否可以看出它們的時代性,藉此可以間接解決俯身葬的時代問題。在此立場上,我們就不能不再回到'形制演化'的這個基本觀念來。 我初論殷商陶器的時候,我曾說過 "禮器的形制全是由用器得來的;銅器的形制全是由瓦器得來的;" 這意思就是根據這個觀念。 就形制上說,這兩副斝與爵既都屬於俯身葬,它應該具同樣意義。 然者 18•3 中的瓦斝與瓦爵是銅斝銅爵的變相,還是銅斝銅爵的祖先呢？ 瓦斝的形制,我們固然不敢斷定是否比銅斝的形制早;瓦爵的形制沒有銅爵的進化却是我們可感覺得到的。 銅爵皆有柱,這個瓦爵却沒柱;但有柱的瓦爵曾出現過 (看第一期,殷商陶器初論,第十五圖甲),那時的陶人若果要抄銅匠的玩藝,他可以作得很像。 這個爵沒柱的原因,總有因爲這樣形制是早一期的這個可能。 有人說也許這不是爵,是角,或者是什麼別的名稱。 但照傳統的定義,角無流,這器却有流；且它旣與像觚的瓦器在一起，說它的用處與那與銅觚在一起的爵相同，似乎近理一點。 考古組在<u>彰德</u>時曾收集到好幾個這類的瓦爵；從它們形制上，可以看出這瓦爵很顯明的演化階級出來。 圖版拾叁，拾肆表示這幾個爵的兩方面；由這幾個圖，我們可以很顯然的看出來那"像雀的"銅爵的形狀是慢慢的演化出來的。 要明白這件事情，不可不先認識爵的眞眞用處。 最應注意的一點自然在"流"這一部；盛在這器的酒定有傾入他器中的必要，所以不能不有"流。" 流的用處等於現代的茶壺嘴。 最早的流，只是由那平口招出一點，以備傾出的酒可以集中流下，溢不到別處去。 這必定是因爲早期用的沒有流，倒酒的時候，溢出的太多；所以聰明的人就想了這個主義。 圖版拾肆：一，恰可代表這流的初生。 由此可以看到"爵"不是直接倒酒入口的器；它像酒壺一樣，只作盛酒的用。 <u>殷虚</u>出土的陶器中有好幾件像現代酒盃似的陶器；這種器具大約是傾酒入口的。

　　從製作上說，"流"的形狀愈發展，製器的手術也漸麻煩；一個圓口，忽然担向外邊一塊，是不容易燒的；這種緊縮作用就可把那流的形狀燒得"出"形；在沒燒以前，那流要出去太長就會支持不住；因此，第二部的進化就漸漸的發生。 最初，陶人只把流出口的兩邊加厚些力量，免得它塌下去。 這樣的爵，我們收買到一個；（圖版拾肆：四），看那"流"出口的地方兩邊很顯然"泥絆，" 就可推想它們是個機械上的必需。 流向外再延長的時候，連這泥絆也絆不住了。 頂長的流，大約是另外作的，然後安到口上；但是燒的時候，如何使它不裂下來，變成窰匠的一個狠嚴重的問題；在這種情形之下，"柱"就應運而生了；由此可以悟到,柱在最初,只是一個羈絆作用,目的在當燒的時候,把流與口打成一片,我們看傳下來有柱的爵,它們安置的地方,都在流出口處。 雖說到後來,這柱漸漸美術化,神秘化了,它的實用始終沒有消滅的。 至於尾的發生,也可以從力學上講明;流太長了,爵身就容易失去重心,有了這尾,重心就平衡了;這應該很容易明瞭的。

這些發生的事實,到後來都忘了;經學家更不屑注意這些繁瑣的節目;但他們對於這些事實上又不能不想一個意思出來。 於是有許君的像"雀"的話;有考古圖說柱是爲反坫用的話;但程瑤田駁得好,他說:"夫其流有兩畔,與尾參之爲三,亦足以反之於坫而不傾欹矣,奚所需於兩柱哉!"(通藝綠述爵) 但瑤田說的"節飲酒之容"這類的話,恐怕也免不了望形生義的毛病。(參閱容庚殷周禮樂器考,一〇二頁)

以上的解釋自然是說陶作的爵。 銅爵,假如是鑄成的話,何必要這種形狀咧? 我的回答,這就是證明銅爵的形狀得之於瓦爵的證據。

殷虛文化層中出土的陶器雖沒有整個的爵,然有豕爵一片 (見第一期殷商陶器初論第十五圖);我們也掘得一片白陶作的"柱,"它是屬斝的,或是爵的,我們固然不知道,然而那時柱已通行,由這是可以證明的。 所以我們可以說在殷虛時代,已經有了成形的爵了。 18•3墓中的陶爵(圖版拾)代表較早一期的演化階級,無柱無尾;但它是"備而不可用"的明器類;所以這並不能爲它早於殷虛文化層的證據,不過銅爵的時代似乎比它晚些。

瓦觚的比較材料少,對於它形制的沿革,我們現在尚得不到一個正確的觀念。　18•3出的觚,形制上有一點可以注意;它似乎是一個"不觚"的觚。　銅觚的"觚棱"生於銅範的接筍,是我們應該知道的。　殷虛出的銅範有一塊(圖版拾伍,一)很顯然的是鑄觚足一部份的,約佔四分之一。　18•4的銅觚,腹與足均有花紋,均由四段接成互為對稱;每段的母題都是一樣,不過排列的左右不同;與這塊銅範比只有大小的分別。　由此我們可以推到這觚鑄的時期離那銅範的時期或者不遠。　但銅觚下葬的時期,我們無從知道;就這點說,我們並不能因此定這葬與殷虛的文化時間的關係(圖版拾伍)。

　　陶器　除了18•3明器式的瓦觚與瓦爵外,尚有18•4墓內的三件陶器(圖版拾陸至拾捌)。　這三件陶器可以說是定這俯身葬時代問題的最緊要材料。　那鬲是生前用過的,是毫無疑問的;其餘的兩件,在殷虛陶器中也有很多類似;但它們倆的名稱却是很麻煩的問題。　頭前羊腿外的這件陶器(圖版拾陸,插圖十三)

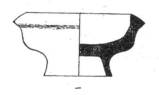 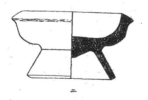 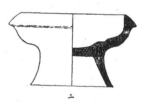

插圖十三

横13.5庚　　　　横13.5癸黑土坑　　　　見圖版拾陸
十二月六日出土　　十二月七日出土
高　6.5糎　　　　高　7.2糎
深　3.6糎　　　　深　3.0糎
　　　　　　　　口徑:外13.0糎
　　　　　　　　　　內10.5糎

就是甲骨文字中𠚶𠚶𠚶等所代表的;這類字殷虛書契考釋釋

為皿字,謂為"飯食之用器。" 18•4尸身頭前為羊腿腿前即為此器,可謂恰合飯食用器之義。 我想這就是"豆"的早形。 殷虛陶器中,高足豆類的陶器一個也沒有;像這樣的皿却很多。 玫古組新近在山東龍山城子崖發掘所得的,上層銅器文化時代有極多的豆;下層石器時代中的陶器,豆形差不多全消滅了;但像這皿的樣子却很多。 高足豆大約是中國極東的出產品,在周初方漸漸的時行;它的原形就是殷虛的皿。 18•4墓中的皿,大致與殷虛文化層中的皿一樣;這可以說是這墓葬離殷虛廢棄後不很久的一個最好的證據。

鬲是殷虛陶器中最普通的一件;18•4墓中的鬲在形制上與殷虛文化層中所見的差不多完全一樣。 我初論殷商陶器的時候,曾說:

> "大概鬲的演化很像安特生所設想的那種情形,最初是三個尖底的瓶,放在一塊化成的鬲。 那時鬲足最長最空,由此漸漸的演化直到了底差不多平了。"(第一期 53 頁)

三　　　　　二

插圖十四

墓葬18.6出	參閱圖版肆	橫14壬	十八年十一月三十日	見圖版拾柒
口徑	22.2糎	口徑	19.0糎	
高	14.6糎	高	18.5糎	
深	14.0糎	深	12.2糎	

但那時並沒見着平底的鬲,秋季發掘竟在 18•6 墓葬中發現了一個差不多平底的鬲,深幸前言之有證,不覺爲之狂喜(插圖十四,三)。 與這平底鬲同時出土的有兩件他種陶器;其中一件極像高足登的上部,這件瓦器與平足鬲同時發現可以說是一個很巧的塲合,因爲殷虛文化層中有皿,沒有高足的登;有空足"淺化"到一半的鬲,但沒有"淺化"到平底的這種的鬲。 所以就這個墓中的這兩件陶器看,都要比(1)殷虛遲若干時,(2)比 18•4 的俯身葬遲若干時。 這就是說 18•4 墓葬近於殷虛文化層時代,而早於 18•6 的仰身葬時代。 但 18•6 的仰身葬與 18•4 俯身葬中的陶器有一點相似;兩墓中的陶器都是殘缺不全。 就殘缺的痕迹看都是破得很早。 這種破的陶器都不像備而不用的陶器,大約都是用器。 要果然埋葬時就是殘缺的,倒極值得注意。

18•4 墓葬中的第三件殘缺的陶器對起來很像兩耳帶鼻的罍;但它的下半部缺了一大半,是否有鼻不得而知。 就它那小口廣肩帶耳的形制說,是極像罍。 這類陶器也是殷虛文化層中常見的。 那耳的作法,與大部份帶耳殘陶片的耳完全一樣(插圖十五)罍身橫的分段及繩紋亦類似文化層中許多的陶片。

所以就這三件陶器說,它們與殷虛文化層的時代不能有很大的距離。

兩件石器 此外的殉葬物尙有 18•3 墓中的兩件石器很顯然的是兩件特製的明器。 因爲沒有比較的材料,一時不能斷定它們代表什麼。 我初以爲它們或者代表兩柄劍,我的朋友徐中舒先生甚不以爲然,他說劍是較遲的武器,並且沒有怎

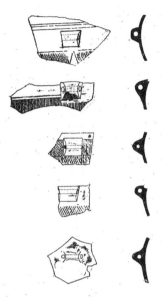

插圖十五： 殷虛出土之
陶耳及其橫截面.

們粗的柄;許是"琴瑟"模型。 不過
據我所知,這兩件石器雖有點像琴
的雛形,但焦尾,岳山均沒現出;至於
瑟的形狀連影子也沒有。 很古的
琴瑟現在沒有傳下來的;我們所知
道最老的琴只有古物陳列所所藏
相傳是王獻之的一張;那琴也沒有
與這兩件石器相像處。 這兩器放
置的地方,正在兩大腿中間(圖版貳)
這是不是放琴瑟的地方也是一個
疑問。

結論

總集以上的敘述及討論,我們對於這次所發現的俯身葬
及所出的殉葬物,可以作下列的推斷:

(1)俯身葬是中國銅器時代中期的一種習慣,與殷虛
文化時代的距離不遠:因為殉葬物的形制,大部份與殷虛
文化層中所出的近似,尤可注意的是 18•4 出的瓦皿,瓦罍
與瓦鬲,及銅觚的花紋。

(2)尸身是用蓆蓋的;沒有棺材的痕迹。

(3)有時用紅色塗尸身。

(4)這種葬法在殷都從此地遷移後仍繼續了些時;但
在青銅時代完了以前,已改成仰身葬。 據此,可以說這是

殷商民族一種葬法

此外尚有幾條關於古器物形制演化的結論:

(5) 考工記所講的造戈法,至早也只是周末的;由多少年的經驗慢慢推敲出來,商及周初的戈,胡均甚短,多半連胡都沒有。

(6) 雕戈只是戈之一種,許帶點階級性質。

(7) 銅爵是由瓦爵變化出來的;瓦爵最早的形狀沒有柱也沒有尾,只有很小的流;流變長了,才漸漸生柱,漸漸有尾,皆是製作上的需要,並無禮儀上的意義。

本文原載於國立中央研究院歷史語言研究所專刊之一──「安陽發掘報告」第三期

民國二十年

圖版壹

墓葬 18.2　　十八年十月十二日，
　　　　　西北地斜坑乙中部出現.
　　　　　頂部標點:
　　　　　　X ＝ .08
　　　　　　Y ＝ 0
　　　　　　Z ＝ 2.95

圖版貳

墓葬 18.3　　十八年十月十一日至十二日，

西北地橫二縱溝出現．

頂部離地面：2.65 米

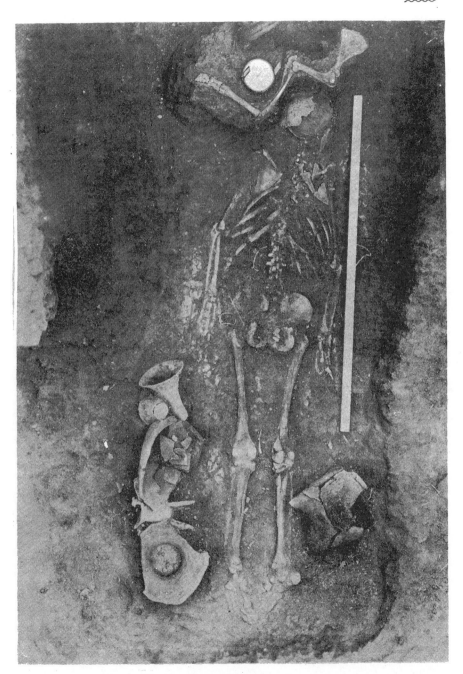

圖版叁

墓葬 18.4　十八年十月十九日，

材北縱八乙及乙酉支。

頂部離地面 1.7 米。

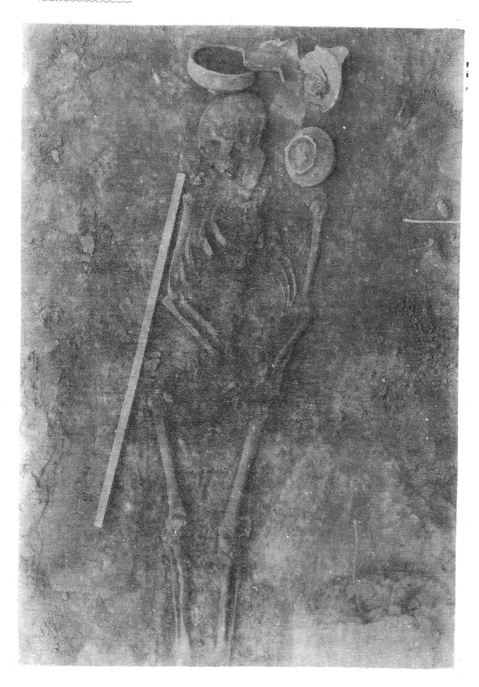

圖版肆

墓葬 18.6　十八年十一月三十日，

橫　13.5　王坑出現．

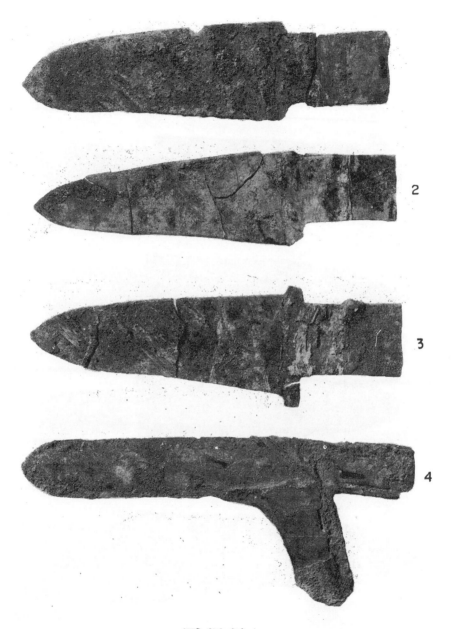

圖版伍

安陽出土銅戈

1,4, 購買品；2, 墓葬 18.5 出；3, 墓葬 18.2 出。

	1	2	3	4
全　　長	23.2糎	22.8糎	22.9糎	25.0糎
"内"　長	4.4糎	4.2糎	4.4糎	2.3糎

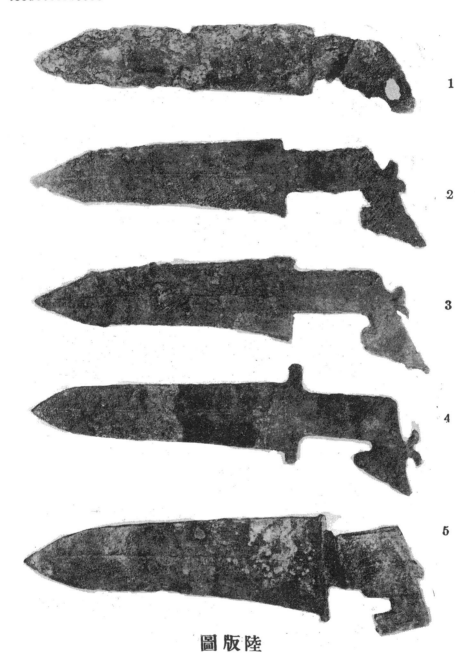

圖版陸

安陽市購買之銅製明器

	1	2	3	4	5
刃　長	16.7糎	15.4糎	15.2糎	15.2糎	17.4糎
"內"寬	2.9糎	2.5糎	2.4糎	2.6糎	?

圖版柒

墓葬 18.3　中之'雕戈'
（參閱圖版貳）

全長 24.00 糎
內寬 4.00 糎

俯身葬

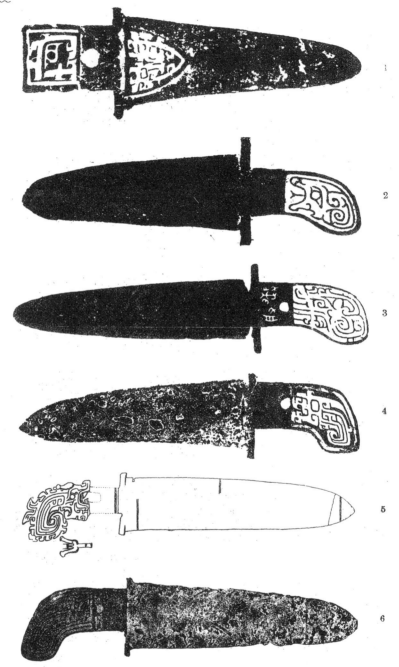

圖版捌

著錄中所見類似雕戈之銅製兵器
1. 吳大澂：愙齋兵器條屏第四幅。
2. 鄒安編　周金文存，金存六，七十八頁。
3. 鄒壽祺編　夢坡室獲古叢編，兵器目錄下，周取罳。
4. 鄒安編　周金文存，金存六，七十八頁。
5. 梅原末治：相傳殷虛發現之銅器，史學卷八，第四號。
6. 關葆雖：殷虛古器物存眞。

圖版玖

銅爵,墓葬 18,4 中 出

流口至尾端	15,5 糎
口 徑	7,3 糎
高	15,1 糎
深	9,8 糎
柱 高	.2 糎

圖 版 拾

瓦 爵，墓 葬 18.3 中 出

高	13.5—14.2 糎
口 徑	9.2 糎
口 徑 帶 流	12.6 糎
深	7.5 糎

圖版拾壹

銅觚，墓葬 18.4 中出

高度	23.7 糎
口徑	14.4 糎
底徑	9.1 糎
腹徑	5.3×4.8 糎
深	15.0 糎

圖版拾貳

瓦觚,墓葬 18.3 中出.

高 度	20.8 糎
口 徑	14.0 糎
底 徑	9.3 糎
腹 徑	5.3 糎
深	13.4 糎

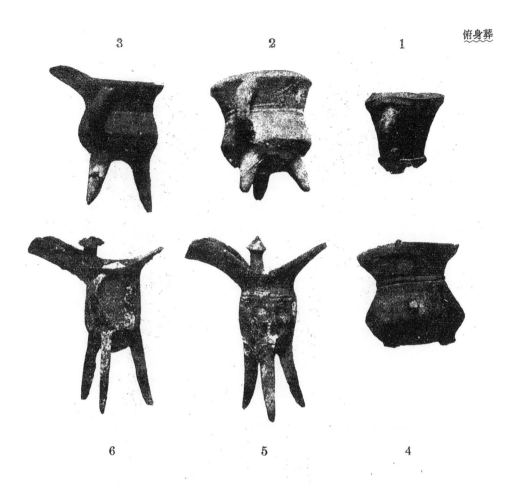

圖版拾叄

爵形之演化，側面

	1	2	3	4	5	6
中心高度		12.7糎	14.0糎		15.4糎	15.1糎
流端至 口邊 或至尾、共長*	9.1糎	11.2糎	12.6糎	11.0糎	15.6糎	15.5糎
口　徑	8.7糎	9.6糎	9.2糎	9.4糎	7.0糎	7.3糎
深	7.7糎	8.6糎	7.5糎	8.2糎	7.1糎	9.8糎
柱　高					3.8糎	2.0糎

*　口徑與此徑度成正角十字形

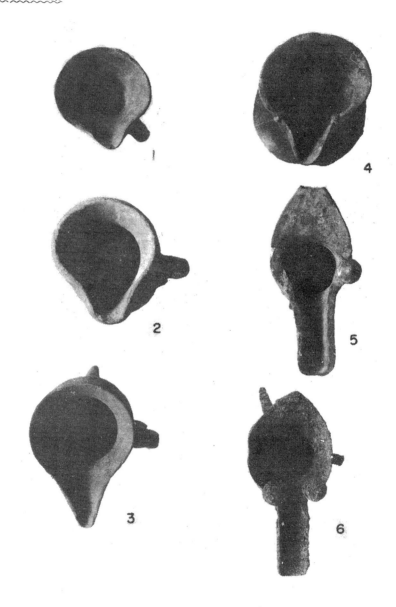

圖版拾肆

爵形之演化，口部

（參閱圖版拾叁）

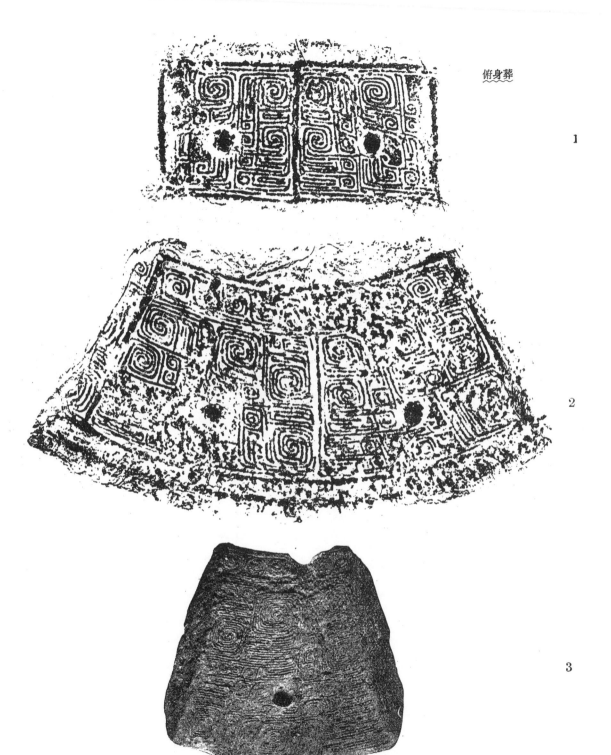

俯身葬

1

2

3

圖版拾伍

1,2, 18:4墓葬中銅瓿花紋拓本

3, 殷虛文化層銅范:編號 3,12,0099.

十八年十一月十五日,村北

橫11丙出土深,4糎,

圖版拾陸

圈足皿,墓葬 18: 4 出

高	7.6糎
口 外 徑	18.3糎
口 內 徑	11.3糎
深	3.3糎

圖版拾柒

瓦鬲,墓葬 18.4 中出

高度	23.00糎
橫徑	22.00糎

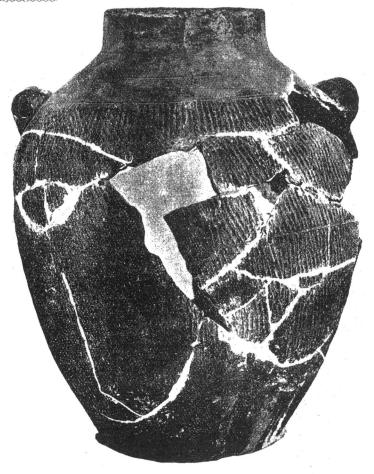

圖 版 拾 捌

瓦 罍,墓 葬 18.4 中 出

高 度	29.6粴
口 徑	17.2粴
最 大 腰 徑	24.7粴
耳 下 徑 度	23.2粴

安陽最近發掘報告

及

六次工作之總估計

一 引 言

中央研究院歷史語言研究所組織的安陽發掘,自民國十八年秋季工作停止後,有一年多沒得繼續下去。 考古組此時的工作大部份爲整理出土物品。 十九年秋季,中央研究院與山東省政府合組的山東古蹟研究會成立後,就開始山東發掘,在濟南東南龍山鎮附近城子崖發現了華北東部石器時代的黑陶文化。 這個發現,除了它自身的重要外,供給了我們研究殷虛問題的人一批極重要的比較材料;好些疑難問題因此就

＊中華敎育文化基金董事會考古學研究敎授,國立中央研究院歷史語言研究所考古組主任。

得了一個可靠的解決的根據。 考古組的同人對於"比較法"也由此得了一種較深刻的認識。 第四,五,六次的安陽發掘很受了這個新觀點的影響;好些觀察都以這種新認識爲樞紐。

在此時,我們的工作人員也增加了。 十九年夏季梁思永君由美歸國後,卽受中央研究院之聘,加入考古組的團體。 梁君是一位有田野工作訓練的考古家並且對於東亞的考古問題作過特別的研究。 兩年來他對於考古組的組織上及方法上均有極重要的貢獻。 與梁君同時加入考古組的還有郭寶鈞君。 郭君曾參加過第一次安陽發掘,他是我們同人中最不怕困難最能想辦法的人。 安陽發掘團體得了這支生力軍,璧壘就爲之一新。 第四次的工作在安陽發掘歷史中算是最緊張的一幕。 此外還有吳金鼎君與劉嶼霞君都是從第四次起方參加安陽發掘。 吳君是山東黑陶文化第一個發現者;他對於安陽的問題獨具一個看法,能於他人所不注意的事實中找出新意義。 劉君算是第四,五,六,次發掘最忙的一人;一切繪圖,大部分的照像均是他的責任。

在第四次發掘工作開始以前,一件最幸的進展就是河南省政府自動的表示願意進一步的協助中央研究院完成殷虛發掘工作。 這不但是普通社會對於學術研究漸有理性的了解的徵象,更可證明的一事就是:雖說是在這種擾亂的年頭,什麼誤會都可以解釋開的;所需的只是相當的耐性與公正的態度而已。 在我們這種多難的國家,作學術研究原只是一種開荒的企業,困難與阻礙都是在我們預期中的。 社會上對於我們設法消除這種阻礙與困難的努力同情的表示,是我們所最感激的並認爲是中國現在是在向前邁進程途中一個最有力的證據。 我們在國難期中仍繼續照常進行我們原來的工作；我們認定這是我們報効國家最有效的辦法。 要是我們抗槍赴前敵的時期到了，我們當然也就欣然而往，去盡我們的責任。

自民國十九年起，中華教育文化基金會贈予歷史語言研究所考古學教授講座一席，以五年爲期，由作者担任。 自廿年起該會又捐助歷史語言研究所考古組工作費每年一萬元，以三年爲期。 這種經濟的協助，是我們能續繼我們的工作一個最緊要的原因。

二. 第四次工作經過

第四次工作開始在廿年的春天。 出發前預定的計畫爲分區翻土，"整個的翻"；先以十八年秋季所作的橫溝爲翻的範圍。（安陽發掘報告第二期:第四圖與第五圖。）最先到安陽的爲董作賓，梁思永，郭寶鈞，劉嶼霞，周英學五人。 那時河南省政府已派谷重輪及馬元材兩君到安陽，偕同縣政府所派的姜文斌君招待我們這個團體；同時河南省政府又派關百益及許敬參兩君參加實際工作。

三月廿一日發掘動工，計分三班；每班領一區。 梁思永領A區，郭寶鈞領B區，董作賓領C區。 劉嶼霞專負定位定向的責任，重立標點，把舊坑新坑均繪在一張圖上。 每坑均有一發掘名如：A₁, A₂, B₁, B₂, C₁, C₂, 等；又有一位置名，如：東90北 440，或東80北 570：謂坑之西南角在標點之東九十米，北四百四十米；或東八十米北五百七十米。 在可能範圍內，一切溝的方向均以磁針爲準。 標點用三合土定在小屯村西南。 殷虛範圍，據我們所已知道的，都在標點之東北方。 有了這坑位名，各坑相互的關係一看就明白了。

第二批到安陽的爲李濟,李光宇;第三批到的爲吳金鼎,王湘;均陸續加入發掘工作。 此時我們漸漸的發現"整個的翻"這個計畫實行上有免不了的阻礙。 "整個的翻"的主旨是想找建築的遺址,不能用滾土的方法。 換句話講,一切起出來的土必須移到別處。 如此作去,我們就不能不顧慮到我們的經濟能力了。 下列的計算雖不能說是絕對的準確,却是根據我們的實際的經驗算出來的:

1. 每一人每日起土平均是: 2.892 立方公尺

   (以每日工作八小時算)

2. 每一工作單位 (一人一日爲一單位)

   約需費用(包括一切用費,惟職員薪金除外): 2.67 圓

3. 每一立方公尺土起出所需費用: .9232 圓

4. 橫 11 坑北可作範圍之面積: 26250 方公尺

5. 平均深度以 2.5 公尺算,共有: 65625 立方公尺

6. 共需費用約: 60585.00 圓

這尚不算移土費與還土費。 若再把這兩筆款加進去,那數目當然還要比這大。 若再把整個的殷虛算入,那數目更要大些。不過我們最大的困難並不單在經費。 要是嚴格的照這計畫作,我們尤其需要一個長期的安定時間。 在我們現在的變態政治下,誰能作這個保障? 至少據那時的安陽的地方上情形看,我們只能有一個反面的感想。 那時參加工作的同人均感覺得原來的計劃,有些變更的必要。 開工後一禮拜,我們就決定了留數米翻一米的計畫。 如此作去,不但可以省工,並且可以省得移土。 若某處我們認爲有全翻的必要,仍可全翻。 今

將第四次照這計劃所掘的坑統計如下：

區別	地點*	坑數	發掘日期	視察人
A 區	縱溝西,橫 13 橫 14 間	25	三月廿一至 四月廿一	梁思永,李光宇
B 區	縱溝東,橫 11 橫 14 間	56	三月廿一至 五月十二	郭寶鈞,董作賓 王湘
C 區	橫 11 南	29	三月廿一至 四月四日	董作賓,劉嶼霞
D 區	大連坑東	10	四月一日至 四月三日	吳金鼎,關百益 許敬參
E 區	橫 14 北	32	四月三日至 五月六日	董作賓,吳金鼎 許敬參,王湘

(*註：看第二期第四圖與第五圖)

各區諸坑,大概都作平行線,相隔五米至九,十米不等,有時枝出,互相連貫。 各區並無分明的界線,大半斟酌地面下情形臨時向四面發展。 五月半收工的時候,各區均據有很清楚的範圍;就第四圖說:A 區集中在縱溝西橫 13 橫 14 間;B 區集中在縱溝東橫 11 橫 13 之間;C 區在橫 11 南,D 區在大連坑東;E 區在橫 14 北。 這幾區的地面下情形,經過此次的詳細分析,均有顯然可以自別的地方。 大略言之,A 區的情形最複雜,此處大約翻掘過多次,除幾個方坑外 (圖版壹) 均呈擾亂的狀況;灰黑土且較他處爲深,並無版築的遺留。

　　B 區的情形差不多與 A 區完全相反,所謂“版築”遺跡的存在都是由 B 區的發掘證明。 一切證據詳下篇郭君的小記。

這個發現得力於山東城子崖的發掘甚多。 本來這種夯跡(參閱圖版叁:1)是我們在第二三次工作的時候,已經注意到了的;那時因爲所採的完全是長溝式的發掘,見了這種像聚墨的硯台似的無數的回痕,就設想了好些解釋。 張蔚然君特別研究這個問題的結果,偏重水淹遺跡說;這個解釋原來也只是一條試說;因爲觀察的範圍旣有絕對的限制,任何解釋只得算一個嘗試。 十九年秋季在山東城子崖發掘,得了城牆的基址,完全是版築的。 那些回紋,宛然似我們在殷虛所見的。 廿年春季繼續殷虛工作,就不期然而然的特別注意了這個問題。 見得多了,愈信水淹說站不住,版築說最爲合理。 本來偌大一個王都的遺址,雖說經過了極長久摧毀,豈能完全沒有建築的遺留! 不過他們那時旣不用石頭,又沒發明磚瓦琉璃的材料,建築遺址出現的希望就很少了。 版築的存在證實後,我們對於商朝建築的研究,又鼓起新的興趣來。 這是我們發掘殷虛的歷史中一個極重要的轉點。

C 區的範圍所在,是村人向來所認爲古物的不毛之地。但這次的發掘證明在這個區域內版築的分配很廣(圖版叁),有的地方可以厚到十層以上。 但這區域確沒有什麼實物出土;灰土的堆積也少;C 區的南端,近村子的地方出俯身葬一座。

D 區範圍極小,情形似 B 區。 E 區是卅年來,盜掘殷虛者所認爲甲骨蘊藏最豐富的區域,這次發掘結果,最重要出土品恰由此區掘出。 最值得記述的爲 E 16 及 E 10 二坑。

E 16 坑〔N 544.6 E 311〕發掘記載(圖版肆:1,2)

四月十日　　0.00—1.50(深度,以公尺計,下同。)地面層有龜版,陶片,石刀,蚌貝,銅銹,及陶片等。

四月十三日 （上午）	1.50—2.60 黃土微帶褐色,順活土向下作,坑作圓形,直徑1.7米。 出土器物有銅器,硬石器,蚌器,骨簇及他種骨器,多量陶片。
四月十三日 （下午）	2.60—3.50 出土器物有灰陶片,紅陶片,白陶片,蚌及蚌器,獸骨,骨器,綠松石,殘破銅器,殘破石器及小銅器。
四月十四日	3.50—4.50 土灰褐色。 出土器物有灰陶,塗朱陶,蚌及蚌飾,硬石,字甲,獸骨,銅,石,銅銹,綠松石。
四月十五日 （上午）	4.50—4.90 灰黃土,上午作四周,漸見字甲,坑形漸成腰圓,南北牆成直線;陶片均爲小塊;銅渣及小銅器甚多。 出土器物爲蚌圈,綠松石,帶釉陶片,貝,木炭,牙製器,骨簇,朱,無字龜版。
四月十五日 （下午）	4.90—5.20 土層如前,出大宗銅器,有雕戈及空頭斧,錛,各數件,又有大宗獸骨與龜版,中有牛腿骨。 此中物品之堆積,似無一定之秩序;惟漸下器物漸全;最特別者爲石器,其一俗呼藥劃,卽肩斧之類;銅錛形制尤爲特別。
四月十六日 （上午）	5.20—5.60 下層漸有粗沙,但不普遍;坑形向下漸成長方形,斜向西南;西南多獸骨,並出字甲二塊,北出銅,南出陶器,龜殼多在北。 出土物品爲龜殼,銅矛,已腐花骨,黑陶,多數蚌殼,大塊木炭,零碎銅塊,白花

陶片,銅錛,猪骨等。

四月十六日　5.60—6.00　土色如上,漸夾沙土;5.7 米下
（下午）　　一層只有獸骨,沙片及石刀片,牛肋居多;
　　　　　六米深處,坑中部出大宗類似石灰之土
　　　　　質。 出土器物種類為銅罍,石斧,帶朱銅
　　　　　器,薄陶片,花骨,木炭等;所出銅器及獸骨
　　　　　多作立形。 六米下腿骨及肋骨加多。

四月廿日　　6.00—6.60　第一層下土色漸黑,出肋骨甚
（上午）　　多,又出大石兩塊,並有骨簇,字甲兩塊及
　　　　　蚌器。 再下土漸變,出大塊銀朱,軟如麵。
　　　　　陶片有黑色及方格紋者。 蚌殼漸多,肋
　　　　　骨漸少;再下有牛牙,銅矢;再下有圓銅器。
　　　　　6.4 米上下蚌殼漸多,間有字骨。 中午乘
　　　　　繩梯下察地層時,已深6.5米;壁旁仍為黃
　　　　　沙;數日前所見之黃沙並非地下之沙層,
　　　　　確為淤入者。 坑形不圓,凹入凸出處甚
　　　　　多。

四月廿日　　6.60—7.10　土色土質如上;蝸牛殼漸多;他
（下午）　　種物品為大蚌,字甲數塊,牛腿骨,綠松石,
　　　　　骨簇,雙刃石刀。

四月廿一日　7.10—7.60　土色如上,漸黑;仍夾木炭甚多;
（上午）　　7.5米漸黑,出土物品為銅簇,骨簇,破碎銅
　　　　　片;再下出字甲數塊,銅燈陶片漸多;有帶
　　　　　蓋陶器,金二塊,又續出字甲多塊;磨朱黑
　　　　　陶盤一,及將軍盔;7.5米下,陶片漸多。

四月廿一日　7.60—8.00 土漸濕,收工時土仍發黑,西牆
（下午）　　有粗沙。 出土陶片及斷把筓頭漸多,外
　　　　　有帶火號背甲,七米下字骨漸多,並有石
　　　　　刀等

四月廿二日　8.00—8.40 土漸成淤泥,石塊漸多,木炭亦
（上午）　　漸多。 出土陶片石塊仍夥,外有鹿角槍
　　　　　及字骨字甲等,8.1米深,西南角字骨漸多。

四月廿二日　8.40—8.80 全成淤泥,仍為灰黃色;8.75米
（下午）　　西南已及黃沙土,東北仍有"活土",除陶
　　　　　片外,甲骨極多,別種物品漸少;骨版中有
　　　　　鬼方字樣;近水面時仍有多數龜版。

五月二日　　8.80—9.40 深 9.3 米處全到水面,中含灰泥,
　　　　　仍有字骨字甲陶片等件。

　　這個坑的體積約為 21.3362 立方公尺,共作九日,每日四工;
故每一工作量為 .5926 立方公尺,較之普通之平均工作量 (2.892
立方公尺) 約五分之一略強。 出土的物品,為在殷虛發掘來最
豐富者,並為惟一之銅器坑;統計他處所得之銅器,不及此坑中
所出二分之一。 所出銅器以武器為最多,有戈,矛,瞿,簇等;用器
次之,如鏟,斧,小刀等,禮器少見,只有殘片。 這是討論此坑性質
最可注意的一點。

　　E10(N510 E241) 坑　　E 區第二個重要坑為 E 10 (圖版伍:2)。
這個坑在地面層兩公尺內,出了一大堆獸骨;內有虎頭骨,象下
牙床,鯨肩胛。刻字鹿頭,牛骨及曾經鋸過之鹿角等,中夾殘銅,石
刀,雕石,及殘碎人骨陶片等。 但坑形並不整齊。 象的記載雖

早見甲骨文字,象牙器亦發現過,這却是頭一次發現象的遺骸。殷人服象由此可得實物的證實了。 鯨之脊椎及肋骨在第三次已經出現過;這些骨料當然來自東海或南海,可見那時的交通一定是達到海邊。

　　後岡在鐵道西,正對紗廠;四盤磨,在小屯正西 (看第一期第一圖) 約三,四里。 十八年發掘小屯時,我們天天走過後岡,看它那隆然高出四週的形勢,偏佈着繩紋陶片,那時就動了掘它的念頭。 四盤磨以出銅器墓葬出名,十八年秋季,曾有人在此掘出此類墓葬。 及山東發掘歸來,都信 "要了解小屯必須兼探四境" 的這個方式。 故廿年春季,梁思永,吳金鼎兩君在小屯小試後,都要用 "由外求內" 的方法發掘小屯的四境以解決小屯。 梁君選了後岡,吳君選了四盤磨。 四盤磨的發掘雖沒如我們的預期,出現大夥銅器,然他種收穫甚多;計得俯身葬一座;地面下情形,甚似小屯,有無字之甲骨,翼狀之銅鏃,骨矢,骨鏟,骨錐,石刀及蚌器,形制均與小屯所出同類器物無異;大約至少亦爲殷虛之外郊。

　　後岡工作之結果,重要性超過四盤磨。 但此處的發掘,因爲中間發生了一次臨時恐慌,就停頓了半年,直到第五季才完了。 此處發掘的情形見梁君的記載。 最重要的發現自然是那彩陶黑陶及白陶文化成層的堆積。 這個發現,同時又是一個證實。 十八年秋季,我第一次在小屯發現彩色陶片的時候,我曾推定它是仰韶文化的遺留,不是交易得來的。 換句話說,我從各方面的事實比較着看,認定仰韶文化確早於小屯的殷商文化 (第二期:小屯與仰韶)。 那時有些朋友認定這根據太薄弱,並且有懷疑這塊彩色陶片來源的。 這件事既不是口舌辯論的問題,我也就無辨正的需要。 我們始終抱定的宗旨,就是忠實的發掘,由此探求問題的真相。 事實出來了,辯論自可終止。現在我想,就是最懷疑這條結論的讀者,要看了梁君的報告,對於我最初發現的那塊帶彩的陶片,也不能懷疑了吧!

三. 第五次發掘工作

九一八國難發生後,我們常常的自問:我們這種工作,在我們現在所處的環境中,是否一種浪費? 我們雖並不懊悔我們職業選擇的荒唐,但那放下劃子抗鎗赴前敵去打仗的衝動是免不了的,並且是很強烈的。 記得英國埃及學家裴居離爵士在歐戰期間也經過這種心境,但是他的志願始終沒有具體化。現在我們既尚沒有機會表現我們這類的志願,只有繼續我們原來的工作。 我們一年來都是這樣感覺的。 廿年秋季,我們的田野工作分成兩組。 一組往山東又作了一次城子崖;一組往安陽第五次發掘殷虛。

第五次安陽發掘由下列工作人員組織:

董作賓　梁思永　郭寶鈞　劉嶼霞　王　湘

(以上歷史語言研究所職員)

馬元材　(河南省政府)

劉燿　石璋如　(河南大學學生)

張善　(清華大學學生)

十一月七日開工,發掘地點為小屯村北及村中。 後岡又作了一季。 大體都是繼續上季未盡的工作。 我那時因為離不開北平,就沒去;在田野負總責的為董君作賓。 這段報告都是根據他的記載。

村中發掘證明地下堆積爲廢棄狀況,不是如先前所說漂流來的。 這當然又是洪水說的一個新的反證。 這次村中所掘的地點,就在第一,二次所掘的舊坑的旁邊;有幾個坑在第一次所掘的36坑附近。 這個坑曾出現過有文字的甲骨。 重新考察這裏狀況,知道存文字的甲骨原在地"顯係堆積而非漂沒",(董君原文)。 出土品中有一條刻字的牛肋骨,這是先前所沒見過的,又有一座具大批明器的隋墓葬。(圖版陸:1)

第四次村北發掘,旣發現版築,並找着它集中的地點在B區。 故第五次卽繼續翻掘B區,更進而求版築的總分配與各方坑及圓坑的相互關係,(圖版貳)。春季收工時,已發現兩公尺下有四公尺至五公尺直徑之大圓坑輪廓,故秋季卽循此輪廓順序翻掘。 第四次所擬"整個的翻"的計劃,遂得小試於B區。由這種工作,我們所得的最大的收獲,爲發現版築爲比較晚期的建築;夯土以下,另有一種居住的遺址,均作大圓坑形。 這些圓坑,往往兩兩相套,現重疊的排列,或作葫蘆形,如宮字形⑧。這或者就是古時的陶復,挖土爲穴,上加覆蓋的制度。 這類的陶復,在某一期間,有一部分填平,以版築法築台於上。 版築是否爲他種建築之基址,尙難斷定;但其爲建築遺蹟,則毫無疑義。在B區所覓此類建築有高出殷虛地面二公尺以上的,南北寬約十公尺,東西長約廿餘公尺。 版築層有厚至四公尺者。 版築台之西北南三面,多爲圓井與方井。 台的西南出骨簇,西北出石刀,數目都在好幾百。 台北復有整架的野豬(圖版伍:1)及大獸骨。 版築台正北爲另一純淨細黃土作成之高台,面積:東西,南北,各長十二公尺,作正方形;黃土厚約半公尺至一公尺;中無夾雜物。 黃土台正北卽大連坑,爲第三次發掘的出土品精華所在。

後岡發掘,只是繼續春季沒完的工程。 最可注意的自然是殷虛式遺存,黑陶文化與仰韶文化成層堆積的那種現象。其次爲成層之平面的石灰層,作圓形,中間向上凸。 這地方表面即有刻字卜骨及與殷虛類似之白陶,下於此之黑陶文化,及更下於此之彩陶文化爲早於殷商時代,可以說毫無疑問的了。

第五次發掘共作四十三日:十一月七日開工,十二月十九日收工。

四. 第六次發掘經過

五次收工以後,我們的國難更加嚴重了。 眼看着日本軍閥在上海殺人放火,連東方文化圖書館也作了他們摧殘的目標。我們的反感自然很多,我們的共同感覺及結論是:在這種嚴重時期,我們最要緊的責任,還在按秩序加緊我們的工作。蔡院長給我們的訓辭是:"風雨如晦,雞鳴不已"。 所以在這國基飄搖的時候,我們第六次的發掘,仍是開工了。

參與這次小屯工作的爲:李濟,董作賓,吳金鼎,劉嶼霞,李光宇,石璋如六人。 小屯的發掘,仍繼續集中於B,E兩區,逐漸的實行那"整個的翻"的計劃。 此外又在河北的侯家莊及小屯西南王裕口與霍家小莊間試掘。 小屯翻掘至五月下旬收工時尚未及 B E 兩區全面積三分之一,故仍有再來繼續的必要。這季注意集中所在爲版築下之方圓坑,它們構造及排列。 B區方坑中發現上下用的放脚的登口,作小洞形,上下排列成一直線;E區中發現爐竈,亦爲前五次所未見。 黃土台與E區石蛋之排列,均準磁針之南北向,亦爲耐人尋味之事。 這季發掘所得,與殷虛歷史最有關係的事實爲坑內套坑的現象。 這是殷虛曾經過長久居住最好的物證。 出土的實物,除陶片外,却很少;有文字的胛骨只得一片,其餘的都是微小的數量。 這都並不是意外的事,因爲我們的工作集中所在,都是翻掘過好些次數的。 所可驚異的就是這些地方,雖經過好些次的翻動,地下建築的輪廓仍保存得很好,這是最能使發掘的當事者感覺興奮的。

王裕口與霍家小莊間的試掘,只是由外求內的計劃中一個當然的步驟。 這地離小屯較四盤磨爲尤近,也是出名的出古墓的地方。 試掘的結果,頗與四盤磨的相像。 墓葬出了很多,但並沒有豐富的殉葬物。 地面下的堆積亦像四盤磨,上層器物像殷虛,下層近黑陶文化。

侯家莊的發現者爲王湘君。 廿年多他於第五次發掘停工後,在此地找了黑陶及彩陶。 故第六次發掘開始,就擇此地作一個試掘地點。 結果極似後岡;有仰韶層,黑陶層,與龍山後期相似之表面層,但並無純粹殷虛式的白陶文化。 實物的內容却較後岡的簡陋得多。

五. 六次工作之總估計

自前清光緒已亥至現在,殷虛出現的歷史已有三十四年,自民國十七年歷史語言研究所試掘殷虛至現在,這種系統的發掘工作已經有五年了,五年中除一年沒作外,共發掘了六次。這五年中參與發掘的同人,大部分或全體的時候,都用在研究殷虛問題。 雖說各人所研究的題目,有時是很微小的,却向沒超越過這個範圍。 過去的報告,大半都是集中在一個片斷的

問題;但是我們時時刻刻對於我們所視爲問題的全面及工作
成績的一切有一個總估計。 這種估計以工作的進步,自然免
不了常常的變遷:新的事實出現,往往把舊的意見自然的推倒。
同時,很多的時候,這種新的事實,也可證實早期的試說。

現在這個總估計,當然只根據我們自己找出來的材料。
別處的材料,頂多也只用了作一個旁證。

總計六次發掘所搜集的出土品,以陶類爲最多,前後運囘
研究所的有三百餘箱。 這三百餘箱陶類的器物中完全無缺
者不及十件;能鬥成整器者,不到百件,其餘的都是不成器的破
片。 幾件完整的,大半都是從方圓坑中出來的。 這情形很像
馬敘爾爵士所說印度西北慕恆佐大羅發掘所得的狀況,證明
這個遺址是漸漸廢棄的,那時的居民,都可以從容的把那好一
點的東西遷到別處去;不是像意大利的邦俾或是宋代的鉅鹿
似的,因爲火災或水災,突然一下變成一個荒邱。 這是殷虛成
於水災說不能成立一個最緊要的物證。

就陶質說,殷虛出土的有灰色粗陶,紅色粗陶,黑色細陶,白
色細陶,及一種高度燒加釉的陶。 灰色與紅色粗陶均是與仰
韶共有的;城子崖也有同樣的灰色粗陶。 黑色細陶爲城子崖
式,彩陶爲仰韶式,只白陶與高度燒加釉陶爲殷虛所獨有。 就
形制說:圈足與平底類爲最多;圓底三足類次之;圓底單足,凸底,
四足,又次之。 形製已專化的有鬲,甗,皿,盤,尊,爵,洗,壺,瓶,釜,盆,碗,
杯,礶,缸,等;這是單就歷史期間有名可定的說。 還有幾種形制
已極專化,然尚不能定的,如形似將軍盔之侈口圓身單足式,與
形似喇叭之侈口長身圓底式,兩種所出均甚多。 發掘時爲呼

---

* Sir John Marshall: Mohenjo-daro and the Indus Civilization Vol. I. p. 287

叫靈便起見,一個叫着"將軍盔"一個叫着"喇叭器"。"將軍盔"似與溶銅業有關。 "喇叭器"的用處,尚不能定。 陶器附箸品中之最顯者爲蓋與耳;蓋之形狀甚多,有時刻字;耳或作獸頭形,有可穿繩的,很少能容手的。 間或有流,均是平行的,沒有上行的。

陶器上之文飾,除一塊仰韶式之以彩色顯者外;均爲刻劃。粗陶文飾最簡;黑陶與白陶最複雜。 文飾之母題有兩類:爲動物飾與幾何形,亦有介於二者之間的符號化之動物形。

次多之出土品爲動物骨。 動物骨中已認定者爲:牛,豬,鹿,羊,馬,兔,狗,虎,熊,象,龜,鱉鯨,鷹,雞,等;以豬牛之遺骸爲最多。 牛,豬,鹿,羊,狗,均有兩種。 牛之用兼祭祀與占卜;其餘的或以祭祀或供食品或只獵狩之擄掠品而已。 骨料多用作製器。

骨器中兼有武器用器與裝飾品。 用器中最多者爲簪髮之笄與食用之柶;兩種均刻有富麗的花紋。 骨製武器以簇爲最多,間有矛頭;此外多爲滿雕文飾的裝飾品。 牛與鹿的角,豬與象的牙,均爲重要之製器料。 角製者多爲武器與用器;牙製者多爲裝飾品。

石器之多;不亞骨器;它們的用途較廣。 有類似陶器之容量器如皿等;武器有簇,矛頭,與槍頭;用器有刀,斧,杵臼,磨石等;禮器有瑗,戚,璧,琮等;樂器有磬;並刻作豬,鳥,人像以作祭祀建築或裝飾的應用;或琢成特種花紋鑲嵌於他物作裝飾品。 石器之原料不一樣,來源的遠近不同;有類玉者,但尚未發現真正之和闐玉。

金屬品有黃金塊及小片金葉,成塊的錫及製成器物之合金類的青銅器。 青銅武器有鏃,矛頭,戈,瞿等類;用器有刀,斧,錛等,形制多像歐洲青銅時代之第四期物品與葉尼塞河流域出土之青銅器。 禮器殘片甚多,無完整者,但有作禮器用之大批銅範可證。 青銅所作的禮器,大約在殷盧廢棄以前,都運到別處去了。 純粹裝飾用品如"饕餮""蚌壳"等亦有爲青銅鑄成者. 占卜宗廟之事多用硃砂;或塗於白陶,或塗於甲骨,或塗於禮器,或塗於樂器, 硃砂可煉水銀,亦爲當時所知之金屬料。

貝蚌多琢成嵌飾,亦爲當時之通用貨幣。 貨幣多用鹹水貝;裝飾多用淡水貝。

占卜以甲骨;遺留下來的,以無文字記載者爲多,有文字者不過十分之一。 甲以腹甲爲多,背甲參用;骨以牛肩胛骨爲最多,羊鹿肩胛骨參用。

除占卜文字外,陶器骨器與獸頭,亦有刻劃文字者。

這個單子,總算把六次殷盧發掘所得器物的種類,都包括了。 但這只是說那可以移動的物品。 那不能移動的發現,大都關於建築的,也自然是同樣的重要。 由版築的存在,可以推想那時建築的性質;由長坑圓坑及黃土台的研究,可以推想那時建築的形態。 以這些建築遺址爲準,各種遺物在地下原來之位置及其相互的關係,都是有意義的了。

由這些發現及甲骨文字研究,我們現在對于殷盧文化可以作以下的論斷:

1. 殷盧文化層,是一個長期的堆積,代表一個長期的佔據;這有好幾方面的證據。 小屯地面下除了一浮層略有現代文化物及一層隋唐墓葬外,只有一層繼續堆積文化層——就是我們所認的殷商文化層。 殷商文化層雖是繼續的,却於繼續中又表現接連不斷的變遷。 變遷最大的關節就是版築;版築以前爲一期;版築以後又爲一期。版築期前之方圓坑中常有填滿又作的痕跡。殷商時代在此開始版築時,此地固已有若干方圓坑之舊建築。單據此類遺跡說,殷商文化層可分爲:(a)方圓坑時期(b)版築時期。這種分期辦法,亦可就出土的物品中證實之。上文已講到陶片的數量及種類,並各種類之與他方文化的關係。粗陶中之繩紋及方格紋與細陶中之黑陶與白陶皆顯爲兩個時代之產品,在後岡發掘中已完全證明了。銅器的形制與文飾的變遷,均可分爲兩個時期。董作賓君近有甲骨文斷代研究之作,就殷虛文字字體的演變,亦認爲有分期的必要,並分得很詳細;這種細的分期,是否可以施之於別種實物,自是將來一個有趣的研究。從現在所知道的各種實物演變的本身說,兩期的區分是再也不能少的了。每一期中均有長時間的經歷;這也是從建築的遺址與實物的形制可以看得出來的。

2. 殷虛文化是多元的。這問題我在他處曾討論過。出土品中確可指爲原始於東方的爲:骨卜,龜卜,蠶桑業,文身技術,黑陶,戈,瞿,戚,璧,瑗,琮等。確與中亞及西亞有關者爲:青銅業,矛,空頭鑄等。顯然與南亞有關者,爲:肩斧,錫,稻,象,水牛等。這些實物都是構成殷虛文化的重要成分,已與那時人民的日用及宗教生活發生了密切的關係,不是短時間的一個湊合。換句話說,它們的背後已經有了一大段的歷史。要是我們能把上列的諸實物,每一件的移動的歷史都弄清楚,我們對於殷商以前黃河流域與他處的交通,也可以明白好些,也就可以知道,小屯時代的殷民族,能探南國之金製西方之矛,捕東海之鯨,遊獵於大河南北,儼然爲一方之雄,而從事於征伐,文字,禮樂諸事,全東亞沒有敢與它抗衡的,不是一件偶然的事。

這背後的一段歷史,經過我們在小屯的週境及山東的發掘,我們也略知道一點了。 山東城子崖的發掘,證明華北的最東部,在石器時代另有一種與仰韶式不同的文化,主要的陶器是黑色的,並且有骨卜的習慣。 據最近的發掘,我們知道這種石器時代,黑陶文化的範圍,西部已達到洹水及淇水流域,整理殷虛陶片,我們又發現了黑陶實為殷虛遺存中一個重要成分。小屯的週境及淇水兩岸,出現了好幾處彩陶與黑陶兩重文化的遺址,都是彩陶在下,黑陶在上;可見彩陶文化東行到淇水洹水的區域,遠在黑陶文化西行到此區域之前。 黑陶文化到淇水,洹水流域的時候,這地方的彩陶文化,已有了很長的歷史。華北東部新石器時代的黑陶文化,在中國文化史上真正的位置,為在黃河流域的東部,承仰韶文化之後,啓殷商文化之先。但殷商並不是單純的由黑陶文化或仰韶文化演變出來的。它除了承襲這兩筆產業外,還有別的重要成分如文字,藝術,禮器,樂器等,均有另外一個根基。 這幾種成分的來源,是研究中國上古史的同志,現在最急於要追尋出來的。

3. 殷虛文化是進步的。 無論研究殷虛出的那種物品,它的形制總是在一個變化的狀態中,很少保守着一個固定的樣式。 陶器中的鬲,皿,骨器中的簇,笄,柶,石器中的刀,銅器中的戈,矛,文字中的字形,花紋中的母題,占卜中的占灼的方法,都充分的表現這變化的趨勢。 這種尚變的趨勢,只是一種民族性的表現,或者尚有別的原因,都尚不能斷定。 但這種事實是很顯然的。

中華民國二十一年八月

本文原載於國立中央研究院歷史語言研究所專刊之一——「安陽發掘報告」第四期
民國二十二年

圖　版　壹

A　區　長　方　坑

圖 版·貳

B 區長方坑與圓坑

圖　版　叁

1.　C 區 版 築 土

2.　E 區 爐 灶

圖 版 肆

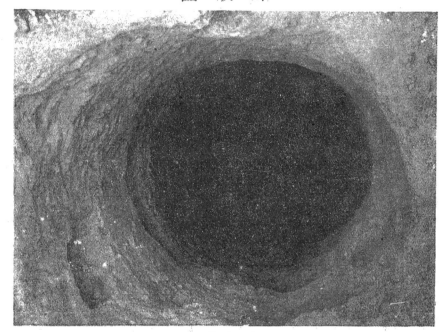

1. E 16 坑

2. E 16 坑物品堆積狀況之一

圖 版 伍

1. 版築台旁之全豬骨

2. E 10 坑 之 獸骨

圖 版 陸

1. F 區 出 土 隋 墓 葬

2. 後 岡 石 灰 坑

殷虛銅器五種及其相關之問題

歷史語言研究所在民國十七年十月試掘殷虛的時候，就在這遺址中發現了銅器的存在。 董作賓先生的第一次報告書內統計出土的器物，有銅器十一件(安陽發掘報告第一期，第三十五頁)。 此外還得了好些不成形的銅渣。 十八年春第二次發掘殷虛又繼續的得了些小銅器，其中最值得注意的是一件空頭銅鍦；銎中塞滿腐化的木柄。 因爲這件器物出土的地層經過擾亂，當時對於它的年代就沒得十分斷定。 但這季的發現包括有好些銅範，雜在殷虛文化層中；這可以確實的證明商朝晚期的文化，不但有用銅器的事實，並且已知道鑄銅的技術。

十八年秋季的出土品中所得的銅器較前兩季稍多；銅範也加增了好些。 雖說銅範似乎是多半爲鑄禮器用的，但大多數銅製的實物仍爲銅矢。 除銅矢外，有一對銅矛使我們初次認識商代鑄銅術的進化。 經過這次的發掘，我們漸漸的覺得，可以證實商朝晚期已爲用銅器時代的證據，已到了可靠的程度。 進一步的希望，就是在能多得幾件實物，藉此可以看那時鑄銅技術的眞正的位置。 這個希望在廿年的春天可以說是部分的達到了；在這季的田野工作，由一個甲骨坑中，掘出了十餘件較大並且保存較好的器物；同時又得了許多銅範。 有了這次的發現，我們對於商朝的銅器問題，就得了一點有統系的材料作討論的根據。

所有出土的銅器，在土中都已經過很大的化學變遷。 這些物件是由單純的黃銅作成，或是一種合金——假如是合金的話，那成分的比例到底如何——成了一個極複雜的問題。 這問題到現在已經得過三次實際的考察；雖尙沒得到什麼準確的化驗，但這些結果仍值得記述下來。

最初的考察是經翁文灝先生介紹由地質調查所梁冠宇先生分析出來；列表如下：

銅	28.09%
鐵	2.16%

銀	微量
鉛	微量
錫	5.6%
矽酸質	3.66%

翁先生附注說："此物氣化已深，故炭酸甚多，蓋已成銅綠也。" 因爲分析品只是一塊不成形的銅塊，得到的結果就如此不完全。

同時化學研究所王璡所長亦送到他的報告如下：

銅	39.2%
錫	10.71%
鐵	1.14%
養化矽	7.39%
水分	？
養化炭	？

這兩處的分析都受了實物本身的限制——送去化驗的都是養化過甚的銅屑——所以得不到很精密的結果。 但它們都證明原質包含有錫的成分，且有一點鐵質。 這當然是一個很重要的啟示，由此我們至少可以知道殷虛出土的銅器，不是單簡的黃銅作成；商朝的晚年確已到了青銅時代。

廿年春季發掘旣得一批較大的銅器，作一個較精密的化學分析不但成一個可能，簡直是一個必需。 我們得了協和醫學校步達生教授的介紹，就函商於英國皇家科學工業學院採鑛科教授哈羅得爵士 (Sir H. C. Harold Carpenter) 求他的幫助。 哈羅德爵士不但是鑛學界的一個權威，他對於這個題目有很早的專門的興趣，曾分析過好些埃及的銅器。 他於回信中慨然允許我們的呼求。 他即時將研究所送去的四件標本考驗出來。 但是很不幸的，他的第二次回信說，這些標本都已過於養化，後羼的成分太多；因此化學的分析簡直是不可能，只能作一個顯微的考察。 由這種考察，這四件標本中黃銅與錫的成分可以估計如下：

標本號碼	標本	黃銅成分	錫成分
1562	刀	85.00%	15.00%
1161.1	矢	83.00%	17.00%
1359.2	句兵	80.00%	20.00%
1161.2	禮器	?	10.20%

他的報告書中說，這種顯微考察雖不能定別這種合金是否尚有別的金屬質的存在，但關於黃銅與錫的比例不會有什麼錯誤的。　哈羅德爵士的報告更證實殷墟的銅器多含有百分之十以上的錫質；我們可以無疑的認定它們完全是青銅時代的作品。　根據這個報告，我們討論殷商的銅器，就得了一個很重要的出發點。

總計五次在殷虛發掘所得的銅器，我們可以作下列的分類：

(1)禮器：　這類的實物雖沒得到齊全的，有些殘片可以代表它們的全形。大多數銅範都是毫無疑義的為鑄禮器用的。　禮器的存在是很難在像殷虛這個遺址發現的。　由普通發掘的經驗，我們知道這些禮器，要是地下有的話，多半埋藏在墓葬中。　殷虛既少殷商時代的墓葬，我們沒見着多的禮器並不是一件不可解的事實。

(2)裝飾品：　這種物件大概都附著於別的實物。　殷虛出土的有形似蚌壳，"饕餮"，一類的裝飾品。

(3)用器：　銅製的用器並不多，大約與石製及骨製的並著：重要的種類為銅錛與斧等。

(4)武器：　在銅器中這類差不多居最多數，可以分為三類·　勾兵，刺兵，矢。

這次所要特別討論的為屬於第三及第四類的器物；計為下列五種：

(a)　矢鏃

(b)　勾兵

(c)　矛

(d)　刀與削

(e)　斧與錛

禮器類沒有成件的實物，所以不能討論；裝飾品涉於藝術的問題太多，另成一組研究的資料。　上列的五種用器與武器不但有齊全的實物作據，它們的形製的演化，具有很複雜的過程；探討這些過程，可以窺見中國銅器時代文化背景的一班。　這是特別選擇它們在此處討論的意義。

矢鏃　以數目說，在我們掘得的殷虛銅器中，箭頭佔大多數。　除銅製的外，尚有骨製蚌製及石製的三種。　蚌製的大約不會作過實際的攻擊用；石製的不多見，許是別處的輸入；骨製的最多，形製的變化亦最甚。　銅製的數目只次於骨製的，却只具一種形制；都爲帶刺的，倒鬚式，中有脊，脊下接莖。　在安陽發掘報告第二期中(242頁)，我曾將骨鏃的各種形制類列出來。　那形制的遞次的演化是極顯著的。　銅矢的形制（圖版1:5, 插圖一）恰爲骨矢類的 III3丁 種（看安陽發掘報告第二期，242頁，插圖二），並在這報告中作過下列的簡單解釋：

插圖一　殷虛銅矢(原大)

> "單就骨鏃說，那翼的形式（III3丁）似乎是演進中自然的經歷，也許這種形式在骨製中先演到，鑄銅的就全借過來…………"

若專論形制的演化，這個解釋，在我們新近的殷虛發現中，尚沒得到可以推翻它的事實。　陸續所得的銅矢的形制仍是同樣的單調；骨矢的形制仍沒出前次所列的範圍。　但就殷虛銅器問題的全體說，却有幾個連帶的問題發生出來。　此處有一點注解應該加入的就是：上次的解釋並無默認青銅文化是忽然從外來的這種含意的需要。柴羅德教授 (Gordon Childe) 論歐洲銅器文化曾說：

> "金屬料只有到了最便宜的時候才用着作箭頭；實際上說，在青銅文化時代，作箭頭最普遍的材料仍是骨與燧岩…"(The Bronze Age. P. 94)

這就是說用銅的時代並不一定用銅作箭頭。　這原因是很容易說明的。　箭頭不像別的武器，可以長久的用；多牛只用一次就算消耗了。　且實際的效用，銅矢並不特別的超過骨矢或石矢。　要是銅料的價不到很低廉的程度，社會的經濟決不允許這種質料如此消耗。　所以在歐洲青銅文化時代，大部分的箭頭仍舊用骨與石製造。　這種經濟的原則在中國早期的文化當然也得不到例外。　殷墟銅矢只有一個形制，可以說是到了矢形演到這個階級的時候，銅與錫的來源忽然豐富，範鑄的技術也臻到純熟環界，短時間可以成就很多的出品，——因此青銅就被採用製造這種武器了。

不過這種解釋並不能幫助我們說明中國青銅文化的原始問題。　至少有一個可能我們應該顧慮到：銅矢只有一個形製，也許是這個形制與青銅文化同時來中國的緣故。　骨製的這類形制是仿造銅矢的，與別的骨矢並不在一個演化的系統。　我們可以從兩個觀點來推論這個試說的可能性：

(1) 與中國文化區內早於殷商的遺址中留下來的箭頭比，看這種形制是否有些淵源。

(2) 這種形制在中國文化區外的歷史及分配。

由第一點觀察，我們現在有下列的材料可以作根據：

遺址地點	時　代	矢簇種類	原　料
河南仰韶	石器期	1, 2, 3,	石，骨
奉天沙鍋屯	石器期	8, 9,	石，
山西西陰	石器期	4, 5, 6, 7,	石骨
南滿洲貔子窩	石銅期	？	
山東龍山鎮	石銅期	10,11,12,13,	石骨
甘肅齊家	石器期	？	
甘肅仰韶期	石器期	？	
甘肅馬廠	石器期	？	
甘肅辛店	石銅期	？	
甘肅寺窪	石銅期	？	
甘肅沙井	石銅期	翼狀	銅

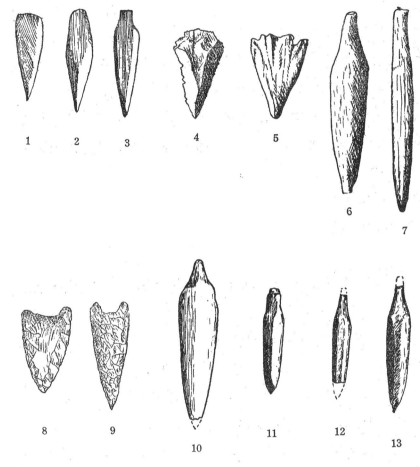

| 1至3 | 中華遠古之文化 | Pl. VI; | 8至9 | 奉天錦西縣沙鍋屯洞穴層 | Pl VJ; |
| 4至7 | 西陰村史前遺存 | 十二版; | 10至13 | 山東城子崖出土之骨鏃與石鏃。 | |

插圖二：黃河流域石銅時代之骨矢與石矢

　　以上各史前的遺址都是近十年內發掘的。　專就矢簇的分配說，甘肅可以算一組，河南仰韶及仰韶以東與東北又算一組。　甘肅境內各史前遺址是否絕對的不出箭頭，尚無確切的報告。　安特生在甘肅考古記中只作過這樣一點簡單的記述：

　　　“一件很惹人注意的事實，就是在河南仰韶，矢簇是常見的，並且是用三種
　　不同的材料製的——石，骨，蚌。　甘肅的仰韶期遺址却少有這種矢簇”(甘肅考
　　古記第16頁)

這只是就仰韶期說的。　至於齊家，馬廠，辛店，寺窪是否有矢簇，安特生沒明說，

沙井期中出翼狀的銅簇，書中却已有說明（同書，第16頁）。 但沙井已經證明是很晚的文化；據安特生最近的估計要比殷虛晚一千年，與此處討論的問題，可以說是沒有多大的關係。 (Ostasiatiska Samlingarna, Bulletin No. 1, Der Weg über die Steppen)

甘肅仰韶期文化中，矢簇不顯著是一件很重要的事實。 安諾第一期與第二期文化中也沒有矢簇，只到了第三，四期這種實物才出現。 這是在這兩組遺址內，除了帶彩的陶器外，極有趣的對象。

但在河南仰韶及仰韶以東的各石器時代遺址中却都有矢簇——石製骨製的居多，間有蚌製的。 所以我們可以說在中國石器時代，東北的民族（包括河南以東直到滿洲山東）用弓箭的習慣要比甘肅的民族深。 殷虛旣在這個文化區域內，射的沿襲，本於石器時代，可謂毫無疑問。 後來居上，就形制說，殷虛矢簇比石器時代所出的格外豐富也是當然的。 由形制的比較，有兩件事實值得特別的注意：(1) 西陰與龍山所出的骨簇與殷虛所出之 III₂甲 完全一樣（插圖二：6，10）；(2) 西陰石簇已具有倒鬚式的刺（插圖二：5）。 由這兩種原型演成殷商銅矢的那種形制，可以說是演變的自然的趨勢。

這問題自然還可從另一方面討論。 殷虛銅矢形制的特點在中國文化區以外的演化及分配是一段很複雜的歷史。 裴居立教授 (Sir Flinders Petrie) 在他的 "用器與武器" (Tools and Wespons) 有幾段關於這問題重要的記述，今節譯如下（原書33—35頁）：

(1) 在埃及所見最早的銅製箭頭屬於第拾壹朝代 (2395—2212B.C.)；其形如插圖三：1，這樣的箭頭在西班牙也找着過，都是黃銅錘成的。(2—4)

(2) 長刃的銅箭頭是希臘青銅時代作的；有的帶筒，有的具莖。 形製如 9, 10, 11, 12, 13。

(3) "脊"矢出現並不早；所知道最早的爲由麥金利 (Mykenae) 得來，約在公元前一千一百年(1100B.C.)。 插圖三：38

(4) "刺"矢的初形是極簡單的(85—89)：沒有莖也沒有筒。 這樣的矢簇在高加索及希臘都有；箭桿頂先挖一個坎，然後把矢安上。 矢刺的內緣緊貼桿坎。

(5) 以後希臘又在刺矢加莖(90—92)；西班牙，古諾伯，波斯都有這類的矢簇。

(6) 尺的刺簇 (99—105) 是北方來的；在巴碼 (Parma, 45 N. 10 E.) 以南沒見過。

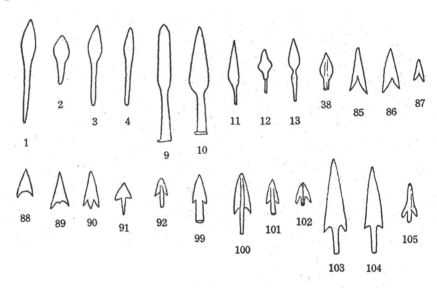

插圖三：西方早期之銅矢形制

原圖見 W. M. Flinders Petrie: Tools and Weapons: Pl. XLI. 原圖大小

這六段記述都與殷虛銅矢形制的來源有些關係。 殷虛銅矢是 (1) 青銅的， (2) 鑄成的， (3) 有脊， (4) 有刺， (5) 有莖。 這些形制的特點在西方文化史中代表同樣數目的獨立的發明。 集這些獨立的發明成一個形制當然是這些獨立發明成功以後的事。 這個原則旣不可否認，東方矢形的演化也許另有一個途徑 ；至少可以說，上述的幾種獨立的發明，有些原始在東方。 比方"脊矢"的出現於西方，最早爲公元前一千一百年；殷虛的矢形却早有這種了。 殷虛文化的絕對年代現在固不能定，青銅器在殷商建都於此之始就有，這是在事實上可以證明；這個年代至少也在公元前一千三百年前。 如此看，豈不是"脊矢"出現於中國的時候要早於它出現於西方的時候？

但這問題也並不如此的簡單。 雖說照裴居立敎授說，脊矢在西方出現約爲公元前一千一百年，也許還有比這早的，在這搜集中遺下了。 且殷虛式的銅矢也在西伯利亞一帶出現過（三：10）；這一帶銅器文化的年代雖是不能確定，然正因爲不能確定它，就不能下什麼最遲最早的限制。　因此，殷虛銅矢與西方銅矢的眞正的關係，我們現尚不能確切的判斷。

但殷虛的骨矢確已備具銅矢的各種特點。　西陰村的石矢有刺，骨矢與殷虛大部分骨矢一樣；龍山石矢有脊的雛形。　合單脊的骨矢與帶刺的石矢而創出殷虛銅矢的形制可以看作一個自然的發展。

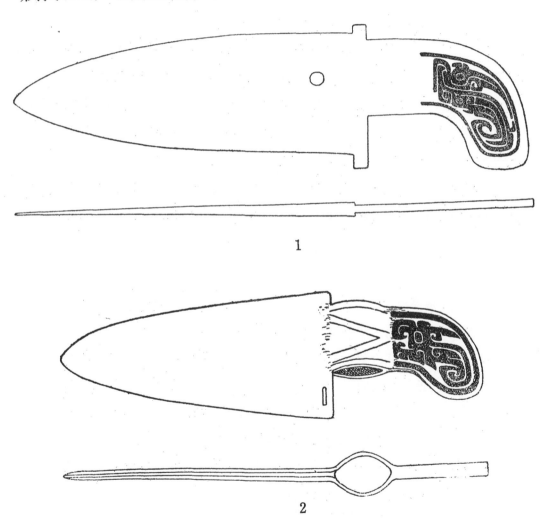

插圖四：殷虛出土銅製句兵(1)戈類(2)矍類(原形二分之一)

句兵 中國上古的句兵，顯然的可分爲兩類：一類是以"內"安秘的，一類是以

銎安秘。　考工記所載的制戈法是說以內安秘的句兵。　這類的句兵可以說是中國的一件特產，那演變的階級在古器物中可以一步一步的推尋出來；那原始的刑制直可追溯到石器時代。　我在俯身葬論文中曾把這個沿革詳細的討論過（安陽發掘報告第三期）；在同文中我也說過：

　　"以銎安秘的瞿，大約不在這個統系之內；它是特種情形下的產品。"

　　殷虛出土的銅器製的句兵，兩類都有（圖版壹：3,4；插圖四）。　關於以內安秘的那種句兵的來源，我仍保持在俯身葬論文中所發表的意見。　此處所要特別討論的是以銎安秘的這種句兵。　這種兵器最要緊的特點當然是那銎。　以銎內柄，看來雖是一件很方便的法子，但實際說，那效率未必很高；所以到後來在句兵中竟被考工記式的戈擠掉了。　因此我們也可以看出以銎內柄的句兵這個形制必另有一個來源；與原始的戈形比，完全爲兩路。　這是很值得注意的一點。

　　按殷虛文字類編所收甲骨文中的"伐"字有兩個寫法。　一個是從人從戈如㓝㓨等形。　一個是從人從戌如 等形。　但甲骨文的戌字却作 諸形。　吳大澂古兵器條屏載有古戌搨本，形狀恰如甲骨文中所錄；旁有圖箇以安秘。吳氏並跋云：

　　"程氏通藝錄論戈戟形體橫直之意謂句兵主於橫擊，故其著秘處不用直戴而用橫內；此戌爲圖箇，中空，用直戴而不用橫內，則與橫戌異矣。"

　　然而橫擊的兵器用直戴並不止這一種；所以這種戌也並不算例外。　同條屏中又一圖作 形；吳氏又跋云：

　　"……此器似戈而胡短，且有圖箇，空其中以內秘，當在戈制創改之初，由瞿變戈，形制未一，與考工記所載不盡符也。"

　　這一跋確有很精闢的見解。　"戈制創改"這個觀念可以說是吳氏的考古的特識。吳氏雖沒注釋這件兵器的時代，從形制的演化上說，它大概是商以後的器物，與殷虛式的瞿有些前後的關係。　絕不能把它放在以內安秘的戈的系統內。　戈有它獨自的來源；吳氏的跋語不是全對的。

　　專從形制的組織上說，瞿，戌，以及現在木匠所用的斧與古時的一部分戰斧都由

一個基本的觀念創造出來，表現一個同樣的目的；以箭安柲爲體，以橫擊爲用。

甲骨文中的"伐"字表現兩種不同的兵器：一種是以內安柲的戈，這種兵器殷虛出土的有好幾件可以代表；又一種爲介於瞿戉之間的戰斧，作▭形。　這種實物雖不見於殷虛的出品中，然而中國上古的兵器確有類似這種形制的物品。　插圖五表示這種器具演化的幾個重要的階級：

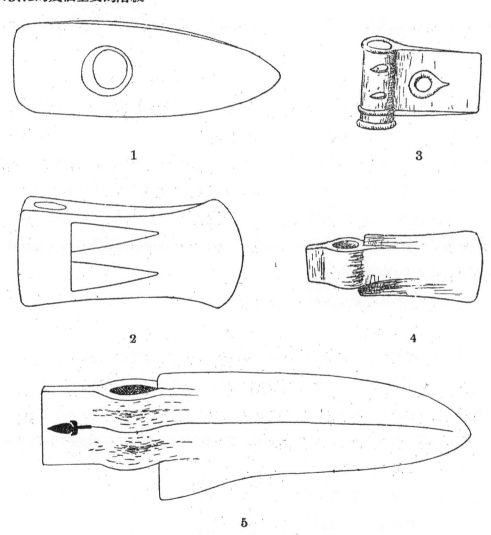

插圖五：斧形之演化

(1)　熱河之石斧(考古學論叢，弌，圖 版伍

(2)　銅戚(金石索金索二，戈瞿之屬)

(3-4)　中國銅斧(原圖見 J. de Morgan: La Préhistoire Orientale, P. 227)

(5)　銅瞿(殷虛出土，原形二分之一)

圖中第五形就是殷虛出土的樣子也就是我們所叫的瞿。　與金石索所圖的"戉"比，自然有重要的變化；但那演變的秩序確是可以看得出來。　摩根氏所圖兩器恰把殷虛的瞿與金石索的戉聯絡成一線。　那瞿的形制同時大概也受了些"戈"制的影響；戉與戈聯合起來就產生了瞿。　殷虛戈形已到很發展的程度；這是一個很好的旁證。

這種安柲的方法，效率大概並不十分高，所以句兵的製造後來就趨重於戈這一類。　不久這以笛安柲的句兵竟被那以內安柲的句兵完全征服。　瞿的本身只變了皇帝鹵簿中的一個節目。

歐洲銅器時代的早期雖有句兵，它們的形制却自成一派；演變的趨勢與中國的完全不同。　它們的形制始終沒脫一個剌刀式的，只有與柄闘笛的地方經過些變化；中國戈的"援""胡"沒有在歐洲的句兵中出現過。

但瞿類的句兵却是歐洲一帶所有的。　裴居立敎授曾把中國的瞿放在埃及壳形斧(Scalloped axe) 內討論，認爲與這類斧形後期的演化有關係；(Tools and Weapons, p. 10)；但看他圖版內所列的各種形制，這個關係尚是一個可疑的。最近於中國瞿形的銅斧要算西伯利亞一帶所出的那種句兵。　這個區域與中國的關係自然密切得多；但也沒有像戈似的橫內的句兵。

所以我們可以說句兵完全是中國的產品。

在整理新出土的甲骨文字中，董作賓先生近日發現了一種記事的文字，刻在肩甲骨曰上；董先生已將此種刻辭集齊，作"帶矛說"一篇，專討論這記事的內容，即將付印。　他已允許我可以引用他這篇尚未發表的意見。　據他的考訂，這種刻辭大部分是武丁時代留下來的，爲史官專門記載餽送各地及頒發守衛者兵器之文字。　例如：

甲午帶井示三矛　岳

帶井示四矛　馘

他說："帶"就是餽送的意思；"井"是當時的一個國名；"岳"與"馘"是記載這件事的史官；"示"有設置意。　全文的意思可以設個譬喩來解釋；好像現在的中央政府頒發某方軍隊迫擊砲若干或重砲若干，參謀部把這件事記下來，記事的人再簽一個名似的。

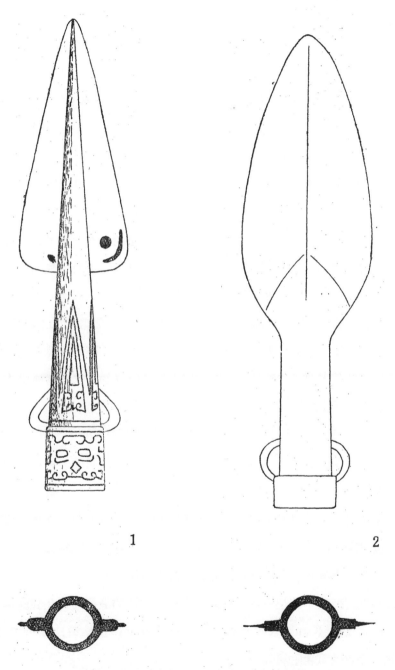

1   2

插圖六：殷 墟 出 土 銅 矛（原大二分之一）

受餽的國名不一樣，餽矛的數目也不一樣。 少的只餽一柄，多的有餽至二十柄。 超過這數目的記載尚沒發現過。 由此我們可以看出"矛"這件武器在當時是一件很尊貴的利器，大約只有王室能製造它。　頒發出去的雖只一件也要特別記載下來；到了二十件大概就是皇皇大典了，非眞正親信的人，得不了這樣優渥的恩寵。矛所以受這樣尊視的緣故，我們自然可以猜想出很多來；那最近理的，可以如此說矛在當時是一件外來的武器，遠勝中國的土產，在戰爭上有無上的威權，那製造的秘密只有皇室知道；頒發各地的將官；完全是爲捍衛彊土用的。　我們姑且如此解釋，再看別的事實是否可以印證它。

　矛究竟是一件什麼樣的兵器？　說文解字："矛，酋矛也，建於兵車，長二丈。"所以據漢人的傳說，矛是車戰上所用的一件兵器。　魯頌鄭箋云："兵車之法，左人持弓，右人持矛，中人御。"　這更可證明它是車戰上用的了。　考工記有酋矛夷矛之說；又謂"矛，刺兵也。"　最後的這一解釋給我們一點關於矛的形制的一點線索。

　但殷虛所發現的矛却與經學家所想像的那種三鋒矛又不一樣。　詩秦風："厹矛鋈錞，傳，三隅矛也。"　曲禮："進矛戟者前其鐵"，疏謂"矛如鋋而三廉也。"三廉矛這種實物確曾見於金石著錄中（吳大澂古兵器條屏，夢坡室獲古叢編）；但這類形制的矛是春秋戰國期間的產品。　殷虛出土的是雙鋒的，只有兩種樣式。　一種的箭直透矛尖；一種止於矛柄。

　中國石器時代所出的各種器物，沒有可以與矛的形相比的。　在殷虛的出土器中，這矛也算一件特出的器物。　所以要說矛是中國自已發明的，尙沒得到事實的根據。　但這問題還有一個另外看法。

　古器物學家向來把矛與矢視爲分化同源的器物；矛形的演化往往與矢形的演化互相呼應。　殷虛所出的銅矢與矛比却有重要的分別：矛身的形制爲圓底或平底，柄爲圓箭，矢却具刺，帶莖。　它們分化的方向已離得很遠了。

　在歐洲的銅器時代，矛是一件很普通的兵器，形制的沿革變遷在各處都有很清楚的歷史。　格林威爾（Canon Greenwell, Archaeologia, Vol. 61, P. 439）論矛頭在英國的演化，分它的重要階級如下：

　　1.　匕首。

　　2.　匕首加柄，首作矛頭，內於柲。

　　3.　柄加寬，內柲處加箍以免輠裂。

4. 箍與矛頭聯合，箭之初步。

5. 箭旁加環以固結。

6. 環向上升。

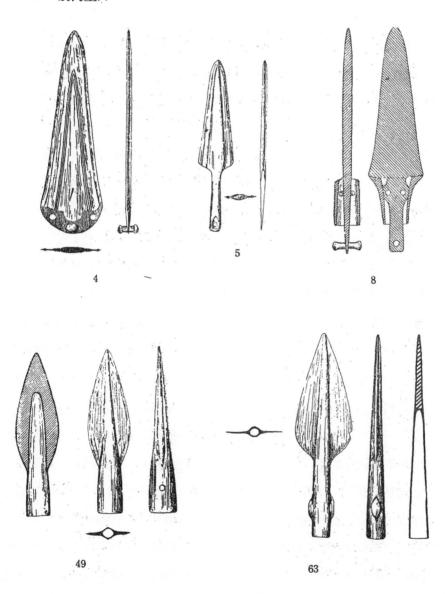

插圖七：不列顛銅矛演化的幾個重要階級，原圖見 Archaeologia Vol. 61. pp. 439-472. 原圖二分之一。

這是專就英國矛頭的沿革說；歐洲的他部所出的矛並不完全在這一個演化境界中；

譬如箭端的環就是好些歐洲矛頭所沒有的。　但看殷虛所出的一種矛頭的形制有好些特點可以對證英國矛頭的沿革。　全形可以分作四段看：刃，箭，環，箍(插圖六)雖已經鑄成一片，那過去的經過都顯然的寫在這矛的身上；由原來內於柲上的匕首變作戴於矜上的矛頭，那一步一步的改革的次序與格林威爾所講的英國矛頭可以完全扣合起來，假如我們相信這矛的本身就是它演化的縱剖面的話。　要是這矛有這一段歷史在它的背後，它的祖宗是在中國還是在西方？　這問題是尚不能遽然斷定的。華北石器時代的武器也有可以認着作刺兵用的，如安特生在仰韶所找的石槍頭這種實物（中華遠古之文化：圖版 VI：8）。　金石學家著錄的古器也有匕首這類的形制。譬如求古精舍金石圖（卷二）所錄的"夏匕首，"就很像 Ur 所出"蘇昧"早期的長莖矛頭（G. Childe, Bronze Age, P. 91)。　這實物是否夏匕首，現在尚不能證實。　假如姑且承認它實在是夏匕首，由這種匕首到殷虛所出的那種矛頭中間的"蛻形"現在尚沒找到。　所以現在我們尚不能像格林威爾作一篇中國矛頭的演化論。

在銅器時代期間，由不列顛三島至葉尼塞河流域，由北歐至埃及以及美索坡達米亞都有矛這件武器。　裴居立教授在他的"用器與武器"中所圖的矛形有一百七十八種，　(Plate XXXVII—XL)，青銅製的要佔一大半。　形制變化最遽烈的部份自然是——像中國的句兵一樣——與柄連接的地方。　矛匠集中注意要改良的地方就是這部份。　但經過的程序，各處雖有遲早不同，重要的節目大概都是一樣：由細莖變成寬莖，由寬莖摺成箭形戴於矜上。　固箭於矜有兩個不同的方法：一個方法是在矛箭上扎眼，戴上矜後，用針橫穿；這種方法多行於歐洲北部；又一個方法是在箭端鑄環，用皮條將矛頭固於矜上，這種方法最行於不列顛島。　真正的箭，在歐洲出現最早的地方在綺琴文化區，時間為閔諾中期。　在歐洲的西北部，箭的出現在青銅時代中期；這地方的矛箭直貫矛身；箭外就是脊：形制又與殷虛出土的第一種完全一樣（插圖六:1)。　但殷虛的第一種樣式，下邊尚有一對環，矛身又全像 Terramara (F. E. Peet: Bronge Age in Italy, P. 349) 所出的。　據柴羅德教授的研究，箭旁加環全為不列顛式，別處具環的矛都是抄襲不列顛的，或由不列顛輸入。　箭邊帶環的矛在俄國南部黃銅文化期也出現過；這大概也受過不列顛的影響。　由此推論，殷虛出土的矛都具環，豈不是也在這一個同樣的風氣中？

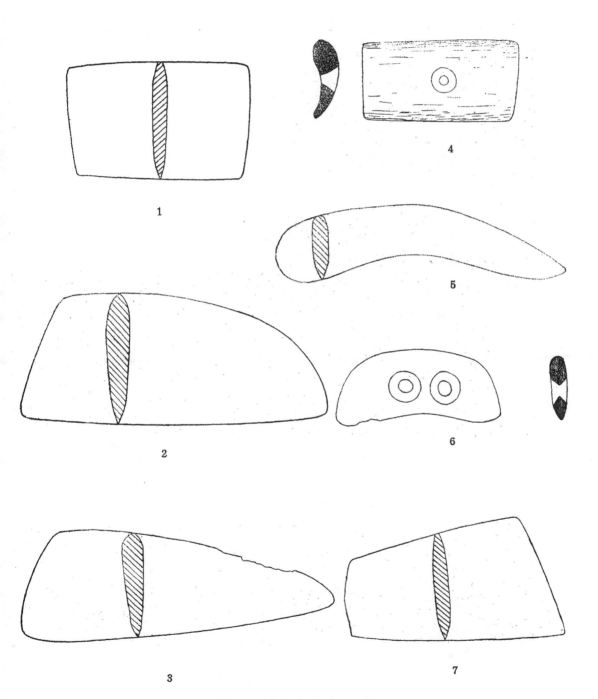

插圖八：殷墟石刀（原形二分之一）

刀與削 殷墟出土的石器以刀為最多。 我們所搜集的數目——全的缺的算在一起——已經過千。 就形制說，可以分為下列的種類（插圖八）

I. 直刃類：

   (1) 長方式。厚背 （八：1）

   (2) 凸背三角式。 （八：2）

   (3) 三角式 （八：3）

   (4) 長方曲身式 長方帶穿 （八：4）

II. 曲刃類：

   (1) 凸背尖端 （八：5）

   (2) 凸背，全體近長方形，有兩眼，（八：6）

III. 雙刃類： (1)梯形，兩刃成角形(八：7)

殷墟出土的銅刀，只有兩柄；各具一個特別的形制。

   (1) 直背凸刃帶柄。

   (2) 凸背曲刃帶柄，柄端有環。

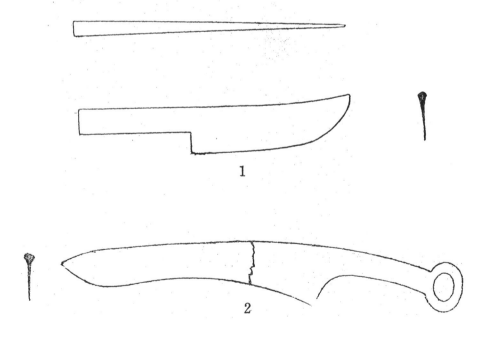

插圖九：殷墟出土銅刀（原形二分之一）

　　石刀與銅刀的形制可以說根本上各異；這自然大半因爲它們的用途完全不相同。石刀的應用，大約多關於日常生活的事件，刮皮，砍骨，切肉，割草等類的事，大概都以這類石刀運用。　銅刀的製造大約有它特別的目的。　考工記說：築氏爲削，鄭注謂即今之書刀爲刊削書薄札之刀。　孫詒讓引晏子春秋證明削不但用爲削牘作書並用爲剖削果實。　削牘作書，是一件特別生活的需要，只限於一部份人。　殷虛甲骨削治的器具，久成爲一個待決的問題。　這兩柄銅刀是否與削治甲骨的工作有關係，我們現在固然不能斷定；但就形制說，那曲刃凸背的一柄，極近考工記所說的削形。削治甲骨，可以說與刊書削牘是一種同樣的工用，所以上邊的揣測不能算完全無稽之談。　那久已知名的齊刀，雖說是只作貨幣用，與殷虛所出帶環的銅刀大概也有分不開的關係。　至於那形制的起源，在殷虛石器的實物中雖找不出它的端倪，與甘肅仰韶期所出的骨刀比（甘肅考古記十三頁），却可以找出些相像的地方。　甘肅所出的那種骨刀在北滿也出現過；完全以骨料爲幹，作長條寬片，仄邊刻槽，槽內嵌燧石薄片。　殷虛的銅刀，背厚刃薄，橫切面近“丁”形；這種橫切面的形制在實用上講不出什麼道理；要是把它與石器時代的骨刀聯在一起講，却可以看爲很合理的形制。　骨刀的背與刃旣是兩種原料作成，厚薄有顯然的界劃，靑銅時代取型於這種骨刀的時候，就無意識的把它全抄下來了。　那柄端的環，歐洲古器物學家都認爲繫繩用。用這刀的人，有掛它於腰間的必要，柄端加這環，就是應這個需要。

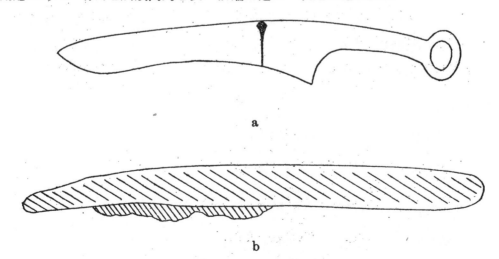

a

b

插圖十：殷虛銅刀與甘肅骨刀

　　兩種銅刀的形制都是在西方青銅文化期常見的。　單刃銅刀在歐洲中部青銅時代中期即已出現；到了晚期，樣式就漸漸的變多，柄端或爲一勾，或爲一環；這個演化是很清楚的(Childe: The Bronze Age, pp. 94-97; Petrie:Tools and Weapons, pp. 22—27, Plate 24—28)。　柄端帶環的銅刀在西伯利亞 (Minusinsk) 所見尤多；環的演變——由一個小孔到一個大環——都有實物作例證 (Merhart: Bronzezeit am Jenissei; Tafel III—V, VII, VIII)；他們的歷史，較中國的這兩柄銅刀要清楚得多。

斧與錛　　在討論這個問題以先有幾個定義我們應該弄清楚。　所謂斧者，它的刃與柄平行，用力方向大概向下。　所謂錛者，它的刃與柄作丁字形，用力方向大概由外向內。　此外還有一點有人認爲斧與錛的分別，就是說從仄面看，斧是對稱的，作 ⋃ 形，錛却是不對稱的，像䦆，作 ⌴ 形。　但這個分別却並不完全靠得住；我們要細細的查現代木匠所用的斧，好些都是不對稱的；完全看它作什麼用。　但錛却都是不對稱的。

　　歐洲銅器時代的文化，均無文字；它們的年代大概都靠着器物形制的演化作一個相對的標定。　實物形制的變革，最能代表時代性的，古物家公認爲下列三種：(1)斧與錛，(2)匕首與劍，(3)扣針。　三種實物中尤以斧形的演變視爲最可靠的青銅文化分期的標準。　倡始這個方法的爲瑞典考古家穆太尼斯 (Montelius) 及密勒 (Müller)，後來的考古家大都採用並且加以證實，只在年代前後有點討論；那各實物形制的遞變的秩序都公認有一定的。　就斧說，歐洲青銅文化四期的形制大都分類如下(此處根據劍橋上古史 (The Cambridge Ancient History Vol. I) 第660頁對面西歐北歐與美索坡達米亞年紀比較表)：

　　　　第一期　　　平面斧　(Flat Celt).

　　　　第二期　　　凸緣斧　(Flanged Celt).

　　　　第三期　　　波羅斯打式 (Palstave), 翅斧 (Winged Celt).

　　　　第四期　　　空頭斧　(Socketed Celt).

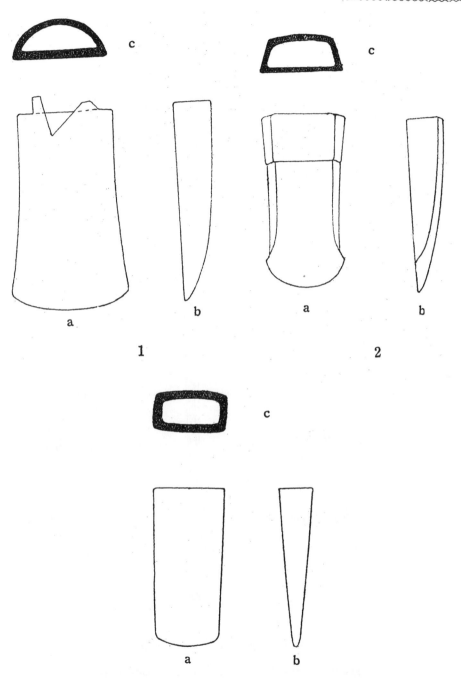

插圖十一：殷虛出土空頭銅斧（原形二分之一）

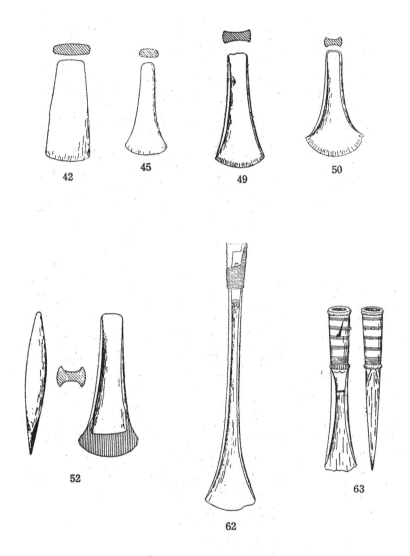

插圖十二：瑞典銅斧形制之演化

原圖見　O. Montelius：Die Älteren Kulturperioden

im Orient und in Europa PP. 27—31

這四種遞演的秩序，以前三種表現最爲親切。　義大利與瑞典尤可作這種器物形制演化的代表區。　在別的青銅文化區，它們先後出現的秩序也是有條不紊的。　但第四期的空頭斧與第三期的波羅斯打式，或翅斧的關係，尚有好多可以辨論的地方。　穆太尼斯與密勒都以爲空頭斧是波羅斯打式直接演化出來的；他們的證據就是空頭斧的花紋——這些花紋多少可以看爲代表波羅斯打式的形制的。　不過這個改革旣是根本的變更那安柄的方法，絕不像自然演變的方向。　近代考古家多疑空頭斧的起源不在歐洲，就是這個緣故。　柴羅德敎授討論這個問題結論說

"很可能的空頭斧來源要在歐洲外邊找。　在美索坡達米亞，就有一種斫切的器具，是由銅片作成，各邊由片摺成一圓筒形。　南俄也有同樣的器具……"
(Gordon Childe: The Bronze Age, P. 67)

解釋歐洲空頭斧的來源雖不一致，它在歐洲青銅時代晚期普遍的存在——完全代替了波羅斯打式——是一件很顯然的事實。　這種斧形並且在西伯利亞銅器時代也出得很多。　它在中國的存在也是金石學家著錄過的。　但這是頭一次我們知道商朝的晚期已經有了這種形制的銅斧。

殷虛出土的石斧可分成下列的種類(插圖十三)

(1) 腰圓斧　　斧身中部最厚漸曲向外，下端曲向刃。　仄面對稱。　此類最多(十三：1)。

(2) 平面斧　　斧身平面等厚，下端曲向刃，或作銳角向刃。　對稱(十三：2)。

(3) 平面帶穿斧　同上，有穿繫繩用。　對稱(十三：3)。

(4) 戚　　　　平面有穿，兩邊有齒，刃凸出於斧身。　對稱(十三：4)。

(5) 肩斧　　　似戚無齒，上端仄向內，如肩之於頸。　對稱(十三：5)。

(6) 鏟形斧　　平面；仄面不對稱，刃邊作正三角形。　此類極少，只有一個(十三：6)。

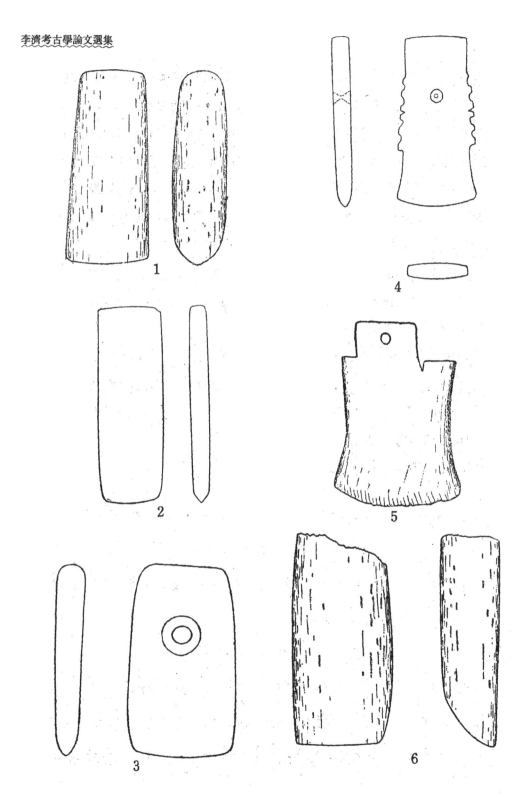

插圖十三：殷虛出土之斧錛：(5)骨製，原大小；餘石製，原 $\frac{1}{2}$ 至 $\frac{1}{3}$.

殷虛出土的銅斧，仄面看都是不對稱的，都是空頭的，刃作凸形，略外出。　與石製的相比，有下列的相似的地方：　刃形不對稱似錛，凸出似戚，但"空頭"這形制是在石斧中絕對的找不出的。　全部的形制，極像歐洲青銅晚期與西伯利亞一帶所出的空頭斧錛，　但歐洲的空頭斧，有三種別樣的形制的銅斧作它的前驅；西伯利亞與中國却沒有這種歷史。　西伯利亞的青銅文化完全爲無文字的，所以它的年代也不能絕對的斷定。　殷虛的文化是有文字的，年代有比較靠得住的根據；在這種空頭銅斧以前是否有像歐洲頭三期那樣的銅斧，是研究殷虛全體文化來源一個極值得嚴重考慮的一件事。

細察上述的五種銅器，單就它們的形制的演化看，可以說已經到了完全成熟的時期。　我們是否可以由此而上，在中國區域以內，追溯它們所蛻化的原形，如格林威爾之於英國的銅矛，穆太尼斯之於歐洲各處的銅斧，是一個很有趣的追求。　這種追求將來是否可以得些着落，自然是一個極大的疑問。　據殷虛出土器物的總集合論，這種希望似乎是很少；但要說這些武器與用器完全是由他種文化區域內演成後才到中國又引出好些別的不可解釋的現象出來。　現在我們可以先把各方面的事實分析一下，然後再看什麼是可以說得通的結論。

穆太尼斯論不列顛銅器時代紀年問題文中，曾申述古遺物在地下堆積之聯鎖性如下：

　　"最要緊的是假如兩個時代不同，形制不同的實物，在一塊找着，必定有一種形制恰居另一種之前。　所以第一期與第二期的實物（此處指英國青銅時代爲例），　或第三期與第四期的實物可以在一個地方找着；但第一期與第三期，第二期與第四期，不會並存在一個遺址中。　這種現象在青銅時代的遺址中很少有例外的 (Archaeologia, Vol. 61. Part I. P. 99)。

這個條例不但可以代表青銅文化遺址堆積的現象，實可以擴大到括叙一切古物在地下堆積的情形——由舊石器時代直到歷史期間。　所以在理論上說，任何古物要是我們知道它們出土的情形，對於它們的相對的時代性，我們可以得到一個了解的根據。

根據上說的條例，分析此篇所討論的殷虛出土的五種銅器，可以注意的事實，今列於下：

(1) 矢： 銅製的只有一種形制；骨製的甚多，很明顯的表現順進的演化。

(2) 句兵： 兩種：一種以內安柲，爲戈之初形，一種以銎安柲，爲戰斧之變相，來源不一樣，用法似一致。

(3) 矛： 兩種形制：均以箭戴矜；一種箭透矛尖，一種箭止於柄。

(4) 刀： 兩種：一種直背，凸刃，帶柄；一種曲背，曲刃，帶柄，柄端有環。

(5) 空頭斧： 三種：一種爲長方銎，仄面對稱；一種爲長方銎，仄面不對稱；又一爲半圓銎，仄面不對稱。

假如我們要認定兩種形制不同的實物在一塊找着，必定有一種形制恰居另一種之前的這個例，我們可以將上列的五種銅器試分如下：

	早期	晚期
矢	骨矢	銅矢
句兵	以銎安柲	以內安柲
矛	箭透矛尖	箭止於柄
刀	柄端無環	柄端有環
空頭斧	長方或半圓銎，仄面不對稱	長方銎，仄面對稱

上表所說"早""晚"的意思，自然只指着各種形制出現的早晚說；晚期的出現後，早期的形制仍可繼續的製造下去。 由此看，殷虛的銅器，自身已顯演化的趨勢，全像別的實物。 它們在殷虛的一切出土品中並不一定帶外來的氣象。 不過要再進一步考察這形制的細目，我們尚不能無條件的如此說。 譬如以箭安柲與以內安柲的句兵，來源旣不一樣，如何能以形制定它們出現的早晚？ 無環的刀柄，忽然加一個環，中間經過的階級爲何沒有實物代表？ 最應該注意的就是這五種銅器在殷虛文化中雖不一定帶外來的氣象，然就它們的分配說，除句兵外，那四種銅器均不帶特別的中國彩色，均在別的文化區域出現過。 空頭斧與矛所佔的區域尤廣。空頭斧初出現於歐洲

約在青銅時代的中期，普遍於青銅時代晚期；透尖的箭矛亦爲青銅中期兵器，晚期的矛箭多止於柄。　這個年代的計算，各考古家不全一致，並且各地也不一樣；但大約在公元前 1500—1100 的限制中。　殷商的年代，雖也計算各有異同，然與歐洲青銅文化比，尙較爲可靠。　要是我們認商亡之年爲公元前1122，盤庚遷殷約在 1400 上下；這個時代差不多正與歐洲青銅時代的中晚期同時。　在這差不多同時的文化，出了形體大致相同的實物，這實物的來源自然很可相同的。　但專就標年的問題說，殷虛文化有文字記載，並且傳統的歷史作根據；歐洲青銅文化的標年却只靠着幾個間接的證據；就是綺琴區域也沒有獨立的標年的材料；至於西伯利亞的一部份的年代問題，那標年的根據更間接了。　在這種情形之下，我們當然不能確定各種實物在這些區域內出現的絕對的年代。　要進一步追求這個問題，只有到蘇昧與埃及兩個根源。

　　據裴居立敎授的記載 (Tools and Weapons)，埃及在第一朝代，就有銅製的矛頭出現；那時的矛頭已經具箭的胎形；不過到了第十九朝代（約公元前1350—1200）矛箭尙沒合縫，並且是錘成的。　到了公元前八世紀埃及的鐵矛尙保存很簡單的形制。完全像殷虛的那種矛，在裴居立敎授所舉的埃及例中是沒有的。　不列顛所出的晚期銅矛，形制最像我們這次所發見的，但尙有下列的分別：環不在箭端，箭脚沒有銓的遺形，花紋不一樣。　但這種細目上的地方彩色，在傳播的文化中，是到處可有的。就大體說，殷虛矛的基本形制爲箭，這種形制在公元前三千五百年埃及已有它的雛形；流風所及，徧及歐，亞；兩千年後的殷商文化，受這種風氣的影響——雖說那傳播的路程尙不清楚——完全是意中的事。

　　埃及沒有空頭斧，然歐洲空頭斧的來源，現在旣有追溯到中亞的趨勢；殷商空頭斧的來源，大概也跳不出這個圈子。　刀與削的兩種形狀也是在別的青銅文化區所常見的，較比矛與斧，它們的地方色彩更少。　矢的形制來源更複雜，也算不了東方的發明。　只有句兵這一種，在別的區域較爲少見，然西伯利亞葉尼塞河流域所出的銅器中亦有可以相比的。

　　這五種銅器與西伯利亞所出的銅器的關係——尤其是葉尼塞河流域一帶——可謂特別的密切。　在歐洲的青銅文化區所出的實物，雖有很多類似殷虛的，然而那關係都是片斷的，譬如埃及有箭矛，却沒有空頭斧；不列顛有空頭斧，却沒有單刃銅刀；

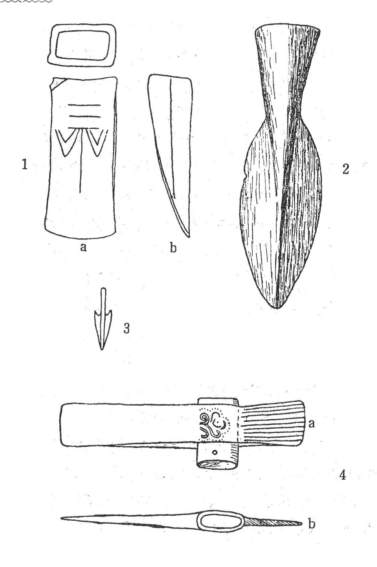

插圖十四　西伯利亞出土類似殷虛出土之銅器（原圖大小）

(1) Merhart: Bronzezeit am Jenissei P. 55　　(2) Minns: Scythians and Greeks P. 251

(3) Petrie: Tools and Weapons Plate XLI　　(4) Merhart: P. 139

(5) Minns: P. 242

兩處都沒有以內安秘的句兵，任何歐洲區域，都少那帶刺的脊矢；但在西伯利亞的青銅文化期，類似殷虛這五種銅器的實物，差不多都有——帶刺的脊矢，單刃帶環的刀，箭矛，以銎安秘的句兵以及空頭斧都有(插圖十四)；只有以內安秘的句兵尚沒發現過。　但西伯利亞的這組銅器年代是不能準定的。　照麥哈氏最近的估計，明盧新斯克所出在公元前一千年的銅器全是外來的樣式；沒有真正的本地出品；裝飾都是幾何形的 (Merhart: P. 16)。　殷虛的出品至少也在公元前一千年前；在這個時候，不但形制上已可劃分早晚期；並且裝飾的母題已有"俗成的 (Conventionalized)" 鳥獸了。此處我們要認西伯利亞與中國在青銅文化期縱有密切的關係，那方向只能說是由東到西的。

　　但是西伯利亞的青銅文化，雖是公元前一千年以後的現象，歐洲的晚期青銅文化，却曾經過一千餘年的演化。　殷虛的青銅實物在形制上說，雖是完全成熟的產品，是否——我們再問一次——在中國演化出來的？　據上段的分析，與殷虛青銅文化最有密切關係的西伯利亞青銅文化，要比殷虛遲若干時，而在歐洲所出的類似殷虛的青銅實物又散在各處，所以說這種青銅器完全是歐洲或西伯利亞傳到中國的，都說不通。　要說這種文化完全是中國自己演化出來的，我們又沒有一點可靠的證據。

　　有些事實與這問題有些連帶性，要我們細察它們的現象，或者可以暗示解決這問題的一個方向。　在殷虛的遺存中，銅刀與石刀，銅斧與石斧，從形制上說，完全是兩個系統，毫無相互的影響。　這在"純一"文化內，是一個很矛盾的現象；今發現於殷虛，如何解釋？　現在我們可以用兩說試釋這個現象：　(1) 石器與銅器的用途不一樣，形制沒有相同的必要，所以沒有互生影響。　(2) 銅器完全是由各地輸入，供給的地方大概是中亞，或者歐洲的大部份，與石製的器物比，歷史完全不同。　這兩個解說包括有不相同的意義；由第一說，青銅文化在中國可以遠在殷商以前；由第二說，青銅文化可以與殷商俱來，殷商以前，中國沒有銅器。　但兩種解說均應同時認識殷虛的青銅確與西方的青銅器有相當的關係。　在我們能得到任何結論以前，還有好些別的應該考慮的事實。

　　大批銅範的發現可以證明殷虛在當時是一個鑄青銅器的中心；在已發現的百餘塊銅範中可以斷定為鑄武器與用器用的只有三塊，其餘的大半都是鑄禮器用的。　在我們發掘殷虛期間雖沒得到全形的禮器，據所見的殘片看，它們的形制確亦臻到成熟的時期。　俯身葬的時代，極近殷商；這裏出來的銅製的禮器如瓠與爵等——雖說它們的形制完全是承襲陶器的，却都是中國的發明——都可證實那時鑄銅業正在全盛時代。　這不是短時所能作得到的。　換言之，殷商的鑄銅業，沒有長期的培養，決不能到達這种境界。　所以就是我們承認殷商青銅業的起源是一種外來的知識，這種知識來中國的時候，亦必遠在殷虛文化以前。　不過這種鑄銅業的培養期究竟在中國的什麼地方，我們尚不知道。

同時另外一種事實又使我們感覺得這種假設的可能性似乎並不大。　殷虛遺存中包括有石器時代的仰韶式帶彩的陶片；廿年秋季在安陽後崗發現了成層的仰韶文化，上層爲城子崖式的黑陶器文化，再上即緊接殷虛文化。　由仰韶與城子崖的石器文化到殷虛的青銅文化，並沒見什麼過渡期夾在中間。　要是這個層次眞能代表中國上古史的過程，那殷墟的青銅文化却又像忽然而來的一件事了。

這種解釋很明顯的，也有好些說不通的地方。　仰韶文化與中亞細亞及東歐的彩色陶器文化有相當的關係，這是大部份的考古家所承認的；殷虛出土的青銅器與歐洲青銅文化的晚期的寶物，有極相似的地方，這是在上文已經說明的：最巧合的就是殷商時代，恰與歐洲晚期的青銅文化同時。　但在西方，從彩色陶器文化到晚期的青銅文化，經過一度長期的變遷，要是彩色陶器文化可以傳到中國，青銅晚期文化，又可以傳到中國，這兩期中間的文化——由黃銅時代直到青銅中期——爲何影響不到中國？

自然我們還有另外一個方向，設想這段歷史在中國可能的演變。　後崗的地層，只能代表一個地方的文化史，不能代表黃河流域全體文化的經過，這是我們應該看清楚的。　由仰韶式的石器文化，絕不會一躍而爲殷虛式的青銅文化，這也是曾經考慮過這個問題的都要承認的。　一個大規模的文化出現——尤其是像殷商這種內容豐富的文化——沒有說只靠一個來源的。　像仰韶及城子崖這種文化的底子，不得別處的幫助，絕不會發靑殷商這種偉大的花果出來。　要我們把構成殷虛文化的重要成分分析出來，作一番歸本還源的工夫，我們對於這個全體的問題，當可以得一種新的見解。

除了青銅器以外，殷虛文化重要的物質成分，現在可以確實指出的爲下列的種類：

(1) 文字　　　　(2) 龜卜與骨卜　　　(3) 農業

(4) 蠶桑業　　　(5) 陶業　　　　　(6) 各種雕刻藝術

中國文字的原始是一個極複雜的問題；殷商文字見於殷虛龜甲獸骨上的已有兩千字上下。　除貞卜記載外，它們已有用作簡單記事的。　在這同一時期，除了美索坡打米亞，小亞細亞及埃及外，只有綺琴與印度的西北是有文字的文化。　歐洲的全部差不多尚完全爲無文字的文化區域。　龜甲文字與這些同時的文字比，顯露着獨立的特性。　縱然它的起源或者受過西方的暗示，然甲骨上所表現的這文字進化的階級，確已離那原始期很遠，已經經過了一個長期的分化。

至於骨卜差不多完全是中亞與東亞的特色。　龜卜這習慣，除中國外，在別的區域就沒聽說過。　骨卜直到歷史期間才傳播到歐洲與非洲去。　殷虛的龜卜與骨卜是具很長期的歷史背景的。　單就那治龜攻龜鑽龜的方法說，要沒有長期的經驗與訓練就絕不會有那整齊的表現。　至於占卜的方法，吉凶的判斷，文字的排列，都需歷久的習慣方養得成。

殷虛文字所表示的農產物不但有麥，且有米；遺存中的獸骨不但有旱牛且有水牛。　殷商民族，像仰韶民族，至少有一部份是吃米的。　麥在中亞出現最早；稻米却是東南亞的文化。　就農業說，殷商文化代表中亞與東南亞的集合。

山西西陰村史前的遺址，曾出現半個人工割裂過的繭壳。　這是初次找着中國在石器時代，已有養蠶習慣的證據。　甲骨文字中不但有"絲""桑"等字，並且有"蠶"字。　蠶桑業在殷商已成爲專業，可以說是毫無疑問的。　這種專業的成立自然又代表長期的觀察與經驗，並且這也完全是中國的發明。

陶器雖是新石器時代很普遍的工業品，殷虛的陶器在形制與實質上，均具有特別的時間與地方的彩色。　白陶可以說是殷虛的特產。　就形制說，鬲爵等形也完全是中國的發明。

殷商的雕刻有石，骨兩種，銅器與陶器的刻紋，也可以算在這類。　從藝術上說已經完全是有計畫有訓練有組織的。　母題的選擇與全體的佈置都具全副的東方的精神。　那滿身刻紋的半截石像無疑的代表那時的文身的習慣。　這種習慣到後來只遺留於東南海岸的民族；大概這種習慣的起源也是由那方來的。　這是殷商文化含有南方成分的又一個證據。

這些自然只是一個很概括的分析；然已可證明殷虛文化來源的複雜。　就來源的大概方向說，我們可以作下列的觀察：

(1) 一部份的文化顯然受過西方的影響，同時帶着濃厚的地方彩色：如文字，一部份的農業及陶業。

(2) 一部份完全是在中國至少是東亞創始並發展的：如骨卜，龜卜，蠶桑業及一部份的陶業與雕刻的技術。

(3) 一部份來自南亞，如水牛，稻，及一部份藝術。

殷商文化只是把這些成分調和起來，加了一個強有力的表現。　這些成分可以早到仰韶期的爲：一部份陶業，稻米，蠶桑業；但文字，大部份的陶業，青銅業，藝術，龜卜，骨卜都是殷商新加的。　這種後加的成分，大部份仍是亞東的土產。　如此看去我們對於青銅業可以得下列的結論：

青銅業在殷商時代確已到了鼎盛時期；原料的供給大約也很豐富，所以除了禮器外，很多的武器與用器甚至矢簇都由這種原料作成。　原料的來源大約來自南方；黃河流域一帶無錫鑛，這是已經調查出的事實。　所以最近的供給只有南方了。　這並不是一件孤獨的事實。　殷商的文化除了水牛，米，無疑的爲南方成分外，還有些石器如"肩斧"，及一部份藝術如"文身"，均是南方的東西。

青銅物形制的來源却很複雜。　有的大約完全爲西方式，如空頭斧與矛之類，但句兵却是中國的產品，大部份禮器的形制都是中國的發明。　殷商時代中國與西方的關係正如仰韶時代中國與西方的關係——中國接受了西方一部份的文化，但加了濃厚的地方彩色。　殷商以前仰韶以後黃河流域一定尚有一種青銅文化，等於歐洲青銅文化的早中二期，及中國傳統歷史的夏及商的前期。　這個文化埋藏在什麼地方，固然尚待將來考古家的發現；但對於它的存在，我們根據我們考慮各方事實的結果，却可以抱十分的信仰心。

本文原載於「蔡元培六十五歲慶祝論文集」　　　民國二十一年

圖 版 壹 ： 殷 虛 銅 器 五 種

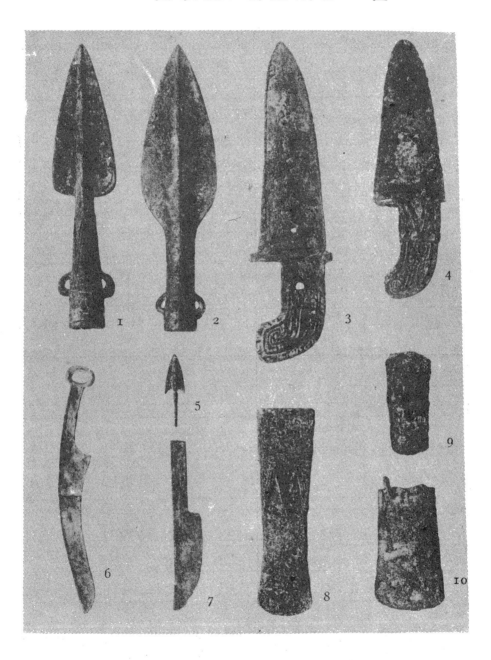

中國考古報告集之一
城子崖發掘報告序

　　編輯考古報告集的動議遠在民國十八年的時候，那時我們原想以殷虛發掘作報告集的首卷，按照田野工作的秩序陸續編印。十九年一年，河南忽然變成內戰的中心地點，殷虛發掘因此中斷。適值吳金鼎君在山東的考古調查疊有發現，歷史語言研究所組織的田野工作隊的活動，在這一年，也就由河南移到山東去了。最初我們本想在臨淄建築一個山東田野工作的中心，吳金鼎君同我到那裏就去看了一次。由臨淄回到省城後，吳君又領我到他所發現的濟南附近龍山鎮城子崖遺址去了一次。我從臨淄調查回來，對於原來計劃的施行，很感覺躊躇；我很知道臨淄這種地方，必蘊藏着無限的寶貴的史料，考古發現的可能很大。不過問題太複雜了，絕非短時期可以料理得清楚的一件工作。我們既已在安陽建設了田野考古的重心，在能作一段落以前，研究所的財力人力絕不允許我們再拈起一個與殷虛類似的短時間不能解決的問題。這一年是否應該動手作臨淄，我們就不能不作一番澈底的計算。這個考慮尚沒得到一個段落，忽然看見城子崖這個遺址，這個困難就得了一個比較合式的解決。故我調查城子崖後的感想，是極簡單的，決絕的。決定選擇城子崖作山東考古發掘第一個工作地點的理由，我認爲是極充分的。這理由我在民國十九年向山東古蹟研究會及濟南的新聞界已撮要陳述過。那時的目的只是要解釋我們爲什麼如此作，作了兩次我們最初所看的理由可以說是完全證實了。

　　但城子崖遺址的重要，却遠超我最初所說理由之上，由這遺址的發掘我們不但替中國文化原始問題的討論找了一個新的端緒，田野考古的工也因此得了一個可循的軌道。與殷虛的成績相比，城子崖的雖比較簡單，却是同等的重要。在這第一卷報告集前，這一段效力的過程是值得詳細記述下來的。

　　講起古史研究的新運動，如考古一類的工作，我們並感覺不到什麼特別的愉快。這種事業在中國，猶同別的自然科學研究一樣，至少比別人要落後八十年。固然有時我們也可以拿宋人的幾部書籍，強為自慰的說，我們中國人考古的興趣已經有八百多年的歷史了；但這只是興趣而已。有興趣而無眞正的辦法，所以始終沒得到相當的收穫。要是把現在的考古學與我們固有的金石學放在一個宗派裏，豈不成了到中國的胡人用改姓的辦法冒充黃帝的子孫的那一套把戲。

　　這話毫不帶着藐視古人的意味。我們在這種民生凋敝的時候，居然能為社會所容許，作一點考古的工作，一部分的理由不能不說是受了宋人傳下來的民族好古癖所賜。可是話只能說到如此而止，此外全是中國學術界向所沒有的自然科學的辦法。中國現在還能繼續的進行些些考古工作，一半也是因為借用了自然科學的方法，得了若干發現的緣故。這一半我們應該記得，完全是外國帶來贈予中國的。就是最近在中國幾件重要的考古發現大部分仍是外國人提倡出來的。「他山之石，可以攻錯；」這些地方我們似乎可以盡量的認清楚那些原委，然後我們才能放膽的作進一步的工作。

　　我的意思是這樣的：外國人研究中國事體，入手的立場總是用比較法。無論他採取那種標準，他看中國事情總比較的客觀一點。這種態度應用在歷史研究一方面尤為有益。中國史學家，要能把中國的史實，像西洋支那學者似的前看後看，左看右看，看完了再東比比西比比總可以找出些新的意義出來。由這種立場出發，不但可以得些事實上的新認識；新的史實，新的收集材料的方法，也可以連貫的悟到。

　　但這只是一個講法；比較法的應用，也有他自然的限度。用得好，可以貫串一大堆似乎不相干的事實，把他們喚醒了，成一組活的歷史，如古生物學家靠些古生物殘骸的遺跡就可以描寫過去百萬餘年的地球上種種生物的活動。用得濫，就免不了犯生吞活剝的毛病，撿拾一鱗半爪，強為溝通，造些種種奇怪的學說。表面上似乎持之有故，言之成理，一遇着眞實可靠的材料，就會講不通。這類的學說，大概都不會享很久的壽命。在人類學、民俗學、心理學、生物學中都有不少的例可舉，見之於歷史研究的尤多。早期的西洋人研究「中國學」者好多都在這個風氣內薰陶出來。他們在中國文字的古音古形古義尚沒研究一個道理出來的時候，就有膽子把它與楔形文字亂比起來。對於中國古史傳說的真偽沒弄清楚就敢討論中國文化的來源。這些人，雖說掛了一塊學者的招牌，事實上只是發揮某一種偏見，逞快一時。這當然不能代表自然科學的真精神。

所謂研究自然科學的真精神者，至少應該保持如荀卿所說：「無欲無惡，無始無終，無近無遠，無博無淺，無古無今，兼陳萬物而中懸衡焉」的態度。養成這態度最大的阻礙，自然是感情。尤其是在人文科學範圍以內，感情最難抑制；結果多少總是「蔽於一曲」而失其真。

我們大約尚記得，十餘年前，在古史新運動的初期，那反對疑古派所執為最充足的理由是怕堯舜禹的黃金時代若打倒，就「會影響到人心」。骨子裏的意思大概是說，假如我們要把中國上古的文化說得不像他們所想像的那樣子，我們民族的自尊心就要失掉了。這點感情雖是不十分合理，動機却很純潔，且是極普遍存在的。好多成熟的科學家與哲學家都免除不了。外國人帶了這種感情來論中國事，無形之中就要把中國的民族史看得比他本國的格外不同一點。被誤解的人自然也要想法子自衞。是非曲直，反愈鬧愈糾紛了。不過治史學的人，並不一定要完全抑制這類的感情。說穿了，這仍是一個技術問題。技術高的史學家就能把他的感情貫注到真的史實裏，技術低的人往往就由着感情作用不惜創作偽史；但結果總要弄巧成拙。

假如我們能把這一點認清楚，我們對於整理中國史就得到一個最可用的方式。最要緊的第一步，自然是多找真實可靠的材料。處置這種材料的方法與處置一切自然科學材料應該是相同的。價值的觀念一摒陳，其餘的就可迎刃而解了。歷史法與比較法原都相互為用，離不開的。要沒有好惡的觀念作弊，一切都變成了很簡單的邏輯問題。

如此看考古學，考古工作是一件極有準繩的。至少我們應該以此自律。我們固不惜打破以中國上古為黃金時代的這種夢，但在事實能完全證明以前，顧頡剛先生的「層累地造成的古史」也只能算一種推倒偽史的痛快的標語；要奉爲分析古史的標準，却要極審愼的採用，不然，就有被引入歧途的危險。

殷虛發掘的經驗啓示於我們的就是：中國古史的構成，是一個極複雜的問題。上古的傳說並不能算一篇完全的謊帳。那些傳說的價值，是不能遽然估定的。只有多找新材料，一步一步的分析他們構成的分子，然後再分別去取，積久了，我們自然會有一部較靠得住的中國上古史可寫。但這祇是考古的連帶工作。考古學的本身問題却自成一個系統，實質也許與上古傳說毫不相干，也許證實一部份，也許完全符合，事先却不能作任何推斷；不過考出來的大約總是比較可信的史料。譬如殷虛這個遺址，所以爲人特別注意的緣故，直到現在仍是因爲它出了甲骨文，可以供給一般研究古文字的人分析中國古史傳說的新標準。同時殷虛也供給了好些考古家所謂「啞叭材料」，可以爲中國古文化研究，作種種歷史的與比較的分析，由此可以看得出中國古民生活之狀態及那構成的經歷。

以殷虛出土物爲基本材料而研究中國上古史的人至少有兩件必須作的初步工作：

㈠以文字材料比古文傳說，藉定古傳說之眞偽。㈡分析無文字之實物，尋其原始及沿革探求中國古史家向不十分注意的那時的生活狀態。第一件工作所需的比較材料如古史傳說之類多少總是現存的。第二件初步工作所需的材料必須在地下尋找出來的才能用。故處置殷虛出土品之必然的下文，爲尋求可與殷虛相比之實物。

這問題有使人感覺困難處。殷虛出土的實物分析出來，旣顯然的呈現着極複雜的混合狀態，相比的材料必須多方的追求。在這類材料實現以前，殷虛出土物之意義，就不能十分明瞭。故史言所發掘殷虛以來卽從事於類似之搜求。陸續的發現多能增進此問題之解決，其中最緊要的成績，要算是城子崖的工作。這是考古組同人們認爲五六年來對於歷史研究上的最重要的貢獻。

有了城子崖的發現，我們不但替殷虛一部份文化的來源找到一個老家，對於中國黎明期文化的認識我們也得了一個新階段。這一本報告所記錄的城子崖文化的內容有幾點是應該特別注意的：

(一)遺址內無疑的包含兩層文化，在地層上及實物內容上均有顯然的區別。

(二)上層文化已到用文字時期，證之古史的傳說似爲春秋戰國時之譚城遺址，
其時代當卽可由此推定。

(三)上層文化最著的進步爲用靑銅，有正式的文字陶器以輪製爲主體。其餘的
物質均似直接承襲下層，略有演變。

(四)下層文化爲完全石器文化。陶器以手製爲主體，但亦有輪製者。所出之黑
陶與粉黃陶，技術特精，形製尤富於創造；此類工藝，到上層時似已失傳。

(五)城子崖最可注意之實物爲卜骨。由此，城子崖文化與殷虛文化得一最親切
之聯絡。下層兼用牛鹿肩胛骨，上層只用牛肩胛骨；故上下兩文化層雖屬
兩個時期，實在一個系統。

這組文化包含的意義，與仰韶殷虛及殷虛附近之後岡遺物比而更顯明。構成
殷虛文化最緊要之成分——骨卜，遂得一正當之歸宿。

骨卜習俗之原始及其傳播在現代民俗中仍爲一未解決之問題。討論這個問題
的，大概都追溯到中國三代的龜卜爲止。但殷虛發掘已經證明中國的龜卜還是從
骨卜演化出來的。殷虛所出的卜用的骨實比卜用的龜多。就那一切技術說，已到
極成熟的時期，故殷商時代這種習俗必具極長期之歷史背景。這種歷史的背景在
那中國北部及西部分佈極廣的石器時代仰韶文化遺址中，毫無痕迹可尋。但在城
子崖遺址却找了出來。因此我們至少可以說那殷商文化最重要的一個成分，原始
在山東境內。

這是一個很重要的線索；這關係認清楚以後，我們在殷虛殷商文化層下又找
出了一層較老的文化層，完全像城子崖的黑陶文化。事實上證明殷商的文化就建
築在城子崖式的黑陶文化上。在殷虛附近的後岡我們已找到同樣的證據。故城子
崖下層之黑陶文化實代表中國上古文化史的一個重要的階段。他的分佈區域，就
我們所知道的，東部已達海岸，西及洹水及淇水流域。繼續的搜求或可證明更廣
的範圍。

　　究竟這一個階段合於傳說歷史的那一部份，自然是值得推尋的。但在中國考古學現在斬荊棘闢草萊的時候，我們還來不及理會這件事。城子崖的上層文化，雖似爲春秋戰國期的譚國文化，但就黑陶文化言，那只是一個尾聲。黑陶文化的正統表現於城子崖下層者，似已到了鼎盛時期；這是可以由黑陶的形質及技藝完全證明。田野考古工作人員現在的責任是應該更進一步追求這一系文化的原始。

　　單就骨卜言，除了孕育殷商期中國早期的朝代文化外，後來又東傳至日本，北至通古斯及西伯利亞之濱海民族；歷史期間的韃靼民族也浸染了這個習慣；以後西播，直到愛爾蘭磨洛哥一帶。現在我們可以知道這習俗的沿革最早的一段似與黑陶文化有分不開的關係。最顯要的證據就是在我們現在所知道的黑陶文化遺址中都有卜骨的遺存。黑陶的遺址，旣散佈在山東及河南的東部，中心地點大約總在山東一帶。它與西北部及北部的彩陶文化對峙到若何程度，尚無從知悉。但他們是兩個獨立的系統，在各地方的發展有早晚的不同，却是很清楚的。在殷虛所代表的中國最早期的歷史文化中，據一切的經驗看來，骨卜不但是那時一切精神生活之所繫，中國文字早期之演進大約骨卜的習慣有極大的推力。城子崖的卜骨雖無文字，然那時的陶片已有帶記號的；可見下層的城子崖文化已經完全脫離了那「草昧」的時代了。凡此一切都給予我們一個强有力的暗示，就是構成中國最早歷史期文化的一個最緊要的成分，顯然是在東方——春秋戰國期的齊魯國境——發展的。要是我們能把城子崖的黑陶文化尋出他的演繹的秩序及所及的準確範圍，中國黎明期的歷史就可解決一大半了。我們相信這不但是田野考古工作一個極可遵循的軌道，對於中國上古史的研究將成一個極重要的轉點。

　　所以我們決定以這篇報告爲報告集的首卷，希望能由此漸漸的上溯中國文化的原始，下釋商周歷史的形成。

本文原載於東方雜誌第三十二卷第一號　　民國二十三年

小屯地面下的先殷文化層

　　夏未亡，已經有了商；殷末亡，已經有了周；這是傳統歷史已有紀錄的。從文化的繼承上說，這裏面包括兩組性質不同的問題。（一）在某一時期內，未亡的正統文化，與將興的繼承文化在地域上雖顯有不同的中心，是否尚有交錯的區域？（二）在這幾個文化系統所達到的區域內，每一個地點文化的演進是否如傳說歷史所說的那個程序，這些問題顯然都是考古學上的問題

　　我說這是考古學上的問題，因為這要完全靠地下的材料來解決的。歷史的紀錄不全，史學家沒法答復他們。並不是說這些問題沒有歷史的重要性。但考古學上所能解決的也並沒有"全面的"；縱然有一個像是全面的解決，也是靠着一點一滴小解決積起來的。這篇所討論的，就只是這兩組問題內的很小的一方面。

　　談起小屯，似乎是與殷虛分不開了。所謂小屯文化，普通就認為算是殷虛文化的代名詞。但嚴格的說起來，"殷"是有極清楚的時間限制；"小屯"却沒有。雖說小屯地面下堆積的文化層以殷商文化為最重要，却仍是有些其他不在"殷商"時代限期內的文化。這些不在殷商限期內的小屯地面下的文化，大部分是比殷商時代晚的——例如隋唐時代的墓葬，但也有顯然比殷商早的，比殷商晚的，有它們本身的時代的證據，如卜仁墓誌* 一類的材料；比殷商早的，却只靠文化層次分判它們的時代。

　　小屯地面下所存留的早期遺蹟，最顯著的可分三種：(1)灰坑(2)版築(3)墓葬。這三種遺蹟在殷商末年，已經遭過了無數次的破壞與重建；尤其是版築這部份材料，那前後建築的秩序，已經混雜到了一種不容易認識的程度。墓葬與灰坑的所

---

* 卜仁墓誌，見安陽發掘報告

在，混亂的情形似乎本要少一點。單就那堆積的層次說，要算是灰坑顯露的現象最清楚，構成研究<u>小屯</u>地面下文化層蛻變的基本材料。

所謂"灰坑"，指的是那灰土塡滿的地穴與地窖的總名；<u>小屯</u>地面下幾乎佈滿了這類的灰坑。<u>殷虛</u>發掘第十三次至第十五次，共紀錄了四百六十九個。它們的形制、大小、深淺，變化甚多；以橫截面說，有方，有圓，有長方，橢圓，半圓，多圓，不規則的，種種變化；以深淺說，有深到十公尺不見底的，也有不及一尺深的。那構造也有種種不同：有的只是週壁直立的一個坑，有的帶腳窩，有的有台階；壁面有的只是光面，有的另塗着一層泥。至於那灰土內的包含，具有更複雜的變化。

從包含的內容及構造上說，這些灰坑顯然不是一個時代建造的。這一點在它們所在的位置，有極肯定的說明。四百六十九個灰坑中，有將近六十個，可以說是被另外的一個灰坑破壞過；有五十個以上的灰坑，破壞了另一個或一個以上的灰坑。還有幾組表現着三層的秩序。這些上下成層的灰坑，在同時建造的可能，可以說是沒有的。但那上下層相差時間的長短，却是每對每參各不一樣。有的可以近得幾乎同時，有的可以相差幾十年，甚至幾百年。比較上下灰坑自身的構造，與包含的內容，似乎是唯一的標準，可以用着斷定它們時間相距的長短。這是一部很重要的工作，這裏却沒有地位重述它們；只能講幾點由這工作所得的幾條重要結論。

初看起來，這類比較工作似乎不很煩難；但一着手選擇作比較用的資料，這工作就不如想像的那樣簡單。幸而我們保有比較詳細的關於陶片出土及分類的紀錄；這工作尚不致沒有下手的地方。那比較的第一步，就是比較各灰坑所出陶片的種類及式樣。

陶器與陶片的分類及分式，是另一部方結束的研究；上項比較所根據的類與式，都是由這研究得來的結論。在說明那比較的結論以前，我們可以先略爲敍述所比較的類及式分劃的幾個大標準。

在採集期間、經過了若干時期，田野工作人員對於陶片的認識，就得了一個把握。故在採集時期，同時也就作了分類的工作。殷虛發掘在最後三次（十三，十四，十五），陶片的種類樣式已經有一圖譜可供參考；每一式有它的一個固定的號碼。這些號碼的製定大致是按照器物的形制爲次序的：以底部的形狀爲第一個考查的部份：圓底最先，次爲平底，再次爲圈足，三足，四足等。其次再以色澤分判，灰色紅色在前，隨之以釉與釉胎，白色黑色等。爲應用的方便計，中有不少的例外，所以只能作一個田野分類的紀錄，却不能作爲圖錄序數的標準。

有了這個排列的次序，在統計一個灰坑的出土陶片時，只用很簡單的號碼數目字，就紀錄下來了。譬如第一灰坑（第十三次掘）所出陶片的紀錄，如下表：

〔6〕	29	〔57〕	3	〔121〕	3	〔161〕	2	〔317〕	464
〔8〕	6	〔73〕	2	〔127〕	50	〔178〕	7	〔321〕	14
〔11〕	18	〔90〕	13(1)	〔129〕	35	〔306〕	1	〔327〕	136
〔30〕	55	〔97〕	1	〔140〕	12	〔307〕	1	〔336〕	33
〔50〕	50	〔120〕	1	〔147〕	1	〔311〕	14	〔370〕	2
								w	953

上表內有括弧的碼，表示陶片的形式；無括弧的，爲各式陶片的數量：帶圈的表示全形器的數目。大部份有括弧的號碼均代表陶器上的一個獨立的形制，譬如〔6〕代表一個大口高身圓底器；〔8〕就代表一個小口葫蘆形器；〔30〕是一個平底盆形器；〔50〕是一個平底罐形器；〔90〕是一個圈足盆形器，〔127〕是一個鬲形器（附圖）。所用的括弧號碼不及〔300〕的都是具獨立形制的。有些陶器已經破碎得不能看出全形出來，只能在制作顏色及一部分形制上分判它們，都用超過〔300〕的數目作代表。如〔317〕就是灰色土質的繩文陶片，〔327〕就是灰色平面的陶片。

最近三次所發掘的灰坑（十三，十四，十五）都有這一張陶片的統計。在這三次所發掘的四百六十九個灰坑內，有好些是沒有陶片的；但有的却佔大多數。那成上下層的灰坑都具有陶片的，共四十二對。

我們比較兩個灰坑陶片的內容，演出了一個可以普通用的公式來，計算這相比兩坑所含陶片的類似量。這公式如下：

假定：A.B. 爲相比之兩灰坑；

As. Bs. 爲兩坑所同有的陶式的數量；

Ad. Bd. 爲兩坑各獨有陶式的數量；

故：As＋Ad 爲A坑具有的陶式的全數；

Bs＋Bd 爲B坑具有的陶式的全數。

若以：S爲兩坑所含陶片的類似量；

類似量之計算如下： $$S = \frac{(As+Bs) \times 100}{(As+Ad)+(Bs+Bd)}$$

例一：第三十一灰坑（H 031）與第二百九十三灰坑（H 293）互比：H031 共有二十九種不同的陶式，H 293 只有七種不同的陶式；兩坑互比，却沒有相同的陶式。依上式，類似量之計算如下：

$$A = H\ 031 \qquad\qquad 1\,B = H\ 293$$

$$As = 0 \qquad\qquad\qquad Bs = 0$$

$$Ad = 29 \qquad\qquad\qquad Bd = 7$$

$$S = \frac{(0+0) \times 100}{(29+0)+(7+0)} = \frac{0}{36} = 0$$

據上表的計算，它們的類似量是等於零；換言之，這兩灰坑的陶片沒有類似的地方。

例二：第五十三灰坑（H 053）與第二百零三灰坑（H203）比；兩坑共有的陶片有七種；H 053 獨有的八種，H 203 獨有四種。類似量的計算如下：

$$A = H\ 053 \qquad\qquad B = H230$$

$$As = 7 \qquad\qquad\qquad Bs = 7$$

$$Ad = 8 \qquad\qquad\qquad Bd = 4$$

$$S = \frac{(7+7) \times 100}{(7+8)+(7+4)} = \frac{1400}{26} = 53.85$$

假如有兩個灰坑具有的陶式完全一樣，照上式計算，那類似量就要等於100.00。這種事件，還沒見過。百分之六十以上的類似量却是常見的，假如完全不同，就等於零；這却很多*。

計算這四十二對類似量，各坑相互比較所得的類似程度，雖不能即用作相比坑同時的絕對的證據，但確是不可以忽視的一種有力的證據。這公式的應用，就那用得的範圍上說，正面的力量最大，而反面的力量較少。若是類似量小的話，就需要精審的覆按。換一句話說，那類似量愈大，愈可用作相比灰坑時代相近的證據；要是小或沒有，不一定就是所比灰坑時代相距很遠的證據。但是這個可能，却是相當的大。現在我們可以從相比坑類似量較小的說起。

四十二對坑互比的結果，最可注意的要算是第二百九十三坑（H 293）。這是一個下層灰坑；上層為第二百八十八灰坑（H 288）打破。這兩坑所含的陶片，照上式互比，所得的類似量是等於零，就是說這兩個灰坑所含的陶片沒有同式的。這却沒有什麼特別，最特別的，這下層坑（H 293）與任何其他的這四十二對中的灰坑比，那類似量也等於零。這就是說：H 293 灰坑所含的陶片，與其他任何灰坑比，都不一樣。它所具有的各式陶片，沒有一式在這其他的八十三坑重複出現過。H293 所具的陶片為下列七式：〔203〕〔212〕〔215〕〔224〕〔228〕〔233〕〔264〕。這七式陶片中〔233〕的數量，共四十五片，佔全數（104）百分之四十三以上。這式是屬於黑陶類的一個圈足大盤（附圖）。此外尚有〔215〕式的平底盆形器，也是黑色泥質的器，其餘五式全是帶沙質的灰陶。

由此我們可以推知，第二百九十三灰坑包含內容關於陶片的特點：為黑色與沙質灰色。為什麼黑色是一個特點？這要牽涉到小屯所出全部陶器的大分類的問題。關於這一點，我們必須有一個簡單的說明。

---

* 這個公式的得用，在它的簡單，但這簡單却也是它的用處受限制的原因。就分類公式的經過說，我們沒有方法——也沒有這個需要——把各類及各式陶器的差別程度劃成一律，因此這各類各式的相差可以距離得很遠。譬如：〔178〕是帶釉的圈足小口硬陶，〔246〕是黑色三足陶：兩式的質料，作法與形質均相差得很遠；〔8〕與〔9〕均是圈底罍形器，外有繩文，質料與作法均極相近，只有形制上有一不同點。這種相差的程度，很難作一個正確的估計，故在類似量的算法中也沒有顧及這種相差的遠近了。

類別小屯所出的早期陶器最易並且最切實的標準,是用它們表面所現的顏色。依此,它們可以分成下列六個系統:

(一)灰陶系　　　　　(二)紅陶系　　　　　(三)白陶系

(四)釉與釉胎陶系　　(五)黑陶系　　　　　(六)彩陶系

上列六系構成了小屯早期的全部陶類的遺存。它們的數量相差很大,在統計過將近二十五萬塊陶片內 , 灰陶要佔百分之九十以上(90.07),紅陶約百分之六‧八六,釉與釉胎百分之一‧七三,黑陶有百分之一‧〇七,白陶為百分之〇‧二七,彩陶只有一塊,不能成百分數。

從化學分析的結果看,造成這六系陶片的質料也各有不同:中間,黑白釉與釉胎三系的原料,均各有純一的趨勢;灰與紅二系陶質內在的差異比較的多。黑陶原質帶有甚多之炭素;白陶原質,類似高嶺土成分;釉與釉胎陶含有大量之二養化矽(SiO_2),約四分之三;為中國陶人最早最初之用釉試驗的成品;他們的目的,只是要減少這容器的吸水量。灰陶與紅陶的質料,似無固定的成分,完全靠着當地可用的土質。但灰陶這一大系顯然有兩個支系:一支系含沙質很重,可以用手感覺出來;一支系為完全泥質的。

這六系陶器在地下分佈的情形有極大的變化。詳細的研究這個分佈的變化,我們已找出幾個重要的聯系。我們知道,白陶系與釉及釉胎陶系均是純粹的殷商時代的產品。灰陶與紅陶系淵源很遠,延綿極久,質料與形制的變化甚多。彩陶只有一件,顯然是一件蛻存。黑陶,在殷商時代的小屯,也沒有流行了。像第二百九十三灰土坑所保留的,只是先殷的遺存。關於這最後的一點,是我們在此要詳為討論的。我們可先舉出幾個例證出來。

在四十二對成層的灰坑內,有三個坑的包含可以說是以黑陶為最重要的;為便於敍述,它們可以叫着黑陶坑。除 H293 外,其他的兩個為 H031,H340。 這三個坑都是下層坑;都是被另外的一個灰坑破壞過的。下表詳列以黑陶坑為下層坑的三對灰坑所含陶片的大類:

表一：小屯三黑陶坑及其上層坑所含陶片分析表

陶片之色質與文飾				坑層 上	下	上	下	上	下
所佔百分數 各坑總數			坑名	H 024	H031	H288	H 293	H 322	H 340
			各坑總數	10	531	107	104	254	177
黑					60.08%		47.12%		28.25%
灰	土質	繩文	單純的	30.00%	1.88%	60.74%		56.30%	
			加箍			5.61%		8.27%	
			帶耳			1.87%		1.57%	
		平面	單純的	60.00%	3.20%		27.88%	5.51%	
			加劃	10.00%					
			帶耳		.19%				
	帶沙質	繩文	單純的		10.73%	28.04%		22.83%	57.63%
			加箍					4.72%	
		平面			1.69%		1.92%		
		條文	單純的		16.01%				12.99%
			帶耳				23.08%		
		方格			5.84%				
紅	土質	繩文	平面		.19%	3.74%			.56%
		平面			.19%				.56%
釉與釉胎								.79%	

　這表所顯示的爲下列四點：（一）黑陶只有下灰坑有，破壞它們的上灰坑沒有；（二）釉與釉胎沒有與黑陶同坑的，只有上灰坑有，（三）灰陶雖是上下層都有，但下層帶沙質的多，上層多是純粹土質；帶沙質的灰陶中，如平面的，條文的及方格的，均是只見於下層（卽黑陶坑），不見上層的。純粹土質平面加劃

的，却只見於上層，不見於下層，（四）紅色陶是上下層皆見。

由這三對灰坑所顯上下層陶片的變遷，引起了下列的一個重要的問題：

各灰坑的大概時間如何斷定？雖說是下層顯然的要比上層早若干時間，這所謂早晚，究竟只是相對的，還是絕對的？

要解決第一個疑問，我必須先查出這六個灰坑全部的包含。除了陶片已見上表外，這六個灰坑所出的別樣的實物如下表：（第見203頁）

下表所示各坑所出陶片以外的實物，分上下層論，顯然有幾個重要的分別。最重要的，要算龜版，帶字甲骨，銅銹與銅。石器雖說是上下層都有的，但下層的要較上層的多。H288 有帶字甲一塊。證明這破壞 H293 的灰坑確是殷商時代實物將它填滿；H288 至遲也是殷商時代構成的。

總括這三對灰坑的內容起來，我們可以說：下層坑內陶類遺存以黑色陶器為主，次要者為帶沙質的灰陶，與土質灰陶，些許紅陶，沒有釉或釉胎陶；其餘別的實物為若干食餘的獸骨，及牙，鹹蚌，少量骨器，石及石器；沒有龜版，帶字甲骨，銅銹或銅范。上層坑內陶類遺存以土質灰陶器為主，次為沙質灰陶，再次為紅陶與釉陶；沒有黑陶。其他的實物為：大量獸骨與骨料及牙角，少量的蚌壳，有龜牙，帶字甲骨，銅銹，銅范，石卵及少量石器。上層所出的帶字甲骨，據董作賓先生審訂為第四期，即武乙文丁時代留下來的。由這個證據，我們斷定至少第二八八灰坑所出的實物是代表殷商文化的。這坑內出土的器物與其他兩個上文化層要詳細比較一下，陶器的質料是大致相同的，那形制雖有若干小的差異，製作的方法是沒有什麼變動的。這三個坑的包含最大的聯系，要算是龜版；這是三坑都出了的。由這幾點的確定，我們可以說殷商文化層的特點如下：（一）土質灰陶，（二）大量獸骨與骨器，（三）龜版與甲骨文字，（四）銅銹及銅范。這個單子，只是根據破壞黑陶坑這一個上層坑開的；雖嫌過於簡陋，但那殷商文化的幾個基素已有了。

若是我們用這個單子來查它們所破壞的三個黑陶坑的包含：這四門殷商文化基素有兩門是完全沒有的，有兩門雖是有，僅具一般的雛形。它們所有的那最惹

表二：三黑陶坑及其上層坑所含他類實物分析表

		上	下	上	下	上	下
		H024	H031	H288	H293	H322	H340
骨類	獸　骨	600	8	43		62	23
	魚　骨			10			
	骨　料	130		2			
	骨　矢			1		1	
	骨　錐	2					
	骨　柶			1	1		
	骨　笄					2	
牙類	牙	16		2		6	1
	豬　牙					1	2
	狗　牙					1	
	馬　牙					5	
	牙　飾	1					
角類	角	150					
	牛　角	9		7			
	鹿　角	4				1	
蚌類	厚　蚌		13			4	1
	鹹　蚌				1	1	
	蚌　飾	2					
	蚌　刀				5		
龜甲	龜　版	6		30		1	
	字　甲			1			
銅	銅　銹	8					
	銅　范	28					
石類	石	23			6		10
	燧　石				1		
	石　刀					1	2
	石　○						1
	石　器					1	7

人注意的黑陶，在殷商文化層却完全不見。因此我們就得這一個斷定：黑陶是殷商以前的文化遺留；在殷商人來此建都時，它們就形成；或者已經是那時的史蹟了。殷商人用了這塊地方建了一個新的都城，把這些史蹟幾乎全部摧殘；只有幾個地窖，算是沒毀盡。

把這個前後次序大致弄清楚後，我們就明瞭爲什麼在那將近六十對成層的灰坑內，只有三個黑陶坑，並且都是在下層的，沒有在上層的。

除了爲灰坑破壞的三黑陶坑外（以下稱爲甲組黑陶坑），小屯地面下尚有另外的兩組黑陶坑。一組（以下稱爲乙組黑陶坑）是與其他構造不發生關係的，稱爲獨立灰坑。又一組（以下稱爲丙組黑陶坑）是爲殷商時期的版築所破壞或在版築下的；爲殷商時代的墓葬所破壞或在墓葬下的。前一組共計有十四坑，後一組有九坑。這二十三個坑有一共同點，就是都有黑陶的存在。但其他的實物却大有差異。詳表如下：（見表三）

據上兩表的紀錄，乙丙兩組黑陶坑的包含，與甲組相比，似有幾點重要的不同：乙組有帶釉的陶片，帶字甲骨，成形銅器，甲丙兩組都沒有；丙組內有兩坑帶着銅及銅銹的遺痕，也是甲組所沒有的。陶類的包含中，乙丙兩組黑陶的成份較之甲組都大爲減少，灰沙的成份都大爲增加。這兩組間的差異的原因，大約不只一個。可以說明的，也許是最重要的，大約是如此一個原始：乙組黑陶坑與別的構造是不發生聯系的；坑內的包含並且有很近代的磁與磚，這可以證明是經過後代的破壞，因此滲入了後期遺物。不但磁與磚，連帶字甲骨，銅及釉陶也是幾種向前滲入的後期作品。這些坑很可能的在殷商時代繼繼的被用了一陣子，或者是在殷商晚期方填平的。它們都集中在D、E兩區，在這些區域內，殷商時代的建築比較的少，原來的地窖只被征服者半破壞又填滿了，却沒有新的建築加上去，所以那遺物就包括着兩個時代而混雜了。丙組黑陶坑的情形稍有不同；它們在殷商時就被版築或墓葬遮蓋起來了。後期滲入的機會就差不多沒有，但也不是完全沒有；這機會就是在破壞它們的建築時候。譬如清朝康熙的時代，在明朝的一個垃圾堆上蓋一所房子：在平地基的時候，也許屠入幾塊康熙磁到裏邊去；這個

表三：乙組與丙組黑陶灰坑出土實物分析表

	總數	黑陶	灰沙	灰土	紅沙	紅土	黃沙	釉陶、釉胎	骨角牙類	卜用甲骨	蚌類	石類	銅類	其他
(乙)V20	29	6.90%	72.41%	6.90%	6.90%	3.45%		3.45%	獸骨4;骨器1;	字骨87;字甲13;甲骨105;	蚌11;蚌器7;	石刀1;石磬1;石器2;	煤渣6;	
VI'6	78	6.41%	83.33%	6.41%	1.28%	2.56%			骨19;骨器2;牙2;		蚌56;蚌器1;	石10;	煤渣成堆	磁1;
VII 3	116	14.66%	51.72%	31.90%		1.72%			獸骨14;牙3;牙7;骨器1;骨針4;		蚌60;	石1;		
VII 5	138	10.87%	58.69%	28.98%		1.45%			骨7;角1;牙1;		蚌3;			
VI 6	47	12.77%	42.55%	42.55%	2.13%				鹿角1;牙1;骨1;骨鉾1;		蚌1;			
VI 9	39	17.95%	12.82%	51.28%		7.69%		10.26%	骨27;鹿角11;牙3;骨器2;牙鈴2;	骨版6;	蚌16;花蚌2;蚌器2;蚌圈1;螺1;	石刀24;石器2;	銅6;銅銹1;銅片	
VII18	111	18.02%	47.75%	32.43%		1.80%			骨34;牙2;鹿角1;	龜甲1;瓶龜17;	蚌46;蚌器1;	石14;綠松石2;	銅矢1;銅鋌1;	
VIII 2	80	8.75%	88.75%	2.50%					骨12;		蚌41;	石2;石斧1;		
VIII 3	36	19.44%	75.00%	5.56%					人骨1;		蚌6;			
VIII 4	26	12.00%	60.00%	24.00%		4.00%			鹿角1;			石1;石器1;		
VIII 5	81	17.28%	66.67%	9.88%	2.47%	1.23%	2.47%		骨3;牙1;鹿角1;料1;骨矢1;骨針1;		蚌6;蚌刀2;	石2;石斧2;	銅銹1;	
VIII11	2435	11.37%	84.40%	4.14%	0.04%		0.04%		骨204;牙9;鹿角2;骨器1;骨錐1;	龜甲1;	蚌64;蚌器3;蚌刀4;	石25;石斧3;	銅渣3;	磁1;磚2;
VIII12	321	18.07%	70.41%	10.59%	0.62%			0.31%	骨10;鹿角1;骨錐1;牙8;器1;矢1;骨器1;牙3;	字甲1;字骨2;	蚌23;蚌圈1;	石6;石斧2;煤石1;	銅矢4;	
(丙)VI 8	178	8.99%	82.58%	8.43%					骨12;牙1;器1;		蚌113;	石2;		
VI13	390	17.44%	76.15%	4.36%	0.51%	1.28%	0.26%		骨48;鏃1;牙1;鹿角1;		蚌65;蚌器1;	石8;	銅2;	
VI17	104	7.69%	75.00%	16.35%		0.96%			牙6;牙1;		蚌28;	石4;	銅銹5;	
VII 8	60	16.67%	78.33%	1.67%	3.33%				骨片5;		蚌18;器1;	石1;石子1;		
VIII 9	48	10.42%	85.41%	4.17%					骨1;		蚌1;蚌刀2;			
VIII10	53	18.87%	60.38%	20.75%					骨6;		蚌11;			
H100	32	9.38%	62.50%	28.13%					骨7;			石7;		
H105	74	24.33%	68.92%	6.75%					骨6;					坑形不全 口徑不全
H110	111	16.22%	62.16%	18.92%		2.70%			骨14;角1;		蚌2;	礦石1;		

可能是極大的。房子蓋好以後，除了再有特種破壞外，要再偶然滲入康熙或以後的磁片的機會就沒有了。這是一個很容易明白的一個道理。要是這垃圾堆沒有新的建築來遮蓋，那晚期的什物，就隨時可以滲入了。殷虛的乙丙兩組黑陶坑的後期包含，很可照這個比喻來解釋。

總括起來說，這三組黑陶坑的現象是如下的：

（一）甲組黑陶坑，是爲另一組灰坑所破壞的，包含的成份除黑陶外，以沙質灰陶較多，此外有骨角牙蚌石料或所製器物。沒有卜骨或銅銹痕跡。

（二）乙組黑陶坑與他種早期構造不發生關係，黑陶較少，灰沙陶較多，除骨角牙蚌石器外，多有卜用甲骨及銅類遺物，似爲後期滲入。

（三）丙組黑陶坑爲殷商時期之版築或墓葬所破壞；除兩坑有銅的遺痕外，與甲組情形類似；但黑陶成份較少，沙質灰陶較多，沒有卜用的甲骨。

沒有疑問的，就地層說，甲組的表現最明晰。乙組與後期的接觸的機會最多，丙組的情形似甲組。其他有紀錄的殷虛灰坑都是沒有純正黑陶的；出大量甲骨文及銅器與相關實物的灰坑都不出黑陶。

基於上說的各種現象，我們斷定黑陶在小屯實代表一種先殷的文化層。

「黑陶文化」自民國十九年發現以後，至抗戰時期爲止，七年中經許多人辛勤的努力，在山東河南安徽浙江一帶發現了七十幾個遺址；正式發掘在十次以上（註一）。我們對它，已有相當的認識。二十八年梁思永先生曾作過一次總檢討（註二），認爲這個文化可分爲三大區域：（一）山東海岸區，（二）豫北區，（三）杭州灣區。在豫北區內這一系文化遺留的內容似與殷商文化極爲接近；有好幾個遺址如後岡、高井台子等均表現了與殷商文化遺留在層次上的秩序；確定了它在殷人遷都於安陽以前已經遍佈了黃河下游的大平原。

現在我們又在殷虛本土得了這個同樣的結論。它在豫北區的時代應該更沒有疑問了。不過我們要再進一步研究它與殷商文化的關係，我們就免不了要涉想到下列與傳說歷史有關的一些事實。

我們很想知道它與殷商文化的準確的關係，究竟它是殷商文化的一個老底子，還是一個與殷商並行的一組完全不同的文化？要是專從陶器的變化上說，這第二個假設，似乎近於事實所表現的。小屯所出殷商期的陶器，在土質，形制，色澤上均表示了與黑陶期陶器顯然的不同。在殷商期不但眞正的黑陶見不着了，連那與黑陶並著的最普通的灰陶〔26〕也不見了。殷商時代最普遍的幾個形制如〔6〕〔11〕〔30〕〔50〕〔127〕等都是在黑陶期中無形跡可尋。可以證明似乎是有聯系的，都是較爲次要的。所以就陶業講，殷商文化雖受了黑陶的若干影響，但它的基本成素，却另有所自。我們現在尚不知歷史傳說中的契至成湯，以及湯至盤庚這兩期中殷商文化何似；因此不能斷定盤庚以後所見於殷虛的殷商文化是否完全由這一系演變來的。考古的事實，却說明了這一系的文化，不是黑陶文化所能代表的。

有些史學家把彩陶文化認作夏文化的遺存；所說的一個重要的理由是彩陶遺址多爲傳說中的夏民族居住之地（註三）。這雖說是富於建設性的一個假設，却尚缺乏考古學上最後的證據。若用同樣的理由，黑陶文化似乎也可認爲殷文化——不過就我們現在所知的事實說，這是不可能的。黑陶文化在傳說的歷史中，是否有一個相當的位置，要等將來考古的發現來證明。現在我們所能確定的說的，就是這文化在若干區域，尤其是豫北一帶，在殷虛文化發展以前，操有很廣大的影響，以後就爲殷人取代了。這文化的範圍是沒有疑問東至於海，南到了杭州灣。它的起源，若單就陶器的形制中很普遍的效法竹器的這一點說，應該在竹生得多

註一）關於黑陶文化的論文之已發表較重要者如下：中國考古報告集之一：城子崖，梁思永等著；安陽發掘報告，600—626頁，梁思永：後岡發掘小記；627—634頁，吳金鼎：摘記小屯迤西之三處小發掘。田野考古報告，69—89頁，劉燿：河南濬縣大賚店史前遺址；201—211頁，吳金鼎：高井台子三種陶業概論。慶祝蔡元培先生六十五歲論文集，555—568頁，梁思永：小屯龍山與仰韶。以上均歷史語言研究所出版。此外尚有，何天行：杭縣良渚鎮之石器與黑陶，民國二十六年吳越史學研究會出版。

（註二）Liang Ssŭ-yüng: The Lungshan Culture; A Preshistoric Phase of Chinese Civiliztion. Mss.

（註三）徐中舒：再論小屯與仰韶，安陽發掘報告523—557頁。

地方。要是這個假定可以證實的話，那豫北區的黑陶，也許是較晚的一個階段。黑陶文化建築的程序，應該是由南而北，由東而西的了。但這只是一個假設。

這些考古的事實，無論如何解釋，要比傳說的歷史稍爲複雜一點。殷商所繼承的文化，不一定全部是夏的；夏文化的實質，就考古學上說，尚是一個謎。卽使我們承認彩陶文化與它有若干關係，但這也不能說明夏商之際的歷史，是一何種景象。我們却能肯定的知道，在若干區域，殷商文化是黑陶文化的後起；這個變換是帶有革命性的。這一點在小屯地面下已有十足的證明。

本文原載「學術滙刊」第一卷第二期　　民國三十三年

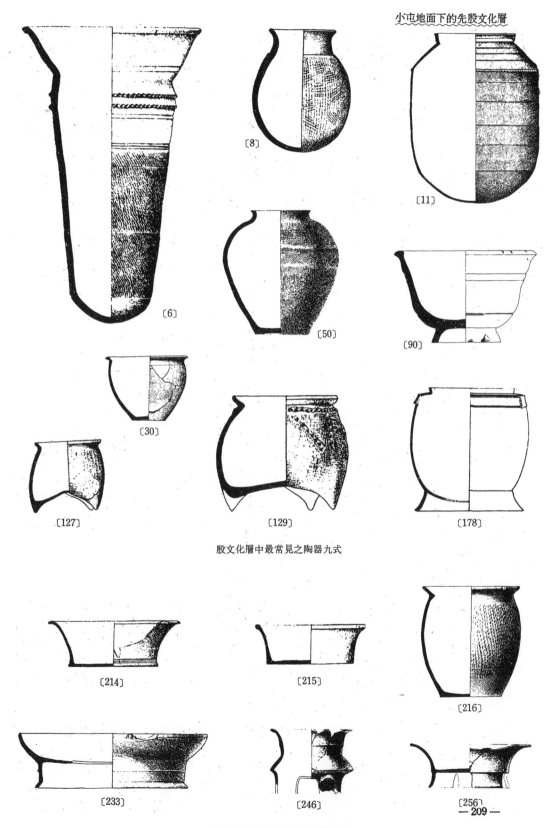

[8]

[11]

[6]

[50]

[90]

[30]

[127]

[129]

[178]

殷文化層中最常見之陶器九式

[214]

[215]

[216]

[233]

[246]

[256]

先殷文化層中之灰沙陶與黑陶

記小屯出土之青銅器

一 出土情形

民國二十一年,我曾就殷墟頭五次發掘所得青銅器及其有關的若干問題作過一番商討,並下了一個大膽的論斷,說:"殷商以前,仰韶以後,黃河流域一定尚有一種青銅文化,等於歐洲青銅文化的早中二期,及中國傳統歷史的夏及商的前期……"(1);算來這是十六年以前的話了。 這十六年的光陰,雖大半消耗在抗戰,但抗戰以前中央研究院又繼續發掘了殷墟十次;其中有三次專作侯家莊殷代的墓葬區,得了大批的青銅器,使研究中國古史的人士耳目為之一新。 在小屯繼續發掘了七次,(2)銅器的收穫也較前五次豐富得多。 總計起來,現在討論殷商時代的青銅器問題,比討論兩周青銅器問題可據的資料,要準確可靠得多了。 上一句話包含着一個假定,就是假定侯家莊

* 中華教育文化基金董事會考古學研究教授。

及小屯出土的青銅器,均是無疑問地屬於殷商時代。

我們必須首先把這一假定證實。 在這兒,我只能扼要地說明這些證據的性質;詳細的說法,等將來看現在預備中的安陽發掘總報告。

本篇只以講小屯出土之青銅器爲範圍,請先說這篇文中所談的小屯青銅器出土情形。 容器的總數共爲七十六件(蓋不計),隨在十座葬人的墓坑中;除了一坑(M 329)的人骨數目及放置情形不明外,其餘九坑中:

(甲)只具一副人骨的,有兩坑,M 18.4,M 066; 都是俯身的放置。

(乙)有兩副人骨的一坑, M 188; 一俯身,一仰身,均作跪的姿勢。

(丙)有三副人骨的三坑, M 222, M 333, M 388; 各坑人骨的放置,或俯身,或仰身,或側身;大不一致。

(丁)有五副人骨的一坑, M 238, 內四副俯身,一副不明。

(戊)有六副人骨的一坑, M 331, 內五副側身,一副不明。

(己)有八副人骨的一坑, M 232, 內俯身的三副,餘不明。

由上列的情形看,這些出人骨的坑,絕不是簡單的處置一個死人身體的現象;他們的死,有若干顯然是不自然的,所以同時可以有三人,五人或八人埋在一個坑中的事實。 不自然的死可以包括殉葬,或爲某種其他信仰的犧牲[3]。

小屯出青銅器的十座墓葬與殷虛他種遺址及遺物之關係可分四種敍述:——(1) 有四座墓葬爲殷商時代的灰坑所破壞;破壞它們的灰坑都出有殷商時代的遺物。 破壞M 329葬坑的 H 295灰坑出有骨笄,骨柶;破壞M 232葬坑的 H 152灰坑出有龜版,骨版,骨錐,骨矢等;破壞M 333葬坑的 H 306灰坑出有龜版,骨錐,銅矢等;破壞 M 066 葬坑的 H 045 灰坑出有骨錐,蚌飾,銅范等。 上層灰坑所包含的實物既沒有晚於殷商時代的遺存,被壓在下層的葬坑顯然應該更早了。(2) 隨葬器的形制可證明與甲骨坑同出的器物類似或確有屬於殷商時代的內在證據:如 M 222 之陶器有圓底尊,M 331 之字骨,骨笄,白陶,M 388 之白陶,石戚等。(3) 在位置之排列上與他墓之關係,可以認爲屬於殷商時代者,如 M 18.4 之與 M 066 對稱地相排,與鄰近版築之關係類似; M 066 既已有屬於殷商時代之證明,M 18.4 自可歸入此期。 (4) 所餘的 M 188, M 238 兩墓,均與殷代的版築,有很複雜的關係,甚難作一簡括的敍述;專據隨葬器看,它們與其它八墓所出隨葬器一樣,顯然都是殷商期的產品。

以上所舉各證,在總報告中將有詳細說明,此處不再臚列,只提出隨葬器中的青銅器作一單獨的紀錄。

二　分類說明

這一篇專論古器物學家認爲"禮器"的一類;照現代分類的方法,所有的"禮器"差不多全部都可以歸入容器一門。 小屯出土的青銅器不限於"禮器"一類;但成形的"禮器",只在葬坑中出現。 我們保存有六百個以上小屯灰坑發掘的紀錄,在沒有人骨的灰坑中,只發現過武器或用器一類的青銅器,保存完整的青銅"禮器"除了上列的十座墓葬外,沒有在任何其他灰坑中出現過。 這一點是值得記清楚的。

隨十個墓葬坑的青銅禮器七十六件,可依它們最下部的形態排列,統計如下:

1. 圓底器: 斗形器一件。

2. **平底器**: 鍋形器一件,罍形器一件,共二件。

3. **圈足器**: 盤形器一件;尊形器二件;觚形器十六件;方彝形器二件(一件有蓋);甗形器一件;卣形器二件(均有蓋);觶形器一件(有蓋);壺形器一件;瓿形器八件;共器三十四件,蓋四件。

4. **叁足器**: 鼎形器七件;斝形器十一件;爵形器十五件;盉形器一件(有蓋);甗形器二件;共器三十六件,蓋一件。

5. **肆足器**: 斝形器一件,爵形器二件,共三件。

6. **與器相失之蓋一件。**

以上所列共器七十六件,蓋六件;總共為八十二件,在十墓之分配如下表:

表一: 小屯十墓隨葬"禮器"分類統計

墓＼器類	圓底	平底	平底	圈足	圈足	圈足	圈足	圈足	圈足	圈足	圈足	圈足	叁足	叁足	叁足	叁足	叁足	肆足	肆足	蓋	總
	斗形器	鍋形器	罍形器	盤形器	尊形器	觚形器	方彝形器	甗形器	卣形器	觶形器	壺形器	瓿形器	鼎形器	斝形器	爵形器	盉形器	甗形器	斝形器	爵形器		
M18.4						1								1							2
M066																				1	1
M188						1		1	1	1				1	2		1				8
M222						2									2						4
M232				1		2						2	2	1	2						10
M238			1			3	2					1		1	3			1		2	14
M329															1						1
M331	1	1			2	3					1	1	2	3	1	1	1		2	2	21
M333						2						2	2	2	2						10
M388						2			1			2	1	2	2					1	11
計	1	1	1	1	2	16	2	1	2	1	1	8	7	11	15	1	2	1	2	6	82

完全根據器物形制,以最下部形態作第一分類標準,是我

用作研究殷虛陶器所採取的辦法。所排列的秩序,甚便檢查;再順着這個秩序,就可以看出一種自然的類別出來。

陶器與銅器,質料雖別,但在一個遺址與同一時代出土的,它們的形制必有相互關係;我們的問題是要找出它們所有關係的遠近及深淺的程度。容器這個概念是完全超乎質料的;不論是土製的,石製的,竹製的,木製的,銅製的或其他質料製的,只要是屬於容器一門的器物,我們就可以用同一標準類別它。這個原則要是可以爲古器物學家全部接受,古器物學的研究一定可以達到一個新的境界。近二十年來,中國青銅器的研究雖有長足的進步,但在這一方面,人仍少予以充分的注意。梅原末治教授在一九四〇年出版的"古銅器形態の考古學的研究",[4]專就題目說,總算極新穎可喜;但看那分類的標準,就令人頗爲失望。他根據形制,把中國古銅器分爲十三類:—(1)皿鉢形器:內有"盤""敦""盒""豆""簋""簠"等;(2)壺形器:內有"尊""罍""瓠"等;(3)壺形器:內有"罍""彝""壺""鍾"等;(4)提梁附壺形器:內以"卣"爲主;(5)壺形器,以"罍"爲主;(6)矩形容器:內有"彝""偏壺""瓠壺"等;(7)鬲鼎類:內爲"鬲"與"鼎";(8)有脚器:內有"角""爵""斝""盉";(9)注口器:內有"兕觥""匜";(10)筒形及球形容器;(11)複合形器:內爲"瓿""博山爐"等;(12)異形容器;(13)樂器類。很顯然地,他所說的"古銅器",仍限於中國金石學家所講的禮器與樂器;並不是古銅器的全體;這一點表面上似乎只是用名詞的不小心,無關宏旨;但分類既是一件邏輯的工作,不邏輯的名詞,可以轉過來把思想弄混亂,自不應該由它隨便滲入,甚至用作標題。這本研究最令人失解的爲那分類的標準;這些標準的選擇雖似完全在器物的形態上着眼,但所採用的,忽爲全身,忽在口部,忽在底部,前後甚不一律;把那分類應有的效用,互相消失了。 第一分類標準,既無固定性,又乏客觀性,又如此繁多,故他所說的"類",也就各具不同的含意,沒有一種嚴整的界線。 譬如第六類定爲矩形器了,但第一類的皿鉢器也有矩形器;第八類爲有脚器,但鬲鼎又另列爲一類,它們的"脚"似乎不能算"脚";第九類爲注口器,但古銅器中最顯著的注口器,"爵",卻又放入第八類了。 作者對此似乎並沒感覺到矛盾。 他最得意的兩點爲:(一)每類的器物在形制方面多少有些標準化了;(二)若是有些形制不同的器物放在同一類,那就表明它們有些在某方面的關係。 第二點作者認爲更重要,因爲它可以供給研究器物形制的一個重要關鍵;他所舉的例爲:(a)第七類的鬲與鼎,(b)把殷放在皿類,(c)把簋放在壺形器類內,等等。 就以上所舉的各例看,他甚加重視的第二點似乎並沒有他所想像的重要;他認爲最得意的,把鬲與鼎合併放在第七類的例,照說是有考古學的根據了;但同時,他把那平底四足長方器,近人考訂名"盨"的[5],也放在這一類,就可證明;他對於器物形制尙沒切實地詳細考慮過。 從形制的分析說,除口上的兩耳外,"盨"與"鼎"或"鬲"沒有任何其他類似的部份;只因宋人把這四足器也叫着"鼎",梅原教授似仍爲傳統的分類法所束縛,故在器腿上的文飾找它與鼎及鬲的聯繫[6];這是與他的論文題旨不符合的。 大體說起來,作者的目標,想根據器物的形態重新爲中國靑銅器作一次分類的工作,確是一極值得稱頌的企圖;但他對於器物的形制,名稱,及功能,並未分別淸楚,又爲那些古老的名稱所誘惑,故有時竟先決定某兩種形制不同的器有若干關係——不論是否形制上的關係——卽把它們放在一類;形制演變本身的現象反被忽視了,故所提的計劃充滿了矛盾,重複,及不合邏輯的事實。這一點實在可惜。不過這總是研究中國古青銅器的一大進步:作者不甘心困在金石學家所限定的狹小範圍內掙扎;他不滿意古玩商經手的材料,注意發掘的事實;他知道以"用"爲標準分類的分類法,不能繼續地用下去,故轉向形態上想辦法。這都是很有價值的貢獻

青銅器的形態,就原則上說,只是一切器物形態的一部份現象;它的演變的規律,雖有不少的方面起源於所用材料的品質,並爲這品質所限制,但同時也受一般器物演變的限制。我們要明瞭青銅器在器物史的地位,必須從它全面的背景說起。若以容器爲範圍,與它同時及較早的容器都應顧到。站在這個觀點上,我覺得我們有充分的理由,用同一標準類別所有同時的容器:可以用於土製容器的也可以用於銅製容器,或任何其他材料製的。

關於類別容器門的陶器所用的標準,在殷虛陶器圖錄序數總說內有說明,茲轉錄如下:

"1. ……收編的陶器以容器爲限。

"2. 容器門內陶器的排列,以最下部的形態,作第一數的標準;圜底(包括尖底,凸底及圜底)排列在000—099的序數(7)內;平底器排在100—199的序數內;圈足器排在200—299的序數內;叁足器排在300—399的序數內;肆足器排在400—499的序數內……

"3. 每目(8)內再按照上部的形態,定那0—99的秩序,大致依口徑與體高相比的大小及器的淺深爲準;口大的,身淺

的在前;口小的,身深的在後;中間又以週壁與底部的角度,純緣的結構等作更詳細劃分的準則:向外撇的居前,向內拱的居後……

"4.他種形制上的變化,如週壁的曲線,最大橫截面所在;耳、把、鼻、柄、嘴、流等,附箸品的有無,往往構成一器的個性:這些變化並無秩序可循,只能隨着具有這些附箸品的器物一般的形制排列;序數後加羅馬字,分辨型別,表示它們的個性。……"(9)

據這幾條原則,我曾把殷虛出土全形的及可以恢復全形的一千七百餘件陶器,排成一個秩序;每一件在形制上可以獨立的器物,即構成一"式",照所列秩序,予一數字,以爲標誌;名爲"序數";每一式內再分若干"型",用羅馬字標明,以類別形制相近而有小異的標本。 這樣分目排列的辦法,只具有一個極簡單的目的:便於檢查。 至於由這個排列的秩序是否可以看出形態上的關係出來,卻是另外的問題;不過這個排列的秩序,顯然可以供給討論這一問題不少的方便。

現在我再試用這個原則,排列小屯出土之青銅器如下。

圜底目:[排列號碼(即序數),000—099] "凡器物的下部,聚成一尖,或凸出,或形成球面的一部,因此若將這器物放在另一平面上,不能留在穩定狀態中,爲圜底器"(10) 殷虛陶器排入此目的有十五式二十四型;小屯出土的青銅器,只有下列的一件爲圜底。

092式:斗形器 M 331 出土;圜底形斗身,有長柄。 柄作"中"形,內端叉出,下托斗身底部;全長24.2 cm;斗身高5.0 cm;

口徑 3.4 cm; 最大橫徑 5.8 cm; 容量 53 c.c.; 厚度 0.5 cm; 柄長 20.0 cm, 至身邊 18.0 cm; 柄兩端寬 2.4 cm, 中寬 5.5 cm。柄中寬出部份, 向上的一面, 有龜形紋, 兩端各有魚紋, 頭均向外; 托底叉出部份爲兩角形。 斗身外表繞以目紋(圖版壹: I.a, b, c; 插圖十九: a 1, 2, 3,)。

平底目 [排列號碼: 100—199] "這一目的器物所包括的, 以最下部形態作平面的容器爲限; 假如放置在另一平面上, 它們可以保持一穩定狀態。……"(10) 殷虛陶器排入這一目內的分三十九式, 一百一十五型; 小屯出土之青銅器可以歸入此目的只有二件。

102式: 鍋形器。 M 331 出土。 原器出土時已破裂, 有三十餘片; 復原後, 底部近平, 週壁與底部無清楚界線; 原形是否如此, 尚有疑問; 但復原器可在平地放穩。 器高 13.5 cm; 深 13.0 cm; 口徑 52.5—54.2 cm; 厚 0.4—0.6 cm; 容量 13740 c.c.; 外表近口處有弦紋三週(圖版貳: 1. a, b, 插圖十八: b)。

192式: 罍形器。 M 238 出土。 出土時已破裂, 全形可復原, 但有數處損失, 在殷虛陶器中, 此式常見。 器高 36.2—36.4 cm; 深約 36.0 cm; 口徑 14.8 cm; 最大橫徑 30.0 cm; 在口下 14.0 cm; 底徑 14.8 cm, 厚度 0.3—0.4 cm; 容量 15650 c.c.; 橫穿耳形紐三, 兩在肩上, 一在腹下, 距底 6.5 cm。 文飾分六格: 最高在頸部, 第二格在兩耳上; 第三格與肩上兩耳平行; 第四格在肩下; 第五格第六格相體下列(圖版壹: 2; 插圖十七: b)。

圈足目: [排列號碼: 200—299] "容器的底部, 無論是圓的或是平的,不居器的最下部;最下部份的構成,爲一圈形足,附於器底,或爲器身週壁之延續。 圈足的週形,以隨器身週形的爲最普遍;器身的週形圓,圈足亦隨着圓;器身的週形方或長方,或腰圓,或作其他形,圈足亦多隨從"(10)。殷虛出土的陶器,列入這一目內的,分四十四式,一百二十型;小屯出土之青銅器可以歸入圈足目內的共有三十四件。

203 式:盤形器。 M 232 出土。 出土時有破裂處,週壁復原後,仍有漏孔。 全器高 11.0 cm;深 7.8 cm;足高 3.0 cm;口外徑 32.8 cm;口內徑 28.3 cm;足底外徑 17.3 cm;厚度 0.2—0.3 cm;容量 3870 c.c.。 純緣方轉外折;週壁外表上部有三弦紋;足部三方孔;內表底部一龜陰紋;週壁六魚,陽紋。 小屯陶器列入這一式的標本,分爲 A, C, D, E. 四型;青銅製的一器,純緣外卷部份甚多,唇不加厚,底部近平,與陶器標本比,略有小異,另成一型:擬定爲 203 G 型 (圖版貳: 2; 插圖 八: b)。

242 式:尊形器。 M 331 出土兩標本,一保存完全,另一破裂一半;破裂的較大。 兩器雖有大小的不同,但在形制及文飾上並無重要的區別;均爲大口方肩,肩上有牛頭三;牛頭間,三稜隆起,與週壁突起的三稜在同一上下線。 較完整的一器,高 34.1 cm;肩高 20.0 cm;深 28.0 cm;足高 6.2 cm;口徑 37.0 cm;肩徑 30.0 cm;足底徑 20.5 cm;厚度 0.3—0.5 cm;容量 13110 c.c.。 肩上三水牛頭,頸下弦紋三道;肩上文飾一週,肩下週壁文飾二週,足部文飾一週,共四格。 圈足有孔三個 (圖版叁: 1; 圖版柒: 3;插

圖 九: b)。

較大的一器,高 47.5 cm; 肩高 27.6 cm; 足高 10.2 cm; 深 38.5 cm; 口徑 40.8 cm; 肩徑 34.3 cm; 足底徑 22.8 cm; 厚度 0.5—1.3 cm。 肩上三水牛頭,頸下三道弦紋,肩上下及足部文飾四格,排列同上器。 足部有十字形大孔三個 (圖版叁: 2)。

248 式: 觚形器。 在圈足目內可以列入這一式的標本最多; 小屯出土曾經登於紀錄的共有十六件;保存完整或近於完整的有七件;保存大半的有六件;殘毀已甚的三件;內有一件,只餘極小的殘片數塊。 這一組的器物在形制上有下列的共同點: (1) 體形細長,最細在中部,兩端粗大; (2) 最大橫截面在口部,次大橫截面在足底; (3) 器身的週壁直接圈足的週壁,底不外露,如觚的箟子:這是與大部份其他圈足器一個重要的分別; (4) 底以上的器身外表,顯分兩段:下段大致為全器較細的部份,舊稱為 "腹", 與上半段的 "脰" 在外表有清楚的界線;在內表,也常有界可分。 小屯出土的標本;脰與腹在外表劃分得很清楚;在內表卻很多都渾成一片無界可尋。 除了上說的共同點外,這些標本在形制上也顯然有幾種分化的趨勢;譬如足底切地的部份,就有三種不同的結構。 專看外表,足的最下部,向外撇的曲線都陡轉向下;但在內表,這一段就可——(1),繼續向外撇,不轉向,構成一角下切形(圖版伍: 3); 或 (2),與外表平行向下轉,構成曲膝形(圖版伍: 4); 或 (3),內外表平行向下,再向內轉,構成方勾形

(圖版伍: 9): 三種結構在小屯出土各標本中都有例可尋。 最顯然的分化趨勢爲全器的高寬的比例;假如我們以腹下的橫徑(卽近底部份)與高度爲基數,用下列方式算全器在這一方面所構的體型,所得的

$$高寬指數 = \frac{腹徑}{體高} \times 100$$

指數可以表示它們分化的程度:最小的指數爲10.40最大的到了30.48;若把比較粗矮的排在前面,細長的排在後面,在指數上,差五點,作一新型,小屯觚形器可以排爲 P. Q. R. S. T. 五型如右:

表二: 248 式:觚形器指數及分型表

序　數	指　　　數	標本數
248 P	30.01—35.00	1
248 Q	25.01—30.00	3
248 R	20.01—25.00	4
248 S	15.01—20.00	3
248 T	10.01—15.00	2

小屯出土青銅觚形器十五件可紀錄部份如下表(表三,見第13頁)。

250 式:方彝形器。 M 238 出土兩標本,一無蓋,一有蓋。 無蓋方彝高 16.1—16.3 cm; 深 12.0 cm; 足高 3.9—4.2 cm; 口寬 11.5 cm; 長 13.5 cm; 底寬 10.7 cm, 長 12.5 cm; 足底寬 10.8 cm, 長 12.4 cm; 厚度 0.3—0.4 cm; 容量1520 c.c.。 週壁四面成正長方,四角均九十度轉;底平,底折方;足部隨底亦作正長方形,四角特長,四面中段向上凹。 週壁外表滿佈文飾,分三格;足部外表亦全有文飾。 出土時破裂,復原後略有損失。

表三： 觚形器十五件(11) 測量及紀錄 *
（圖版肆、伍；插圖十）

序數	出土地	高度	深度	口徑	腹徑	足底徑	厚度	容量	指數	腹部	底部	足孔	足底結構	文飾分配	保存情形
248Q	M388	15.8cm	10.7cm	11.2—11.6cm	4.3cm	7.5cm	0.2cm	295c.c.	27.21	外鼓 內凹	略向下拱	兩十字孔,粗長,靈薄	一角下切狀	腹部與足部有弦文	腹部所餘皆粘成
248Q	M388	15.9cm	10.9cm	11.2—11.5cm	4.0cm	7.4cm	0.22cm	285c.c.	25.16	外鼓 內平	平	兩十字孔,甚大	同上	腹有弦紋,腹足有文飾	保存完整
248R	M331	18.6cm	13.5cm	10.0—10.2cm	4.4cm	8.0cm	0.1—0.5cm	307c.c.	23.65	外鼓 內平	底略下拱	三十字孔,未大	扁膝狀	腹與足皆有文飾	口部完整,足部折,有缺
248P	M232	18.0cm	13.1cm	13.8cm	5.7cm	9.6cm	0.3—0.4cm	460c.c.	30.32	外鼓 內平	圓	兩十字孔,大	一角下切	腹與足皆有文飾	腹部略有缺
248Q	M331	19.4cm	13.1cm	13.8cm	5.8cm	9.6cm	0.1—0.2cm	660c.c.	29.89	外鼓 內平	微底下拱	三十字孔,甚大	同上	腹與足有文飾,腹有弦紋	口部有缺
248S	M331	21.5cm	15.0cm	12.5cm	4.1cm	8.3cm	0.1—0.2cm	—	19.07	外鼓 內平	平	兩十字孔,甚大	同上	腹足弦紋,腹無文飾	上部稍破壞未全,足部尚完整
248S	M232	22.4cm	14.7cm	13.1cm	4.3cm	7.9cm	0.1—0.3cm	422c.c.	19.19	外鼓 內平	平	兩十字孔,甚大	扁膝狀	腹足文飾	腹部餘小半,足餘;跟跳溝
248R	M238	23.4cm	16.7cm	14.6cm	4.7cm	0.3cm	0.1—0.3cm	582c.c.	20.09	外鼓 內平	平	兩十字孔,細	同上	腹足弦紋,腹足文飾	破裂粘成,尚完整
248R	M18.4	23.0cm	15.5cm	14.2cm	4.7cm	8.9cm	0.2—0.3cm	530c.c.	20.43	外鼓 內凹	平	四十字孔,細	方勾狀	腹有弦紋,腹足文飾	完
248S	M333	21.5cm	14.5cm	14.0cm	3.9cm	9.0cm	0.1—0.2cm	—	18.14	外鼓 內平	平	三十字孔,甚大	一角下切狀	腹與文飾腹足弦紋	壞,口部缺,脆薄
248R	M333	20.5cm	15.0cm	11.4—13.1cm	4.1—4.2cm	—	0.2cm	400c.c.	20.49	外鼓 內平	平	兩十字孔,甚大	?	腹有文飾	一部破裂有失,足部失大半
248T	M238	29.8cm	?	(?)10.0.2cm	3.1cm	8.7cm	0.2—0.3cm	10.40		外有界 內平	平	細十字孔,一對	同上	腹膝足皆有文飾	殘破,上部所有缺,足部前全
248T	M238	29.5cm	20.8cm	(?)15.0cm	3.1cm	9.1cm	0.2—0.3cm	10.50		外有界 內平	不平	細十字孔,一對	扁膝狀	腹腹足皆有文飾	中段腹杯,上部稍殘,下部不全
—	M222	—	—	—	5.0cm	9.8cm	0.4—0.5cm			外鼓 內凹	含下凹	細十字孔	扁膝狀		上部全失,足不全
—	M222	—	—	—	4.7cm	9.1—9.7cm	0.4—0.5cm			外鼓 內凹	略下拱	細十字孔	同上		上部全失,足不全

* 指底略向下凸出。

有蓋方彝高 16.3 cm; 連蓋高 25.5 cm; 深 11.9—12.2 cm; 足高 3.8—4.3 cm; 口寬 12.3 cm, 長 16.3 cm; 底寬 11.3 cm, 長 14.7 cm; 足底寬 11.1 cm, 長 14.7 cm。 蓋作長方屋頂形, 高 9.8 cm, 寬 12.1 cm, 長 16.2 cm。 厚度 0.5 cm; 容量 1825 c.c.。 器與蓋四隅及四面均有稜; 蓋頂另有長稜, 如屋脊, 脊中立一短柱, 柱頂由四坡面構成, 轉角處界以四稜, 柱莖圓形。 全器長方如前器, 四隅均作正角; 足部亦長方, 四隅高, 四面中段向上凹進。 全器由蓋頂到足底滿佈文飾, 大小獸面浮出平面; 獸面各部又另作幾何形或其他文飾(圖版拾玖: 1, 2)。

256 式:瓿形器。[12] M 188 出土, 保存完整。高 13.8 cm; 深 11.1 cm; 足高 2.6 cm; 口徑 17.6 cm; 最大橫截面在下部, 徑 21.5 cm; 足徑 15.8 cm; 厚度 0.2—0.4 cm; 容量 2890 c.c.。 週壁及足部外表滿佈文飾; 週壁文飾三格, 足部一格(插圖十一: b)。

273 式:觶形器。 M 388 出土, 有蓋, 保存完整。高 14.0 cm, 連蓋高 19.9 cm; 足高 1.5 cm; 深 12.8 cm; 口徑 5.9—6.1 cm; 頸徑 4.3 cm; 腹徑 10.5 cm; 足底徑 7.0 cm; 厚度 0.2—0.3 cm; 容量 400 c.c.。 頸部弦紋三週, 無他文飾; 底近平, 略向下拱, 無底折。 蓋頂圓形, 頂下有週壁一圈; 頂中有紐, 短柱, 紐頂作菌狀, 上有渦紋; 形制如殷虛所出陶蓋 923 B (插圖十二: b1)。

277 式:卣形器。 有圓 (277 R) 方 (277 F) 兩型標本。 圓卣形器 (277 R): M 238 出土, 破裂, 復原後全形可見, 但口部, 頸部, 腹部均有損失; 有蓋及提梁。 器高 25.5 cm; 連蓋

高 30.7 cm; 深 22.7 cm; 足高 2.9 cm; 口徑 9.4 cm; 頸徑
5.7 cm; 腹徑 15.8—16.1 cm; 足底徑 11.7 cm; 厚度 0.5 cm,
容量 1400 c.c.。 提梁長 32.5 cm; 寬 2.0—2.6 cm; 中部厚
0.8—1.0 cm。 全體形制:身部類 273 式觶形器之放大,
另加一提梁;梁兩端作獸頭形,扣入頸下腹上之兩耳
形紐上。蓋亦如觶形器之蓋,923 B 型;有蟬形拉扣,兩
端爲兩圈,首端套於蓋頂紐莖,尾端繫於提梁內表之
一半環上;半環的穿,左右行。 全器由蓋頂至足底,滿
佈文飾;計蓋一單位,拉扣一單位,提梁一單位,器身上
下六格,足部另爲一格。 繫梁兩紐所在,分器身文飾
爲兩半面;每半面各格文飾作獸面形的,又自成一單
位。(13)

方卣形器 (277 F): M 331 出土;器身保存完整;有蓋及
提梁,蓋略有缺,提梁折斷。 器高 23.9—24.2 cm; 帶蓋高
30.3 cm; 深 21.5 cm; 足高 2.7 cm; 口徑 6.7 cm; 頸徑 4.8 cm;腹
寬長 10.8×11.6 cm;足底徑 9.7 cm;厚度 0.5 cm;容量 1200 c.c.。
提梁長 59.0 cm, 寬 1.5—2.0 cm, 厚 0.6—0.8 cm。 全器形制,
橫截面變化甚大;口形及蓋均圓;頸部由上向下漸趨
於方;肩部方多於圓;四隅有稜,上達口部;肩下週壁四
面,四隅正角轉;底折亦正角轉;底部平,方。 下面圈足
極圓,有四孔,對底部四隅。 蓋同圓卣形器蓋,但紐作
張翅鳥狀,拉扣作伏獸狀,頭端 環套在頂紐莖上,尾
端一環繫於提梁內之半環;半環上下穿,與圓卣形器
提梁上之左右穿半環有異。 全部由蓋頂至足底滿
佈文飾:計蓋,拉扣,提梁各自成一單位;器身外表頸部

文飾四格;肩部一格,腹部一格,各格排列頗錯綜;肩部有八獸頭,位於四隅及四面,兩面獸頭上接提梁;腹部四獸頭浮出器面,各據一隅,每獸具兩角,角尖螺轉,尖部突出懸空,如向外刺。 足部文飾,另成一格(圖版捌:1, 2; 插圖十二: b 2)。

279式:壺形器。 M 238出土。 出土時破裂,復原後原形可見,口部、腹部、足部均有殘闕。 器高 37.0 cm;深 34.1 cm;足高 4.3 cm;橫截面腰圓形;口徑 14.6×18.0 cm;最大腹徑 24.0 × 29.0 cm;足底徑 17.1 × 21.3 cm;厚度 0.5 cm;容量 9670 c.c.;仄方口下 5.3 cm, 有卷角獸頭一對,上下穿,角尖懸空向外。 滿身文飾:身部四格,足部一格。 足有兩孔,隨器身作腰圓形(插圖十三: b)。

283式:矮體圓肩瓿形器。 歸入此式者三器;體高不及最大橫徑百分之八十者均列爲矮體。 餘詳表四(見第17頁)。

290式:高體方肩瓿形器。 歸入此式者五器,體高至少近於最大橫徑[14]或在百分之百以上者。 餘詳表四(見第17頁)。

叁足目 [排列號碼: 300—399] "容器的底部,下具三足的,都叫着三足器;……這一目器物在形制上的變化,仍以最下部爲最可注意。 底形有圓的,曲的,凸的,[15]平的;足形有錐狀,舌狀,圓柱狀,袋狀,半空的與半卷的。 如此不同的底形與足形交合起來,就構成了若干形態不同的三足器……"。[16]

殷虛出土的三足陶器排入這一目的共二十一式,四十

表四：甌形器八件測量及紀錄

（圖版叁,陸柒;揷圖十一,十四,十五）

器名	出土地	高度	深度	足高	口外徑	最大腹徑	容量	高寬指數	口下厚度	文飾分配	足部	保存形情
甌形器一	M188	15.7cm	13.7cm	2.3cm	14.5cm	23.4cm	3930c.c	67.09	0.3–0.5cm	近口弦紋三;週壁文飾兩格,足部一格	三孔	完整
甌形器二	M388	17.7cm	12.9cm	3.6cm	18.9cm	26.2cm	—	67.56	0.2–0.3cm	近口弦紋三;肩上文飾一格,肩下一格	三孔	口殘破
甌形器三	M232	20.9–21.4cm	18.2cm	3.8cm	19.4cm	29.4cm	8120c.c	72.11	0.3–0.4cm	近口弦紋三;肩上文飾一格,足部一格	三孔	週破碎
甌形器一	M232	25.3cm	21.0cm	4.8cm	20.2cm	25.5cm	7607c.c	99.22	0.2–0.5cm	頸部弦紋三;肩上文飾一格,足下一格	三孔	口損
甌形器二	M331	23.6–24.1cm	20.2–20.7cm	4.1cm	16.8cm	21.3–22.6cm	5285c.c	108.63	0.2–0.3cm	頸部弦紋三;肩上文飾一格,足下二格	三孔	完整
甌形器三	M388	24.4cm	20.8cm	4.7cm	14.1–16.6cm	22.4–23.1cm	5050c.c	107.02	0.3–0.5cm	頸部弦紋三;肩上文飾一格,足部一格	三孔	完整
甌形器四	M333	27.6cm	22.2cm	5.3cm	18.0–23.9cm	21.1–28.2cm	—	112.12	0.3–0.5cm	頸部弦紋三;肩部弦文二	三孔	腔破碎
甌形器五	M333	29.4–30.1cm	22.7–24.4cm	5.9–6.1cm	18.2–18.6cm	23.5–24.1cm	—	125.21	0.2–0.3cm	頸部弦紋三;肩折文飾一格,足部弦紋三	三孔	口下殘缺

型。小屯出土之青銅器具三足者共三十六件;足形結構有在陶器中沒見過的.

305式:圓底,圓錐狀實足,鼎形器。"歷代之鼎,形制不一",這兒博古圖[17]所說的"形制",大半仍指外面的裝飾,屬於我們所說的文飾部門,故接着舉的若干"不一"的例為:"……有腹箸饕餮而間以雷紋者,……有鍊色如金,箸飾簡美者……有緣飾旋花奇古可愛者……"等等,對於我們研究鼎的形態,顯無任何幫助。只有最後所說的"或如孟鼎之侈口,………伯碩史頉鼎之至大,金銀錯鐘之絕小,或自方如簠,或分底如鬲,或設蓋如敦……"具體地談到形制了,但所用的名詞如"至大""絕小""侈口"等既無清楚的界說,也並不是鼎必須有的特點。假如我們根據這些說法及各圖錄,找幾條所謂"鼎"這一式的器物在形制上必備的條件,似乎只有一對立耳,可以合乎這個要求;許慎所說的"三足兩耳和五味之寶器",[18]這個界說只說對了中間的一條。究竟"三足"是否應該算入"鼎"必備的條件,那要看各人的態度了;不過最近已有人提議把四足的鼎,另叫一個名稱,[19]可謂持之有故,言之成理;頗有為金石學家接受的希望。就研究形制一方面說,這確是很方便的一個劃分;此說若被採納,許慎的解釋,就有三分之二可用了。但是為"鼎"從形制方面下一個界說,就是三足兩耳,兩個條件,仍是不夠的。譬如博古圖所錄[20]的"鬲",共十六器,中有十一器都是"三足兩耳";容庚教授所錄[21]的"鬲"二十七件,中有十二件是三足兩耳的。 許君以"和五味"爲鼎所具的第三個條件,這是關於器物功能一方的,不應與形制混在一起談。(22) 說文爲"鬲"下的界說,只說它是三足器,並爲"鼎屬";就出土的實物看,這自然是很合邏輯的詮釋。 至於鬲所以自別的地方,就在它的足部的結構。 爾雅釋器以"鼎款足者謂之鬲",款足的解釋,現在大家多以"款者空也",(23) 爲最正確。

在小屯所出青銅三足器中,口上具有兩立耳的,要以以上各說的標準來類別,我們發現,假如專就下部形態看的話,計有:(甲)圓底圓錐狀實足形(305式);有(乙)圓底圓柱狀實足形(313式);有(丙)圓底扁錐狀實足形(318式);有(丁)分襠曲底圓柱狀實足形(325式);有(戊)圓底圓錐狀空足形(368式)。 (甲)(乙)(丙)三項足部的外形雖各不同,但都是實足,不能算爲"鬲",當然只能叫做"鼎"了;(丁)項也是實足,卻是分襠的曲底,這也合於"分底如鬲"的界說,自然也可叫着"鼎"。到了(戊)項的下部形態,卻是未曾經過金石家說過的一種:它是圓底沒分襠的,顯爲"鼎"形;但三足皆"款",又鬲化了。 不過鬲旣算做"鼎屬",我們仍可暫稱它們爲鼎形器。 據此,小屯所出的鼎形器,依形制的排列,可以有五個不同的式:如下表(表五,見第20頁)。

310式爵形器。 小屯出土的爵形器標本,在三足目內,比較地最多,與圈足目內的觚形器數目相近。 "爵"的形制,就小屯各標本看,最不易變的部份爲:(1)三隻甚長的足,由三角形錐狀構成;(2)口部有流有尾,兩相

表五：鼎形器五式共七件測量及紀錄
（圖版 玖,拾）

測量數字 鼎器列號	序數	出土地	體高	帶耳體高	深	足高	口外徑	厚	容量	週壁	耳狀	文飾分配	保存狀態
(一)圓底圓錐狀實足	305	M333	10.5cm	14.0cm	7.2cm	4.6cm	15.6—16.8cm	0.2-0.3cm	870c.c.	由下往上薄，向外敞	長方條，中腰圓孔	無	裂，補成
(二)圓底圓柱狀實足	313	M331	11.0cm	13.0cm	8.3cm	3.4cm	9.8—10.1cm	0.2-0.3cm	630c.c.	小口，大敞，有頸	長方條，長方孔	口下錯紋一週	有裂痕
(三)圓底弧壁狀實足	318	M333	17.2cm	19.4cm	11.2cm	10.7cm	16.2—16.8cm	0.2-0.3cm	1360c.c.	上下近直立	方條，半橢圓孔	口下文飾一椌；三足近身有文飾	俗好
(四)矛總曲底圓柱狀實足	325	M188	11.0cm	12.4cm	7.0cm	4.0cm	9.4—9.6cm	0.2-0.4cm	430c.c.	小口，大敞，有頸	長方條，長方孔	口下弦紋一週，週壁端倘方格文飾	缺二足
(五)圓底圓錐狀空足	368	M388	16.5cm	20.2cm	11.4cm	6.9cm	16.2—19.0cm	0.2-0.5cm	2170c.c.	上下近直立	長方扁條，馬蹄形孔	口下弦紋二週	完好
(六)同上	368	M331	20.2cm	22.9cm	14.3cm	8.0cm	———	0.2-0.3cm	2790c.c.	小口，大敞，有頸	長方扁條，長方孔	口下弦紋二週；又直立弦紋連足底，三條	口鑄變損
(七)同上	368	M232	17.5cm	20.6cm	11.8cm	8.1cm	15.1—15.8cm	0.2-0.3cm	1500c.c.	上下近直立	長方扁條，馬蹄形孔	口下文飾一週，有弦紋二道	完好

對稱;(3)身旁一鋬,正對一足,與流尾軸線在橫截面上成一丁字形。 別的部份,都隨器而有若干變異:底形有圓,有凸,有平;口上的柱,有單有雙;柱的所在或爲流上,或爲流入口處。 這一式,若專依柱的數目及其所在,可分爲四型:A型,單柱叉立流入口處;D型,雙柱對立流入口處;G型,雙柱對立口上;在流入口的旁邊;J型,雙柱對立口上離流入口處漸遠。

小屯所出十五件爵形器,保存完整的只有四件,破裂倘能粘補的共九件;另有M232,M222各出一件,只有殘片,不能粘補復原。 表六詳列復原及完整各爵形可測量及紀錄的部份;另附小屯西,後岡,王裕口及濬縣所出爵形器標本各一件同樣的紀錄:這四器的口上,兩柱的所在地位,均離流入口處有一公分上下;與小屯所出,雙柱恰在流入口處或附近的爵形器,大有區別;故另成一型。 四器都是考古組發掘出來的,有詳細的出土紀錄(表六,見第22頁後)。

313式:圓底,圓柱狀實足,鼎形器。 M331出土標本一件(表五,圖版玖:2;拾:2)。

318式:圓底,扁錐狀實足,鼎形器。 M333出土標本一件(表五,圖版玖:3;拾:3)。

325式:分襠曲底,圓柱狀實足,鼎形器。 M188出土標本一件(表五,圖版玖:4;拾:4)。

342式:圓底,雙鼻,圓柱狀實足,盉形器(有蓋)。 M331出土。 小屯出土的青銅器,只有這一件具有圓筒形的嘴;別種器物的流,都是槽形的。 嘴的出口水平,比器口的水平低 2.8 cm; 這器要是盛流質的話,最上的三公分是沒用的。 器高 18.3 cm; 深 14.8 cm; 足高 5.2—5.3 cm; 口徑 4.8 cm;最大腹徑 11.8—11.9 cm;嘴長 5.1 cm;厚度 0.2—0.3 cm; 容量至嘴部水平為 930 c.c., 至口部水平 990 c.c.。 器身小口大腹,類似半截葫蘆。 蓋狀為 923 B 型(圖版拾捌: 1)。

368 式:圓底,圓錐狀透底空足,鼎形器。 M 388. M 331, M 232 各出一器(表五,圖版拾: 5, 6, 7; 拾壹: 1. a, b)。

375 式:空心透底,扭角羚角尖狀足,罩形器。 小屯青銅器排入這一式的共五件,有下列的共同點: (1) 比較地大口; (2) 口上雙柱,柱莖長方; (3) 身旁一鋬; (4) 週壁折成兩段,作雙層週壁形; (5) 有底折,底折方角轉;(6) 底微凸近平(表七:見第 23 頁)。

376 式:不透底,扭角羚角尖狀足,罩形器。 排入這一式的小屯青銅器六件,除了足部的結構一大變化外,與375式具有相同之共同點(表七)。

386 式:甗形器。 小屯共出兩器,兩標本有下列的共同點:(1)器體分兩段; (2) 上段近於大口盆形,下段近於鬲形; (3)口上有兩立耳; (4)中有箄(均失); (5)曲底半空足。

標本一: M 331 出土,高 35.1 cm,連耳高 39.5 cm;口至隔深 18.2 cm;隔至底 9.1 cm;三個足跟的高度: 6.1 cm; 6.1 cm; 6.8 cm;口外徑 20.2 cm;隔外徑 10.3—10.6 cm;厚 0.3—0.4 cm; 隔下容量 1365 c.c., 隔上容量 3465 c.c., 全體容量 4830 c.c. (圖版拾捌: 2; 插圖六: b 2)。

標本二: M 188 出土;高 47.2 cm;帶耳高 52.4 cm;口至隔

表六：　爵形器十七件（小屯出土的十三件,小屯以外的四件）的測量及紀錄
（圖版拾壹,拾貳;圖五）

器形編號 發掘號數	出土地	高度	課度	鋬下流足高	尾下足高	下流足高	上柱高	二柱高	外柱距	口長	口寬	流高	流寬	尾長	厚度	容量	底形	柱所在	柱形	柱頂	紋飾分位	字銘	殘存形
(八)310A	M331	13.4-13.9cm	8.6cm	5.8cm	5.3cm	5.6cm	2.2cm			13.8cm	6.3cm	3.0cm	2.1cm	6.5cm	0.1-0.2cm	(147cc)150cc	凸	口與流上			通體一層		失蓋,柱微有缺
(九)310A	M329	13.2-13.9	8.0cm	6.6cm	6.8cm	6.8cm	2.7cm			14.4cm	6.8cm	3.6cm	2.0cm	7.2cm	0.2cm	(136cc)156cc	凸	口與流上					完整
(十)310A	M388	13.8-14.0	7.2cm	7.3cm	7.2cm	7.3cm	2.6cm			13.1cm	6.9cm	3.1cm	2.2cm	6.0cm	0.2cm	(125cc)135cc	凸	口與流上					完整
(十一)310B	M232	19.2-19.7	9.4cm	10.3cm	10.3cm	10.2cm	5.2cm			17.7cm	8.7cm	3.2cm	2.7cm	9.5cm	0.3cm	262cc	凸						
(十二)310D	M333	14.6-16.?	9.0cm	6.3cm	6.1cm	6.3cm	2.1cm		3.1cm	13.9cm	7.4cm	3.5cm	2.2cm	7.4cm	0.1-0.2cm	190cc	平						
(十三)310E	M333	16.4-17.1	9.5cm	7.4cm	7.7cm	7.3cm	1.5cm		3.6cm	16.0cm	8.3cm	4.3cm	2.3cm	7.9cm	0.3cm	210cc	平						
310G	M388	13.6-14.2	8.7cm	6.6cm	6.7cm	6.9cm	2.5cm		4.2cm	15.0cm	7.2cm	3.3cm	2.5cm	7.6cm	0.2cm	(165cc)178cc	凹						
310G	M222	14.8-14.8	8.7cm	7.8cm	7.7cm	7.8cm	2.3cm		4.7cm	16.8cm	7.7cm	3.0cm	2.8cm	8.2cm	0.5cm	235cc	凹						
310G	M238	15.3-16.0	7.7cm	9.6cm	9.3cm	9.5cm	2.5cm		4.8cm	16.7cm	7.5cm	2.8cm	2.8cm	7.9cm	0.15-0.2cm	(180cc)180cc	凹						
310G	M184	15.2-15.9	9.3cm	8.5cm	8.7cm	8.7cm	2.4cm		4.1cm	15.6cm	7.3cm	3.5cm	2.6cm	7.3cm	0.1-0.2cm	215cc	凹						
310G	M188	14.1-14.2	8.8cm	6.7cm	7.3cm	7.4cm	2.3cm		4.6cm	14.7cm	7.2cm	2.9cm	2.8cm	7.6cm	0.4-0.5cm	190cc	凹						
(十四)310H	M238	18.0cm	9.3cm	8.5cm	8.8cm	8.8cm	2.7cm		5.5cm	16.2cm	8.7cm	3.7cm	3.4cm	9.2cm	0.4-0.5cm	290cc	底深凹凸平						
310H	M238	19.3-...	9.3cm		9.6cm	9.6cm	2.4cm		5.7cm	18.2cm	9.4cm	3.6cm	3.4cm	7.7cm	0.4-0.5cm	280cc	底深凹凸						
310J	鐵圖	13.5-14.1	8.4cm	7.2cm	7.1cm	7.1cm	3.5cm		6.5cm	14.0cm	7.2cm	2.2cm	3.5cm	6.3cm	0.2cm	(145cc)160cc	凹						
310J	小屯西 M308	14.1-14.2	8.8cm	7.9cm	7.5cm	7.9cm	3.3cm		7.2cm	15.0cm	7.4cm	2.2cm	3.8cm	6.9cm	0.3cm	(170cc)179cc	凹						
310J	王裕口 WH8	14.9-15.2	8.4cm	8.2cm	7.9cm	8.1cm	2.8cm		6.7cm	15.?cm	7.5cm	2.2cm	3.6cm	7.1cm	0.2cm	(165cc)160cc	凹						
310J	後岡 M526	17.4-17.8	9.0cm	10.6cm	10.8cm	10.5cm	4.0cm		6.7cm	17.5cm	8.0cm	3.5cm	4.1cm	7.9cm	0.3-0.2cm	(210cc)215cc	凹						

※凡例：（ ）內大括量;無括量即實測之數　　†用綿沙量其最多量210cc.　（見小屯陶器...報告,470頁,全器波三洛注）

表七： 壘形器十一件的測量及紀錄

（圖版 拾壹,拾貳,拾叁,拾肆；插圖 三,四）

序數	出土地	體高一(至口)	體高二(至柱頂)	深度	足高一	足高二	足高三	口徑	腹徑	底徑	容量	厚度	文飾	分配	保存狀況	柱頂
375	M388	21.9–22.6	27.8—	12.9cm	9.5cm	9.2cm	9.3cm	13.7–14.8cm	8.8–9.0cm	10.6–10.8cm	935c.c.	0.2–0.3cm	兩	格	完整	傘狀
375	M333	24.0–24.5	30.1–30.2cm	13.6cm	10.6cm	10.6cm	10.6cm	17.0–21.2cm	10.2–12.7cm	13.0–14.7cm	1810c.c.	0.4cm	兩	裕	破毀,底形口	菌狀
375	M232	24.5–25.1	30.5–30.7cm	13.0cm	12.4cm	12.4cm	12.4cm	19.0–19.3cm	11.5–11.8cm	13.2–13.3cm	1713c.c.	0.2–0.3cm	兩	格	完整	菌狀
375	M331	25.3–25.7	32.1–32.6cm	12.8cm	12.8cm	12.8cm	12.8cm	19.2–19.5cm	11.4–12.2cm	13.5–13.6cm	1620c.c.	0.3–0.5cm	兩	格	殘缺,黏仮	菌狀
375	M188	26.5–27.4	23.3–23.4	16.4cm	11.7cm	11.9cm	11.9cm	20.1–20.2cm	13.8–14.1cm	14.9–15.0cm	2525c.c.	0.2–0.3cm	兩	格	裂陇仍有缺,足與底飾	傘狀
376F	M232	19.1–19.6	23.3–23.4cm	12.7cm	8.4cm	8.4cm	8.6cm	15.7–16.8cm	11.3–11.7cm	12.0–12.3cm	1415c.c.	0.2–0.3cm	兩	格	完整	傘狀
376F	M388	22.7–23.6	28.1cm	13.2cm	10.7cm	10.7cm	10.8cm	16.5–17.0cm	10.8–11.2cm	11.9–12.1cm	1430c.c.	0.1–0.3cm	兩	格	殘,口部週缺	傘狀
376F	M188	25.3–26.2	30.9–31.2cm	14.7cm	11.2cm	11.3cm	11.3cm	17.2–17.6cm	10.9–11.0cm	12.2–12.5cm	1595c.c.	0.2–0.3cm	兩	格	裂,有缺,足失	傘狀
376H	M333	25.4–26.3	33.5–33.7cm	14.6cm	11.4cm	11.5cm	12.0cm(?)	16.3cm	9.8–10.4cm	12.2cm	1315c.c.	0.2–0.3cm	兩	格	裂,有缺,一足失夫	塗狀
376G	M331	30.8–31.8	38.5(?)	18.1cm	14.9cm	14.5cm	?	23.4–24.9cm	15.4–16.8cm	17.2–17.4cm	4004c.c.	0.3–0.5cm	深	格	裂,有缺,一足失	傘狀
376G	M331	31.0–31.8	37.8–38.6cm	17.7cm	14.7cm	15.0cm	15.1cm	24.1–24.5cm	15.1–15.5cm	16.8–17.1cm	3390c.c.	0.3–0.5cm	兩	格	口部有缺,足,及底飾	傘狀

深 27.8 cm;隔至底中心深 11.9 cm,隔至款足底深 19.0 cm;口外徑 30.5—30.8 cm;隔外徑 17.5—17.8 cm;厚度 0.2—0.5 cm;容量:隔下 3950 c.c., 隔上 1403 c.c., 全量 17880 c.c.;上部橫截面近圓三角形,足根似有折損(插圖六:b1)。

肆足目[排列號碼:400—499] "容器具有四足的均歸四足器一目……。"(24) 這一目器物,在殷虛陶器中遠不如前四目的發展;總計有三式四型。小屯銅器可以排入此目者,有三器,可分兩式。

410式: 這一式的標本口部與 310 式的雙柱爵完全相同但週壁分成兩段:上段圓形,上演為有流有尾,雙柱對立於口上的口部;下段方形,四壁直立,四隅方角轉;平底,底折正角;四隅各一足,足形為三角錐狀,與叁足目的爵形器足部結構完全類似。

標本一。 M 331 出土;高 17.3 cm; 深 9.4 cm; 足高 8.5 cm;柱高 3.1—3.2 cm; 口長 16.8 cm; 口寬 7.6 cm; 底徑 6.0×6.1 cm; 厚度 0.4 cm; 流高 3.8 cm; 流寬 2.9 cm; 流長 8.1 cm; 柱外距 4.8 cm; 容量 220 c.c.。 柱頂長方坡狀,柱莖外平內圓;柱所在,對立口上近流出口處;文飾三格,鼕弓背形,高 6.6 cm(圖版拾捌:3;圖版拾玖:3a, b, c)。

標本二。 M 331 出土;高 17.4 cm;深 9.3 cm; 足高 8.1 cm;柱高 3.0 cm; 口長 ?; 口寬 7.8 cm; 底徑 6.0×6.1 cm; 流高 3.8 cm; 流寬 2.9 cm; 流長 8.4 cm; 柱外距 4.6 cm; 容量 230 c.c.; 餘同上。

476式: 這一式的標本,雖說也被金石學家稱為斝,可以列入斝類;但就小屯出土的各器說,這一式除了足的數目外;別部份的形制,與三足目內的斝形器比,也顯然有不同的地方。這一件標本是M238出土的;高15.0—15.2 cm;深8.6 cm;口徑13.1×15.1 cm;頸徑10.2×12.8 cm;最大腹徑12.6×15.2 cm;厚度0.3—0.5 cm;容量925 c.c.。器長方,四隅圓轉;柱立口上兩仄端;柱頂菌狀;柱莖長方;鋬在寬邊;文飾三格(圖版拾捌: 4; 拾玖: 4. a, b, c)。

蓋形目[排列號碼: 900—999] 小屯銅器作蓋用的共有標本六件;內有一件與所蓋的容器脫了節;其餘的五件都隨着容器:計250式方彝形器一; 273式觶形器一; 277式卣形器二; 342式盉形器一。 六件蓋的形制可以分為三式。

923式: 這一式的標本在形制上的共同點為: (1)圓頂, (2)頂下週壁向內斜,以便插入器口, (3)頂上有結作把用,形如縮小的,立在爵形器與斝形器口上的柱;柱頂作菌狀者三件 (273, 277, 342三器上); 277式方卣的蓋,柱頂作飛鳥形(參閱上文圈足目273式277式)。

925式: 殷虛所出的陶蓋,以這一式為比較地普通;田野工作人員叫它為"小便帽",以其酷類舊式之小瓜皮帽。在陶器中,這類的蓋所蓋的器大概是小口帶肩的容器;銅器中的罍形器,似可與這一式的蓋合用。

M066出土一件;高6.9 cm;帶紐高9.1 cm;外口徑13.0 cm;內口徑12.4 cm;外表兩弦紋;紐頂菌狀(圖版壹: 3 a, b; 拾玖: 5; 插圖二十: b)。

930式: 蓋頂由四坡面構成,如屋頂狀,頂下有短壁,以備插入器口;四隅及各面當中均有稜突出,最上一橫稜如屋脊;中有柱狀紐,柱頂亦由四坡面作成,外表文飾佈滿。

　　以上已經類別的,計:圜底器一件,平底器二件,圈足器三十四件;奎足器三十六件;肆足器三件:共七十六件。 另有蓋六件,中有五件隨着器,一件與器脫了節。 器與蓋同算,共八十二件。專算器的類別,計圈足器佔全數(卽器的全數,七十六)百分之四四‧七四;奎足器佔百分之四七‧三八:這兩目的標本構成了小屯出土的青銅器百分之九十二以上的成分;與殷盧所出用着類別的陶器標本比較,各目所佔的成份,有甚大的區別(表八)。

表八: 小屯青銅容器與殷盧陶容器各目之百分比

		圜底目	平底目	圈足目	奎足目	肆足目	總　數
殷盧陶容器 分類標本	數目	24	115	120	40	4	303
	百分數	7.92%	37.95%	39.60%	13.20%	1.32%	99.99%
小屯青銅容 器出土全數	數目	1	2	34	36	3	76
	百分數	1.31%	2.62%	44.74%	47.38%	3.95%	100.00%

很顯然地,青銅器的製作者,差不多已全部放棄了圜底與平底的容器作法,採取了在容器的底部另加一種用着"切地"工作的部份——卽我們叫着"足"的——把那用着容納的部份向上抬高。 若將上列的分類更簡化一步,分爲有足無足兩類:殷盧的土製容器:無足的佔百分之四十六稍弱,有足的佔百分之五十四略強;小屯出土的青銅容器:有足的在百分之九十六以上無足的不及百分之四;無足的青銅容器可以說少得不足數了。

前面已經說過了的有一點我們應該在這裏再注意的事實：青銅容器的全部都是隨葬器，用着編序數的殷虛陶器大半是灰坑出土的日用器；祭祀鬼神與供應活人雖是兩種有分別的作用，但這一點是否能解釋或部份地解釋這兩種質料相異的容器在形制上着重點的不同，尚待我們從別的地方作若干比較的工夫。

三　叁足器在小屯殷商期演變之階段

有足器內的圈足目，雖像是享受了比較長的壽命，叁足目卻具有較早的歷史。新石器時代的晚期，叁足的陶器已盛行華北一帶，到了具有文字的殷商朝代，更由青銅這種新的質料燦爛地表現了一番。殷虛所出的叁足陶器，分成二十一式，四十型；小屯所出的叁足青銅器，已分九式，更可別爲若干型。這兩種質料不同的叁足器，就一般的歷史趨向說，它們的形制不會完全沒有相互的影響；不但如此，它們與較早的叁足器，必定有若干歷史上的關係。假如我們要把這些關係看清楚，我們卻必須嚴格地只從形制上着眼。

小屯出土的叁足銅器，在形制上並沒呆板地復演了一次叁足陶器；有若干類似的，有好些極相近的，卻沒有完全一樣的。以上是就器形的全體說；若把一器的形態，按它各部的結構及組織，分段檢查，作單位比較，那制作的因襲沿革，往往就可以排列出幾個很有秩序的階段出來。在叁足目的器物，足與底部的外形及構造尤富有從這個角度研究的價值。

先從足的構造說起；小屯的叁足青銅器的足，有實心的，與中空透底的兩大組，並有下列五種不同的外表：

(壹)圓 錐 狀

　　(甲)中 空 透 底 的：　368 式。

　　(乙)實 心 的：　305 式。

(貳)圓 柱 狀

　　(甲)中 空 透 底 的：　無。[25]

　　(乙)實 心 的：　313 式；325 式；342 式。

　　(丙)半 空 的：　386 式。

(叁)扭 角 羚 角 尖 狀

　　(甲)中 空 透 底 的：　375 式。

　　(乙)不 透 底 的：　376 式。

(肆)細 長 三 角 錐 狀

　　(甲)實 心 的：　310 式。

(伍)側 三 角 扁 錐 狀

　　(甲)實 心 的：　318 式。

殷虛 所出叄足陶器有空心圓錐狀足形,及實心圓錐狀足形兩
種例子:空心的兩件由先殷文化層中出土（插圖三:a;插圖六:
a 3）;實心的標本很多,時代大約均屬殷商期。 真正的圓柱狀
叄足陶器尚沒發現;近於圓柱狀實心的,只有 H 306 坑出土的一
件陶"鼎"（315 E,參閱插圖一:a 5）;"鼎"口上有一對立耳似為較
晚的作品,形制由抄襲青銅器而來;故嚴格地說,小屯 出土的三
足陶器的足,沒有圓柱形的。 至於(叄)(肆)(伍)三種足形,更不
見於 小屯 的叄足陶器;它們的足部最常見的結構為"鬲"形的
款足,每一對"款足"外面的形態均近似哺乳動物胸部的兩個
乳袋。 款足的下端常有加足跟的;加的足跟有高有低。 在瓢
形的銅器標本中,有一件的足跟（386 式,插圖六:b 1）,已形成一

根短的圓柱了。　假如我們要追溯圓柱狀足形的原始,很可能就可在這一個方向找出若干重要的聯繫。

　　奉足銅器的底部形態可分四種敍述:(一)圓底(二)凸底(三)平底(四)曲底; (一)無底折,(二)(三)均有底折;標準的曲底(四)全由款足湊成, (386 式); 但時代的演變漸把款足的上段"底化"了(325 式)。 四種底形以圓底最多,曲底較少。 殷虛三足陶器中,底形亦可分成上說的四類,以曲底最多,圓底次之。

　　在小屯青銅器中,足部與底部各種不同的形態並著在一件器物的;有:

　　　　(1)圓底,圓錐狀空足:　　368 式三件。

　　　　(2)圓底,圓錐狀實足:　　305 式一件。

　　　　(3)圓底,圓柱狀實足:　　313 式,342 式各一件。

　　　　(4)圓底,扁錐狀實足:　　318 式一件。

　　　　(5)圓底,細長三角錐狀實足:　　310 G 型五件。

　　　　(6)凸底,扭角羚角尖狀透底空足:　　375 式五件。

　　　　(7)凸底,扭角羚角尖狀不透底足:　　376 式六件。

　　　　(8)凸底,細長三角錐狀實足:　310 A, 310 B, 310 D, 三 型,共五件。

　　　　(9)平底,細長三角錐狀實足:　310 E, 310 H, 二 型,共三件。

　　　　(10)曲底,圓柱狀實足:　　325 式一件。

　　　　(11)曲底,圓柱狀款足:　　386 式二件。

　　以上十一類各具體標本,屬於(1)(2)(3)(4)(10)五種器物的,口上都有一對立耳,爲古器物學家所說的"鼎";屬於(5)(8)(9)三種器物的,身旁有鋬,口部有流有尾,口上有柱,爲古器物學家所說的"爵";屬於(6)(7)的兩種器物的,週壁分兩層,身旁有鋬，口上雙柱，古器物學家叫做"斝"。　據此，我們可以說，專就下部的形態看，所謂"鼎""爵""斝"都沒有定制。　若說它們的全體，它們的變異範圍尤大。　以"鼎"為例，它的口可大可小；它的身可高可低；古人所謂"爵""斝"以至於"甗"等器全體形制的變異，亦有同樣的趨勢。

小屯所出的這批材料，在時代上是相當清楚的；據最近的估計約有二百七十餘年 (26)；比自滿清入關到辛亥革命，尚多十餘年。　殷商在小屯的時代既有將近三世紀的壽命，所製的器物在各方的演變，應在我們的期待中。　時間就是推動這項演變的主力；這一點已由甲骨文字及陶器的形制十足地證明了(27)。　小屯出土的青銅容器雖不及百件，演變的痕跡，極為顯然。　要就這些變異料理一個秩序出來，我們必須把實物的形制與傳統的觀念綜合起來討論一番。

(甲)"鼎"與鼎形器　容庚教授的商周彝器通考下卷所收的三足鼎圖象；共一百十九器；專看它們的下部形態，計：

(1)圓底，圓錐狀足：　二件。

(2)圓底，圓柱狀足：　三十八件。

(3)圓底，獸蹄狀足：　六十二件。

(4)圓底，鳥狀扁足：　四件。

(5)圓底，人形狀足：　一件。

(6)曲底，圓柱狀足：　十二件。

看樣子似乎所有的足都是不透底實心的；著者既沒說明，此處自不能作必然的斷定。　專就外形比較，小屯的鼎形器七件，中有四件是圓底圓錐狀的；容氏所錄的圓底圓錐狀足有兩器。嚣季鼎(28) 外形與小屯的 305 式類似程度最高；但嚣季鼎的足，上段鑄成獸形,身部外表的文飾,也是較晚的。 第二件長秋鼎,(29)雖也屬於圓底圓錐狀足,但足是細長的,與 305 式的粗短已大相異;底部以上的形態更有基本的改變,如兩耳自口上移到身邊,在小屯的鼎形器內絕沒有這種作法。 統計起來,容氏所錄的一百一十九鼎中,形制上貌似 305 式的,雖有一件;像 368 式的卻一件也沒見着。

第三六八式圓底,圓錐狀透底空心足,只有安特生博士最近在他的中國史前史(30)所錄瑞典皇太子收藏的一件,與小屯出土的最為近似;小屯的三件中有一件具一格仄條文飾,其他兩件同瑞典皇儲所收藏的一樣,都是沒有文飾的素品。(31)

商周彝器通考圖錄內最常見的鼎形器,為具獸蹄狀足的一種;這種作法開始甚晚,小屯出土的三足器中,看不見這種樣子,自易解釋。 比較難解釋的為圓底圓柱狀足的早期歷史;這一式,久被認為商周間鼎形器的嫡派,在通考的圖錄中所佔的數目,僅次於獸蹄足鼎,但在小屯的代表,却只有 313 式的一件小器。 這件小器是斂上的小口,如爾雅所說鼒的形狀,與那習見的最大橫徑在口部,或微下及"足為直立之圓柱形"(32)的形制,大有分別。 小屯所出圓底扁錐狀足的一件(318式),似可與通考中所錄的鳥狀扁足的一器可比了,但相像部份也只限於外形輪廓;在結構的細目上,尚有不少的差異。 325式的曲底圓柱狀足的小件,保有分襠的痕跡,滿身文飾,與小屯所出其他的六件鼎形器比,作風全不一樣。 這一器很可代表,近來好多學者認為由鬲形脫化出來,體分三股的分襠鼎,不過它的"分襠"處也只具體而微。 容氏的書中所錄325式的鼎,只有更進展(或退化?)的一級;這本書所集的吉金圖版,數目之多,超過所有同一性質的出版物;但在鼎形器中,實在可以說沒有小屯出土鼎形器適當的代表。 這種現象的存在,是否因爲歷代金石家,覺得這些形制不夠標準,下意識地把它們就遺棄了? 這確是值得注意並且可以討論的一個問題。

我們可以從 325 式的曲底圓柱說起;這樣的形態,爲高本漢教授所說的“鬲鼎”(33) 最緊要的部份。 照高本漢教授的原意及所舉的例,(34) 本只以外面保有分襠的週壁及實足的奎足器爲這混合種的標本。 後來,他的國人安特生博士把那圓底空足的標本也列入這個混合種內,(35)雖亦持之有故,但與高本漢氏最初舉的例相比,這兩式卻代表兩種不同的結構。 究竟高本漢教授所說的‘鬲鼎”是否可以把意義擴大了包括空足不分襠圓底的奎足器,只有他本人方能說明,假定我們承認“鬲鼎”的這個擴大的意義,小屯所出的七件青銅鼎形器,就有四件屬於這混合種的“鬲鼎”了;這樣的現象,是一個重要的發現,不可不澈底地檢查一番。

小屯青銅器中,除了兩件甗形器的下部外,沒有款足的鬲。殷虛陶器中,鬲形的容器,甚爲尋常;統計所得,鬲形標才佔第一位。 在比較更早的陶器系統中,鬲形器的演變,曾受過各方的重視,(36)但鼎形標本在形態上的發展尚未得到適當的分析,更沒得到一個確切的定義。 甲骨文字中一件很可注意的事實而爲文字學的考古家尚沒提到的,是:可以認爲象形字的“鼎”(37)字都只有兩條腿;從象形字“鬲”的鬻,鎷,甗,都具有三隻袋狀的粗腿。(38) 要照徐中舒教授所推定的例,(39) 兩條腿爲代表四條腿的公式來說,似乎被現代文字學家認爲“鼎”字的甲骨文字,在殷商時代造字人的意思實指一種四足器。 否則奎足的鼎,在象形字裏爲什麼不用三條腿來代表？ 這是應該請文字學家解釋的一個問題。

時代稍後,鼎爲三足,不但見於紀錄,並偶見於象形文字;[40] 從此"鼎"與"鬲"最重要的分別,只在足部的實與虛了。 要從史

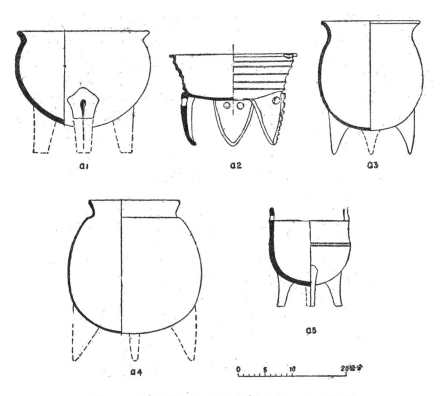

插圖一: 殷商及殷商以前之圓底實足奎足陶器

a₁ 安陽後岡彩陶層出土:"長方形足,中部有溝而無支柱"(安報:623頁;圖版肆。)

a₂ 日照兩城鎮黑陶遺址出土:(據發掘實物測。)

a₃ 永城黑孤堆龍山期遺址出土:"三角形足,遍體橫行條紋。"(考古114頁;圖版肆:1)

a₄ 永城造律台龍山期遺址出土:"側三角形扁足,通體細繩紋。"(考古98頁;圖版肆:8)

a₅ 安陽小屯殷商文化層出土:(殷陶,圖錄序數315 E型。)

前的陶器中尋找實足的三足器歷史,至少有兩個系統可尋:一系是圓底的(插圖一),一系是平底的(插圖二)。 圓底的實足三足器,見於後岡,[41]城子崖,[42]兩城鎮,[43]黑孤堆,[44]造律台;[45]平底的實足三足器在黑陶區的兩城鎮遺址極為普遍,並見於魏家郘子,[46]龍山兩址;但仰韶村也有一件平底的實足三足器。[47] 在小屯遺址中,圓底與平底三足器,都有全形的標本;照發掘記載,311 J 型標本屬於先殷文化層,315 E 型卻是很晚的殷商。 看上面兩種實足三足器分佈的區域,都集中在河南及河南以東,並且大半是黑陶遺址所出;只有仰韶與後岡的兩器似為例外;不過仰韶所出的器物有一部份在地層上已有疑問;[48]這一器是否真正彩陶層的遺物也可以列在討論的範圍。[49]總起來說:只有後岡彩陶層的圓底實足的三足器為黑陶文化以外及以前的"非鬲形"三足器。 稍晚,這樣圓底的實足叁足器在豫東及壽州一帶的黑陶遺址中出現。 山東的黑陶遺址

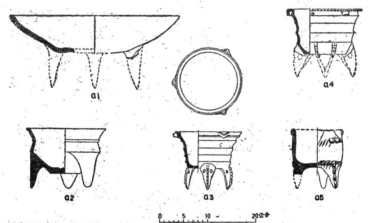

a1　　　　a4

a2　　　a3　　　a5

0　5　10　20公分

插圖二: 殷商及殷商以前之平底實足叁足陶器:

a1　壽縣魏家郘子龍山期遺物:"全體都是紅色,足是尺式的。"(考古: 182頁; 插圖四: 7)

a2　濟南龍山鎮黑陶遺址出土:(城子崖, 圖版拾捌: 6; 又圖版式拾陸: 1)

a3　日照州城鎮黑陶遺址出土:(據發掘實物照; 再報)

a4　同　　　上

a5　安陽小屯先殷文化層出土:(殷陶, 圖像序數 311J 型)

盛行的實足奎足器是平底的;它們的足部結構全爲犁鏟形及
鑿形。 由後岡彩陶層出土的圓底奎足器,足部形態均向圓錐
及圓柱形這個方向演變;早期的青銅鼎形器,顯然是承襲這個
作風而來,與山東的一派關係要遠一點。

因此,我覺得古底實足的"鬲鼎",與圓底空足的"鬲鼎",照
傳統上所承認的字面上的定義講,雖都可以放在這兩形中間
的混合種內;但要一步一步的追溯它們各自的歷史,顯有不同
的淵源。 它們的分別,不只一個是驢父馬母,一個是馬父驢母;
若限在這個比喻以內,簡直一個是驢,一個是馬。 這話需要更
詳細的解釋。 在小屯青銅器中,奎足目內的鬹形器,有一式的
足形也是空心透底的 (375式);這一式的器物在安特生博士的
中國史前史(50)中,亦被列在"鬲鼎"的範圍以內;同頁博士並舉
有秦王寨(51)所出的圓錐狀空心透底足的奎足陶器,認爲是這
"鬹"的前身;推他的意思,"鬲鼎"的存在,在中國青銅文化以前,
已經開始了。 不過就器形上說,這種"鬹"的週壁與底部具有
清楚界線;青銅製的圓底的"鼎"卻都是球面圓底,沒有底折;這
在容庚教授所舉的一百一十九例中,差不多沒有例外;(52) 曲
底的"鼎",更沒有可以清楚的劃分出來算作底的部份;具有底
折的奎足器只見於黑陶文化遺址中,幾乎全是平底或凸底。
安特生博士把他所舉的"鬹"也叫做"鬲鼎"只能算做"鬲鼎"
第三種了;若認爲所有的"鬲鼎"都具有同樣的意義,那就不免
有點籠統。 不但如此,實際上安特生博士所舉的陶"鬹"與銅
"鬹",足部的形態尚有另外的一個重要的分別:陶"鬹"這種器
物的足部,是圓錐狀空心透底的,在大賚店 (53) 及小屯的先殷
文化層中,都有這樣的標本;它們的三足,均粗而較短。 所謂銅

"斝"的足部外形,卻均作三角錐狀,[54]極像侯家莊出土的扭角羚角尖,比較地細而長。 這點分別也許不十分重要;要是我們說銅製的"斝",實在是由劉燿君所說的"平底鬲"[55](卽安特生認作陶"斝"的)脫化出來的;或者說至少銅"斝"的形成受了陶"斝"器形的暗示,由鑄製的人把摹本加入了些改進,這都可以說得通。 但從實際的用處着想,這些透底的空足,無論它的外形是圓錐狀,扭角羚角尖狀,或圓柱狀,[56]我們都想不出它們的真正作用何在。 款足的鬲形器,足中空的部份較小,器身下部沒有獨立的底;三袋狀足代替了底的位置,確能吸收不少的熱量;在器中烹飪的物品,無論是流質,或固體,陷於空足內的不深,容易被掏出來。 至於這些具有比較細而長的空足"鼎"與"鬲",它們有廣大的底,若在它們的下部燒火,旁邊的足部,絕不能得到與鬲足可以相比的火力;烹飪的物品塞入三個足洞內如何把它們發掘出來,是一個很實際的問題。 從各方面看起來,這種透底的空足,實在是銅器的肓腸;形制或有所本,卻毫無用處。

　　這種肓腸的存在,很可能起源於兩種不同的情形。 (1)與鬲形器的構造沒有任何關係,並不是原來一種有用部份的蛻存;它所代表的是鑄銅技術初施於這類器物上所留的痕跡。無論殷商時代鑄青銅器所用的是蠟模法或直接合范法,[57]用作鑄容器的模子必有一個核心(內模),一層外皮(外模)。 若擬鑄實足鼎形器的製范人,摹仿後岡,黑孤堆,造律台,及壽縣[58]一帶所出圓底實足的奎足器,先連足部在一塊兒塑成一個內模;由這種內模鑄出來的奎足器,足部自然是中空透底了。 小屯所出 368 式的三件標本,足部與身部,一次鑄成,內模必有三足,直接底部。但鑄實足叁足器的內模不能有足;足的模子,如“鼎”耳一樣;可由外模安排出來;(59)但這是鑄銅技術較晚一級的發展。大概在小屯一帶最初鑄銅器的設計人,原想仿製一件實足的叁足器,就把內模塑成了那個預備仿造的樣子;結果卻得了一件空足透底的叁足器;乍看這樣的出品,大概有點出乎設計人的意料以外;但既已成爲事實,只有試用吧。在這試用期間,對於這一缺點,只有暫爲容忍;但用了若干時,發現這盲腸不但無益,並且礙事。同時在技術方面,排列外模的法子也大有進步;鑄帶足器的內模,不必帶足;只在外模上打主意,鑄出

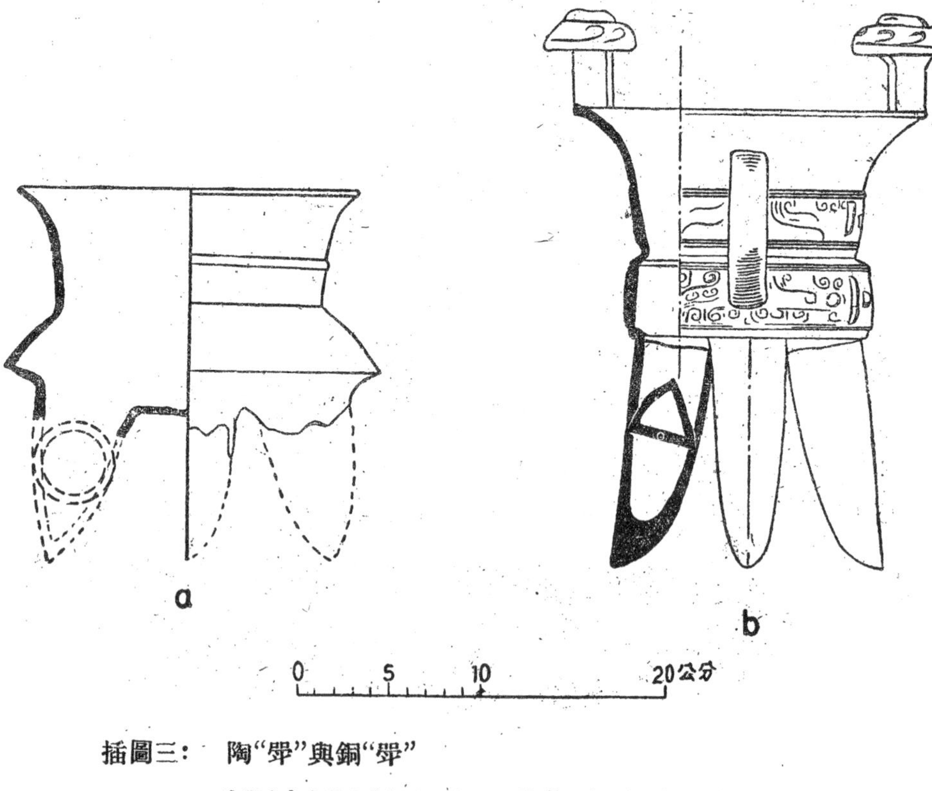

插圖三: 陶“斝”與銅“斝”

a 安陽小屯先殷文化層出土之 371 E 型黑陶:(殷陶,圖錄序數)

b 安陽小屯殷商期文化層出土之 375 式銅斝。

來的器物,足的部分倒可以更精壯結實。這個說法,不但給368
式鼎形器一個合理的解釋,連 375 式的斝形器所引起的問題
也似乎可同樣的解決了。(2)但斝形器的器身,卻不能說完全
與黑陶的 371 E 型無關 (插圖三);這一型在小屯的先殷文化
層及大賚店也出現過,可見在黑陶器形中佔一重要位置。 製
銅器的人很可能地拿了這個器形,作了設計的樣本,產生出那
扭角羚角尖形透底空足斝形器。

　　(乙)"斝"與"爵";斝形器與爵形器　　在小屯所出實足的斝
形器中(376式),外形全保持三折的扭角羚角尖狀(插圖四:2);
那由空足到實足改進的過程留有不少的蛻迹,可分好幾個階
段來說:(一)透底空足;外表三轉角,三面;一面向外,中有微起脊,
上下行;一轉角向內;兩側面甚平; 375 式的五件,足部外形均屬
這一階段,(圖版拾肆:1;插圖四:3)。　(二)不透底空足;一面向
外,有脊;兩側面中部向內凹入(圖版拾肆:2;插圖四:4);侯家莊
出土的斝形器有這樣的一件標本。(60)　(三)再進一步的變化,
為足部兩側面內陷的部份加深,兩面通了氣,由足尖以上起,直
到器底,均透空了;足的全體,形成一條深坎的乂形;這樣子的一
件標本,也是侯家莊出土的(圖版拾肆:3;插圖四:5);原器是一
件四足的"斝形器"。(四)外表同上,但中間來了聯繫,把內外兩
條叉枝結合起來了;兩側面各有一仄條深坎,轉角處保留兩邊
殘迹尚多(圖版拾肆:4;插圖四:6)。(五)外表同上,兩側面深坎
加寬,橫截面漸近 T 形(圖版拾肆:5;插圖四:7)。(六)橫截面完
全 T 形;三端所保留兩側的殘迹也沒有了(圖版拾肆:6;插圖
四:8)。上說的足形演變的例子,證明一件重要的事實:就形制
的發展說,透底空足的出現,必在不透底足的以前;假如把這秩

插圖四： 斝形器足部結構之演變及其可能之原始

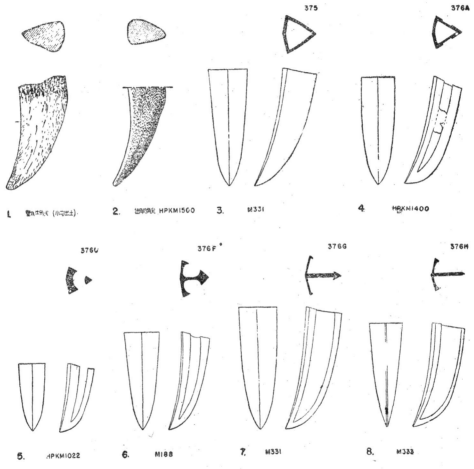

1. 聖水牛角尖（小屯出土）：－轉角凹入，一平面凸出。
2. 扭角羚角尖（侯家莊出土）：一平面凹入，一轉角凸出。
3. 小屯，M 331 出土，透底空足斝形器之足部結構，375 式，（圖版拾貳：1；圖版拾肆：1）
4. 侯家莊 M 1400 出土不透底空足斝形器足部結構，376 式 A 型。（圖版拾肆：2）
5. 侯家莊 M 1022 出土不透底叉形足斝形器足部結構，376 式 C 型。（圖版拾肆：3）
6. 小屯 M 188 出土 376 式斝形器足部結構，F 型（圖版拾貳：2；圖版拾肆：4）
7. 小屯 M 331 出土 376 式斝形器足部結構，G 型（圖版拾貳：3；圖版拾肆：5）
8. 小屯 M 333 出土 376 式斝形器足部結構，H 型（圖版拾貳：4；圖版拾肆：6）

序顚倒過來，就很難說明這些現象。

　　與此有關的，那"修而銳，形如戈然"[61]的爵形器的足，我以

為也是從髀形器足部脫化而來,演到那三面三轉角,結實的實
足就沒再被改良;故爵形器演變部份,就上移到口部。

我先前在討論俯身葬的論文中,對於爵形器的演變已有
一個解釋;近來發現的材料,似乎尚沒有可以推翻那個說法的。
小屯出土的銅製爵形器,在形制上,與鼎形器一樣,頗有不同的
表現;上面分類說明中已提到了。 這些形制上的分化,最可注
意的,我仍以為在那柱的所在;這一點不但說明了柱的本身遷
移無常處,同時也標定了流的發生階段。 據這一處的觀察,爵
形器口部形態的變化可分四種:(一)單柱叉立在流上; (二)雙
柱對立在流出口處; (3)雙柱對立口上,近於流出口處;(四)雙
柱對立口上,離流出口處漸遠(圖版拾柒,插圖五)。 小屯出土
的爵形器只限於(一),(二),(三),三種;第四種在小屯西北出土
的器物中一見;在侯家莊甚多;歷史語言研究所在王裕口,濬縣
發掘出來的爵形器亦屬於第四種。

形成了第一種的銅製爵形器,有若干陶器作它的參考資
料;這些標本很多出於黑陶遺址;但小屯出土的一塊殘缺的陶
"爵"(圖版拾柒:1; 插圖五:3),卻供給了最緊要的聯鎖;這塊殘
片所保存的,恰是流出口的一部;流的部份單獨作成了,再粘上
口部。 為加強流與口的聯繫,在流口交界的兩旁,貼了兩個結
實的泥絆;這個地位恰是(一)(二)兩種銅製爵形器的立柱所在。
更原始的土製爵形器,只由口上担出一個雛形的流:小屯尚有
這樣的標本 (插圖五:2)。 不過作流的這個觀念,遠在小屯殷
商期以前,已經萌芽了。 黑陶期的陶人似乎曾經有計劃地實
驗過流的形制,城子崖與兩城鎮均有很多的具有流尖向上的
鬶形器;這一個樣子的流,有一個很大的缺點:把它用作傾倒時,

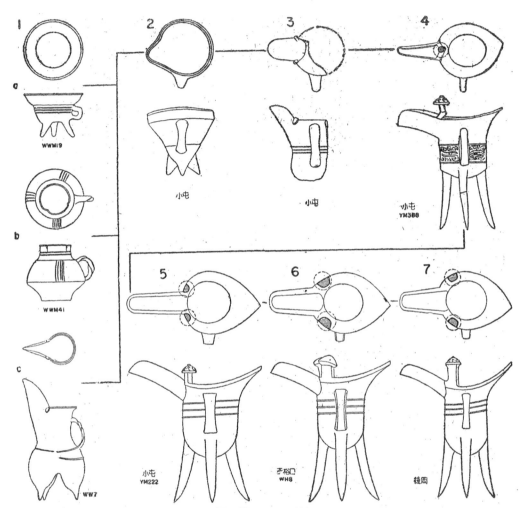

插圖五： 爵形器口部結構之演變及其可能之原始

1a 日照兩城鎮出土黑陶三足杯形器，有鋬，下對一足。（據發掘實物測：兩報）

b 日照兩城鎮出土之平底小口黑陶爵形器，口部有撮成另一弧形，爲流之雛形（同1a）

c 日照兩城鎮出土之盉形器，口上有"睩"（同1a）

2 小屯出土之土製爵形器，口部撮一流，如1b.（殷陶，圖錄序數：309 E）

3 小屯出土之土製爵形器，"流"部殘片，流口交界部份有泥絆（圖版拾柒：1）

4 小屯 M388 出土之銅製爵形器，單柱叉立在流上，310 式 A 型（參閱圖版拾柒：2）

5 小屯 M222 出土之銅製爵形器，雙柱叉立口上，在"流折"旁，310 式 G 型 d 支型。

6 王裕口 WH8 出土之銅製爵形器，雙柱叉立口上，離"流折"漸遠（據發掘實物測）

7 後岡出土之銅製爵形器，雙柱叉立口上，離"流折"更遠（據發掘實物測）

必須將全器推轉一百八十度,才能竭盡流的工作。 那時的陶
人,大概並不完全滿意這個作法,故同時有的陶器的口部,撮聚
了一弧(插圖五:1b),用作出流質的部份;這顯是實驗新式流的
一個開始。(63)

　　小屯的原始土製爵形器,承襲了黑陶時期,表現在不同器
物的,三個部位不同的形制:(一)底下三足,身旁一鋬,鋬與一足
在一直線上(插圖五:1a);兩城鎮出有這樣的三足帶鋬的杯,但
口部是圓的;(二)口上有流,流的方向與鋬的方向近正角形:兩
城鎮出有這樣的帶把的平底罐,沒有三足(上圖1b),(三)流形
獨立,突出口部若鳥喙:城子崖與兩城鎮均出有大量的鬹形奎
足器,具有這樣鳥喙的流,流尖都向上(上圖1c)。 把這三個作
法用在一件器上,就育成了小屯初期的土製爵形器(上圖:2)。

　　由土製爵形器到銅製爵形器,最大的變化有兩點:(一)口
上加柱,(二)底下的足由圓錐形變爲三角錐形。 在俯身葬文
中討論爵形器的問題,我曾說:

　　　　"……頂長的流,大約是另外作的,然後安到口上;但是燒
　　　　的時候,如何使它不裂下來,成了窰匠的一個很嚴重的
　　　　問題;在這種情形之下,柱就應運而生了;由此可以悟到,
　　　　柱在最初,只具一個羈絆作用……"

到現在,我們仍舊沒發現完整的帶柱的陶"爵";但那塊殘片的
出現 (上圖:3) 十足地證明流爲另作又粘在口上的假設;那兩
旁的泥絆實際也可以說就是原始的柱。 在銅製爵形器上的
柱,最初具有羈絆作用,也爲小屯出土的(一)(二)兩種(310 A, B,
D, E, 四型)證實了(上圖:4,5);四件單柱的爵,柱都叉立在流口
交界的部份(310 A, B: 圖版拾陸:1, 2, 4; 圖版拾柒:2)柱莖的上

部,有兩件像絞索形。 到了兩柱分立,它們的所在,最初仍在流與口交界的兩點(310 D, E: 圖版拾陸: 3; 圖版拾柒: 3)柱莖下降,合入流折,把全器最大的弱點有力地強化。 在這當口形成的柱莖,向內的一面隨着流折,演成半圓;向外仍是一個平面。 到了晚期的發展,兩柱漸失原有的作用,它們雙雙對立口上,成了純粹的裝飾;所在地位離流出口漸遠。 但它們的莖,仍保持了外平內圓的狀態;這與斝形器橫截面作長方形的柱莖,顯然具有不同的歷史。

早一個階段的銅製爵形器多數具有底折;到了再進一個階段,大多數都是沒有底折的圓底;這一重要的變遷是我們討論爵形器時也不應該忽視的一點;具有底折的"爵"身,把早期的"爵"形與黑陶作法又加了一層聯繫。

(丙) "觶"與"盃";觶形器與盃形器 小屯所出的兩件觶形器標本,大致的輪廓雖極類似;但在結構上有三點重要的區別:第一標本有五公分以上高的足跟;第二標本的足部幾乎要空到足底;再下,三足均有像折斷的痕記,但橫徑均不及三公分,看第二標本足部的外線(插圖六: b 1.1),再向下延續的可能,一定很有限制。 就這一點說,第二標本足部的狀態,所保存的,爲比較原始的情形。 第二點重要的區別在觶上身的橫截面;第一標本極近圓形;第二標本爲圓轉角的三角形(插圖六: b1.2, b2.3);口上兩耳,均立在近圓轉角的上頭,但並不十分對稱。 第三點的區別;在純緣的結構;第一標本的純緣圓角向外緩轉,內表向下坡,銳角向上,方頭向外;第二標本的純緣,屬於雙轉的一種,近唇的一段作階形(插圖六: b1.1, b2.1);在這樣純緣上的蓋,位置可以較爲穩固。

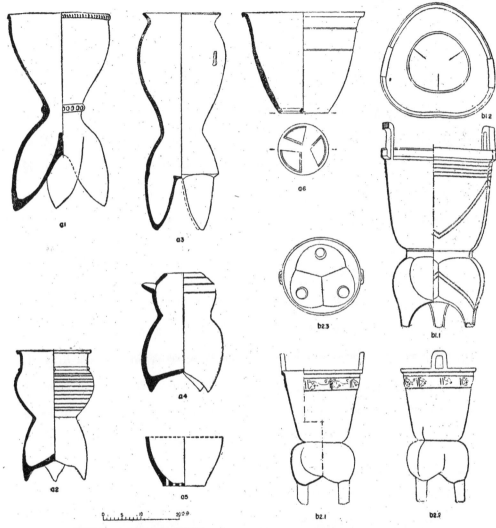

插圖六： 陶"甗"與銅"甗"

a₁ 遼東高麗寨出土之陶"甗"。(貔子窩，圖版第叁玖)

a₂ 日照兩城鎮黑陶遺址出土之陶"甗"。(據發掘實物測；兩報)

a₃ 小屯先殷文化層出土之陶"甗"。(殷陶；圖錄序數：390 G型)

a₄ 小屯殷商期文化層出土之陶"甗"。(殷陶；圖錄序數：393 M型)

a₅ 小屯殷商期文化層出土之瓶形陶器。(殷陶；圖錄序數：108 Q型)

a₆ 小屯殷商期文化層出土之瓶形陶器。(殷陶；圖錄序數：108 P型)

b₁ 小屯 M 188 出土之銅製甗形器。

b₂ 小屯 M 331 出土之銅製甗形器。

小屯所出可以看全形的鬹形陶器也有兩件;另有上下分開了,底部有孔的甗形器數件。 帶孔的"甗"雖沒有與下部的"鬲"同在一處出現過,它為鬹形器的上身,應該沒有問題。 兩件土製的"鬹"與銅製的"鬹"比,除了足的數目為三,及分上下兩節外,其餘的部份沒有什麼很相同的。 更可注意的就是,兩件鬹形陶器,也同兩件鬹形銅器一樣,互比起來,形制上相差也極遠:390 G 型(插圖六: a 3)為先殷文化層的遺物; 393 M 型(插圖六: a 4)屬於殷商時代;它們在形制上的差別,自有內在原因;不過在我們分析這個原因以前,我們應該把高麗寨與兩城鎮所出的鬹形陶器詳看一次。

高麗寨的土製"鬹",經過日本學者的宣傳,(64)它的形狀及結構早為史前考古家所熟悉 (插圖六: a 1); 它的上身,除了沒有兩立耳,可以代表銅製鬹形器的上身早期的形態;但把三個袋狀足聯在一起所構成的下身,卻並未被青銅時代採用;小屯兩青銅鬹形器的下身的構造,所仿造的,仍是黑陶時代創制的一種"鬹";但不是留在小屯先殷文化層的那個樣子。 它所模仿的為保存在兩城鎮遺址的一器 (插圖六: a 2); 兩城鎮出土陶"鬹"的上身具有甚發展的純緣及頸部,頸下有鼻形紐一對:這兩點沒在小屯青銅鬹形器上重現。 照表九所分析的四個土製與兩個銅製的鬹形器看,銅"鬹"上身的大口盆形,同高麗寨的陶"鬹";下身乳袋狀鬲形與兩城鎮的最相近:這個結論經此排比後,更覺清楚。 至於其他的細節,有的要在鬹形器以外的器物上去找,(65)有的大概是製銅術發展的結果。

盉形器,在小屯青銅器羣中只一見;這一件與金石學家所說的"盉",也未能完全相像;舊日所說的"盉"差不多都有一個

表九：　鬶形器幾點構造節目的分析（插圖六）

形制特點 ＼ 鬶形器	鬶　形　陶　器				鬶　形　銅　器	
	高麗案	兩城鎮	小屯先殷期	小屯殷商期	小屯標本一	小屯標本二
最大橫徑所在	口　部	上　　中	上　　中	中　　下	口　　部	口　　部
上身形制一般	"盆"形	有頸"罐"形	細長"壺"形	小口有流"缶"形	"盆"形	圓三角邊壁"盆"形
純緣	不轉向，脣加厚	圓角外轉有槽上仰	圓角外轉細脣	圓角內轉方脣	圓角外轉方脣	雙轉，階形
附著品	無	鼻形小紐一對	凵形紐二	檔形尖流	口上兩立耳	口上兩立耳
下身形制一般	三袋狀足*鬲形	乳袋狀款足鬲形	"鬹"形器下段	小屯"鬲"狀	乳袋狀鬲形	乳袋狀鬲形
底部	曲足間仄條溝形	曲	平	齒	曲	曲
足形	長條尖底袋狀	半空，錐形足跟	圓錐形袋狀透底空足	半空足錐形矮跟	圓柱形高跟承凹底	空足矮跟
上身與下身容積比	上大，下小	上大，下小	上大，下小	上小，下大	上大，下小	上大，下小

* 比較: J. G. Andersson, Prehistory of the Chinese: p. 237;
pl. 177. 及 p. 233: K 5918 標本。

鋬,與那筒形的嘴前後相對;小屯的盉形器,卻沒有這個鋬,但有一對鼻形紐在兩旁;要用繩穿一條提梁,恰與嘴的方向成丁字形正角(插圖七: b)。 穿的這根繩子最大的用處,很清楚地只能以提動為限;若要傾倒器內所盛的流質,除非把底下的足提起來幫助這個動作,單靠這沒筋骨的提梁來轉動器身,決不會生效的。 同時,嘴的最上點,比口的水平,要低下差不多三公分;這樣的作法,把器身的容積浪費了不少;傳世的經典式的盉形器,很少有這種毛病。(66) 這兩點形制上的特點,均可以證明這一器大概是比較早期的,尚在實驗中的產品。 筒形流在小屯陶器中只在一塊殘片中見過;所代表的全形如何,不知。 但兩城鎮出了一件經典式的陶'盉' 三足平底,前有嘴,後有鋬,嘴尖

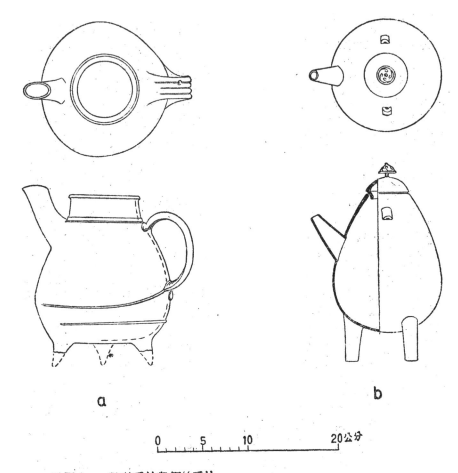

插圖七： 陶"盉"與銅"盉"

a 日照兩城鎮出土之盉形陶器 （據發掘實物測：兩報．）

b 小屯 M 331 出土之盉形銅器．

高出水平；小屯銅盉所具兩種形制上的弱點，都不見於兩城鎮的陶"盉"；這似乎是一件矛盾的事實了（插圖七：a）！

　　試再完全從器物形制的演進看這問題，這一件帶嘴的盉形器，卻代表若干高度的發展：筒形流在器物上的安排，固然不甚恰當，但與槽形流比，這一做法沒有疑問地是一件進步的發明；鼻形紐與圓柱足，雖脫胎於黑陶做法，它們的外形卻經過了不少精緻的修整,方得到這種渾然的輪廓;至器物的本身,就算它是仿照天然的葫蘆形,那抄襲的本領,也至可驚人的:這一器全體的曲線,從頂到底,處處都是恰到好處: —— 沒有很大美感的胸襟,不會創出這樣一件器物的。 也許設計人的基本觀念是想創製一件美術品,把實用完全撇開沒管,所以就鑄成了這一件中看不中用的東西!

(丁)立耳與柱 上面討論所及的奏足目青銅器,除了最後講的一"盉"外,在口上都有一對立耳,一隻柱或一對柱:這都是在史前及小屯出土的全形陶器上極少見的;要追求它們的原始,我們試先就它們的結構及所在處,看看它們可能的用處。爵形器上立柱的結構,最像陶器蓋上紐的放大。城子崖出土的陶蓋,頂上的紐,可分四種不同的樣子:或作圈形,或爲半環,或類菌狀,或似鳥頭;[67]這些紐的用處,自然是爲揭蓋時,便於手拿而設。 爵形器與斝形器口上的柱,形態極像蓋紐,較爲擴大;它們立在器口上 —— 若單就一部份斝形器說 —— 一個顯明的作用,爲穩固"蓋"在口上的位置;[68]但這只能算爲斝形器上雙立柱的第二功能。 它們的基本作用,我以爲還是像蓋頂上的紐似的,爲移動這器物時,便於把持而作。 自然我們可以問,如何解釋鋬的功能咧? 實際上這兩種附著品工作的範圍,並沒有基本的衝突。 鋬固然也是便於拿動而設;但附在器的身旁,它的用處卻最宜於傾倒器內所盛的液體,或零碎的固體;若這器有向上提並作有距離移動的需要 —— 尤其是在裝載充滿了以後,全器重量大加 —— 用一手抱鋬來實行這一工作,遠不如用雙手提口上的雙柱方便了。 這兩種動作,大概都是斝形器所不能缺少的。 至於爵形器口上所具的柱,它們存在的原因,前面已經講過了。 我並不否認,在若干斝形器與爵形器上的立柱,在演進中,到後來也有美化的趨勢;但同時,我們必須說明白,它們的原始,決不能亦不必用製器人的美感或某種想像的動作來解釋。(69)

據漢朝人所傳的周代的若干禮節儀式,凡與鼎有涉的地方,同時就有舉鼎,扛鼎的話;(70)這些工作的結局,都是把這一器物由甲地移到乙地;有時只一人辦,有時兩人同辦。 輔佐這件工作的器物有"局",或作"𢈔",大概是一根穿過鼎耳的木棍;把這根木棍穿上鼎耳後,舉鼎時就容易着力,好像現在吊水的水桶上的橫木;不過這根橫木於舉鼎工作完後仍可抽下來。 漢人的這些說法究竟準確到什麼程度固甚難定;但傳下來的鼎形器,它們口上的兩耳總是兩相對立,都可以貫一條橫木;這是一件絕對不變的事實。 容器口上像這樣的立耳,除了青銅質料的,只有在木器或竹與籐編的器物上找;傳到現代的木製水桶,糞桶,尚保存這樣的立耳;這是大家習見的。 不過古代的木器沒有保存下來,現在很難拿適當的實物來證明。

附在陶器週壁上的鼻形紐,是否與鼎上的立耳有些"發生"的關係,倒是不容易證實。 這種鼻形紐,在黑陶時代頗爲流行;有不少的蓋頂上的紐均作半環形,兩端貼於蓋頂;中間拱出一個半圓形的孔;假如把這種半環的紐,(71)移到器的純緣上,就活像銅"鼎"上的立耳了;故銅製鼎形器口上的立耳,很可能就是取法於黑陶時代用在蓋上的紐。 至於黑陶時代的人爲什麼沒有想到這個辦法,答案倒甚簡單:第一個理由,也許那時沒有這種需要;第二個理由,土與銅是兩件性質不同的質料;把全器的重量寄托於口上的兩耳是黑陶時代的陶人尚沒發展到的一種技術。

安特生博士說鼎上兩立耳："這一對口上的立耳是與製銅技術有關的一個新玩藝。 附在陶器身旁邊很有用的'把'，要同樣地放在滿身文飾的銅鼎上，就不稱了。"(72) 這兩句話的含意似乎說銅鼎的滿身文飾把一對很有用的"把"擠向口上去的。 假如眞有這個意思，這是一個錯誤的解釋。 小屯所出，口上有立耳的七件鼎形器，兩件甗形器，中有五件沒有任何文飾，三件只有仄條週帶的文飾；週壁外表滿佈文飾的只有一件；但九器均有一對直立的"把"在口上。 並且有若干滿身有花紋的銅器，如小屯出土的壺形器與卣形器，它們的週壁密積的文飾，並沒妨礙着在它們身旁設一對鼻形或耳形紐作提梁抓手的做法，把身旁的紐移到口上作立耳，另有原因。

(戊)總論小屯的參足銅器 小屯出土的參足銅器，差不多一件也沒有重複小屯參足陶器形制的。 但與較早的陶器系統相比，尤其是將各式的形態，以類相從，分段論列，我們卻找出來了它們不少的親屬關係。 較爲重要的推論如下：

(1)鼎形銅器所排五式不同的形制，似以 368 式爲較原始；這一式的透底空足，與早期"平底鬲"形器所具袋狀形的空足究有多大的關係，尚不能十分斷定；它也許是"帶足的內模"，偶而留下的痕跡，並無實用。 實心的圓錐狀足，在我們所見史前的全形陶器中，甚少實例；兩城鎮雖有這樣外形的實足，但無全形器可稽；這種足形大概是由空心的錐狀足演變而來。 由此再進一步，就爲圓柱狀足的產生；皖北黑陶遺址，曾出現過少數圓柱狀足；它們均是離開器身的殘片。扁錐狀足似可溯原於黑陶遺址內常見的側三角狀足形。

以上不同的足形,在小屯的銅製鼎形器中,都附在圜底的器身。 至於曲底,顯然脫化於鬲形器。 表十詳列五式鼎形器各部形態可能的前形;照表上的分析,很清楚地,小屯大多數鼎形器的底部形態,即圜底形,是順着後岡、造律台、黑狐堆一個體系來的。 但它們的四種不同足形的真正祖先,卻很難譜出;只有一點可以較爲準確地斷定:空體足必在實體足以前;就是曲底實足一例,也不能早於 368 式;因爲這一器實足的外形爲圓柱狀;在陶器形制的演變中,圓柱狀實足,較圓錐狀空足,要晚好幾個階段;只有壽縣附近的黑陶遺址出過幾件這一形的"鼎"足。

(2)關於爵形銅器的這一式,有六型可分;最早的一型似爲單柱叉立在流上的;這個形制大概原始於小屯出土沒有柱而有泥絆的陶爵;演變的階段見插圖五。 小屯的原始陶"爵"各部份的特點,又可從兩城鎮的黑陶期遺物找出它們的雛形。

(3)斝形銅器三角錐狀的足形,由透底空心到不透底的丁字形,演變的痕跡,在小屯及侯家莊的實物找出來了六個不同的階級(插圖四),空心透底的似爲較早的作法。 這樣的形制也許取法於尚留存在殷虛遺址的一種扭角羚的角尖;但大賚店及小屯的先殷文化層所出的"平底鬲"(371 E),很可能是那透底作法的前身。

(4)甌形銅器的上身,最近高麗寨的甌形陶器;下身大概得形於兩城鎮的甌形陶器(插圖六)。

(5)盉形銅器顯與兩城鎮的盉形陶器有關(插圖七);但結構上爲什麼有些較原始的表現,尚不能完全解釋。

表十：鼎形器各部形態之類別及其相互之關係

（圖版玖,拾；圖版拾壹：1a, b；插圖一,二；插圖三：a）

出土地 / 形態	小屯 305 (M333)	屯 313 (M331)	出 318 (M333)	土 325 (M188)	器 368 (M232)	368 (M388)	"鼎" 368 (M331)	史·小屯殷墟層	前·黑堆	及·偉造台孤堆	小·南鎮	屯·城子崖	陶·仰韶村	"鼎"·後岡彩陶層	史前寶陶·寶店大店	前"鼎"·偉造台
足體與足形																
1. 實體圓錐狀	✓	✓														✓
2. 實體圓柱狀	✓	✓	✓								✓				✓	
3. 實體正三角狀													✓			
4. 實體側三角狀			✓		✓	✓										
5. 空體圓錐狀	✓	✓		✓	✓									✓	✓	
底形																
1. 圓	✓	✓		✓	✓	✓					✓				✓	✓
2. 凸					✓					✓		✓	✓			
3. 平		✓										✓	✓			✓
4. 曲			✓		✓											
身形																
1. 最大徑得在口部,中央形	✓															✓
2. 最大橫徑在口部,週壁近直			✓		✓	✓					✓	✓	✓			
3. 最大橫徑在口部,週壁 x 狀																
4. 筒狀								✓							✓	
5. 最大徑在正上中,口袋內欽										✓				✓		
6. 最大徑在中下,口袋角欽																
7. 小口大腹	✓	✓					✓	✓	✓					✓		✓
純緣形																
1. 小口大腹帶頸	✓	✓		✓	✓	✓									✓	✓
2. 不變向	✓	✓	✓								✓					
3. 圓角緣輪向外	✓	✓	✓				✓									✓
4. 圓角急轉向外	✓				✓	✓						✓	✓			
5. 方角外向																

（6）斝形銅器與爵形銅器口上的柱及鼎形銅器與甗形銅器口上的立耳，似由黑陶時期蓋上的紐演變而來。上面的幾條結論，說明了青銅器與黑陶器極密切的關係，證明：殷商時代製銅器的匠人，必甚熟悉黑陶的形制。但他們並沒奴隸式地摹仿；他們頗有選擇的能力，並加了不少的剪裁的工夫；一代一代的又不斷地努力，對於各類器物加以改進。單就奎足器一目說，這些話已經有不少可靠的實物作根據了。

四、圈足器的原始

圈足銅器所分的十式，除了方彝形器外，有九式的形制都可在殷墟陶器內找出它們的親屬；有的差不多類似到孿生子相像的等級；大部份的都可以看出它們的極密切的關係。這兩種質料不同的器物，在形制上相差的微小實在至可驚異。今分別列舉如下：

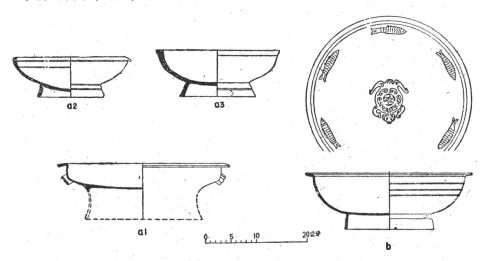

插圖八：　盤形陶器與盤形銅器

a1　日照兩城鎮出土之盤形黑陶。（據發掘資料物測，待刊）

a2　小屯殷商文化層出土之盤形白陶。（殷陶，貨號序數 203 D）

a3　小屯殷商文化層出土之盤形灰陶。（殷陶，器號序數 203 E）

b　小屯 M 232 出土之盤形銅器。（圖版貳·2）

(甲)盤形器　小屯所出的203式盤形陶器,分爲A,C,D,E.四型;銅製的盤形器,最近於203 D 白陶標本,及 203 E 灰陶標本(插圖八);在圈足內的底形:銅"盤"與灰陶"盤"均近平的狀態,與白陶的圓底不同,在純緣方面白陶"盤"與銅"盤"均向外轉,與灰陶"盤"的不轉向純緣有異。 在外轉的純緣中,白陶的銳而急,銅製的圓而緩;同時,銅器的圈足有孔,陶器卻沒有。 這些小異,有的可以在不同的陶冶技術及不同質料上解釋,但並掩蓋不了它們在大體上高度的類似。

(乙)尊形器　242式的兩銅製尊形器很顯然地脫胎於小屯所出的241 M, N 兩型土製的尊形器(插圖九:a 1,2);除了純粹屬於文飾方面的牛頭及上下行的稜刺外,銅"尊"的大口,方肩,圓底,圈足與陶"尊"的口,肩,底,足,節節相同。 銅"尊"有較發展的方肩;這只是程度上的小差別,與結構無關。

插圖九:　尊形陶器與尊形銅器

　　a₁　小屯殷商文化層出土之尊形陶器,(殷陶,圖錄序數 241 M)
　　a₂　小屯殷商文化層出土之尊形陶器,(殷陶,圖錄序數 241 N)
　　b　小屯 M 331 出土之尊形銅器.

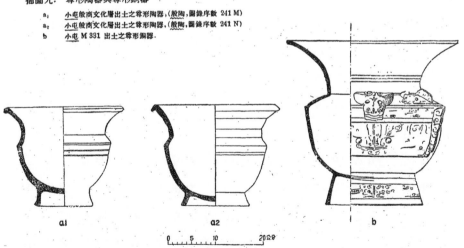

(丙)觚形器　248式觚形器的問題,稍爲複雜一點。 可以看見全形的銅觚共有十三件:它們本身自顯若干變異,由粗而短

的型到細而長的型,中間可分好幾個等級(參閱表三:指數)。究竟是粗短的在前,漸漸地演到細長一型;或是細長的在前,漸漸地演到粗短一型;或者兩型同時並箸;我們尙沒得到可以從中選擇一個說法的十足的證據。 照各器文飾的分配看,很淸楚地,愈是細長的形制,文飾愈加繁縟;最粗而短的標本是一件全素的(插圖十:b1,又圖版五:1)。 不過,無論它們比較的粗細短長,這些標本的結構及外形,甚爲一致;前面的分類已說明了這幾點: (1) 全器上下兩端粗,中間細; (2) 身部與足部在外表渾然,看不出它們的界線所在; (3) 身部在外表可分兩節,符於古器物學家所說的"脛"與"腹";(4) 足部的上端,差不多都有近於十字形的孔兩個至三個; (5) 各標本無論是否有其他文飾,均有弦紋至少兩週。 至於它們的差異,除了(1) 全形的高寬比例外,尙有 (2) 中間隔斷 (卽底) 下凸的程度,及 (3) 足部最下段的作法。

就上列各點,分別與小屯所出247式G,K二型比,那相同相異各點,遠不如靑銅器自己相互比較所得的多;但 18.3 墓葬出土的248式R型陶"觚"(插圖十:ab3)卻與銅"觚"的形制完全一樣了;這一器也許像土製鼎形器315 E型似的,是效法銅"觚"的作品,出現的時代較晚。

在黑陶羣中,並沒發現過像"觚"這一式的形制。 城子崖與兩城鎮的黑陶遺址裏,都出過不少的所謂"豆"一類器物。安特生博士在他的中國人的史前史中,[73]曾把仰韶出的豆形器與一銅觚並排相比;他認爲製造早期靑銅器的中國人,不但與製造仰韶陶器的有接觸,並且與製造城子崖黑陶的人也有接觸。[74] 這意見至少有一部份是値得稱讚的。 但黑陶期中

插圖十：　觚形器形制之演變及與豆形
　　　　　器可能之關係

a₁.₁　日照兩城鎮出土之帶座圓底杯形黑陶
　　　（據發掘實物測；兩報）
a₁.₂　同　　上

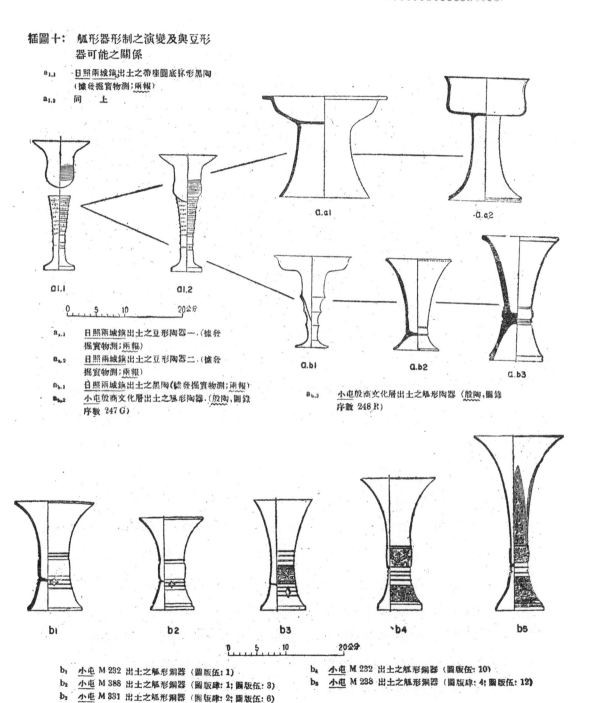

0　　5　　10　　20公分

a₂.₁　日照兩城鎮出土之豆形陶器一.（據發
　　　掘實物測；兩報）
a₂.₂　日照兩城鎮出土之豆形陶器二.（據發
　　　掘實物測；兩報）
a_b.₁　日照兩城鎮出土之黑陶（據發掘實物測；兩報）
a_b.₂　小屯殷商文化層出土之觚形陶器.（殷陶，圖錄
　　　序數 247 G）

a_b.₃　小屯殷商文化層出土之觚形陶器（殷陶，圖錄
　　　序數 248 R）

b₁　小屯 M 232 出土之觚形銅器（圖版伍：1）
b₂　小屯 M 388 出土之觚形銅器（圖版肆：1；圖版伍：3）
b₃　小屯 M 331 出土之觚形銅器（圖版肆：2；圖版伍：6）
b₄　小屯 M 232 出土之觚形銅器（圖版伍：10）
b₅　小屯 M 238 出土之觚形銅器（圖版肆：4；圖版伍：12）

的豆形器,應分幾個階段來看;吳金鼎博士由碎片的拼湊,曾把城子崖出土的"豆"分爲七型;(75)這七型"都有比較完整和不甚完整之實物做根據。"(76)　與日照遺址發掘所得的遺物比較,我們知道吳金鼎博士提出的七型豆形器中,根據"不甚完整的實物"所得的復原圖,在外綫上雖甚可信,在結構的細則上,尚有亟待補充的部份。　兩城鎮遺址所出的豆形器,最特出的爲柄（卽足）與杯或盤（卽器身）尚沒合成一器的一件標本（插圖十: a1.1,2）: 身部爲一件具有寬大純緣,圜底的杯形器;最薄的部份,厚度不及半公厘。　這一器是一件雞蛋殼黑陶的代表作。　下節的座爲十二節波浪形的一個筒狀圈足。　插圖十: a1.2,把"杯"與"座"繪在一起;但上坐的杯是活動的,可以移走（插圖十: a1.1）。　同時,日照所出的"豆",另有一式（插圖十: a.b1）,"座"與"盤"已經合成一器;但是器的上部雖成盤形,中間與"柄"相接的部份,卻凹入甚深,向下延成一個尖底,插入竹節狀的一柄筒形足。　這兩器的圈足座,下部均轉向外展;將近切地的一段;合攏的座續向外展（插圖十: a,b1）; 沒合攏的座,"屈膝地"向下（插圖十: a1.1）; 兩種作法,均由製靑銅"觚"的繼承下去。

晚一點的"豆",大槪由上說第一器的形制演變出來。　小屯沒出經典式的靑銅"豆",故這一式器物形制的沿革,不屬我們討論的範圍。　我們現在的問題是:——銅製的觚形器究竟受了上說兩器形制的影響沒有? 分開來看,由那圜底寬大純緣的杯形器發展到觚形器的脛部,卽那沒有純緣的大口杯形（248 P）,或全盤地盤化,作成晚期的"豆"的上身:——這兩個方向（插圖十: a.a; a.b.）,可以說各有千秋,沒有什麼衝突的地方。由黑陶初期的豆形器,到靑銅時代的觚形,中間自然尚缺若干聯繫;脰下腹部的形成,也需要一種合理的解釋。 這種腹,在大多數的觚形器上,好像束的一條腰帶似的;若施有文飾,總是從腹部先加,如248式R.S.二型標本,然後擴到足部,最後才到上身(插圖十:b1,2,3,4,5)。 黑陶遺址中尚沒有這類腰帶狀的,外鼓的腹部。 或有以為這是圈足與器身初合攏時,加的一道箍,負有黏固的作用;[77]不過在黑陶已合攏的豆形器中,卻沒看見過這一類的痕跡。

觚形器的腹部與足部,在外表雖似有清楚的劃分,——並且這劃分往往近於內部隔斷的地位,——但並不一定恰恰符合內部隔斷的所在。 實際上,前已闡明,把足部週壁,與身部週壁鑄成一片的這種作法,也是黑陶業傳下來的;城子崖陶豆丙種[78]及兩城鎮的圈足盆,若專就它們的外表看,均沒有身與足的界線。

由此我們可以說,小屯出土的銅製觚形器,在結構上的幾個要點,除了腹部的組織外,差不多都在黑陶中找出着落來了尚沒詳細說到的足部的透氣孔及外表的弦紋,也都是在黑陶器上常見到的。 我們固然沒有可以證明248式的觚形器為黑陶時代所創造的絕對的證據;但以青銅鑄製觚形器的人,在創意及造形的預備時間,受過黑陶業作風甚大的薰陶,是我們現在很有根據的一條結論。

(丁)方彝形器 250式的兩方彝形器,在彩陶黑陶及殷商陶器三大系統中,均找不出可以相比的標本;殷商陶器中雖有方器若干件;但形制均與此不類;這種週壁作正方角轉的作法,差不多超越了陶業技術的尋常範圍;[79]只有在木器,漆器中,或可以尋些比較材料出來!

　　(戊)甌形器　256 式這件"大口而卑"似瓿的甌形器,與殷虛所出的雕花的白陶甌形器 (256 W,插圖十一: a1)比,雖有若干小的差異:如唇形,頸部,底部,各處的曲線,兩器各各有別,但它們的高寬的比例,最大橫截面所在,週壁下半的弧度,文飾的排列,卻均一樣;256 V 型白陶的形制與青銅甌形器相像的程度更進一步。白陶的形制自然有抄襲青銅器的可能;[80]這一問題留在將來再討論。

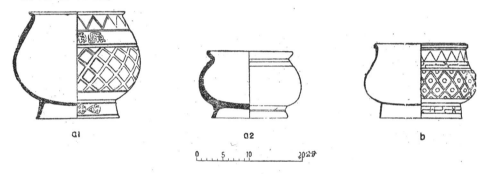

插圖十一:　甌形陶器與甌形銅器

　　　a₁　侯家莊 M 1001 出土之甌形白陶 (殷陶,圖錄序數 256 W)
　　　a₂　小屯殷商文化層出土之甌形白陶 (殷陶,圖錄序數 256 V)
　　　b　小屯 M 188 出土之甌形銅器

　　(巳)觶形器與卣形器　觶形器與卣形器的最大橫截面均居身部的中下段:由下上行,週壁漸向中聚,外形成一長頸;這樣的器身上加一提梁的爲"卣"形;沒有提梁的爲"觶"形。小屯出了這樣的"卣"與"觶"各一件。在殷虛陶器羣中,273 式的形制,完全與"觶"及"卣"的身部一樣(插圖十二);278 式 C 型兩旁更有一對鼻形紐,似爲貫吊繩用的,可以說是一件十足的提梁卣了;不過那提梁大概是繩製的。陳夢家教授說,早期的青銅卣形器的提梁,都象絞索形,[81]確是有見之言。侯家莊出土卣形器就有像繩的提梁;但小屯的圓"卣"的提梁作法已超過了

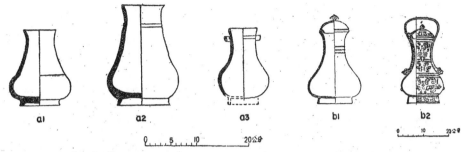

插圖十二： 觶形器與卣形器

a₁　小屯殷商文化層出土之觶形陶器（殷陶，圖錄序數，273 A）
a₂　小屯殷商文化層出土之觶形陶器（殷陶，圖錄序數，278 B）
a₃　小屯殷商文化層出土之卣形陶器（殷陶，圖錄序數，278 C）

b₁　小屯 M 388 出土之觶形銅器.
b₂　小屯 M 238 出土之卣形銅器（圖版捌：2）

這個階段。 觶形器與卣形器,在青銅到中國以前,似已經過相
當長久的時期:山東的黑陶,甘肅的彩陶均有最大橫徑在身部

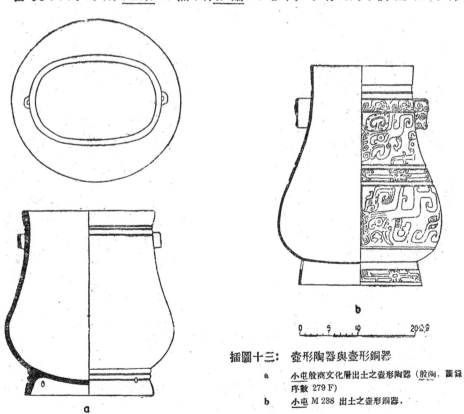

插圖十三： 壺形陶器與壺形銅器

a　小屯殷商文化層出土之壺形陶器（殷陶，圖錄
　　序數 279 F）
b　小屯 M 238 出土之壺形銅器.

中下段的長頸瓶(82)(插圖十二),用各種不同的法子把它們吊起來,就形成了提梁的早期的歷史。 277 F 型的方形"卣",沒有抄襲陶器;外形及結構均另有所本。

(庚)壺形器　小屯所出銅製的與陶製的各一器;均排入279式(插圖十三);都是小口大腹;都有一對鼻形紐;都是上扁下圓;唯一的小異:壺形陶器底部仍保持圓形,壺形銅器底部近平。這一器的形態可以算觶形器加了擴大的一個支派。

(辛)瓿形器　矮體的全是圓肩(283 式),高體的全是方肩(290 式);屬於這種形制的殷虛陶器,變化較銅器為多;銅製的瓿形器大致均可排在這兩式內(插圖十四,十五);矮體的"瓿",外形更為劃一,高寬比例相差最多的只有百分之五;高體的"瓿"個別差異要大些,高寬比例相差可以到百分之二十五以上(表四)但它們的基本形制,卻並不因此發生很大的變化。

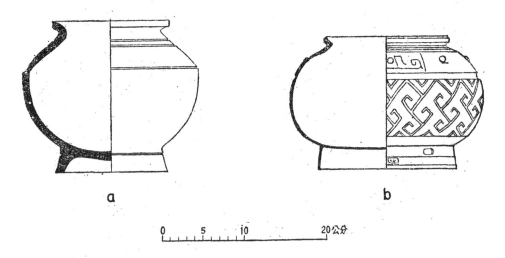

插圖十四:　瓿形器一

a　小屯殷商文化層出土之矮體瓿形陶器,(殷陶,圖錄序數, 283 P)
b　小屯 M 188 出土之矮體瓿形銅器.

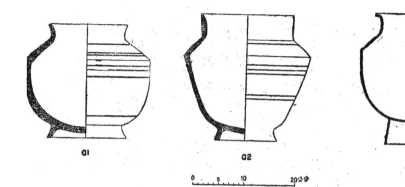

插圖十五：　瓿形器二

a₁　小屯殷商文化層出土之方肩瓿形陶器（殷陶，圖錄序數 283 J）
a₂　小屯殷商文化層出土之高體方肩瓿形陶器（殷陶，圖錄序數 290 M）
b　小屯 M 292 出土之方肩瓿形銅器

　　(壬)總論小屯的圈足銅器　以上所談的銅製圈足器十式，有七式半已在小屯一帶殷墟遺址出土的陶器中，找出它們的同輩親族出來；觚形銅器也有遠親及嫡親的後輩在這一陶器羣中；分析這式的體形，我們知道觚形器的若干重要結構，都是抄黑陶的做法。只有256式的方彝及277F方卣一型，似與陶器的制作無涉。

　　所以這一目器物形制的淵源，與叁足目較，顯出一個很大的區別。叁足目內各器，銅製的與土製的，分別類比，很少有全形類似到圈足目各器互比所得的相像程度。這種不同的結果，必有它的遠因。以圈足器論，銅器與陶器在形制上高度的同化，可以說是 (1) 銅器效法陶器；也可以說是 (2) 陶器抄襲了銅器的緣故。陶器雖說有較長的歷史，但第二項解釋並不是絕對地不可能。要決定那一種解釋更為適當，我們尚應從其他方面詳看一下；最要緊的一面，就是圈足器全部的原始問題。

　　把圓底器向上抬高，可能地起於兩種不同的需要。在軟沙或鬆土地面上將圓底的容器放穩，不是一件難事。假如地面是硬土,甚至是木質或石質的面,在這樣的面上,設如有放置一件圓底器的需要,只有在器的底下,如現在體質人類學家放置人頭骨的辦法,縶一個草圈,或墊一個沙袋,或使用其他可以發生穩定作用的方法。 由這類原始的草圈,早期的陶人大概就得到用土燒陶圈的這個發明。 小屯先殷文化層中,尚保有黑陶時代用的陶圈。 民國三十二年石璋如君曾在蘭州看見一個收藏家在市面上所購的一個尖底瓶,下帶一石臼形的座,相傳是與彩陶同出的。 西北早期彩陶區所出的圈足器,見於著錄的只有巴爾姆格倫博士登記的;馬廠第十六式(MC XVI)三件與第十七式(MC XVII)一件;(83)第十六式為一豆形器,分在仰韶中期;第十七式為一雙耳小口矮體形,近於甗形器,放在晚期;這幾件分類標本都是在蘭州收買的。(84) 安特生博士最近所估計(85)的中國史前史的年代,把馬廠放在公元前一千七百至一千三百年,恰在小屯殷商之前,似與小屯的先殷文化同一時期。 但這裏卻有一個疑問:在安特生博士所注意的馬廠發掘資料中,卻並沒有圈足器發現情形的詳細報告;巴爾姆格倫博士曾提到半山的居住遺址有圈足的存在,(86)但也沒說明這種圈足器究竟是什麼形制。 半山期的墳墓中,照巴爾姆格倫博士說,沒有這樣作法的隨葬器。 向東方來,仰韶遺址內確出了不少的圈足器;不過這一類的容器是否真正與彩陶同時,還是如有些人所說,較晚的黑陶器羼中的遺存,尚為待考的一問題;就那些器物的形制看,似乎屬於黑陶期的成份要大得多。再向東一點,日本學者曾報告在紅山後,(87)單沱子(88)的彩陶遺址內所發現的圈足器,但它們的時代與豫北山東的黑陶文化時代關係尚不能確定。 在與黑陶文化有地層關係的彩陶遺址中,尚沒得到任何圈足器發現的報導。 只有在真正的黑陶文化遺存內,圈足器方到了成形的階段;但與叁足器或平底器比,它們仍居少數。 這少數標本的形制,以豆形器爲最重要。

假如我們以龍山與日照的兩黑陶遺址所出的豆形器爲華北一帶圈足器最早的樣子最緊要的一種,促進這一個發明的客觀條件,似乎不是簡單的放置問題。 豆形器的足,都是比較地高;這一點在山東兩黑陶遺址都顯得很清楚。 依據我們現有比較可靠的材料看,圈足器的歷史的過程,似乎是高足在先,低足隨後;至少高低兩型是同時出現的。 那佔全器體高百分之五十以上的圈足的設置,決不像是單單爲穩定圓底器的放置而發明。 這些高圈足的產生,必是因爲這一類的器有抬高的需要。 順着這個方向追求,我們可以設想,──我們尚沒有絕對的證據──在所有需要抬高的器物中,用作發光的燈,或者佔了一個較早的地位。 早期的"豆"與"燈"本有一段攪不清的歷史;兩城鎮所出各式黑陶豆形器,作"燈"用的機會,至少要比用作"薦菹醢"的機會一樣多。

黑陶器中,除豆形的高圈足器外,也有像東北彩陶區所出的若干矮的圈足器;[89]這些矮的圈足所承的器身,卻很多是平底;這可以證明,矮圈足的設置,或者也起因於要把器身抬高。高足豆的圈,[90]卻兼有平底,圓底兩種。[91] 梁思永先生在討論後崗的發現時,曾說:"圓底是彩陶工業特點,缺之圓底是黑陶工業的特點……。"[92] 這雖是在日照發掘以前的說法,但連兩城鎮黑陶遺存在內,這觀察,除了少數的幾個例外,仍是相當的正確;不過這些例外卻不應隨便地放過。 這些例外若與下列的幾件事實並論,那含義就更形重要了。 上面已舉了日照出土,圈部具圓底與尖底的,兩件豆形器;同時我們應該指出:與它們同發掘出來,也有平底圈的豆形器(插圖十:aa 1,2)。矮的圈足器中,城子崖所出的雖都負着平底的器身,但兩城鎮卻兼有圓底與平底的兩種器身。 故梁思永先生的觀察,就新發現的事實看,在圈足的器身上,不能適用。 由此我們可以看到這一點:我們的祖先在陶器上實驗用圈足的期間,西北的彩陶與東方的黑陶正在作尖銳的接觸。 有了這一個背景的了解,我們可以很容易地明白:為什麼在殷商以前的,這幾個曾經正式發掘的遺址內,圈足器的器形大半在不穩定的狀態;圈足負荷的器身,底部有時是圓形,有時是平形,把較早期的一個彩陶與黑陶的界線打破了。

由黑陶到殷商時代,黃河下游大平原一帶的陶器作,似乎繼續不斷地在圈足器上作實驗工夫。 小屯所出的圈足陶器,身部的底形向下拱作圓形者居多數;銅製的圈足器,底部以近平者居多。 除了這一點,這兩種質料不同的圈足器,在形制上,沒有其他重要的分別。 假若我們把這些圈足器的足,暫為卸去,看那無足器身的形制,是否可以在那同時或較早的陶器系統中,平底目與圓底目內,找出它們的樣本出來(插圖十六)? 排列這個蒐求的結果:

(1) 203 式的盤形器的器身,與殷虛出土的第四式 D 型,及第十五式 M 型圓底器相似(插圖十六,第一行下列,4D);

(2) 241 及 242 尊形器口部的作法,近於殷虛出土的第二十三式的圓底器;身旁的輪廓,近於殷虛出土的第十七式 D 型圓底器(插圖十六,第二行);

(3) 248 觚形器較粗短的一型,中間隔斷向下拱,近於圓底

形,身部近似兩城鎮出土尚沒合攏的豆形器上節(插圖十六,第三行);

(4) 256 式的甌形器的器身,與殷虛出土的第四十六式 D 型圓底器,第一百三十一式 J 型平底器相似(插圖十六,第四行下列, 46 D);

(5) 283 式的矮體瓿形器與殷虛出土的四十六式 D 型圓底器及第六十七式 D 型圓底器類似(插圖十六,第五行,下列, 46 D);

(6) 290 式的高體瓿形器的器身,與小屯出土的第六十七式 M 型的圓底器相似(插圖十六,第六行);

(7) 273 式觶形器及277式圓卣形器器身,與自然葫蘆形及馬家窰出土的平底大肚長頸瓶,及兩城鎮出土的長頸瓶相似(插圖十六,第七行,第八行)。

故小屯出的圈足青銅器,不但可以在殷虛出土同目內的陶器找出它們的伯叔兄弟,並可在異目內找出它們器身的前型。在殷虛沒有的,可以在城子崖,兩城鎮及馬家窰的黑陶與彩陶遺址中找出來。 所餘的279式的壺形器的器身,似乎沒有老家;但它們的形制,旣是觶形的擴大,也就可以放在觶形器內並論。眞正尚沒找到老家的,只有250式方彝形器,及 277F 型"提梁方卣。"

由此我們可以看出,最早的圈足器雖在華北的彩陶區已有些零星的標本,可以證明它們的存在;但眞正發展它們的形制上的優點,是在黑陶區域內開始的。 到了殷商朝代,用圈足的範圍大加推廣,就直接把沿用較久的圓底與平底器加在圈足上。 用這一個簡單的方法,同時收了穩定與抬高兩項效用,插圖[十六]：圈足器與陶鼎器及斝底器之關係，並示陶足銅器與銅足陶器在形制上之對照程度。

故大為用者所歡迎。 從黑陶時代,到殷商期間,恰遇鑄銅技術
傳播到中國;鑄銅的企業家為迎合當時消費階級的心理,在容
器方面把那若干比較時髦的圈足形制盡量的採納,很可能地,
並創制了不少新的式樣。 對於那行世較久的奎足器,就認為
有大加改良的需要。 這一面歷史上的演變,似可解釋那新興
的銅器作,對於較老的陶器業的產品,有仿效有不仿效的一個
基本原因。 新興的鑄銅業,確是富有朝氣的組織;這可以從他
們不斷地改良原來的仿製品看出:把圓底漸漸地改為平底,把
小肩改成大肩,把沒有文飾的加上文飾。 將來可靠的材料積
多了,這些改進的痕跡一定可以照秩序排出來。

五　圓底器平底器四足器及蓋

(甲)罍形器　可以分入圓底與平底兩目中的三件青銅器,
有一件是標準的平底,與小屯所出的三耳平底陶器,差不多完
全一樣,只多了外面披在肩部上下的一套文飾。 專就器身所
屬的形制一般地看,這樣的小口罍形,有一悠久的歷史;誠如巴
爾姆格倫博士所說,代表遠東陶器,由史前流傳到現在,一個基
形。(93) 這中間自然也經過了不少的改動;譬如這一形制在最
初西北的隨葬器中出現的恣態,為比較肥而低的一型;全器的
高度總趕不上最大的橫徑。 到了馬廠時期,這比例就漸漸地
倒轉過來;高度漸近最大橫徑,終至超越過了,產生了一種瘦長
的小口罍形器;在西北這一隅,這種瘦長的出品,是比較晚期的
發展。(94) 小屯一帶殷虛所出的小口罍形器,在平底目內佔一
個很大的數目;外形的表現可分好些不同的輪廓。 巴爾姆格
倫博士所敍述的半山與馬廠的標本,若將全器的體高,分為上

中下三段說,最大橫徑所在居於器身的中段,向下偏;殷虛的小口罐形器的最大橫徑所在,雖也屬於中段,卻向上偏。 另外的一個區別在口部的純緣;西北區的較高,有時甚高;殷虛的甚矮,一律地矮。 小屯所出192式的銅製罍形器,沒有疑問地,脫胎於殷虛的陶形(插圖十七)。

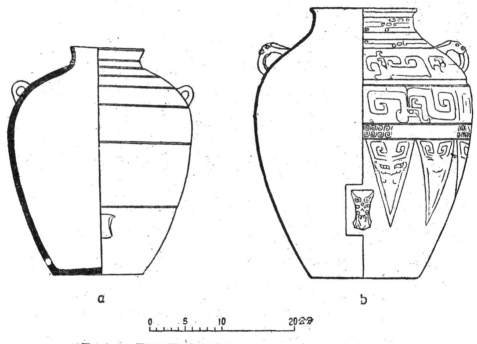

插圖十七: 罍形陶器與罍形銅器

a   小屯殷商文化層出土之罍形三耳陶器 (殷陶,圖錄序數: 192 G)
b   小屯 M 238 出土之罍形三耳銅器.

(乙)鍋形器　在小屯出土的銅器羣中,最新穎的,是前面分類所說的鍋形器(102式);這樣形制的銅器,在過去的紀錄尚沒見過。 最初類別時,原把它放在圜底器目;但細看最下部的形態,有一部份近平的,確實是原來作成(圖版貳: 1 b),並非壓砸所致。 近平部份所佔的面積,爲一不規則的近圓形;最大橫徑約十二公分,不及口徑四分之一;這與現在作鍋底的方法近似,不過近平的部份稍大一點,可以在另一平面上放穩(插圖十八)。

由這樣的形制推想它可能的用處,102 式的鍋形器也許屬於漢代經師所傳,周代禮經中常見的"鑊",這一類的器物。凌廷堪在禮經釋例[95]卷十一說:"凡亨牲體之器曰鑊"。 儀禮所記的服用器物中,似乎每亨一種牲,各有一種鑊,[96]故有"羊鑊","豕鑊",一類的名稱。不但如此,連魚腊也煮之以鑊;推而廣之,大概,凡是亨物之器,均可呼之爲鑊。 至於這鑊的形狀咧?歷代註疏家所說,最切實具體的,有下兩條: (1) 高誘註淮南說

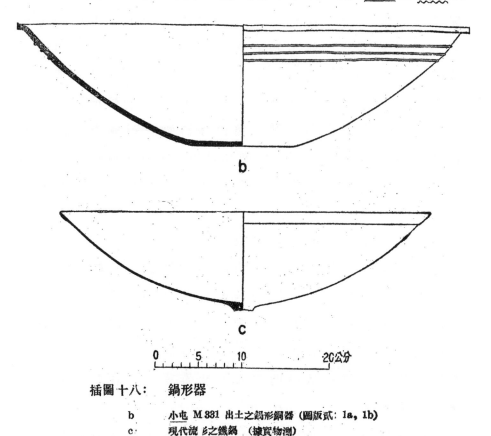

插圖十八: 鍋形器

b   小屯 M 331 出土之鍋形銅器 (圖版貳: 1a, 1b)
c   現代流行之鐵鍋 (據實物測)

山訓:"嘗一臠肉,知一鑊之味",云:"無足曰鑊";(2)儀禮正義少牢饋食禮疏:"鑊形似盆,無足,故可加於竈上以煮物……"。[97]現在我們習見的盆,有兩特點:(1)大口,(2)淺身;這兩點都合於急就篇顏師古注的"盆則歛底而寬上"之說。盆在古時也是用為炊器的;炊與煮,自然以大口淺身的形制為最相宜。102式一器,這些條件都具了;它的體制合於鑊的需要,可以說沒有問題。據我們實際的經驗,我們的廚房用作一切亨,煮,蒸,炒,煎,炸,最常見的鍋,不就是這樣的形制嗎[98](插圖十八)!

(丙)四足方形器 四足目內有兩件舊稱為四足爵的,口部完全像三足目內的爵形器;身部份兩段,上段由圓至腰圓,下段正方,四正角,四面;底折方轉,四隅各有一足;足形為細長的三角錐狀,如三足目內爵形器的足。另一器,舊稱為四足斝形器;器身:四圓角,四凸面;橫截面為腰圓;底折亦作圓角轉;足部的結構為不透底的扭角羚角尖狀。這幾件器物在形制上所牽涉的問題,有下列的幾點:(1)四角轉的器身(2)雙層週壁。第一點在圈足目中的方彝已遇見了;第二點在三足目的斝形器,爵形器,及圈足目中的觚形器上更為發展。殷虛陶器中,四角轉的器身在圈足目中兩見,在四足目中兩見:都沒為鑄銅器的人取法;它們在陶器的演變途程上,出現的時代也許甚晚,可能在青銅器到小屯以後。陶業技術的紀錄常提到製方器難於製圓器的話;有若干技術上的阻礙若不能克服,作陶器的工匠是不願輕易嘗試方器這樣形制的;故小屯青銅器中那些精緻的方器,在技術方面,絕不是殷商陶人所能希冀。這些四角轉的器身必另有樣本。

除了陶器外,作容器的材料,可以有石,骨,木,竹,籐等;但石頭大牛太硬,不易雕琢;籐,竹編的,難盛流質;骨料難作大件;只有木材,較有彈性。 木製容器,據現代民族學家調查所得的紀錄,在不少的文化區內,完全代替了陶器;西太平洋羣島的土著文化圈及川滇一帶儸儸族,都是以木器代陶器的很好的例子。(99) 中國古代曾利用木材作容器:不但有紀錄,並有實例。 譬如考工記所載的梓人作飲器一節:所謂飲器,包括"爵","觚","勺","豆"各種。 梓人爲攻木之工,他們作的這些飲器自然都是木製的。(100) 又如段玉裁註說文"豐"字云:"蓋始以木,後以陶,……"(101) 這些零碎記載所透露出來的史實,證以現代民族學家的報告,是絕對可靠的了。

　　小屯所發掘的M362墓葬,雖經早期盜掘,尙保有大量漆器的清楚痕跡。 可惜木的實質,全已腐朽! 據所保存的外形看有豆形,豐形,及他式的方形器各數份。 這些器物的質地,似乎均具有大的厚度。 那時的木工,是否能將一塊木板削平到齊一的半公分厚,如小屯出土的青銅製的方彝形器,自是一個問題;但這一點,與器形外線輪廓關係,究竟較少。 在這兒我們最要證實的爲在殷商時代製有大量木製容器,並確有若干是方形的;這些容器,也被鑄銅業的設計人取法了。 木器的方形樣本,加上鑄銅特具的技術,就產生了那些在土製容器無例可尋的若干樣子;轉角的週壁,只是這些樣子的一種。

　　(丁)斗形器　這一器的身底圓形,架在柄端的丫把上(插圖十九)。 這是小屯青銅器中唯一保留圓底形態的一件標本。器形的起源,據王振鐸君告訴我說,和那柄與身沒分化的勺有異:勺大概是由葫蘆剖成;斗得形於圓底器,加上一柄。

　　(戊)蓋　作蓋用的六件,有五件都是隨着它們所蓋的器;編

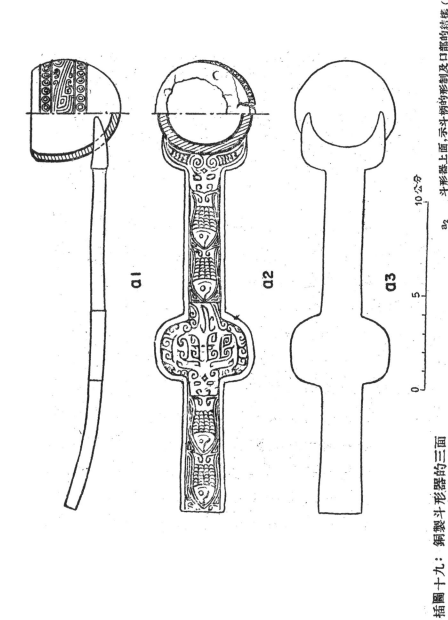

插圖十九：銅製斗形器的三面

a₁　斗形器側面，示斗身底部形狀，及與斗柄相接的結構（圖版壹：1a）

a₂　斗形器上面，示斗柄的形制及口部的結構（圖版壹：1b）

a₃　斗形器下面，示斗柄托斗底的狀態（圖版壹：1c）

10公分

入 923 式的四件是殷虛陶器中常見的形制,菌狀紐的一型尤爲普遍。 蓋紐作飛鳥形的,雖爲青銅時代的特別創造,但這觀念的原始,仍可上溯到黑陶時代;城子崖,[102] 兩城鎮所出的黑陶蓋,頂上的紐,多有塑成鳥頭形的,兩眼一喙,姿態極爲生動。與器脫了節的925式,全體的形制亦創於黑陶時代(插圖二十);傳至殷商,更爲盛行。 只.有方彝上作屋頂形的一蓋,同它所蓋的器一樣,不能在陶器內找出它的前形。

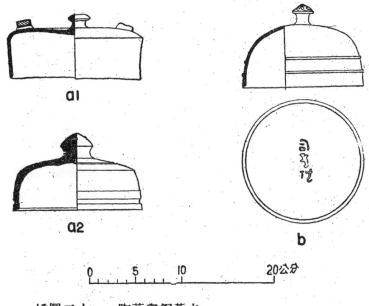

插圖二十: 陶蓋與銅蓋之一

a₁　日照兩城鎮出土之陶蓋 (據發掘實物測,兩報)
a₂　小屯殷商文化層出土陶蓋 (殷陶,圖錄序數 925 F)
b　小屯 M 066 出土之銅壺 (圖版壹: 3a, 3b)

六　各器之相互關係

(甲)共存的現象　同一個墓的隨葬器,至少應該與墓葬的主人同時。 但是很可能地,有一部份隨葬器生產的時間要早一點。 要是死鬼生前是一個骨董的愛好者,家人把他心愛的物件都發送出來殉他的葬,這些隨葬器製造的時代就可以早晚不同;但假定這種情形存在,其中也有一個很清楚的限制:它們不能比埋葬的年月晚。 要是明器與生人的用器已經完全分化,每一個人的死,各有專製的一套明器供給他的陰魂享受,這些專門的明器爲同一個時代生產品的可能性就要很大。 殷商時代青銅所製的"禮器"是否專爲死人作的? 以灰坑中沒有這樣遺物,及出土的銅製"禮器"均伴着人骨的現象論,它們確實有點像是那時代的高貴明器。 但出土的這一類的明器有些尚帶有烟燻的痕跡;有些是破了又補的;若是專門爲死人製造的器物,上說的兩種事實就不容易解釋了。 自然,也許那時有一種迷信,故意地把新製的明器砸破了再補,或用烟燻一次,然後送入墓中;這種說法一時尚難得到具體的證明。 我們姑且不論這些器物是否專門殉葬用的;姑且假定它們出產年月,與所殉的人爲同一時代。 這個假定,暫作我們討論這批銅器的起點。

由上說的起點出發,第一個推論爲:同一墓葬出來的器物也是同一時代的器物。 表一已將小屯十墓所出隨葬容器的大類及數目詳列;中有兩墓 (M 329, M 066) 經過早期破壞,各剩下隨葬器一件; M 222 所出的銅器四件,只有一件尚可看見全形故有兩件及兩件以上可見全形銅器的只有七墓。 這七墓的隨葬銅器依它們的式及型可排成下表 (表十一,見第74頁):

看表十一的排列,七墓共有的器物,爲觚形器與爵形器兩種;這兩種容器並見於未列入上表的 M 222;被破壞過的 M 329 也有殘餘的爵形器;只有 M 066 沒有這兩形器物的痕跡,同時它

表十一： 具有兩件及兩件以上青銅全形禮器的葬坑,及隨葬禮器分式分型表

隨葬器形 ＼ 墓葬	M232	M388	M331	M333	M188	M238	M184
圜底 斗形器			092式				
平底 鍋形器			102式				
平底 疊形器						192式	
圈足 瓿形器	248P型 248S型	248G型 248Q型	248Q型 248R型 248S型	248R型 248S型	248式	248R型 248T型 248T型	248R型
頭形器(甌形在內)	283式 290式	283式 290式	290式	290式 290式	256式 283式		
盤形器	203式						
尊形器			242式 242式				
方尊形器						250式 250式	
觶形器		273式					
卣形器			277F型			277R型	
壺形器						279式	
奉足 鼎形器	368式	368式	368式 313式	305式 318式	325式		
爵形器	310B型 310式	310A型 310G型	310A型	310D型 310E型	310G型	310G型 310H型 310H型	310G型
斝形器	375式 376式	375式 376式	375式 376式 376式	375式 376式	375式 376式		
盉形器			342式				
甗形器			386式		386式		
連足 爵形器			410式 兩件				
斝形器						476式	
蓋		923B型	923B型 兩件			923B型 930式	

的被毀壞的範圍也最大。 所以"觚"與"爵"的重要性在隨葬器中大概屬於第一級;假如一個喪主能作一點銅製的明器送葬,他最先要作的就是這兩形;似乎是這種選擇代表一時的風尚,並不是隨着家屬或個人的自由意志辦理。

次於觚形器與爵形器的,爲鼎形器,斝形器與甋形器三種。這三式各見於: M 232, M 388, M 331, M 333, M 188 五墓;在各墓中,各形器數,有一件,兩件,三件的不同。 也許最闊的人,件數最多。但這些墓都是叢葬,上說五墓的人骨,最多的有八副 (M 232);最少的也有兩副 (M 188)。 表十一所列的各墓中,只有 M 184 是一個人的葬坑,隨葬銅器也只有觚形器,爵形器各一件。 有複本的各種器物所屬的葬坑,既有一個以上的人,當然就可有一個以上的同形的隨葬器;但隨葬器的重複本雖不一定是喪主貧富階級的表現,這個可能性卻也很大。

無論隨葬器的少與多是否那時貧富階級的一個指數,比較各墓銅製隨葬器的內容,我們可以把小屯的殷商時代各墓,分爲兩大派別;即有"鼎"、"斝"、"甋"三形器的墓,與沒"鼎"、"斝"、"甋"三形器的墓。 我們可以稱有這三種隨葬器的葬坑爲甲種墓;沒有的爲乙種墓;由此再進一步,比較它們所有銅製隨葬器相互的關係。

先講甲種墓。 照前所分析各形器物形制的結論,鼎形器分成五式:一式爲空心透底,圓錐狀足,其餘都是實足。 斝形器分爲二式;甋形器分爲三式;斝形器的足也有空心實心兩種。鼎形器下部的形態變更最多;它們在各墓的分配,爲:三件空足的 (368 式) 分配於三墓;三件實足的 (305, 313, 318 三式) 分配於兩墓;有一件與 368 式同墓;以上都是圓底形;此外,尚有一件分襠

底實足的另在一墓。 在前面討論鼎形器,我曾根據這些形態
的演變,擬定了它們發展的秩序;今再依這個秩序定它所隨墓
坑的一個可能的秩序如下:

　　(1) 只有 368 式空足鼎形器的兩墓: M 232, M 388.

　　(2) 兼有 368 式空足及 313 式實足鼎形器一墓: M 331.

　　(3) 只有 305 式及 318 式實足鼎形器的一墓: M 333.

這個秩序的排列,也可以在斝形器與甌形器的形態上的變遷
找出一個類似的行列;但 375 式扭角羚角尖狀,空心透底足的斝,
卻不能用作比較;可用的是那 376 式不透底實足的演變;計在:

　　(1) M 232, M 388 各有一器,足部兩旁面均有仄條深坎;

　　(2) M 331 有兩器,足部兩旁面的長條坎都較寬,橫截面近
　　　　"丁"字形,

　　(3) M 333 一器足部橫截面已完全成"丁"字形。

甌形器的變異的特點,以全器的體形論:

　　(1) M 232, M 388 兩墓中各有矮體圓肩 (283)、高體方肩 (290)
　　　　一件;

　　(2) M 331 只有一件高體的 (290);

　　(3) M 333 有兩件高體的 (290)。

隨 M 188 的 325 式,為分襠底鼎形器;它與六件圓底鼎形器比,形
制別有所本,必定另有一個演變的秩序。 若按照與它同出的
斝形器及甌形器說: 376 式的足部構造有仄條深坎; 283 式是
一件矮體圓肩的甌形,外有一件矮體大口的 256 式相伴:這一
墓似可以排與 M 232, M 388 同列。

　　所餘的那沒有"鼎"、"斝"、"甌"三形隨葬器的坑,至少有一座
(M 238) 可以說應該排在更後一列。 M 238 出土的隨葬銅器有

十四件;就件數說,只少於 M 331。 十四件銅器中沒有上說的
"鼎"、"斝"、"瓿"三形,但出現了好些他墓所無的樣式,如:方彝形器,
壺形器,罍形器等。 M 238 與前五墓所共有的青銅禮器,只限於
"觚""爵"兩形;每形各出三件。 這六件器物的結構及文飾具有
若干特點,爲他墓出土的"觚"與"爵"尚沒演進到的:如 310 H 的
圓身方折平底,三格文飾, 310 G 的鋬下鑄字, 248 T 的細長體形
及脰上的山紋。 310 H 型爵形器的結構細目,個別地看,似與
M 232 出土的 310 B 型, M 331 出土的四足爵形器,均有類似的部
份;但集合這些各個的特點,它卻成一個新型:它的圓身像 310 B,
它的方折平底像 410 式,也像 310 B; 它的流下與尾下週轉的一
圈山紋像 410 式;它的雙層週壁爲與上說的兩器所共有的;但
310 B 只有一柱,兩格文飾; 410 式是四足器,下身是方的。 根據
這幾方面的比較, 310 H 一型爵形器,似可認爲是比前五墓所
出的爵形器晚一點的發展。 至於 248 T 型的觚形器,復原後爲
小屯所出觚形器中最高,最深,口徑最大,腹徑最小,花紋最多的
兩件(圖版肆;表三);顯然代表另一個階段的進展。 故 M 238 所
出與他墓共有的兩形銅器,在外形及結構上所表現的,均證明
它與甲種墓比,不但有消極的分別,並有積極的分別。 兩種分
別均帶有時間先後的意義。 排比起來,M 238 與甲種墓同時的
可能遠不如在一個先後的秩序上;放在甲種墓前的理由,遠不
如放在甲種墓後的充分。

　　310 式爵形器中標本最多的一型爲 310 G; 這一型共有五
件,分配在 M 388, M 188, M 238, M 18.4, M 222 五墓;照上說的秩序,前
兩墓排在第一列,第三墓排在第四列, 310 G 型似乎是經久不
變的一種形制。 但是,把表六再詳細檢查一次,我們可以發現

這一型的爵形器在身高與體高的比例上甚不一致;

表十二: 310 G 型爵形器之身高與體高之比例

測量點與紀錄 / 墓號	體 高	身 高	身高:體高	容 積*	擬編支型
M388	13.6—14.2 平均=13.9cm	9.1cm	1:1.52	178c.c.	310Gc
M188	14.1—14.2 平均=14.1cm	9.2cm	1:1.53	190c.c.	310Gc
M238	15.3—16.0 平均=15.6cm	8.1cm	1:1.92	180c.c.	310Ge
M184	15.2—15.9 平均=15.6cm	9.7cm	1:1.61	215c.c.	310Gd
M222	14.5—14.8 平均=14.6cm	9.0cm	1:1.62	235c.c.	310Gd

* 容積列入此表,藉以說明身高與體高比例,與器之大小無關。

排在第一列兩墓的 "爵" 與排在第四列一墓的 "爵" 雖同式同型,但它們的身高與體高的比例,由 2:3 變成了近於 1:2。 這是否一般的趨勢,現在尚不能證明;但這一型器在這一方面的變動,是值得注意的。 上表根據身高與體高的比例把排在這一型的五件標本又分為 c, d, e 三支型;用這一標準排 M 18.4 及 M 222,似乎兩墓都應該安置在第一列以後與第四列以前。 M18.4 尚有一件 248 R 型的觚形器,這是在 M 331, M 333, M 238 都出現過的;故這一墓固可以向前放在第二列,也可以降到第四列與 M 238 同班。 單柱的爵形器既不見於第三第四兩列, M 329 掘後所餘唯一隨葬銅器的形制是這一型的爵形器(310 A),所以把它排在第一至第二列的範圍內。 總看這個排列,小屯出銅器的十墓,只有 M 066 不能納入這個系統。 表十三總敍這一羣出銅器的葬坑,按照這些銅器的形態,把它們排在同時或相隨的一

種可能的秩序內（表十三）。　這個秩序並不一定必須與這些
墓葬實際埋葬的秩序完全相符。　爲討論方便起見,前面曾暫
時地假定,所有的隨葬器與所殉的人爲同一時代。　要證實這
個假定,除了隨葬器的形制演變跡象外,我們尚須從器物的文
飾及出土坑地層的紀錄上看它們所表現的秩序。　故表十三
所列,只是這問題的一面,並不是最後的答案。　最後的答案也
許與這表的說明有重要的不同;但這一面的秩序總可保持的。

　(乙)有機性的聯繫　表十三所啓示的各式各型器物相互
關係之較重要的爲:

　(1)觚形器與爵形器之普遍的存在,並成了一對分不開的
夥伴。　這一結合遵守一種極嚴格的匹配律:有一"觚"必有一

表十四:　爵形器與觚形器容量之比例

器形及容量 墓號	(a)爵形器		(b)觚形器		爵形器與觚形器容量之比例								
	序數	容量	序數	容量	(b)1/(a)1	(b)2/(a)1	(b)3/(a)1	(b)1/(a)2	(b)2/(a)2	(b)3/(a)2	(b)1/(a)3	(b)2/(a)3	(b)3/(a)3
M232	1	310B 262c.c.	1 248S	422c.c.	1.6	1.8							
	2	—	2 248P	460c.c.									
M388	1	310A 135c.c.	1 248Q	285c.c.	2.1	2.2		1.6	1.7				
	2	310G 178c.c.	2 248Q	295c.c.									
M188	1	310G 190c.c.	1	—									
M331	1	310A 150c.c.	1 248Q	660c.c.	4.4	2.1		3.0	1.4		2.9	1.3	
	2	410 220c.c.	2 248R	307c.c.									
	3	410 230c.c.	3 248S	—									
M333	1	310D 190c.c.	1 248R	400c.c.	2.1			1.9					
	2	310E 210c.c.	2 248S	—									
M238	1	310G 180c.c.	1 248R	582c.c.	3.2			2.1			2.0		
	2	310H 280c.c.	2 248T	—									
	3	310H 290c.c.	3 248T	—									
M329	1	310A 156c.c.	1	—									
M18.4	1	310G 215c.c.	1 248R	530c.c.	2.5								
M222	1	310G 235c.c.	1	—									
	2	—	2	—									

"爵",有兩"爵"必有兩"觚";M 331 的三件觚形器,雖只有一件三足的爵形器相伴,卻另有兩件四足的爵形器作陪,故算起來仍是照一一相隨的例;同時這也可以證明,在功能方面,四足"爵"與三足"爵"大概沒有分別。M 329 曾經盜刼,只餘了一件爵形器;它的夥伴說不定現正裝飾一個博物院或成了私人的珍貴收藏。表十四詳列"觚"與"爵"容量的比例;有若干殘破的標本未能量出,故把它們可能相配的數目都算出來;保存完整的墓中,若有一對以上的"觚""爵"組合,均照它們容量的大小匹配,同時也把它們的"交比"列出來作參考。可能配合的十八對容量比例最小的為 1: 1.4, 最大的為 1: 4.4。但這裏有一半以上是雜交的;眞正的配偶應該只有八對(表十四,比例數下加有橫線者),計:M 232 一對, M 388 二對, M 331 二對, M 333 一對, M 238 一

對, M 18.4 一對;其餘的都是鰥夫寡婦,沒有正當的配偶。假如我們要絕對地避免亂點駕鴛的錯誤,卻只能舉出三對確可證明是喪主選配的(上表比例數加有雙橫線者)。表十五詳列這三組比例分配及每一個相等距離單位的次數:第一組(一)代表可能的配合;(二)爲應有的相配數;(三)爲可以證明的配偶。表中顯示 2.1— 2.5 這一單位距程中在各組

表十五: 爵形器與觚形器容量比例
分組分配表

"爵"與"觚"容量比例數之距程	次 數		
	(一)	(二)	(三)
1:1.1——1.5	2		
1:1.6——2.0	6	2	1
1:2.1——2.5	6	4	2
1:2.6——3.0	2	1	
1:3.1——3.5	1	1	
1:3.6——4.0	0		
1:4.1——4.5	1		
總距程內的總數	18	8	3

分配的次數均佔最多數。韓詩說所傳的"一升曰爵,二升曰觚……",(103)假如這些傳說所指的實物真是這種形制的話,顯然是有所本的。同時這一段傳說又牽涉到另一個有關的重要問題;三禮所記,把"爵"當着飲器的地方很多,雖說周因殷禮,但所指的總是周代的制度。據我們發掘的經驗,310 式的爵形器,最晚的出現,似乎在周代的初期;(104)至少在豫北一帶是如此:禮經上所說的"爵",究竟是一種什麼形制呢。高本漢教授論殷周銅器,曾肯定地說:銅製的"方鼎","鬲鼎","觚""爵""尊""卣"等,自公元前九百四十七年以後,就與世長別,再沒有人用青銅原料製造它們了!他很不保留地說到,古經史及先秦諸子所談與這些禮器有關的事件,大概都是指木製的與土製的而言。(105)這個掃蕩式的論斷與近代考古學的發現,實際上可以扣合到什麼程度是一個尚需大量的小心工作方能解決的問題。我現在可以提出應該詳細研究的兩點:(1)所謂"爵""觚""尊"等等,所指是那一種形制的實物?周朝人,漢朝人,宋朝人,清朝人以至現代的中外學者,所用的同樣的名詞是否準確地也指同樣的器?這個大前題不解決,高本漢教授推斷的價值是沒法估計的。(2)物質文化的演進分區而異;北歐青銅文化的年代,與中歐,地中海區域同一階段的青銅文化年代可以相差好幾個世紀;這已經是教科書中紀錄的史實;遠東與歐洲相同,在歷史的演進上,或遲或速,也有很大的區域的個性;故在豫北一帶過時很久的制度及器物,也許在秦隴一帶,代北,燕,冀,大江以南,淮河流域或齊魯封疆內,甚為時髦。高本漢教授的論斷是否以豫北的青銅文化為限,沒有明文說定。假如他所指的是中國青銅文化的全面,當然就應指中國全部面積 ——

至少也應該包括黃河流域在內:西至臨洮,東至遼東,南及江淮,他眞能說定,這些區域內沒有在公元前九百四十七年以後用青銅作他的單子上所列的器物嗎? 他的論斷雖是富有刺激性,可惜有點說得太早。

(2)其他的同坑器: 與"爵一升觚二升"的傳說聯帶在一起的爲: "……三升曰觶,四升曰角,五升曰散。""散"經羅振玉王國維的考訂(106)爲"斝"之誤,已爲古器物學家所承認;至於"觶"與"角"的形制,究符傳世禮器中的那一種,金文家頗有爭論,但"觶"的範圍又似乎稍爲有限制一點,因爲有的器物,自己寫出的器名已可證爲"觶"類。(107) 按照這樣說明的"斝"與"觶",小屯十墓中斝形器出現了五次,共十一件;觶形器出現了一次,只一件。 下表詳列這兩形各器的容量與同坑爵形器的容量相比所得的比較數(表十六,見第83頁):這裏應該附帶解釋我們所採取的測量方法。 凡是有這一類工作經驗的人,大概都知道這並不是很容易就可以做到十分準確的一件事。 抗戰以前,我們曾用細沙量這些容器,並公布過一部份數目字。(108) 戰事結束後,這些古物逃難歸來,經過萬里以上路途的顛頓,有一小數又遭損壞,有再加修補的需要。 所以我們乘這個機會又把它們可量的部位量了一次;但與先前所得的結果比,頗有小的出入;原因如下: (1) 修補過的器物沒完全復原;(2) 用作測量的媒介不同:先前用細沙,現在改用荣籽;細沙粒與荣籽粒體積相差甚遠,故所佔的"中空"不能完全一樣;(3)"爵形器"式的容器,口部高低不一,用固體量極難得準確的水平。(109) 注意本篇所舉各容量的讀者,請記着:這些數目字的準確性,雖可以保證在百分之九十以上;同時也可以有百分之五上下的出

表十六: 爵形器與同墓出土之觚形器,斝形器,盉形器容量之比例。

墓號	(a) 爵形器 序數	容量	(a)	(b) 觶形器 序數	容量	(b)/(a)	(c) 觚形器一 序數	容量	(c)/(a)	(d) 斝形器二 序數	容量	(d)/(a)	(e) 斝形器三 序數	容量	(e)/(a)	(f) 盉形器 序數	容量	(f)/(a)
M232	310B	262c.c.	1				376F	1415c.c.	5.4	375	1713c.c.	6.5						
M388	310A	135c.c.	1	273	400c.c.	3.0	376F	1430c.c.	10.6	375	935c.c.	6.9						
	310Q	178c.c.	1	″	″	2.3	″	″	8.0	″	″	5.2						
M188	310G	190c.c.	1				376F	1595c.c.	8.4	375	2625c.c.	13.8						
M331	310A	150c.c.	1				376G	3890c.c.	25.9	375	1620c.c.	10.8	376G	4004c.c.	26.7	277F	1200c.c.	8.0
	410	220c.c.	1				″	″	17.7	″	″	7.4	″	″	18.2	″	″	5.5
	410	230c.c.	1				″	″	16.9	″	″	7.0	″	″	174	″	″	5.2
M333	310D	190c.c.	1				376H	1315c.c.	6.9	375	1810c.c.	9.5						
	310E	210c.c.	1				″	″	6.2	″	″	8.6						
M238	310G	180c.c.	1													277M	1400c.c.	7.8
	310H	280c.c.	1													″	″	5.0
	310H	290c.c.	1													″	″	4.8

人。 上面所說適用於一切測量的紀錄。 表十六列舉的斝形器與同墓爵形器容量的比例,似乎不與韓詩說所說的相符。在所有可能配合的比例中,"斝"的量均超過"爵"的量五倍以上;超過十倍的差不多到了半數;最大的比二十五倍還要多。假如韓詩說所說的"斝",指375,376兩式形制,它們的容量與它們相配的爵形器比,至少在殷商時代,決不是五比一。[110] 觶形器只出了一件;恰巧它與同坑內兩件爵形器中的一件容量的比例爲3:1;但與第二件比,就不一樣了。 表十五並附有兩件卣形器的容量;它們與同坑爵形器相比的結果,出乎意外地,甚近於5:1。

這篇在此暫告一段落。 好些沒說到的問題,留在下次談文飾及作總檢討的時候再說。 這文本是爲安陽發掘總報告所預備的一小部份,照編輯的秩序,應該在"殷虛陶器專論"以後付印,但陶器雖可與"太羹元酒"比德,究非"廟堂之器";編輯部只管把它編在前面,總有若干實際的理由使它早出不來。據我個人的偏見,至少在形制方面,土製容器可以研究的價值,要比銅製容器豐富得多。 篇中所採若干與形制有關的名詞,在陶器專論中原有界說,附錄於此,以便讀者,並作這一篇的結束。

附　　錄

容器各部份之名稱及其相互關係

（轉錄殷虛陶器專論,表七十七）

所指容器的部位	所		用		名			稱		
全　　　　部	體									
重　要　部　份	口（或）口部		身　（或）　身　部				底（或）底部	足（或）足部		
各　部　分　段	唇	純　緣	頸（或）脰	肩	腹			上部	中部	下部
		週			壁					

肩折：——腹與肩交界的部份,若爲一轉角,名爲"肩折"；

底折：——底與週壁交界的部份,若爲一轉角,名爲"底折"；

流折：——流入口處之轉角,名爲'流折"。

上篇完

重要參考及引用書籍雜誌簡稱

(一)日照兩城鎭發掘報告　稿本　劉燿、祁延霈著　中國考古報告集編輯　簡稱兩報。

(二)田野考古報告(現改爲中國考古學報)　國立中央研究院,歷史語言研究所專刊之十三；民國二十五年出版一期；改名後於民國三十六年三月出版一期。簡稱爲田報；改名簡稱爲考古。

(三)甲骨文編　孫海波編　1934年出版　簡稱骨編。

(四)安陽發掘報告　國立中央研究院,歷史語言研究所專刊之一,民國十八年至二十二年,約每年一期,共四期。簡稱安報。

(五)兩周金文辭大系圖錄及考釋　郭沫若著　1934, 1935年出版。簡稱金錄,金釋。

(六)周禮正義　孫詒讓著　楚學社本　簡稱周正。

(七)東方考古學叢刊 (Archaeologia Orientalis)　東亞考古學

會發行。 第一册:貔子窩, 1929 年 出 版;第六册:赤峯 紅山後, 1938 年 出 版, 簡 稱 東 刊。

(八)東方文化研究所研究報告 東方文化研究所出版。第一册:殷虛出土白色土器の研究,梅原末治著, 1932 年 出 版。第十五册:古銅器形態の考古學研究,梅原末治著, 1940 年 出 版。簡 稱 爲 東 告。

(九)泊如齋重修考古圖 簡 稱 考 圖。

(十)宣和博古圖錄 至 大 重 修 本 簡 稱 宣 錄。

(十一)城子崖:中國考古報告集之一 李 濟 等 編 著 民 國 二 十 三 年 簡 稱 城 子 崖。

(十二)殷虛陶器專論 稿 本 李 濟 著 簡 稱 殷 陶。

(十三)殷曆譜 董 作 賓 著 民 國 三 十 四 年 出 版 簡 稱 殷 譜。

(十四)商周彝器通考 容 庚 著 燕 京 學 報 專 號 之 十 七,1941 年 出 版。 簡 稱 商 考。

(十五)集刊 國 立 中 央 研 究 院,歷 史 語 言 研 究 所 編 輯 民 國 十 七 年 出 版,每 年 一 本 四 分。 簡 稱 集 刊;又 本 刊 於 民 國 二 十 四 年 爲 紀 念 蔡 子 民 先 生 六 十 五 歲,出 有 外 編,簡 稱 集 外。

(十六)朝鮮古蹟調查報告 朝 鮮 古 蹟 研 究 會 出 版。 第 二 號,王 光 墓。 1935 年 出 版。 簡 稱 王 光 墓。

(十七)儀禮正義 胡 培 翬 著 皇 清 經 解 本 簡 稱 儀 正。

(十八) Bulletin of the Museum of Far Eastern Antiquity, Stockholm 出版;自 1929 年 起 每 年 一 期。 簡 稱 BMFEA

(十九) Kansu Mortuary Urns: of the Pan Shan and Ma Chang Group (半 山 及 馬 廠 隨 葬 陶 器) By Nils Palmgren (巴 爾 姆 格 倫)

Palaeotolgia Sinica, Series D, Vol III, Fasc. 1 (1934) 簡 稱 PS. D. III. 1

(二十) On the Mammalian Remains from the Archaeological Site of Anyang (安陽殷虛之哺乳動物羣) By P. Teilhard de Chardin and C. C. Young (德日進, 楊鍾健著) 1936 簡 稱 PS. D. XVI; 1

註　釋

(1) 李 濟: —— 殷虛銅器五種及其相關之問題　集外(十五) 73—104 頁。

(2) 石璋如: —— 殷虛最近之重要發現附論小屯地層　考古(二) 1—81 頁。

(3) 同 上　30—39 頁。

(4) 東 告(八)第 十 五 册。

(5) 劉善齋: —— 禮器錄,卷二第八頁。善齋吉金錄。又金釋 29—30 頁, 厚趠鼎。

(6) 參閱(4)英文說明第六頁。

(7) "序數" 原是圍棋譜上的名詞;我作陶器分類時,雖不曉得,無意中 鑄造了,用着專指順着某一種秩序爲各種形制不同的器物所編 的一串號碼字。(參閱:圍棋入門;徐去疾編,十八年文明書局)

(8) 每一數字,自成一 "式", 每一百 "式" 構成一 "目"。

(9) 殷陶(十二)原文。

(10) 同 上。

(11) 小屯出土觚形器共十六件,內一件破爲極小殘片,未入表。

(12) 商考(十四)上册,第四七八頁,引說文云:"甄似小瓿,大口而卑",這部 書下册圖版內所錄的瓿共二十器,它們的形狀皆是 "圓腹歛口"; 256 式的輪廓雖像瓿,但不歛口,頗合於 "大口而卑" 的界說,故暫以 "甄形" 形容之。在第四段仍合在 "瓿形器" 內共同討論。

(13) 陳夢家: —— 參閱 Style of Chinese Bronze: A lecture delivered on Nov. 30, 1945, at the Metropolitan Museum of Art, N. Y. 這文以 "卣" 爲論題; 將所見各器就形制文飾分配作一系統的研究,材料雖甚龐雜,分 析頗爲詳盡。

(14) 高體方肩之第一標本指數 99.22, 體高與最大橫徑相差只二公厘 (2 mm)。

(15)凸底與圓底之區別:凸底有底折,卽底與週壁交界處有清楚之轉角爲界;圓底與週壁無界可尋。

(16)殷陶(十二)原文。

(17)鼎蠶總說:宣錄(十)卷一,三至六頁。

(18)說文解字,卷七上,鼎部。

(19)見註(5)。

(20)宣錄(十)卷第十九。

(21)商考(十四)下册,圖 146—172。

(22)註疏家及金石學家對於"鼎"的功能,頗有不同的意見。以"功能"類別古器物的仍把"鼎"當着烹食物的工具。但儀禮所載,明明把烹的工作分給"鑊"了。"鼎"與"鑊"是兩種形制不同的容器。儀禮各篇所說"鼎"的用處,最要緊的爲"升牲體",顯然與烹無關(見凌廷堪,禮經釋例,卷十一)。不過"鼎"的形制既經過了不少的變化,也許早期某一種形制的"鼎"同"鬲"一樣,曾擔任過烹飪的工作。形制沒弄清楚而侈談功能,是容易致混淆的。

(23)前漢書郊祀志:"……黃帝作寶鼎三,象天地人;禹收九牧之金,鑄九鼎,象九州,皆嘗鬺享上帝貴神;其空足曰鬲,以象三德……"蘇林注:"鬲音歷,足中空不實者名曰鬲也……"。按史記封禪書所記:爲黃帝作寶鼎三,象天地人,禹收九牧之金,鑄九鼎,皆嘗鬺享上帝鬼神,遭聖則興……"無"其空足曰鬲"一句。桂馥的說文解字義證,引史記封禪書:"其款足曰鬲",釋鬲字,並引索引註云:"款者空也,言其足中空也"似有誤,但所引莊子達生篇"款啓寡聞之夫",註云:"款者空也",是比較正確的。

(24)殷陶(十二)原文。

(25)侯家莊墓區出有中空透底的圓柱形足四足器。

(26)殷譜(十三)卷四,第八頁。

(27)董作賓:甲骨文斷代研究例:集外 323—424 頁;關於智見字的演變尤顯,410—417 頁。

28)商考(十四)下册,圖七十九。

(29)同上,圖一一九。

(30) J. G. Andersson: Prehistory of the Chinese: BMFEA No. 15, p. 91

(31)梁上棟:嚴窟吉金圖錄上,第十一圖所錄之圓柱狀足鼎形器一件,外形與 368 式甚像,但足已近柱形;是否中空,亦未說明。

(32)金 錄(五)卷 一,圖 說 第 五 頁。

(33) B. Karlgren: Yin and Chou in Bronze, BMFEA No. 8, p. 91

(34)同 上: Pl. II, A24; pl. III, A28.

(35)見 註 (30)。

(36) BMFEA. (十 八) No. 15, p.p 232—238. 又 甑 孑 窩 (七): pp. 48—50. 參 閱: 裴 文 中,"中 國 古 代 陶 鬲 陶 鼎 之 研 究"內 所 載 之 "鬲" 之 系 統 演 變 圖",現 代 學 報 第 一 卷 第 四、五 期 合 刊,第 五 四 頁,三 十 六 年 五 月 一 日 獨 立 出 版 社 出 版。 這 篇 文 章 對 於 三 足 器 的 分 類 有 所 主 張,但 沒 把 銅 器 包 括 在 內。 我 今 天 才 看 見 這 篇 文 章,離 我 寫 完 上 篇 已 有 一 個 多 星 期 了;故 篇 中 有 好 些 有 關 的 討 論 並 沒 引 這 篇 論 文。 三 十 六 年 十 一 月 十 一 日 追 記。

(37)甲 骨 文 編 (三): 卷 七,第 十 一 頁。

(38)同 上:卷 三,第 十 五 頁,"甗";卷 十 二,第 九 頁,"甗";卷 十 四,第 一 頁 "鑊": 以 上 三 字,甲 骨 文 皆 從 象 形 "鬲" 字,三 袋 狀 足 甚 肥 大。

(39)徐 中 舒: —— 再 論 小 屯 與 仰 韶,安 報 (四): 第 三 期,526 頁。

(40)容 庚: —— 金 文 編,卷 七 第 十 三 頁 至 第 十 四 頁,歷 史 語 言 研 究 所 印 本。

(41)後 岡 發 掘 小 記 安 報(四)第 四 期 623 頁。

(42)城 子 崖(十 一) 62 頁;圖 版 拾 捌:七。

(43)兩 報 (一):稿 本。

(44)李 景 聃: —— 豫 東 商 邱 永 城 調 查 及 造 律 台、黑 孤 堆、曹 橋 三 處 小 發 掘,考 古 (二) 98 頁;圖 版 四: 4。

(45)同 上: 114 頁;圖 版 四: 1。

(46)王 湘: —— 安 徽 壽 縣 史 前 遺 址 調 查 報 告,考 古 (二)182 頁,插 圖 四:七。

(47)安 特 生: —— 中 華 遠 古 之 文 化。 地 質 彙 報 五 號 一 册,50 頁;圖 版 柒: 5。

(48)劉 燿: —— 龍 山 文 化 與 仰 韶 文 化 之 分 析。 考 古 (二) 251—282 頁。

(49)同 註 (41)。

(50) BMFEA (十 八) No. 15; pp. 258—259.

(51)同 上 p. 259.

(52)商 考(十 四) 下 篇。

(53)劉 燿: —— 河 南 濬 縣 大 賚 店 史 前 遺 址。 田 報 (二) 69—90 頁,圖 版 陸: 二。

(54)侯家莊 HPKM 1500 墓翹葬坑中,出有扭角羚(楊鍾健博士鑒訂)角尖部份爲三面三轉角,一面凹入,一角外凸,宛如斝形器足。 小屯所出的聖水牛角尖的部份也是三面三轉角;但凹入處在轉角的地方,凸出的部份却爲一面,與扭角羚角尖比,恰恰相反 (參閱 FS. D. XVI: 1 pp. 45-52;又本文插圖四: 1)。

(55)見註 (54), 82 頁。

(56)見註 (25)。

(57)商考(十四) 上冊, 157—158 頁。 又 Karlbeck: Anyang Moulds, BMFEA No. 7, pp. 41-50。

(58)見註 (41), (42), (43), (44), (45), (46)。

(59) Gordon Childe: The Bronze Age, p. 33, 1930, Cambridge.

(60)侯家莊 HPKM 1400 出土,足部中空,曾鑽眼證明。

(61)宣錄 (十): 卷 十 四,第 五 頁。

(62)安報 (四) 471—476 頁。

(63)見註 (30) 圖版 35: 1。

(64)鵃子窰 東刊 (七), 第 一 册,第 二 十 四 圖。

(65)見註 (30) 237 頁,又 233 頁; K 6559 標本,甬形標本,高 56.5 cm; 寬 63.1 cm;口部形狀,據安特生的紀錄爲圓三角形;加在這樣甬形器上的"甑",遏壁也必須是圓三角形。

(66)商考(十四) 下册, 464—488 頁。 這書所收的盃形器共二十五件,嘴的頂點,至少與器口相齊,大多數均在口的水平以上。

(67)城子崖 (十一): 圖版 拾壹。

(68)黃濬: 鄴中片羽二集上,十九,二十 兩頁;侯家莊 出有 一器 類此。

(69)程瑤田 在考工創物小記內,解釋周禮梓人: "鄉衡而實不盡……" 一段,所說: "爵之兩柱,適至於眉,首不昂而實自盡;衡指眉言,兩柱向之,故得謂鄉衡也。 由是觀之,兩柱蓋節飲酒之容,而驗梓人之巧拙也……" 這個解釋,雖是根據實驗,但却經不起重複實驗;不但柱至流出口的距離,因器而異;眉與口的距離也是各人不一樣;我們在何處找這種標準器與標準人咧?

(70)士昏禮: "贊者徹尊冪,舉者盥出,除冪,舉鼎入,陳於阼階南,西面北上,匕俎從設。" 公食大夫禮: "士舉鼎,去冪於外,次入,陳鼎于碑南,……右人抽扃"。 特性: "主人在右及佐食舉牲鼎;賓長在右及執事舉魚腊鼎除冪……"

(71)城子崖(十一)圖版拾壹：3, 4。

(72)BMFEA(十八) No. 15, p. 256: "The two large vertical handles are a novelty connected with the bronze technique. The side-lugs that are useful for the clay vessels would have been out of place on a richly decorated bronze Ting. ......"

(73)同上, p. 261。

(74)同上, p. 260。

(75)城子崖(十一)第 60 頁。

(76)同上,圖版拾捌：1, 2, 4。

(77)參看郭寶鈞：——古器釋名。 集外(十五) 694 頁。

(78)城子崖(十一)第 60 頁。

(79)朱琰：——陶說：卷一,陶冶圖說,"其七曰琢器坯",引事物紺珠云："窰器方為難,方何以難也,出火後,多傾欹坼裂之患,無疵者尠。 造坯之始,當角者廉之;當坼者挫之;當合者彌縫之;隱曲之處,慮其不合,上下前後左右慮其不均,故曰方為難。......"

(80)梅原末治：——殷虛出土白色土器の研究,53 頁。 東告(八)第一册。

(81)見註 (13), p. 31。

(82)見註 (30), pl. 57: 3a。

(83)巴爾姆格倫：——牛山及馬廠隨葬陶器, PS. D. IV: 1(十九) p. 106; Pl. XXIX: 7, 8, 10, 11; 又 Pl, XLI: 6。

(84)同上;說明。

(85)同註 (30), p. 295。

(86)同註 (83), p. 163。

(87)赤峯紅山後：——東刊(七),第六册,第五十二圖：1。

(88)貔子窩：——東刊(七),第一册,圖版第二十六。

(89)城子崖(十一)：圖版拾捌：4, 5; 又貳拾伍：2。

(90)說文解字,卷五上,一四九豆部註："〇音圍,像器之容也。" 此處借用圍字代替,說詳殷陶(十二)。

(91)參閱本文插圖十。

(92)同註 (41), 623 頁。

(93)同註 (83), 9 頁。

(94)同上: pp. 98--101。

(95)凌廷堪：——禮經釋例:卷十一。

(96)少牢饋食禮:"三鼎在羊鑊之西,二鼎在豕鑊之西。……"

(97)胡培翬: —— 儀禮正義上文註。

(98)鑊,釜,鬴,鍋等字從語音學上的觀點說,可能有很近的關係;這個可能有多大,要待語音學家決定了。 參閱:說文解字詁林,三下鬲部一一八九頁所引文始說。

(99)徐益棠: —— 雷波小涼山之㑩民,頁二十二。 莊學本: —— 西康夷族調查報告亦云 " 夷人之食器極為特色;除鍋裝而外,尚普遍使用木器。"

(100)考工記梓人。 周禮正義。

(101)說文解字卷六上木部,櫨字下,"櫨或从缶"段註云:"蓋始以木,後以匋"。

(102)城子崖(十一) 圖版拾壹: 10, 11。

(103)特牲饋食禮,篚在洗西一段,鄭玄註引舊說云 " 爵一升,觚二升,觶三升,角四升,散五升 ";又五經異義爵制篇亦引今韓詩說:"一升曰爵,爵盡也,足也;二升曰觚,觚寡也,飲當寡少;三升曰觶,觶適也,飲當自適也;四升曰角,角觸也,不能自適觸罪過也;五升曰散,散訕也,為人所誹訕也 ……"

(104)郭寶鈞: —— 濬縣辛村古殘墓之清理。 田報167—200頁。 172頁內所載墓六十出土器有鼎形器,甗形器,尊形器;爵形器,卣形器,斝形器,鬲形器:各一件(圖版五:1);沒有小屯式的觚形器;口上兩柱所在離流折在一公分以外。(參閱本文圖版拾柒: 8)。

(105)見註(33). p. 143。

(106)王國維: —— 說斝,雪堂叢刻,古禮器說略三至四頁。

(107)王國維: —— 釋觶觛卮膊㔶。 觀堂集林卷第六,十二至十三頁,海寧王忠愨公遺書初集。

(108)李濟: —— 俯身葬。 安報(四)447—480頁。

(109)以液體量容積有兩種損失甚難免除,故所得結果更難準確:(1)蒸發的損失(火酒尤甚);(2)為吸收的損失;故傾出的量與注入的量絕對地不能一樣。

(110)唐蘭教授近作,古代飲酒器五種: —— "爵""觚""觶""角""散"(見大公報文史周刊,第三十四期,三十六年七月三十日,上海版);仍據韓詩說所傳這五種飲器大小的比例考訂各器的名稱及它們的或然的形制;其言似甚辨,可惜他所根據的資料只是日本考古家

所說的"游離的遺品";譬如他所認為"最重要的證據,是端方舊
藏斯禁上的飲器",誰能擔保它們是一個鄴坑內出來的? 端方
的這一副柲禁十三器與舊貨店湊合的整舊如新,全副客堂或臥
屠的傢俱是沒有什麼分別的。

圖　版　說　明

圖版壹: 圜底器,平底器與蓋 (參閱正文:第二段,圜底目,092式;
平底目 192 式,蓋 925 式)

　　1.a　斗形器側面 (插圖十九: a1)

　　1.b　斗形器上面 (插圖十九: a2)

　　1.c　斗形器下面 (插圖十九: a3)

　　2.　蠱形器 (插圖十七: b)

　　3.a　925 F 型銅蓋內表

　　3.b　925 F 型銅蓋外表側面 (圖版拾玖: 5; 插圖二
十: b)

圖版貳: 平底鍋形器與圈足盤形器 (參閱正文:第二段,平底
目, 102 式; 圈足目, 203 式)

　　1.a　鍋形器側面 (插圖十八: b)

　　1.b　鍋形器下面

　　2.　盤形器 (插圖八: b)

圖版叁: 尊形器與瓿形器 (參閱正文:第二段,圈足目 242 式, 290
式及表四)

　　1.　242 式尊形器

　　2.　242 式尊形器 (圖版柒: 3; 插圖九: b)

　　3.　290 式高體瓿形器 (圖版柒: 1a, b)

圖版肆: 觚形器 (參閱正文:第二段,圈足目, 248 式及表三)

　　1.　248 Q 型觚形器 (圖版伍: 3; 插圖十: b2)

　　2.　248 R 型觚形器 (圖版伍: 6; 插圖十: b3)

3.　248 R 型觚形器（圖版伍: 4）

4.　248 T 型觚形器（圖版伍: 12; 插圖十: b5）

圖版伍:　觚形器剖面圖（參閱正文:第二段,圈足目 248 式及表三）

1.　　248 P 型剖面圖（插圖十: b1）

2—3.　248 Q 型剖面圖（圖版肆: 1; 插圖十: b2）

4—6.　248 R 型剖面圖（圖版肆: 2, 3; 插圖十: b3）

7—10.　248 S 型剖面圖（插圖十: b4）

11—12. 248 T 型剖面圖（圖版肆: 4; 插圖十: b5）

圖版陸:　瓿形器（參閱正文:第二段,圈足目 283 式, 290 式及表四）

1.　283 式瓿形器（圖版柒: 4）

2.　290 式瓿形器

3.　290 式瓿形器（圖版柒: 2）

圖版柒:　尊形器與瓿形器之剖面圖（參閱正文:第二段,圈足目 242 式, 283 式, 290 式及表四）

1a, b. M 388 出土 290 式瓿形器剖面圖（圖版叁: 3）

2.　M 333 出土 290 式瓿形器剖面圖（圖版陸: 3）

3.　M 331 出土 242 式尊形器剖面圖（圖版叁: 2）

4.　M 232 出土 283 式瓿形器剖面圖（圖版陸: 1）

5.　M 333 出土 290 式瓿形器剖面圖

圖版捌:　卣形器之剖面圖（參閱正文:第二段,圈足目 277 式）

1.　277 F 型卣形器剖面圖: a. 正面; b. 側面; c. 蓋。

2.　277 R 型卣形器剖面圖: a. 正面; b. 側面; c. 蓋。（插圖十二: b2）。

圖版玖： 鼎形四器（參閱正文：第二段,奎足目, 305 式, 313 式; 318
式; 325 式及表五）

   1.   305 式鼎形器（圖版拾; 1）

   2.   313 式鼎形器（圖版拾; 2）

   3.   318 式鼎形器（圖版拾: 3）

   4.   325 式鼎形器（圖版拾: 4）

圖版拾： 鼎形器剖面圖（參閱正文：第二段,奎足目, 305 式, 313
式, 318 式, 325 式, 368 式,表五及插圖一,二）

   1.   305 式鼎形器剖面圖（圖版玖: 1）

   2.   313 式鼎形器剖面圖（圖版玖: 2）

   3.   318 式鼎形器剖面圖（圖版玖: 3）

   4.   325 式鼎形器剖面圖（圖版玖: 4）

   5—7. 368 式鼎形器剖面圖（圖版拾壹: 1a, b）

圖版拾壹： 透底空足之 368 式鼎形器,及 375 式之鬶形器（參閱
正文：第二段;奎足目, 368 式, 375 式及第三段(甲)"鼎"
與鼎形器）

   1a. 368 式鼎形器立形（圖版拾: 6）

   1b. 上器之底部內表,示空足透底處

   2a. 375 式鬶形器之立形（圖版拾貳: 1）

   2b. 上器之底部內表,示空足透底處

圖版拾貳： 鬶形四器（參閱正文：第二段,奎足目, 375 式, 376 式;
表七;插圖三,四）

   1.   375 式鬶形器（參閱圖版拾壹: 2a; 插圖三: b;
插圖四: 3）

   2.   376 F 型鬶形器（插圖四: 6）

3. 376 G 型斝形器（插圖四：7）

4. 376 H 型斝形器（插圖四：8）

圖版拾叁： 斝形五器剖面圖（參閱正文：第二段,叁足目,375式,376式,表七;插圖三,四。）

1. M 388 出土之 375 式斝形器

2. M 232 出土之 375 式斝形器

3. M 232 出土之 376 F 型斝形器

4. M 388 出土之 376 F 型斝形器

5. M 331 出土之 376 G 型斝形器

圖版拾肆： 斝形器足部結構演變六級示例（參閱正文：第三段;(2)"斝"與斝形器;插圖四）

1. 375 式"斝"足外表（M 331 出土標本,插圖四：3）

2. 376 A 型"斝"足外表（HPKM 1400 出土標本,插圖四：4）

3. 376 C 型"斝"足外表（HPKM 1022 出土標本,插圖四：5）

4. 376 F 型"斝"足外表（M 188 出土標本,插圖四：6）

5. 376 G 型"斝"足外表（M 331 出土標本,插圖四：7）

6. 376 H 型"斝"足外表（M 333 出土標本,插圖四：8）

圖版拾伍： 爵形六器（參閱正文：第二段叁足目 310 式;表六;插圖5）

1—2. 310 A 型爵形器（圖版拾陸：1;插圖五：4）

3. 310 Gd 型爵形器（插圖五：5）

4. 310 B 型爵形器（圖版拾陸：4）

5—6. 310 H 型爵形器（圖版拾陸：5）

圖版拾陸: 爵形六器剖面圖(參閱正文:第二段奎足目; 310 式;
第三段(乙)"爵"與爵形器;表六;插圖五)

1. M 388 出土之 310 A 型爵形器(圖版拾伍;1;插圖五:4)

2. M 329 出土之 310 A 型爵形器(圖版拾伍;2)

3. M 333 出土之 310 E 型爵形器

4. M 232 出土之 310 B 型爵形器(圖版拾伍:4)

5. M 238 出土之 310 H 型爵形器(圖版拾伍:5)

6. M 238 出土之 310 Ge 型爵形器

圖版拾柒: 爵形器口部流與柱關係之演變(參閱正文:第三段
"爵"與爵形器,插圖五)

1. 小屯出土殘陶爵片,示後加的"流"及扣流於口部之泥絆(插圖五:3)

2. M 329 出土之 310 A 型"爵"口上的單柱乂立流折上(參閱插圖五:4)

3. M 333 出土之 310 D 型"爵"口上的雙柱對立流折上

4. M 388 出土之 310 Gc 型"爵"口上的雙柱對立流折旁(參閱插圖五:5)

5. HPKM 2020 出土之爵形器 ⎫ 口上雙柱離

6. M 308 出土之爵形器 ⎬ 流入口處(流

7. 濬縣辛村墓 60 出土之爵形器 ⎭ 折所在)漸遠

圖版拾捌: 盃形器,甗形器,四足爵形器,與四足斝形器(參閱正
文:第二段,奎足目; 342 式; 386 式;肆足目: 410 式, 476
式;第三段(丙)"甗"與"盃";表九;第五段,(丙)四足方

形器）

1. 342 式盃形器（插圖七）

2. 386 式甗形器（插圖六）

3. 410 式四足爵形器（圖版拾玖: 3a, b, c.）

4. 476 式四足斝形器（圖版拾玖: 4a, b, c.）

圖版拾玖: 圈足方器,四足方器及蓋之剖面圖(參閱正文:第二段,圈足目 250 式;肆足目, 410 式, 476 式;蓋形目 925 式;第五段（丙）四足方形器)

1. M 238 出土之 250 式方彝形器一: a, 寬面, b, 仄面。

2. M 238 出土之 250 式方彝形器二: a, 寬面, b, 仄面。

3. M 331 出土之 410 式四足爵形器: a, 帶鋬面, b, 流面, c, 口部（圖版拾捌: 3）

4. M 238 出土之 476 式四足斝形器: a, 寬面, b, 仄面, c, 口部（圖版拾捌: 4）

5. M 066 出土之 925 式蓋: a, 側面立形, b, 內表,（圖版壹: 3a, b; 插圖二十: b）

本文原載於國立中央研究院歷史語言研究所專刊之十三中國考古學報（即田野考古報告）

民國二十五年

圖 版 壹
Pl. I

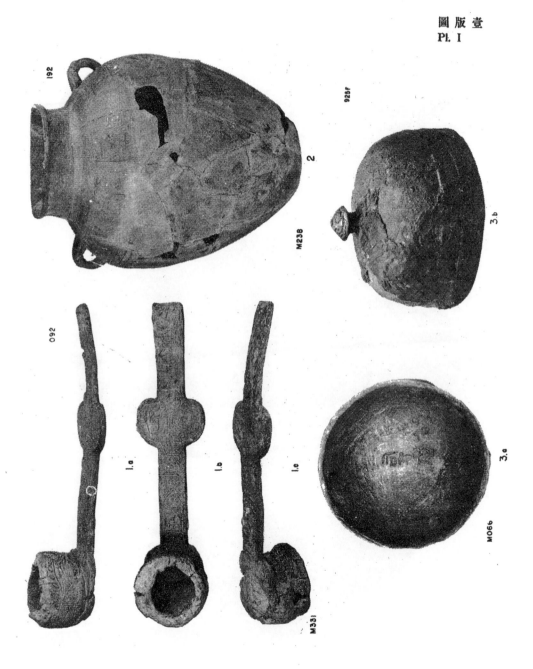

1.a

1.b

2

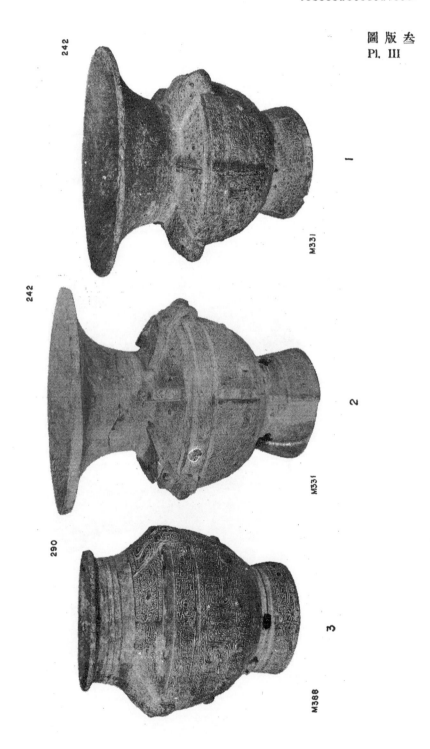

242

M331

1

242

M331

2

290

M388

3

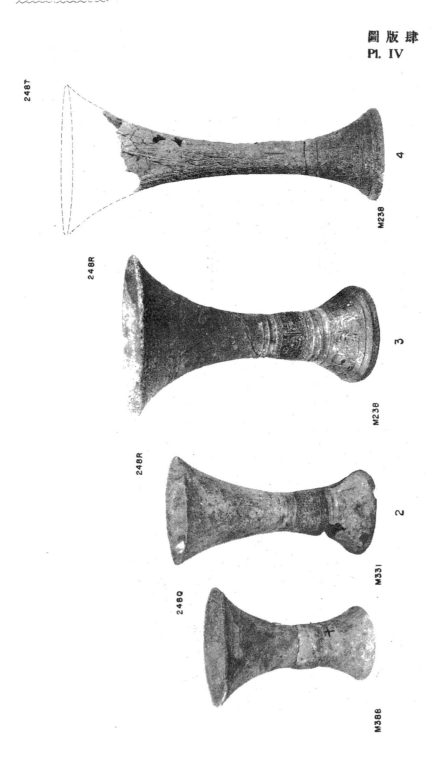

圖 版 伍
Pl. V

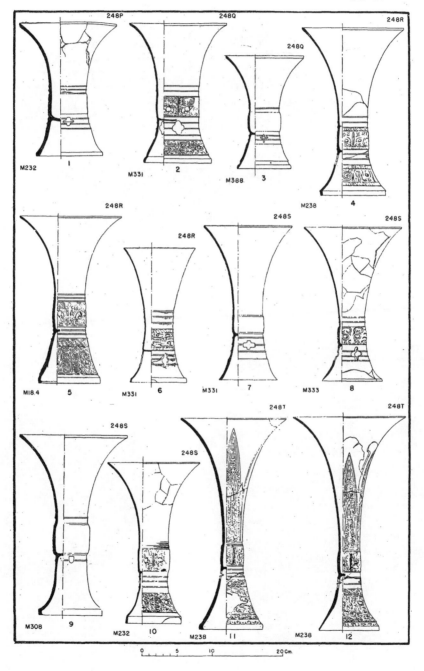

圖版陸
Pl. VI

283

M232

1

290

M331

2

290

M333

3

圖 版 柒
Pl. VII

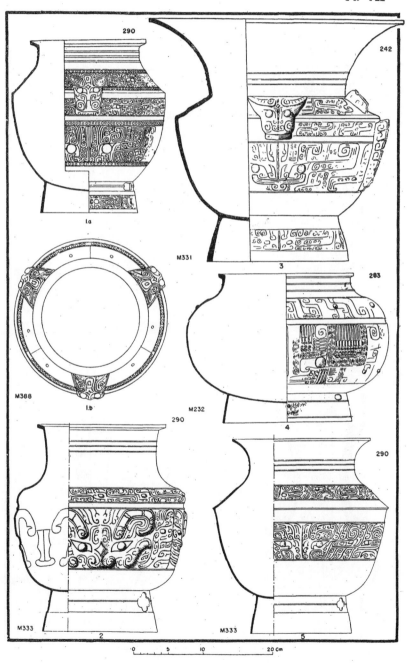

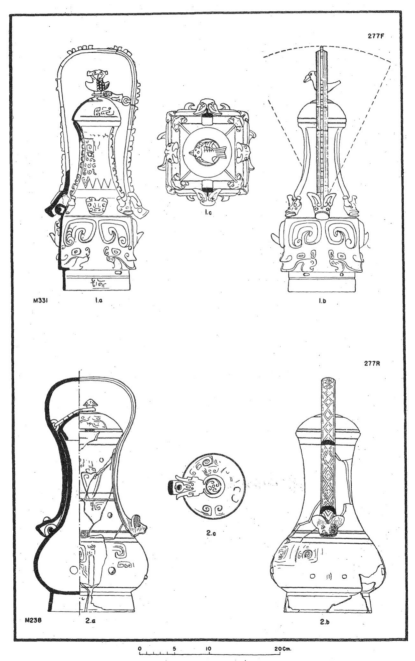

圖 版 玖
Pl. IX

313

325

M331

M188

2

4

305

318

M333

1

3

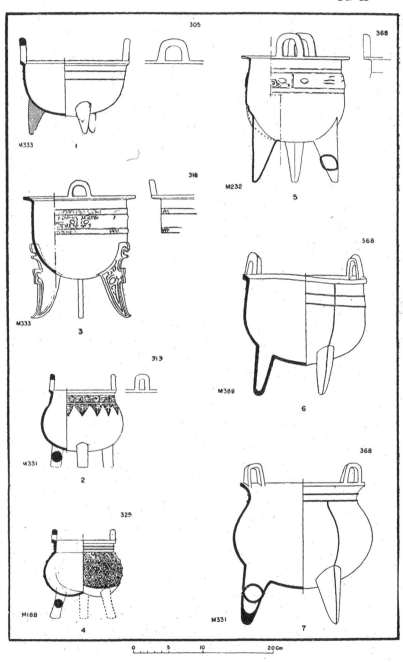

圖 版 拾壹
Pl. XI

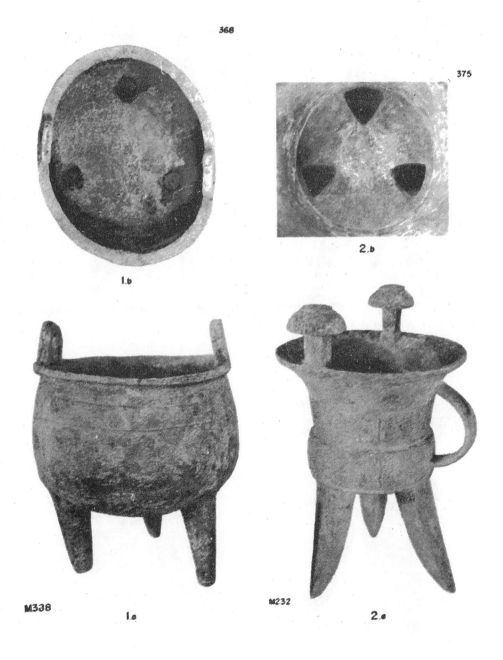

368

375

1.b

2.b

M338   1.a

M232   2.a

375

376F

376G

376H

M331

M188

M331

1

2

3

4

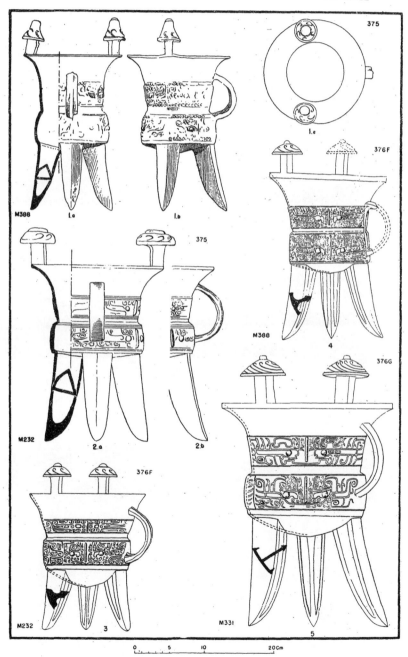

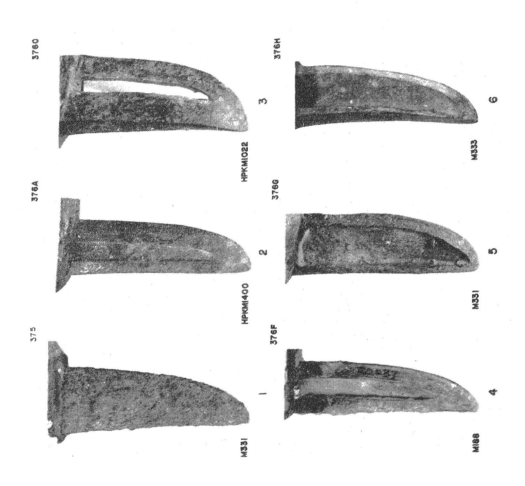

圖 版 拾 伍
Pl. XV

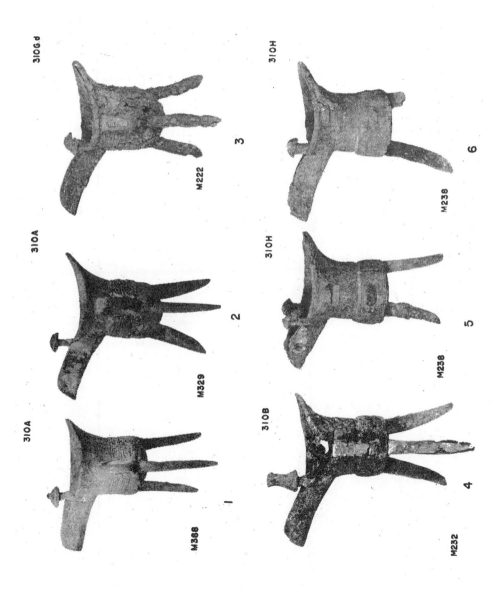

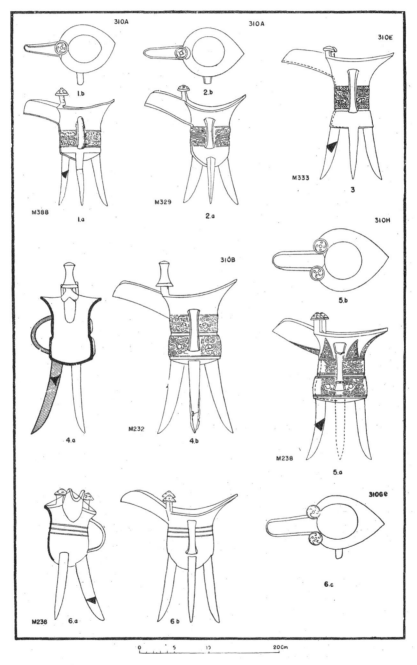

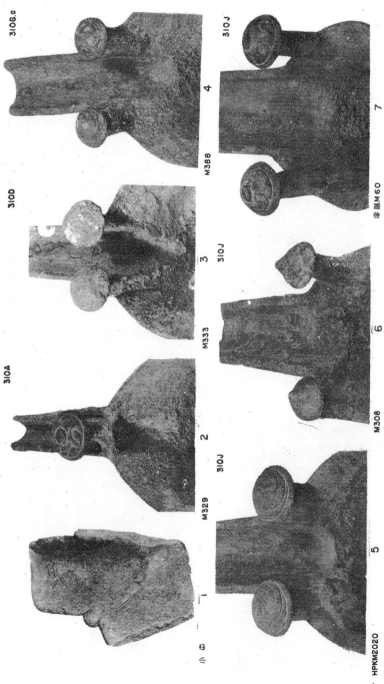

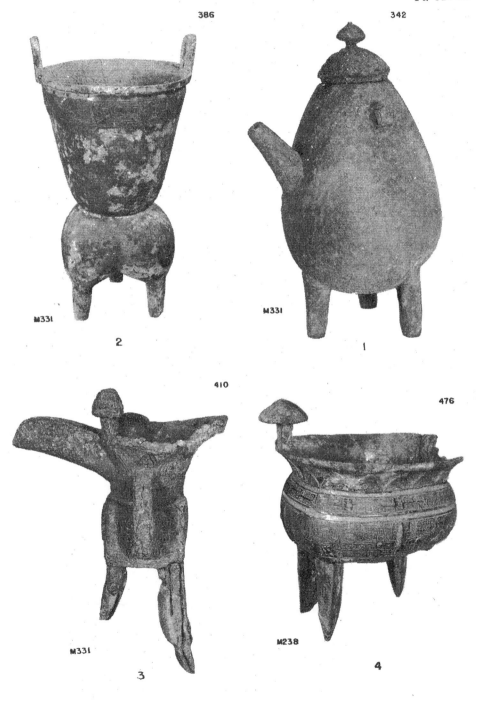

386

342

M331

M331

2

1

410

476

M331

M238

3

4

圖版 拾 玖
PL XIX

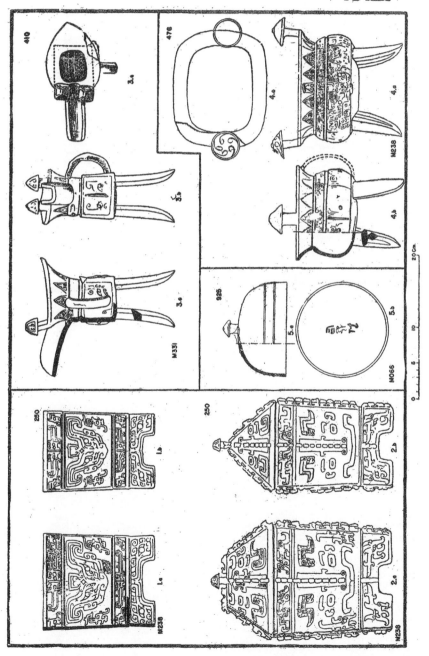

記小屯出土之青銅器

中　篇
鋒刃器

一　分　類　説　明

梅原末治敎授的河南安陽遺寶是(III) 1940年出版的；其中第三版至第
二十八版所錄"利器類"分成下列項目：

（1）　骨鏃貝鏃與銅鏃　　　　　　　　　　共二十七件

（2）　戈及古式戈（內有戣一　瞿一）　　　共十九件

（3）　矛　　　　　　　　　　　　　　　　共六件

（4）　戉　　　　　　　　　　　　　　　　共六件

（5）　斧　　　　　　　　　　　　　　　　共三件

（6）　異形利器及小刀　　　　　　　　　　共七件

（7） 鋒形銅製品　　　　　　　　　　　　　　共一件

五年後，高本漢敎授，在遠東古物館雜誌內發表了一篇：若干殷代的武器（Weapons）與用器（Tools），[112] 把它們列爲十五類，舉有一百八十八例；這些武器與用器，大致仍符於古器物學家所說的，戈、矛、斧、鉞、刀、削等；只有第十五類，高本漢敎授認作 "月題"，濱田耕作敎授稱爲 "旄鈴" 的爲沒有鋒双的用器。

"利器" 所指的範圍，甚難劃定；這一名詞內涵的籠統，可以說與 "武器"、"用器" 一類的名詞程度相等。 一般地說來，從人類自己的拳頭起，到不易控制的水火，都可以稱爲 "武器"，或 "用器"，或 "利器"；用它們作研究器物形態的出發點，是很容易把追求的方向弄迷惑的。

"鋒双" 指器物形態的一部，好像動物學家常用的 "脊椎"、"哺乳" 一類的名稱所代表的意思。梅原敎授的 "利器"，及高本漢敎授的 "武器" 與 "用器"，大半都具有這一形態的特點。用 "鋒双器" 作器物大類的一個類名，不但所指的現象具體切實，可以給人一明白的印象；就器物分類的工作說，它的應用至少可以澄清形態與功能混攪的局面，收若干打掃的效用。

小屯出土的銅製鋒双器，有下列的種類：

I. **尖器**　細條形，一端（或兩端）尖銳成鋒；有針、錐等形。

II. **端双器**　長寬條或長方扁條形，双在窄邊；有雕刀、鏟刀、斧斤等形。

III. **邊双器**　長寬條、長方、長三角；及其他不規則的長條形，双在寬邊；有厚背刀、脊背刀等形。

IV. **雙双器**　器身形制不一，大抵兩寬邊均爲双，一窄端聚成一鋒；小屯出土的有下列各類·

（甲） 句兵　戈形器、戣形器、瞿形器等。

（乙） 刺兵　矛形器等

（丙） 長兵　矢鏃等

表十七統列小屯出土各式鋒刄器之件數及坑位；最末一項的矢鏃數目較多，分佈亦較廣，另詳後表（表二十九）。

鋒刄器的序數，尚沒編出來；本篇的說明，暫依形態的簡繁排列。下面說明後附記的號碼，如（鋒刄１）（鋒刄２）等，僅計小屯出土的鋒刄器數，並不是根據形態編的；後面圖版，均註有此號碼，以便檢對。

I. 尖器

標本一：大連坑出土（3.10.0130）。細長扁條形，長73mm。中段橫截面，近長方；上下寬度不齊，厚度較勻；最寬3mm. 最厚1.5mm. 兩端均有粗磨痕，無硾打痕；一端聚成尖鋒，一端扁圓。硬度三；重 1gr.　　　　　　　　　　　　　　　　（鋒刄 1）

標本二：YM202 出土（14.0064；14.0069）。原折兩節，復原；細長條形。全長71mm。中段橫截面：半方半圓；方形兩面，各略向內凹；全部綠銹，上端剝蝕一層。 最粗處爲 3.5×4mm；硬度三；重 3.5gr.　　　　　　　　　　　　　　　　　（鋒刄 2）

II. 端刄器

（甲） 雕刀形器　細長圓條，或扁條形，刄在一端。

標本一：大連坑南，方井出土（3.10.152）。細長扁條形；綠銹浮起，中段狀甚臃腫，原橫截面似爲長方形，近刄處漸趨扁窄。刄由兩面偏之中鋒構成；刄口斜行，甚薄；前後兩尖已刓，顯經用過。厚 3mm。上段原形，不清楚。刄口寬 9mm；刄線以上 12mm；寬 5mm，硬度四；重 4gr.　　　　　　　　　（鋒刄 3）

標本二：YM186 出土（14.0005）。刀片由動物形口中吐出；所像動物，口

表十七：鋒双器出土地分類表（矢鏃在外）

	尖器	雕刀形	鑿刀形	斧斤形	厚背刀形	脊背刀形	柄端成一片環或	柄端獸頭	直內戈形	有文戈飾直內	直鋬內戈有形	曲鋬內戈有形	曲內戈形	矛形器	失內	失援	總數
1 東南斜西支	—	—	—	1	—	—	—	—	—	—	—	—	—	—	—	—	1
2 橫13丙	—	—	—	—	—	—	—	—	—	—	—	—	—	2	—	—	2
3 橫13丙北支二北支	—	—	—	—	1	—	—	—	—	—	—	—	—	—	—	—	1
4 大連坑	1	—	—	—	—	—	—	—	—	—	—	—	—	—	—	—	1
5 大連坑南段方井	—	1	—	—	—	—	—	—	—	—	—	—	—	—	—	—	1
6 E16	—	—	—	4	2	—	1	—	—	—	3	2	1	2	·5	1	21
7 H092	—	—	—	—	—	1	—	—	—	—	—	—	—	—	—	—	1
8 H181	—	—	—	—	—	—	1	1	—	—	—	—	—	—	—	—	2
9 H250	—	—	—	—	—	1	—	—	—	—	—	—	—	—	—	—	1
10 H274	—	—	—	1	—	—	—	—	—	—	—	—	—	—	—	—	1
11 H379	—	—	—	—	1	—	—	—	—	—	—	—	—	—	—	—	1
12 H433	—	—	—	1	—	—	—	—	—	—	—	—	—	—	—	—	1
13 M18.2	—	—	—	—	—	—	—	—	1	—	—	—	—	—	—	—	1
14 M18.3	—	—	—	—	—	—	—	—	—	—	—	—	1	—	—	—	1
15 M18.5	—	—	—	—	—	—	—	—	1	—	—	—	—	—	—	—	1
16 M020	—	—	—	—	—	—	—	3	—	—	—	—	2	—	—	—	5
17 M040	—	—	—	—	—	—	1	—	—	—	—	—	—	—	—	—	1
18 M101	—	—	—	—	—	—	—	—	—	1	—	—	—	—	—	—	1
19 M137	—	—	—	—	—	—	—	—	—	1	—	—	—	—	—	—	1
20 M149	—	—	3	—	—	—	—	—	—	—	—	—	—	—	—	—	3
21 M164	—	—	—	—	—	—	1	—	—	—	—	—	1	—	—	—	2
22 M167	—	—	—	—	—	—	—	—	—	—	—	—	1	—	—	—	1
23 M186	—	2	—	—	—	3	—	—	—	—	—	—	—	—	—	—	5
24 M202	1	—	—	—	—	—	—	—	—	—	—	—	—	—	—	—	1
25 M232	—	—	—	—	—	—	—	—	—	1	—	—	5	—	—	—	6
26 M238	—	—	—	—	—	—	1	—	—	—	1	—	—	—	—	—	2
27 M270	—	—	—	—	—	—	—	—	—	1	—	—	—	—	—	—	1
28 M331	—	—	—	—	—	—	1	—	5	—	—	—	1*	—	—	—	7
29 M333	—	—	—	—	—	—	—	—	1	—	—	—	—	—	—	—	1
30 M362	—	—	—	—	—	—	—	—	—	—	—	—	—	1	—	—	1
31 M388	—	—	—	—	—	—	—	—	5	—	—	—	—	—	—	—	5
32 小屯(坑位失錄)	—	—	—	—	—	—	—	—	—	1	—	—	—	—	—	—	1
總數	2	3	3	7	5	3	7	4	13	5	4	2	12	5	5	1	81

＊　銅內，石援

向前，上唇上卷，下唇下折，頂上有菌狀角一；兩足作前踢勢；

長尾，上節下垂，下節上卷；背部中凹，前後隆起；所像爲一

虎爪，獨角長尾四足獸。吐出刀片，細長扁條形，双部兩面偏，

双口斜行，前尖折，寬約6mm；中段寬5mm；厚2mm。全長87mm；

刀片長34mm。重14gr. （鋒双4）

標本三：　YM186 出土（14.0006）。形制同上；所像動物，口部形態亦同上。

頂上一角尖銳，彎向前。背上有脊，鏤ΤⅠ紋，尾向下垂，卷

向前；尾後緣有繫繩半環。一足曲向前，足端無爪，身尾間形態

無變化。吐出刀片同上形：双口長7mm；中段寬6mm；厚2mm。

全長 86mm；刀片長 39mm；重 13gr. （鋒双5）

（乙）　鏟形器：長方，或長扁條形，双在窄端。

標本一：　YM149 出土（13：2671：8）。長方寬條形，原折成三段，並有缺損，

粘補後復原。高度養化，全身碧綠銹。上端凹入；双端一面偏

口，中凸；正面形，角双。上段兩面均有双層獸面文飾，外界

"日" 形線；浮出器面，三邊斬鍔鏤空，上緣Τ紋，兩旁Τ與Ⅰ

相間。餘見表十八。 （鋒双6）

標本二：　YM149 出土（13：2671：1）。形制文飾同上。破片復原，一邊有

缺；有文飾部份較無文飾部份厚度增一倍；向双端漸削減。双

部有消耗痕。餘見表十八。 （鋒双7）

標本三：　YM149 出土（13：2671）。長方寬條形，形制同前兩器，但文飾

爲双層蟬紋；蟬頭向双端，關在日形圈內；週邊繞以平行斜線

與點構成之長條帶紋；不透空；文飾浮出器面約一粍上下。双

端有消耗痕記。餘見表十八。 （鋒双8）

表十八：鏟形三器測量紀錄

標本	測量點號	全長(mm)	上端寬(mm)	中寬(mm)	双寬(mm)	厚度*(mm)	重量(gr)
鋒	双 6	203	42	36	39	3—4	142
鋒	双 7	202	42	36	38	3—4	135
鋒	双 8	183	42	36	35	2	90

＊ 無文飾部份

（丙） 斧斤形器：長方尖劈形，双多在窄端。

標本一： E16 出土（4：1292）。平腹，圓背，兩緣，身上半中空成銎；銎橫斷面月牙形，銎口不齊。双外拱，一面偏口；正面形，圓双；側面形，銳角，蛤双。圓背上口有折損，餘保存完好。滿身薄層綠銹。　　　　　　　　　（鋒**双**9）

標本二： 西斜南東支出土（3.10.0017）。高度養化，綠銹甚厚。平腹方背，四轉角，四面；身上半中空成銎；橫截面長方；銎中腐化木質尚保存；深不可量。双部一面偏口，口略外拱；正面形，角双；側面形，銳角。　　　　　　（鋒**双**10）

標本三： YH274 出土（重350）。平腹方背，四轉角，四面；身上半中空成銎，銎橫截面長方。首端沿背部三面有寬 28mm 之橫稜，內略加厚。双部一面偏口，口外拱；正面形圓角，側面形銳角。高度養化，綠銹甚厚。　　　　　　（鋒**双**11）

標本四： E16 出土（4：1463）。平腹方背，四轉角，四面；腹部兩轉角銳出，橫截面近長方。上部大半中空成銎，銎橫截面長方。沿背部三面首端有寬約 10mm 之橫稜。由双口向上 20mm，背部折斷，腹部內曲；曲折處有廢銅粘附。双部一面偏口，口外拱；兩旁向外延，超逾身邊，作勾狀；窄面双形作銳角，一線直行，一線蛤轉。　　　　　　　　（鋒**双**12）

標本五： E16 出土（4：1356）。平腹方背；四轉角，四面，腹寬於背，上部近轉角處，有長約 42mm 之上下裂痕；身上部大牛中空成釜，釜橫截面近長方。沿背部三面首端有寬約 6mm 之橫稜。

双部一面偏口；双口外拱，兩旁向外延，超逾身邊，作勾狀；窄面双形作銳角，一線直行，一線蛤轉。養化尚淺。(鋒双13)

標本六：YH443 出土（重650）。養化深；經電解後現黑色。四面四轉角；寬面有十字紋；窄面有合縫紋，由首下行到双端。首端四面，沿上口均有寬 17—19mm 之橫稜，成一週圈；窄面接縫處，橫稜上下錯，不齊。此器及下一標本顯由兩個挖空之外模合鑄，前五器均由一挖空，一平面之外模合鑄。身上部大牛中空成釜，留有腐化木柄殘質。双部兩面偏口；一面大偏，一面小偏；双口略外拱；兩旁伸延，略超逾身邊；窄面看，近蛤双形。(鋒双14)

標本七：E16 出土（4:1353）。四面四轉角，上端四面，均有寬40—41mm 之橫稜，稜上各鑄一獸面；下垂三角文飾：有六單位，每轉角一單位，兩寬面各加一單位。兩窄面有上下行合縫紋，文飾下，寬度漸減；最窄在双上 60mm 處；向下漸寬。双口外拱，兩旁向外延，超逾身邊；正視作勾狀，側視兩面偏，中口。(鋒双15)

表十九：斧斤形七器測量紀錄

測量點 標本號	長度 (mm)	首寬 (mm)	首厚 (mm)	釜口寬 (mm)	釜口厚 (mm)	釜深 (mm)	双寬 (mm)	肉厚 (mm)	重 (gr)
鋒双 9	106	51	20	39	13	46	62	3—6	280
鋒双 10	85	40	22	31	16	?	33	4	160
鋒双 11	110	41	24	29	16	60	33	4—7	200
鋒双 12	90	40	25	33	19	61	42	3—4	130
鋒双 13	80	44	21	30—35	14—16	64	42	2—3	165
鋒双 14	109	44	42	34	31	51	38	4—5	338
鋒双 15	178	50	41	38	29	92	47	5—7	740

Ⅲ　邊刃器

（甲）　不規則長條形，刃在寬邊，或佔寬邊之一部；刀片（切削部份）
與刀柄（把握部份）無清楚之界線，

標本一：YH250 出土（重326）。范鑄，一面平，一面凸出；鑄法類錛；
范由兩外模合成；一挖成刀形，一爲平面。不規則長條，一邊有
刃，刃口外凸；兩面中鋒；前端上翹成尖。薄層綠銹，保存尙好。
刀背近直，由前向後，厚度漸次增加。刀柄下緣與刃口無清楚
之分割點，厚度在 2—4mm 間；柄後端上圓下方。最大寬度，
在柄刃交界處。長 118mm；最寬 17mm；最厚 4mm；重 22gr.

（鋒刃16）

標本二：YH379 出土（重582）。凹背凸刃，鑄法同標本一。高度養化，綠
銹透核心；扩成五節，粘補後，原形可見。有刃部份，中段消
耗最多，較前後段均形窄狹。刀柄爲長扁條，向後漸狹。由刀
尖至柄端，直線長 240mm；沿背曲線長 250mm；沿刃口，柄下
緣曲線長 295mm。 最大寬度在柄刃交界處 33mm；刀柄寬度
16—21mm；刀背厚度約 6—7mm。這是小屯出土僅有的新月形
彎刀標本。　　　　　　　　　　　　　　　　　　　（鋒刃17）

（乙）　不規則長條形：刀片與刀柄各已成形，分割清楚。

標本一：橫十三丙北支二北支出土（3.10.0089）。合范法鑄，保存尙好，
青黑色，間有綠㼿。刀背有合縫紋，在一直線上；由刀尖至柄
端，背部厚度，逐漸增加，最厚爲 7mm；柄下緣厚度大減，有
僅及 1mm 處。刃口前半外凸，後半近直，多缺陷。刀尖圓角不
銳；柄端楔形。全長 147mm；刀片長 86mm；最寬 26mm，刀柄
寬 14mm；重 45gr.　　　　　　　　　　　　　　　（鋒刃18）

標本二：E16 出土（4:1292）。折爲數段；保存前後兩節；一爲刀末，卽

刀尖部份；一屬刀柄，帶有刀片本段。兩殘片在同一深度同時
出土（二十年四月十五日，深度五公尺二），顯屬一器；證以侯
家莊出土之全形器，殆無疑問。復原如下圖（插圖二十一：a）
　　　　　　　　　　　　　　　　　　　　　　　　（鋒双19）

標本三：E16出土（4：1362）。保存刀尖一段，其餘大半均已失去，形制
　　　　同標本二，復原如下（插圖二十一：b）：　　　　（鋒双20）

插圖二十一：鋒双
19，鋒双20復原圖

a. 鋒双19復原（E16出
　土刀尖與刀柄殘片）

b. 鋒双20復原（E16出
　土刀尖殘片）

c. 侯家莊臺葬區出土
　類似鋒双19,20之全
　形銅刀（HPKMI：
　2095:2）

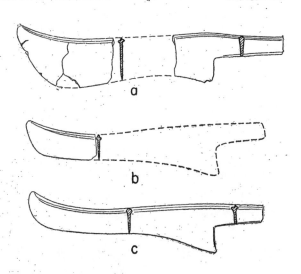

（丙）脊背刀：長方條形，刀片與刀柄劃分清楚，同（乙）式。刀片背
上有脊，鏤空成紋；背下兩面均鑄有長條文飾。

標本一：YM186出土（重0002）。全部養化，滿身翠綠色；綠銹隆起，多
　　　　折裂；出土時折成四段，粘補復原；脊部有損失。全器輪廓除背
　　　　脊外，極近鋒双19,20之復原形，惟双線轉直（插圖二十一）。刀
　　　　片本段寬於刀柄約25mm；双口由此向前，微向內凹；將近刀尖
　　　　處，漸向上圓轉，與背線合成一上翹之銳鋒，頗與傳世之偃月尖
　　　　刀相類；背脊鏤空，剝落甚多；背下兩面鑄有目形文飾。（鋒双21）

標本二：YM186出土（重0003）。形制文飾與保存情形均同上；餘見表二
　　　　十。　　　　　　　　　　　　　　　　　　　　　　（鋒双22）

標本三：YM186 出土（重0004）。形制文飾與保存情形，均同標本一；

餘見表二十。　　　　　　　　　　　　　　　　（鋒双23）

以上三器，均極脆弱；銹層甚厚，文飾有不清楚處。侯家莊(HPKM：1436)
出有一器，與此同型，花紋亦同，保存甚好，附入圖版及下表以資比較。（圖
版貳拾壹：21—23；圖版參拾貳：4），

表二十：雕脊厚背刀四件測量紀錄

標本號＼測量點	長(mm)	背線長(mm)	双口長(mm)	双片最大寬度(mm)	背厚(mm)	柄長(mm)	柄寬(mm)	柄厚(mm)	重(gr)
鋒　双　21	294	300	255	48	2—5	75	9—22	3—6	180
鋒　双　22	284	285	240	48	4—5	70	16—21	3—6	192
鋒　双　23	287	293	252	52	3—4	73	17—20	5—7	205
HPKM1436	300	305	278	53	5—7	60	16—20	4—5	167

（丁）　削形刀：不規則長扁條形；刀片與刀柄劃分清楚，柄終止處擴大，
或橫出成一蓋，或直延成一鐶，鐶或無穿；除標本一外，皆"偃曲郤双"
符於"削形"。

標本一：YM331 出土。刀尖已失，養化透入核心；綠銹甚厚；外面保有
甚清晰之絲質纏裹痕跡。刀柄終止處，擴大成一腰子形片狀，
徹底養化，極脆弱，是否有穿，不明。殘餘刀片之双與背均直
行。　　　　　　　　　　　　　　　　　　（鋒双24）

標本二：YM238 出土（重169）。綠銹滿身。有双部份窄長，近柄處特寬，
全器顯經長期消耗。柄双交界處亦有久磨痕跡。柄為細長扁條
狀，兩緣厚，中間薄；兩面各有平行弦紋三道，與兩緣平行。
柄終止處，橫面擴張，成一雞心形之頂蓋，蓋下端抽出細銅條，
與柄下緣聯成一棗核形之小孔（7×3mm）。刀背最厚處，在柄
與双交界部份。刀尖略上翹。　　　　　　　（鋒双25）

標本三：E16 出土（4：1361：1）。薄層綠銹，不普遍；未養化處作黑色；

出土時折成三節；扭轉難復原狀；但原形尚可見：彎背卻双；刀柄兩緣厚，中間薄；柄端結成一鐶，圓角長方形。（鋒刄26）

標本四：YH092 出土（13：2458）。高度養化，綠銹甚厚。近柄處折成兩段，形制類似標本三。柄長扁條形，兩緣厚，中薄，兩面各有平行弦紋三道；柄端一鐶近腰圓形。　　　　（鋒刄27）

標本五：YM040 出土（13：1059）。保存尚完整，銹色深綠至棕黑，駮雜不一；剝落處或現紫色。彎背卻双，柄双交界處有下闌超出双口。刀柄長方扁條形，兩面各有弦紋一，與上下緣鼓出線條平行，並保有包裝之纖維殘痕；柄端一鐶，長圓形。（鋒刄28）

標本六：YM164 出土（13：2853）。刀片折成三節，粘補復原。高度養化，綠銹成泡。双口裂成兩葉。柄双交界處有下闌。刀柄保存較好，長方扁條形，兩面正中各有弦紋一道與兩緣之高起線條平行；柄端成鐶，腰圓狀；外緣有乳狀突出三枚，分據上下及後端。彎背卻双，同標本三、四、五。　　　　　　（鋒刄29）

標本七：YH181 出土（重242）。滿身綠銹；双口有缺。刀背作外拱弧形，刀片末段圓轉，不作銳角；刀柄與刀片，分化完成；背部亦有清楚之界線：相接處如┣形，不似前六標本之背部，由刀末至柄端渾成一線；左右及下緣均有闌爲界。柄部結構爲扁圓的長條，棗核形的橫斷，有中縫，與兩緣平行；柄端一鐶，長圓形，肉厚，孔大。　　　　　　　　　　　（鋒刄30）

表二十一：削形器七件測量紀錄

標本號\測量點	長 (mm)	背線* (mm)	双口 (mm)	刀片最寬 (mm)	背最厚 (mm)	柄長+ (mm)	柄寬 (mm)	柄厚 (mm)	柄端長寬 (mm)	環孔徑度 (mm)	重 (gr)
鋒刄 24	192+	—	—	31	9	62	12—21	6—8	26×12	—	60
鋒刄 25	228	223	155	27	8	79	12—20	5—7	22×10	3×6	62
鋒刄 26	215	206	145	21	4	72	12	2—4	26×19	3×8	50
鋒刄 27	257	243	150	30	12	103	20—26	8—10	31×26	14×18	175
鋒刄 28	271	250	172	32	6	107	17—22	6	31×26	14×18	137
鋒刄 29	274	252	167	25	9	108	17—22	7—8	32×23	15×22	131
鋒刄 30	229	210	148	35	9	90	16—21	8	30×25	13×17	122

*不計鐶　　+帶鐶

（戊）"獸頭刀"：柄身爲腰圓長條，中有長條透空隙（中縫），終止處作獸頭狀。

標本一：YH181 出土（重241）。高度養化，滿身綠銹；刀片折斷二處；双口有缺陷；柄部留有數處包裝之纖維痕跡。刀背中拱，最高點在刀柄與刀片交界處；有双部份丁字形橫斷；刀柄，棗核形橫斷，有中縫。柄終止處，作馬頭形，微向上仰；兩耳聳立，恰在柄端上緣兩旁；額前，卽柄端下，有◇狀孔，兩眼旁出，棗核形；眼下鼻莖旁，微向內凹，鼻孔向外，口微張向下。耳眼鼻及額前七孔，似原鑲有綠松石，現已失去；口部寬度，少於額寬，僅1mm。顎下有長條透空孔，直達柄下端。　　（鋒双31）

標本二：YM020 出土（13：890）。刀片折斷一處，粘闘復原；保存大致完好，有養化處，綠銹成斑。寬背，背形上拱；腰圓形長條柄，柄上緣寬於刀片背厚度。双形爲兩面斜中鋒，與柄交界處有下闌。柄身有中縫；終止處鑄成馬頭形：兩耳聳起，尖向上，孔鑲綠松石；額前有菱形◇方孔，額旁圓眼一對鼓出，在耳根下，均鑲綠松石，鼻莖及其左右，微向內凹；口微張向下；鼻孔爲綠銹遮蔽。顎下爲近長方形大孔，內似有繫鏈處。口部寬度 15mm；額部寬 20mm；各部比例，較標本一，略有不同。　　（鋒双32）

標本三：YM020 出土（13：872）。保存尙好，無缺損。部份養化，綠銹有成泡處；柄身有包裝之纖維跡。一般形制同標本二；但與柄身中縫平行，兩面上下，各嵌有綠松石一條；柄端獸形亦有異。柄後端爲獸頭之兩彎角所拱抱，角先外行，後向上轉，角尖終止處向上；兩耳緊貼角尖下；額前及鼻莖鼻孔，兩眼之詳細形態，原爲浮銹所掩蔽，僅見輪廓；剔除後，均極疏朗；圓眼外鼓，眼下另有嵌石孔；方口微張，顎下孔近長方形。全形顯爲

一水牛頭之肖像。 **(鋒双33)**

標本四： YM020 出土 (3：2459)。保存完整，略有養化處，綠銹成斑。

一般形制同標本三，中縫上下兩面各有嵌綠松石之平行長條一

道，共四道。柄端獸頭，額上兩角，先上行，次外轉，再向下

向內轉，角尖向裏；兩耳靠後靠下；兩圓眼在角根下，向前；

鼻莖內凹，鼻孔與口均向下；顎下有大孔。全形顯爲羊頭。

(鋒双34)

標本五：(參考標本) HPKM1311 出土 (3：2459)。保存完好，養化處成碧

綠斑。刀柄長條腰圓形，前粗後細，無中縫。前段五分之四，

周圍鑄有平行之寬窄相間之弦文。上下兩緣及左右兩邊線紋寬，

中隔細線；兩線間塡以平行之短斜紋。左右面兩寬線中，各有

鼓出之眼眶紋，嵌綠松石片。柄端獸頭，形狀特殊；上額如架

一橫筒，左右兩端中空，鑲綠松石，像兩耳；前有腰圓形之突

起一對，像眼；鼻莖所在，向裏縮小，前有∨形寬條紋；口部再

高起，有孔兩對，均向外；上一對大長方形，鼓出；下一對較

小，圓形，像鼻孔；口張向下，口內有舌，套在顎內靠裏之半

環；舌尖夾於兩唇中，並有小孔；耳下另有繫環孔，其一尚繫

有啞鈴形之双孔環。(圖版參拾肆：5a, 5b)

表二十二：獸頭刀五器測量紀錄

標本號	測量點	長mm.	背線長mm.	背線曲度	双口長mm.	刀片最寬mm.	背最厚mm.	柄下緣至獸頭mm.	柄寬mm.	柄厚mm.	重gr.
鋒双 31		290	280	—	185	37	10	77	21—24	9—10	218
鋒双 32		320	307	34°30'	203	42	9	84	20—27	17—18	382
鋒双 33		314	310	40°00'	198	44	9	80	21—27	17—19	379
鋒双 34		301	290	42°00'	198	36	7.5	76	19—22	16—19	301
HPKM1311 3:2459		319	330	41°30'	205	33	11	94	12—13	17—27	335

V 雙刃器

器之輪廓，大抵皆屬窄而長之扁寬條一類，但寬度甚不一致，有葉狀、三角狀、細長條狀等形，兩長緣削薄成刃，一窄端兒而成鋒；另一端則爲安柄處；安柄方法，或直戴，或橫內，頗多變化，小屯所出可暫列入下三類。

（甲） 句兵：橫內者列入此一分類；下列敘述所用與形態有關各部之名稱，暫定如下（插圖二十二）：

插圖廿二：橫內兵器各部名稱圖釋

（1） 長方形內；內部上緣，後緣及下緣，均近直或微凹，轉角處亦近正角，有稍銳出者；無穿；全部厚度大致一律，或後段較厚：近援處有上下闌。援部上下兩邊均爲刃狀；上刃略高於內上緣；下刃甚低於內下緣。

標本一：YM18.2 出土。出土時破碎，粘補復原。援部保有原包裹之蓆紋；自援本最後部起至內中段，有寬約 37—39mm 之安柲痕跡；厚度爲 3mm. 內後段，有薄層綠銹，厚度略有增加，約 3—4mm.

（鋒刃35）

標本二：YM18.5 出土。出土時破碎，粘補復原，缺上下闌。援本段至內裏段，保有寬約 44mm 之安柲痕跡。全器厚度均在2—3mm之間。

（鋒刃36）

（2） 長方形內；內部上緣，後緣及下緣，均近平直，或微凹；有一穿，

所在位置近內中心，略偏裏半。援形近長條三角狀，有上下兩双，前端
成鋒，上双高於內上緣，無完全齊平者；下双大半皆低於內下緣甚鉅。
內之所在亦有恰居援本之中者。援身中線有時隆起成脊，發展情形，甚
不一律：著柲痕跡，包括上下闌在內。

標本一：YM331 出土（重364）。保存完整，全身碧綠銹帶紅色斑。內下
　　　　緣及後緣均微凹，下轉角作尖銳狀。一穿在內裏半偏中，穿徑約
　　　　5mm. 著柲痕跡，寬約44—45mm.　　　　　　　　　　（鋒双37）

標本二：YM331 出土（重367）。保存完整，碧綠色間有紅色斑。內上緣，
　　　　後緣及下緣均近直；中心偏裏有一穿，穿徑約5mm. 著柲痕跡
　　　　寬約41mm.　　　　　　　　　　　　　　　　　　　（鋒双38）

標本三：YM331 出土（重452）。保存完整，碧綠色；著柲處大塊紅色，並
　　　　留有纖維痕，寬 43mm. 內後緣略凹，中心偏裏一穿，穿徑 6mm.
　　　　　　　　　　　　　　　　　　　　　　　　　　　（鋒双39）

標本四：YM331 出土（重453）。保存完整，碧綠色，有紅斑。長方內，中
　　　　心偏裏有一穿，穿徑 6mm. 著柲痕跡寬 42mm.　（鋒双40）

標本五：YM331 出土（重454）。高度養化，碧綠色，破裂墳起。長方內，
　　　　中心偏裏有一穿，穿徑 6mm. 著柲部份寬 43mm.　（鋒双41）

標本六：YM388 出土（重608）。出土時失去援末一段，餘折成兩節，薄層
　　　　綠銹，外皮剝落處透棕紅色。內微曲，中心偏裏有一穿，穿徑
　　　　8mm；柲痕寬約 47mm.　　　　　　　　　　　　　（鋒双42）

標本七：YM388 出土（重635）。保存完全，青綠色帶碧綠斑，內部後上
　　　　角斜出成銳角，中心偏裏一穿，穿徑約 5mm。柲痕寬約 41mm.
　　　　援前端近圓，無銳鋒；亦無中脊；但由上下双向內，厚度漸
　　　　增，最厚處為 8mm.　　　　　　　　　　　　　　（鋒双43）

標本八：YM388 出土（重594）。援末彎曲，與上下闌相接處，援本折斷。

養化程度不一，大牛有綠銹。內後緣略向外拱，中心偏裏偏下，有一穿，穿形長方，上下窄：5×10mm. 上下闌不在一直線上；中脊甚發展，在援本終止處，厚度較鄰近加一倍（7.0mm：3.5mm）。

（鋒叉44）

標本九：YM388 出土（重636）。援末折斷一節，粘補復原。養化不一致，黑綠紅三色雜陳。內部後緣微凹，中心偏裏有一穿，穿徑5mm. 援無中脊，與上下闌交界處，兩面均有月牙形之突出，形成側闌之初步。秘痕寬 42—43mm.

（鋒叉45）

（3） 長方形內，上緣與下緣平行，或微屈，後緣中段凸出。內中心附近或有穿。後段兩面或鑄有文飾及象形字。其餘結構同（2）。

標本一：YM388 出土（重637）。援部折成三段，粘補復原，大牛罩有薄層綠銹，無銹處呈深紫色；一面保有淸晰之蓆紋。上下闌附近有纖維痕。內形近長方，後緣微向下彎，中段凸出，中心略偏，下有一穿，穿徑 7mm. 秘痕寬 43mm. 援有中脊。（鋒叉46）

標本二：YM333 出土（重517）。滿身碧綠銹。援部彎曲。內形近長方，上下兩緣平行，微彎；後緣下牛向外圓轉，將近下緣一小部約 $\frac{1}{6}$，向內急拐，復銳轉向外，與下緣合，形成銳角之稜刺（參閱插圖二十二）；秘痕寬約 39mm. 一面粘有骨質；中心無穿。

（鋒叉47）

標本三：小屯出土 準確地點失錄（A.S.0076）。保存完整，全身罩有薄層碧綠銹，援全部及內裏段有疆裏之纖維痕。內形同標本二，後段兩面均鑄有🐂象形字，三面繞以與上下及後緣之平行線；秘痕寬 34—37mm.

（鋒叉48）

（4） 長方形內；上緣後緣及下緣均近直或微凹；後段兩面均鑄有獸面文飾，厚度大於裏牛段；裏段有一穿，在文飾旁。靠上下闌處，援中脊在終止處突起，形成側闌之初步形態。

標本一：YM101 出土（13：2293）。近援本部份上双有缺。援全部及內後
　　　　段均高度養化，罩有碧綠銹，歔暴處甚多；靠上下闌處，援本
　　　　兩面均於浮銹中露有 30mm 寬之側闌。　　　　　（鋒双49）

標本二：YM137 出土（13：2459）。援末略有折損，餘保存完全；援全部
　　　　及內後段均滿佈碧綠銹，有裂紋及墳起處。結構及文飾均同標
　　　　本一。　　　　　　　　　　　　　　　　　　　（鋒双50）

（5）　長方形內；上、下、後三緣均微向內凹；後段兩面鑄有文飾，裏
段有一穿，無上下闌。援本寬大；靠內處有側闌並有穿一對，分在上下
近轉角處，另有一大穿透中脊在援本前段。

標本一：YM270 出土（重283）。原折兩節，下双有缺口；粘補後可見原
　　　　形；外皮爲綠銹浸蝕，多有剝落。援身三角形；上下兩双長度
　　　　約相等，上双略凸出，下双近直；靠內一緣，長度幾逾双長三分
　　　　之二：如此寬大援本，習稱戣形，爲小屯出土句兵中之僅見標
　　　　本。援中脊發展顯著，終止處形成靠內之側闌；稍前，有大圓
　　　　孔；孔徑 13mm. 側闌上下，近援本轉角處，有槽形長穿。直內，
　　　　由援本上半挺出。內裏段較薄，後段兩面均有鑲綠松石之目形
　　　　文飾；中心偏裏，另有一小穿，穿徑 7mm.　　　（鋒双51）

標本二：YM232 出土（重126）。一部份高度養化，有折裂；援末綻成兩葉，
　　　　中段墳起甚多。援形近長條舌狀，無中脊；離內10—11mm. 處，
　　　　援本兩面，有月牙形之側闌，高出部份爲3—5㎜；上下寬46mm.
　　　　援本在上下轉角處有槽形穿。由側闌向前，另有一圓穿，穿徑
　　　　7mm. 內部直接援本，無上下闌。內裏段較厚；後段兩面均鑄
　　　　有獸面文飾。　　　　　　　　　　　　　　　　（鋒双52）

表二十三　直內句兵十八件測量紀錄

標本號 \ 測量點	全長 mm.	援長 mm.	內長 mm.	援最寬 mm.	援最厚（脊）mm.	上闌至下闌長 mm.	內寬 mm.	內厚一（裏段）mm.	內厚二（後段）mm.	內上緣低於援上雙 mm.	內下緣高於援下雙 mm.	重 gr.
鋒双 35	234	161	73	？	5	？	46	3	4	4	？	184
鋒双 36	228	160	68	57	2	？	41—43	2	2	2	12	114+
鋒双 37	231	164	67	59	6	79	43—44	4	5	1	17	317
鋒双 38	229	163	66	59	7	81	42—43	5	5	2	16	282
鋒双 39	232	163	69	58	7	77	42—43	5	5	2	15	288
鋒双 40	232	163	69	68	6	75	43	4—5	4—5	2—3	16	270
鋒双 41	234	166	68	61	6	76	44—46	5(？)	7(？)	1	17	246
鋒双 42	？	？	67	47	6.5	71	32—33	5	5	8	10	205+
鋒双 43	226	162	64	44	8	68	36—40	5	6	4	4	287
鋒双 44	230	165	65	50	7	71	39—41	5	5	3	10	200
鋒双 45	225	161	64	47	9	66	37—39	5	5	3	10	250
鋒双 46	234	165	69	49	6	72	49—41	5	5	3	9	266
鋒双 47	255	176	75	53	5	70	38	3.5	5	5	17	205
鋒双 48	228	159	69	49	7	64	34—35	6	8	6	10	390
鋒双 49	234	163	71	57	6	73	39—43	3—5	7—9	4	15	274
鋒双 50	239	166	73	57	7	74	42—46	3—5	7—8	3	15	305
鋒双 51	231	176	55	115	9	—	51—52	4	6	12	53	33
鋒双 52	240	178	62	84	16(？)	—	50—57	9	7	6	26	590

（6）　內形輪廓，仍爲長方；裏段與後段完全分化；裏段鑄成一銎以戴柄，直接援本；後段上下寬，前後窄，兩面或鑄有文飾。援形多爲長條三角，前角稍銳；援本寬於銎約一倍上下。

標本一：YM238 出土（重175）。銎部折斷，有缺損，粘補復原；全身薄層綠銹；養化甚處，暴起成泡。援形長條三角狀，上雙近直；下雙前段凸，中後段凹入。銎橫截面作腰圓形，週壁向前展，双鉗援本。外表上下兩沿邊高起，與中間一脊成三平行線；線間回下。銎後一段，長方片形，向後漸寬。　　　　（鋒双53）

標本二：E16 出土（4：1466：1）。 保存完整，有青綠銹斑；未養化處作
　　　　青黑色；內部後段鑄有象形字一。餘同標本一。　　（鋒叹54）

標本三：E16 出土（4：1466：2）。保存完整，有青綠銹，未養化處作青
　　　　黑色。形制大致同標本一，惟中脊甚寬如由鋬壁引出，延展至
　　　　援末最前端。內部後段兩面均鑄有獸面文飾。　　（鋒叹55）

標本四：E16 出土（4：1354）。援尖及內後段均失去，剩餘部份爲青綠銹
　　　　籠罩。形制近標本一、二。　　　　　　　　　　　（鋒叹56）

（7）　磬折形屈內，裏段爲一鋬，如（6）；後段傾折向下，作倨句形；兩
面均鑄有鳥狀文飾。

標本一：E16 出土（4：1751）。保存完整，薄層碧綠銹。援形近長條舌
　　　　狀：援末圓轉，與鋬銜接之後緣，作"人"形槽狀，構成鋬之
　　　　最後一曲。鋬作杏仁形橫斷；外表上下邊沿，鑲兩寬條，中夾＞
　　　　形紋，像早期之縲縛痕跡。援本下轉角處，有一長條形穿。內
　　　　後段磬折形，兩面鑄鳥狀文飾。　　　　　　　　（鋒叹57）

標本二：小屯出土（E16）。內部之後段磬折形，兩面鳥狀文飾，與標本
　　　　一完全相同；顯爲同一形制器物之殘餘部份。　　（鋒叹58）

表二十四：有鋬句兵五器測量紀錄

測量點　標本號	全長 (mm.)	援長 (mm.)	內長 (mm.)	援最寬 (mm.)	內寬 (mm.)	鋬內徑 (mm.)	鋬外徑 (mm.)	上緣低於上叹 (mm.)	下緣高於下叹 (mm.)	內厚 (mm.)	重 (gr)
鋒叹 53	248	182	66	76	39—46	24×29	32	15	21	7	433
鋒叹 54	230	167	63	64	36—39	18×26	27	9	19	7	425
鋒叹 55	255	185	70	64	35—41	18×26	27	9	19	7	418
鋒叹 56	？	？	？	56	33+	19×27	26	9	16	5	225+
鋒叹 57	225	144	81	65	35	18×29	24	5	24	5—6	325

（8）　磬折形屈內；內後段傾折下垂，兩面鑄有文飾，裏段安秘處厚度
略減，有一穿，近中心偏裏；靠援部份有上下闌。

標本一： YM232 出土（重118）。內部拐彎處折斷，上緣有缺，粘補復原。全器高度養化，青綠銹，多處墳起。與內相接處，援本兩面，均有側闌，爲中脊之終止部份；闌前有小穿，穿徑 3mm. 內上緣與援上双幾齊平；向後漸下降，圓角下轉，終止處向下。後段兩面中心，鑄鳥狀文飾：嘴向裏，尾向後，向下垂，再向裏捲；週邊鈝鍔，鏤 TI 相間文飾。裏段靠鳥紋處有一穿，穿徑約3mm. 祕痕寬 42mm. 裏段一面，所保之纖維跡尚清楚。

（鋒双59）

標本二： YM232 出土（重120）。養化透及核心，援內兩部。均有折斷，週邊脫損；內部文飾剝落大半；青綠銹，爆裂成泡。援本側闌，隱約可見，闌前似有一穿，爲綠銹遮掩。內裏段，靠文飾處有穿，穿徑 6mm；後段拐彎下垂，兩面鑄有以目形爲中心之文飾；目橫向上緣，頂向後緣。 （鋒双60）

標本三： YM232 出土（重102）。養化透及核心，綠色銹，遍身爆裂，剝落甚多；援身扭折，漸喪原形；內裏段保存較好；粘補後略見輪廓。援身由前尖至本段，中脊兩面隆起；至本段最後一節約五分之二，隆起部份上下擴及双邊；養化過甚，此最後五分之二之双部形態不能斷定。 以復利爾藝術館 (113) 所藏一對嵌石虺龍文古式銅戈衡之，此一段仍爲上下双之延續殆無疑問；隆起部份僅擴及双邊卽止；復利爾藝術館所藏兩器，隆起部份鑄成獸形文飾，並嵌有綠松石；此標本只具此一輪廓，並無類似之文飾痕跡。內後段，兩面均鑄有以目形爲中心之花紋；目橫向上緣，以後緣爲頂部；裏段有一穿，穿徑約爲 6mm. （鋒双61）

標本四： YM232 出土（重125）。養化透核心；保存情形，形制及文飾均同標本三。

（鋒双62）

標本五：YM232 出土（重105）。高度養化，保存尚完全；全身青綠銹，各部厚薄不等。援中段卷曲；援末舌狀。內後段，兩面均爲鑲綠松石之張口向裏，橫目向上緣，身部盤旋於倨句部份之爬蟲形文飾；裏段有一穿，穿徑 6—10mm. 此一標本爲小屯出土句兵保有全形的最大的一例（長440mm.）。　　　　　　　（鋒双63）

標本六：YM18.3 出土。高度養化，全身青綠銹。援部裂成兩葉；一面保有甚多之纖維痕；援本有側闌，闌前一穿，穿徑約 5mm. 內後段兩面鑄有鳥狀?文飾。　　　　　　　　　　　　　　　（鋒双64）

標本七：E16 出土（4:1293）。各部養化程度不一致，沿邊較甚，綠銹厚處，墳起成斑。援本有側闌，闌前一穿，穿徑 4—5mm. 內後段兩面鳥狀文飾，圓眼，尖嘴向上緣，頂向後；週邊釛銹，鑄 TI 相間紋。　　　　　　　　　　　　　　　　　　（鋒双65）

標本八：YM020 出土（13:867）。高度養化，青綠銹，墳起甚多；內裏段上下闌一帶，爆裂尤甚。援部折斷一處，失援尖，留有類似絲麻質裹纏痕跡；側闌微著，闌前有穿，穿徑5—6mm. 內後段鑄鳥狀文飾，圓眼，嘴向上緣；一爪立於裏緣，冠尾葳蕤，垂卷倨句部份；所鑲綠松石，大牟尚保存；裏段傍文飾處，有一穿；穿徑 5—6mm.　　　　　　　　　　　　　　　（鋒双66）

標本九：YM020 出土（13:868）。高度養化，內部折斷；蓆紋、布紋及朱紅色滿佈全身；綠銹甚厚，多爆裂龜折。援有側闌，闌前一穿，穿徑 5mm. 內裏段一穿，穿徑 5—6mm；後段鑲綠松石鳥狀文飾，面向下緣；一爪立於裏緣；臣形眼及嘴向下垂的部份，頂向外緣。　　　　　　　　　　　　　　　（鋒双67）

（9）　援身，石銅合製；內，全部銅製，與援本鑄成一片；倨句形。

標本一：YM331 出土。援前段五分之四，由潔白之似玉石質作成，溫潤光滑，保存完整，惟榫頭下端略有缺損；刄皆兩面口，有中脊。脊上兩穿，構造如漏斗上部，但大小口兩面錯置：前穿離接筍處約50mm，穿徑一面10mm，鑲綠松石，出土時脫離（穿內由發掘人用石膏填滿，將原鑲之件安置原處），反面徑12mm；後面大口離接筍處10mm，口徑12mm. 反面小口，口徑5mm. 離接筍處14mm；兩穿厚度均為8mm. 榫頭有兩穿，插入銅部槽形榫口；榫頭損失大半，榫口亦失去一層。靠內約五分之一之銅製援本，上下無刄，兩面均為鑲綠松石之獸面文飾。內倨句形，裏段一穿，穿徑8mm；後段兩面為鑲綠松石之文飾；臣形眼向上緣。 (鋒刄68)

(10)　磬折形屈內，後段文飾週邊透空，後緣鉏牙旁出，像鳥冠。

標本一：YM164出土。青綠銹，墳起多處，一面有纖維跡；援末及上下闌均折損；內部折斷，粘補復原。援有中脊，側闌無穿，內後段鳥狀文飾，結構如下：頂向後緣；爪與尾平，直接內裏段；臣形眼，橫向下，下垂部份由鳥嘴作成，上嘴卷曲向裏；眼上有冠歧出後緣外。嘴與尾及爪距卷曲分歧處，均兩面透空。

(鋒刄69)

標本二：YM167出土（13：2914）。高度養化，碧綠銹，援部縱裂成兩葉，上刄有缺，內部扭斷。援有側闌，闌前一穿，穿徑7mm；內裏段一穿，穿徑10mm. 外段鳥狀文飾，排列同標本一，但嘴尾及爪卷曲分歧處不透空。 (鋒刄70)

(11)　失援標本：

標本一：E16出土（1361）。內倨句形，裏緣磨成刄弧弓背形，上下闌處有折斷；上闌尚保留，下闌已失，拐彎下垂部份，兩面陽紋，刄目向裏。長76mm；寬26mm；厚2.5mm；重35gr. (鋒刄71)

標本二：見鋒双：58。

(12) 失內標本，共五件，均 E16 出土。

標本一：(4:1354)。援部保存甚好，青色，養化處有碧綠銹，援末舌狀；內部自上下闌後，全失，上闌已折損。保存部份與鋒双63援部最相似。剩餘度量：長299mm；最寬78mm；最厚6.5mm；重677gr.）　　　　　　　　　　　　　　（鋒双72）

標本二：(4:1295)。援部完全保存，青色，罩碧綠銹；上下闌後，內部全失；形制完全同標本一。剩餘度量：長297mm；寬79mm；厚6mm；重697gr.）　　　　　　　　　　　　　　（鋒双73）

表二十五：曲內句兵十二件測量紀錄
（附侯家莊出土四件，購買品三件）

測量點　標本號	全長(mm)	援長(mm)	內長(mm)	援最寬(mm)	援最厚(mm)	上闌至下闌長(mm)	內寬(mm)	內裏段厚(mm)	內後段厚(mm)	上緣低於上双(mm)	下緣高於下双(mm)	重(gr)	文飾概要
鋒双 59	257	162	95	56	7	75	39	5	6	1	16	300	嘴向裏，尾向後向下，（鳥狀）
鋒双 60	258	172	86	52	9	69	41	9	9	2	10	327	目橫向上緣，頂向後
鋒双 61	352	228	124	51	8(?)	?	40—53	6	9	?	?	470	同上
鋒双 62	358	234	124	65	10+	79(?)	44	6	9	6	16(?)	520	同上
鋒双 63	440	296	144	83	6	73	58—61	8	8	4	20	875	口向裏，目橫向上緣（爬蟲狀）
鋒双 64	247	161	86	55	10	78	60	8	9	?	20(?)	445	目橫向上
鋒双 65	278	183	95	60	6	79	35—39	8	7	4	20	312	爪向裏，嘴向上，尾向後向下（鳥狀）
鋒双 66	271	173	98	63	9	78	47	6	7	?	21	403	同上
鋒双 67	277	182	95	58	9(?)	79	45	6	11	?	19	352	嘴向下，目橫向下，頂向後，爪向裏（鳥狀）
鋒双 68	329	223	106	68	10	86	45	6	8	?	20	260+142	臣形目橫向上緣；援本另有獸面文飾
鋒双 69	271	180	91	58	6	?	42	3	4	?	19	235	有冠向後，嘴向下，爪向裏，尾向上（鳥狀）
鋒双 70	271	181	90	56	5	70	42	3	10	2	13	295	同上
HPKM1996 4:2147	297	203	94	62	6	79	37	3.5	6	0	20	365	臣形目橫向上緣
HPKM2095 4:2476	257	174	83	56	7	66	37—39	3	7	4	16	281	鳥狀，圓目，尖嘴向上緣
HPKM1510 4:1437	247	163	84	52	4	65	36—37	2	5	1	12	158	口形目橫向上緣
HPKM1550 4:1488	287	200	87	55	7	?	42—79	3	7	5	?	265	鳥狀，折腿前嘴突出下垂，內卷，嘴尾鏤空
PR 100	262	168	94	60	8	79	39—42	5	6	6	19	345	鳥狀，圓目，尖嘴向上
PR 52	288	196	92	61	8	79	41—71	3	5	?	20	275	有冠鳥狀，嘴尾鏤空，臣形目
PR 53	363	244	119	70	5	—	43—90	3	5	13	16	322	有冠鳥狀，一面目紋代以字，嘴尾鏤空

標本三：(4:1294)。援部保存甚好，內部自上下闌後垒失；綠銹紅斑。**援末尖銳**，近前鋒處，上下刄均作轉角狀；援有中脊，終止處厚4mm. 殘餘度量：長194mm；最厚4mm. 寬58mm；重146gr

（鋒刄74）

標本四：(4:1359:1)。援前段，兩節粘成，有紅綠斑。前鋒爲細長舌狀；援中有脊，不直。殘餘度量：長125mm；寬42mm；厚2.5mm；重45gr

（鋒刄75）

標本五：(4:1359:3)。援前段；碧綠銹，有爆裂處；前鋒作細長舌尖狀；援中有脊。殘餘度量：長154mm；寬60mm；厚8mm；重182gr.

（鋒刄76）

（乙） 刺兵：矛頭，安柄部份作筩形，安柄方法皆直戴，柄與矛頭在同一直線上。

（1） 有翅筩，凹葉形：矛筩兩旁有翅，矛葉中心內陷，釿鍔高起；筩以上週邊皆有刄；最上端，爲一尖鋒。

標本一：YM362出土(重544)。折成兩節，粘合復原，仍有缺；高度養化，滿身綠銹。葉中心內陷，釿鍔甚寬，約17—20mm；葉底圓轉；筩口作箍狀，筩兩旁有翅，直接葉底，寬約9—10mm；筩內帶有腐朽木質。

（鋒刄77）

（2） 刄半環筩，高方脊形：筩口作箍狀，箍上緣兩半環對立；筩中空直透脊部。

標本一：E16出土(4:1356)。薄層綠銹；尖端有折損，葉底圓轉，缺半邊。筩下端箍寬33—36mm；箍上緣有兩半環，高22mm, 26mm；葉中圓脊與葉下筩，在一不斷直線上。

（鋒刄78）

標本二：E16出土 (4:1352)。薄層綠銹；保存完整。形制同標本一，但筩部外表，鑄有文飾。

（鋒刄79）

（3） 双半環筩，低方脊形：筩口作箍狀，箍上緣有兩半環對立；筩與葉交界處，如花蒂托瓣，兩面緊箍矛葉。

標本一： 橫 13 丙出土（3：10.0136）。青黑色 間有薄綠銹，保存完整，鋒双極利。　　　　　　　　　　　　　　　　（鋒双80）

標本二： 橫13丙出土（3：10.0137）。保存情形及形制均同上。（鋒双81）

表二十六： 矛形五器測量紀錄

標本	測量點號	全長 (mm.)	葉長 (mm.)	葉最寬 (mm.)	葉下長 (mm.)	筩寬 (mm)	筩口外徑 (mm)	筩口內徑 (mm.)	筩深 (mm.)	重(gr.)
鋒 双	77	210	139	72	71	71	32	24—26	74	303
鋒 双	78	253	137	54	116	54	30	24	108	257
鋒 双	79	252	136	56	116	58	32	24	130	310
鋒 双	80	253	166	70	87	70	32	25	85	380
鋒 双	81	252	163	70	89	70	29	23	101	342

（丙） 長兵：爲射遠而用，安在箭頭的鏃，亦稱爲矢鏃；矢鏃各部形態的稱謂如下圖（插圖二十三）。

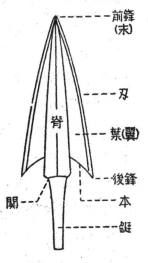

插圖廿三　矢鏃各部名稱圖解

形態說明；鏃中有脊，分鏃身爲左右兩葉，葉外緣作双狀；兩双向前聚成鏃末，卽鏃之前鋒；向後，兩双距離漸寬，各成一鋒，構成倒刺形之後鋒，卽鏃本之最外兩端；鏃本中凹，本下挺出者爲鏃鋌，有下列三式；

（1） 短脊實鋌式：脊與鋌相接處日本考古家稱爲 “關” 的，在鏃本中凹處，鏃本下卽鋌，小屯共出一百二十五件。

（2） 長脊實鋌式：鏃脊透出脊本，與兩下鋒比長；故脊與鋌相接處在鏃本外。小屯共出一百二十四件。

（3） 箭脊式：外形仍同（1）（2），但無鋌；脊中空以受槁。小屯共出兩標本。

二 說 刀 削

小屯所出的十九件厚背銅刀，屬於刀片部份的，刀背的厚度，大牛都陡然加大；橫切面作"丁"形，不作尖劈形。這一點我在民國二十一年曾經指出，並認爲這或者是殷墟銅刀脫胎於石及骨背刀所保留的一段蛻形。(114) 那時所根據的資料，只限於鋒及18及鋒及26兩件；就刀的形制說，它們實在是甚進步的作品。十餘年來，不但小屯發掘所得，增加了不少這類的資料，侯家莊墓葬區更有大宗的刀斧出現；這些新的發掘品，固然引起了若干更新的問題，同時也把這些問題的基本性質透露清楚，省去了不少枝節上的糾紛。

鋒及16在小屯所出的邊及器中，顯然代表比較原始的一型；刀柄與刀片仍混成一體；柄部下緣，雖略加厚，但由刀末至柄端，刀背的厚度逐漸地增加，沒有任何分割點；柄端既未"授穎"，亦無其他可以用作拴繩懸掛，或另建木柄的痕記。侯家莊出土的小銅刀中，有幾件標本的形態，似乎比鋒及16更爲原始。下列的三例，冶製的方式，與鋒及16完全相同：代表一平面外模的鑄法；立體形只表現在一面。全器的形制（插圖二十四）顯然是在嘗試狀態中，尚未達到如鋒及16的一種初期的定

插圖廿四： 侯家莊三小銅刀與鋒及16之比較
a. 侯家莊墓葬出土（HPKM1242）
b. 同 上 （HPKM1350）
c. 同 上 （HPKM1344）
d. 小屯出土（YH250）（鋒及16）

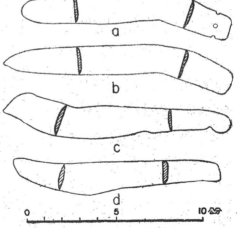

型。它們的柄端可以很清楚的辨別；但双邊却甚難斷定；兩邊好像都是沒有在礪石上開過口的双。不過細審全器的結構，用作双的部份，有兩件大概是在凹入的一緣，另一件在凸出的一緣。三件標本的柄部都已開始由刀片分化，並且都有接入木柄或骨柄的可能；柄部的不同厚度及所帶的齧口似乎都是爲這辦法設計的。實際的安柄方法很難加以具體的說明；或者，一部份刀片的背部也嵌在另建的柄槽內，用以增加切割的力量。銅製的雖尙沒發見過，石製的刮刀式的刀片，在殷虛是不少見的；大連坑並且出過一具長方形的骨塊：長102mm；寬37—39mm；厚13—18mm；沿長邊的一緣，鑿有深約15mm.之八字形槽口(插圖二十五)。嵌入槽內的實物已完全遺失；骨塊的樣子，與白令海峽一帶愛斯基摩民族用作製皮的刮刀的刀背 (115)，差不多完全相同。由此類推，我們可以設想，銅刀的初起，

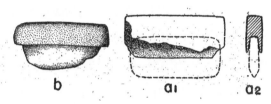

插圖廿五：　小屯出土之長方形骨質刀背與愛斯基摩族
　　　　　　(Eskimo) 所用木背石双刮刀之比較

a 1. 帶槽長方形骨質刀背：正面形 (小屯出土)

a 2. 同上，側面形

b.　阿拉斯加友康江下游愛斯基摩族所用之刮刀
　　(ARBAE(廿五)：Pl：XLVII：5)

也許只是一塊無柄的刀片，像石製的刮刀，双的對面完全嵌在另一質料作的刀背。假定有這一個階段，侯家莊的三標本已代表進一步的發展；它們已有柄的雛形。鋒双16又代表更進一步的形態；它的柄形已將成一定型了。

　　柄的分化，可以說是刀形器一步最重要的改革，啓發了無限新形制產生的機會。殷商時代所留下的標本，很遽烈地表現了這一趨勢。它們在形態上的演變，可分三大組叙述。一組是凸背凹双的(插圖二十六，A組)，原由石器時代的鐮刀 (116) 的形制分化出來；以山東爲中心的黑陶遺址及殷虛所出的鋸齒蚌刀 (117)，双口都向內凹；但殷虛所出的銅刀，却沒有可以認定作鐮刀的。它們的形制較近於考工記築氏椎槁的削。另一組爲凹背凸

刃的（插圖二十六，B組），主要形態屬於吳其昌所說的乙字刀 (118)。乙字刀形，可以溯源於早期皮革業所用的刮皮及切皮的工具；至今，北方民族所用的皮刀，刃口都向外凸出 (119)。曲禮記天子六工，中有獸工；(120) 鄭註說這是殷代的制度；獸工的基本原料，皮革要居大宗；刮刀，切刀的重要可以推知。 第三組爲近於直背的凸刃（插圖二十六 C組）可以算第二組形制的母形，也可算它的支派，小屯所出這一類的石刀最多。介於三組中間的，有不少的混合種，背線與刃線常呈複雜的曲形，大半近於拉長，放倒的 S 形；若干精緻的銅刀，都可歸入混合種內。

屬於凸背凹刃的一組，形制的改進表現在實物標本上的爲下列的階段：（1）刀片與刀柄沒分劃的蚌器石器（插圖二十六：A）；（2）銅製標本中形制最原始的幾例，柄部已開始分劃，厚度與刀片不同（同上：A1）；（3）柄部兩緣有 V 形豁口（同上A2,3）；（4）柄端扎眼（同上：A4）；（5）眼改成鐶（同上：A5）；（6）鐶形擴大，結構加强（同上：A5）；（7）柄下緣與刃分劃更清楚（同上：A6,7,8,9）；（8）柄身加厚，有中縫（同上：A10）；（9）柄刃交界處加下闌（同上：A11）；（10）柄鐶外緣有乳狀突出（同上：A12）；（11）獸頭刀的出現（同上：D）。

凹背凸刃式的又可分兩小組：（1）爲無鐶的，最清楚的例爲小屯出土的鋒刃17（插圖二十六：B2）；侯家莊墓葬區所出，曲度較小，刃部向外拱出的情形也不如小屯一例的飽滿。乙字形刀全體輪廓與愛斯基摩用作刮皮的骨刀差不多沒有差別（插圖二十七）；這一類刀形的原始大概可以追溯到史前的漁獵時代。（2）第二小組的標本，形制的演變稍爲複雜一點；它們的柄端都有穿繩的孔或鐶；較早的形制，只在柄端扎一孔（插圖二十六：B4）；刀的長度不大；刃的凸度大於背的凹度，扎孔的又有無孔的雛形。到了鐶代替了孔，刀的背線，漸成躺平的 S 形了。由這一型旁衍一支派；柄端橫面擴大成蓋（同上：B8）。這一作法到後來在綏遠一帶遊牧民族所用的小刀子中常常地碰見。

有些近於直背凸双的刀子，下緣的双部與柄部，劃分得非常清楚；扁長條的柄，終止處只有兩方角，沒有鐶也沒有文飾（同上：C1,2,3,7）。很可能地，像這樣的長條柄，兩面都幫有骨片或木片，以便把握，如現在厨房用的菜刀似的。這一式的刀背，大概漸漸地彎曲化了，爲那前鋒上翹，中段托起，放倒的 S 形刀背所本（同上：C5,6）；它們的柄形都是簡單的窄長方扁條。由此分出的一支派，柄的最後一端，或下卷成鈎，或側傾下垂，或結成一鐶（同上：C8,12,9）。矢頭柄型的又與凸背凹双的一組合流，產生了近日考古家熱烈注意的獸頭刀（同上：D,D1,2,3）。在討論這一問題以前，我們且把這些不同形的小刀子，仿族譜的例排列出來以示它們一種可能的發生關係（插圖二十六）；小屯出土的只繪外線，侯家莊出土的用黑墨塡實。

圖中所譜各個標本相互的關係，雖是完全根據它們的形態異同，但排出來的結果却證明了鑄造的方法又因形態的進展而有所改變。在這一批銅刀子的本身上我們可以看出三種不同的用范方式：最簡單的爲將擬鑄的"器容"，塑在一面外模上；與這外模相伴的另一面，只用一塊平面板，大概是磨光的石塊或燒過的陶片（121）。用此法鑄出來的小刀，都顯着一面平；我們可稱它爲"一面平法"；圖表中的標本，列在各行最上的三件至四件，都是一面平法所鑄（插圖二十六：A1,2,3,B,B1,2,3,4,7,C,C1,2）。進一步的合范法，外模由兩個以上塑有"器容"的范拼成；鑄出的器物，兩面輪廓，宛然對稱；刀背並留有合縫痕。小屯及侯家莊出土的銅刀子，大半都由合范製造。到了獸頭刀出現——如小屯的馬頭、牛頭、羊頭刀——顯然又加用了"內模"一道手續；沒有這進一步的技術，這一類的作品是產生不出來的；殷商時代的鑄銅大師之熟悉這一方法，在不少的容器上，早已證實了。此外 刀柄匆作中縫 也許是用內模的開始；這表示合范法與內模法之間大概尚有一過渡時間。故殷商時代鑄刀的技術大致可分爲三個階段：（一）一面

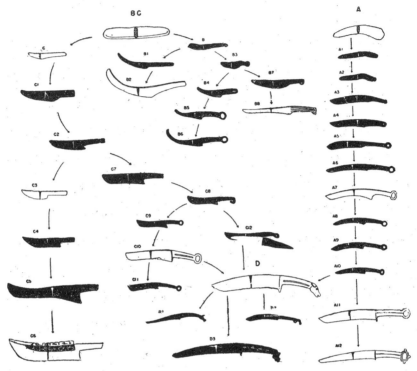

插圖廿六： 小屯，侯家莊出土各式小銅刀形態演變圖譜

A　石製　小屯購品

BC　石製　小屯出土

A7:鋒双26；　A11:鋒双28；　A12:鋒双29；　B2:鋒双17；　B8:鋒双25

C:鋒双16；　C3:鋒双18；　C6:鋒双23；　C10:鋒双30；　D:鋒双32.以上各件皆

銅製小屯出土，黑墨填實各件均銅製，侯家莊出土。出土詳細地點見下表：

A	(石製) 小屯 購品	BC	(石製) 小屯 出土	C	YH250　7326	D	YM020　13:890
A1	HPKM1950 3:3547	B	HPKM1344 3:3445	C1	HPKM1114 3:1585	D1	HPKM1537 4:254
A2	HPKM1244 3:2059	B1	HPKM1128	C2	HPKM1038 3:318	D2	HPKM1008:20A
A3	HPKM1128 3:1270	B2		C3	横十三丙北支3:10,0089	D3	HPKM1311 3:2459
A4	HPKM1494 4:266	B3	HPKM1617 4:1319	C4	HPKM1343 3:3437		
A5	HPKM1909 3:3080	B4	HPKM1492 3:3609	C5	HPKM1:2045 4:2475		
A6	HPKM1923 4:2211	B5	HPKM1537 4:255	C6	YH186　1:40004		
A7	E16　4:13611	B6	HPKM1736 2:2421	C7	HPKM1432 3:3591		
A8	HPKM1461 4:28	B7	HPKM1648 29	C8	HPKM1460		
A9	HPKM1008 6A	B8	YM238　14:0769	C9	HPKM1274 3:2631		
A10	HPKM1769 4:2269			C10	YH181　4242		
A11	YM040　13:1059			C11	HPKM1:2046 4:2199		
A12	YM164　13:1853			C12	HPKM1:2047 4:2420		

平法；（二）合范法；（三）內模法。每一個階段的開始同時也就是新形制產生的機會。

單就小屯出土的十九件說，計，（一）一面平刀有兩件（鋒双16,17）；（二）對稱刀有十三件（鋒双18—30）；（三）內模鑄的有四件（鋒双31—34）。侯家莊出土的標本中，用第一方法鼓鑄的次數，似乎在比例上與小屯大不相同。不過這裏却出了一個問題。我們知道侯家莊的大多數小刀子都出於所謂殉葬坑；其中雖有不少是生前用過的工具，專門的明器顯然領先；偷工減料及用最簡單的方法製造，可以說是明器的特色。因此，我們應該注意：用原始方法製造的，不一定就代表最早的作品；才遺的製造方法，同才遺的生物一樣，可以曳入一個新的環境，繼續生存不少的時間；這現象是有持續性的。故根據器物的形態推斷它們的相對的或絕對的年代，完全就方法上說，有很大先天的限制。不過事實上，這重疊期只能佔去一部份時間；在這以前，總有新形制尚沒發生的一期；在這以後，多半有舊形制已經絕滅的一期。

回到銅刀子問題的本身上。我們已經發現的事實，總括起來有四個重要點：（1）它們的製造方法有三個階段可分；（2）它們的形制演變，可以排列出很清楚的秩序及方向；（3）同一形制的實用標本可以由兩種方法製造；（4）顯然較晚的形制，可以由顯然較早的方法製造。這幾點都說明一件重要的史實：青銅業在小屯及侯家莊的殷商期間有悠久的歷史；它的發展是點滴的，逐漸的，並有繼續性的；那最早的出品，不但方法是比較的簡陋；器物的形制單就小屯的兩器說，顯然是由非銅製的工藝品——骨、角、石？——假借來的（插圖二十七）。

插圖二十六所排列殷盧小刀的宗譜，最易引起討論的，大概是獸頭刀出現的程序；我們分三方面來看這一事實：（1）形制與結構，（2）冶金的技術，（3）文飾的母題。

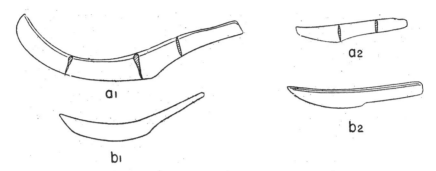

挿圖廿七： 小屯出土之一面平銅刀與愛斯基摩族之骨刀角刀形態之比較

　　a 1.　鋒双17 (YH379)

　　a 2.　鋒双16 (YH250)

　　b 1.　愛斯基摩所用之角製刮刀 (見18th ARBAE (廿五): 1: p.116; Pl. L: 17)

　　b 2.　愛斯基摩所用之牙製刮刀 (同 b 1: p.115; Pl. L:5)

　　獸頭刀的背線都是上拱的弧形，由刀尖到柄端，沒有任何波折：弧度在三十四度與四十二度之間，較之"合六成規"的削，約差三分之一；双線在近刀末處急轉，尖鋒概不上翹。但它們在形態上最顯著的特色，要算是柄身的形成：由鐶頭刀的長扁條變爲腰圓的柱狀，把之盈握，用的人必感覺一種特別的方便。双柄交界處下闌挺出與背部厚度的加強，象徵着這類刀用作向前刺與向下切割的機會是同等的。不過這幾點特殊的發展，都在鐶頭刀中已經開始。全體的輪廓，承襲自石器以來逐漸完成的偃曲却双厚背的削形，在圖解中已有清楚的實證；柄身的腰圓化，只是把早期幫在扁條柄身兩旁的骨、角、木或竹片全用銅製，與原來的柄身熔成一體。至於双後的下闌及柄中的一條縫也不是新的創造；它們出現的秩序或者比柄端的獸頭還要早一點。

　　在冶金的技術方面，小屯的獸頭刀確具有一種劃時代的進步；四件標本平均重量爲 320 gr，比六柄鐶頭刀的平均重量 (113 gr) 約加三倍；但鑄出的物品，三千餘年後仍使賞玩的人有天衣無縫之感；這顯然是一次完工，不是分節作成再銲的。柄端的獸頭中空；沒有安排內模的手段的 "築氏"

決辦不到。侯家莊的一件標本所代表的技術造就，較小屯四器更高一籌：
中空的獸頭並附有活動的舌條鈕鐶，扣在口內的半環上；外面耳下繫有双
孔鏈。但同時侯家莊另出有較小並較簡單的獸頭刀數件；頭均實鑄；最簡
單的一件，並且是一面平法所鑄。這些較小的實心獸頭刀，與那空心獸頭
刀先後的關係何如？

　　小屯的四獸頭刀，像馬的兩件，像板角牛的一件，像卷角羊的一件（圖
版參拾肆：1—4）；馬頭與水牛頭均塑得逼真，大概代表那時仍生存在小屯
一帶的馬與牛；像羊的一件，似乎臉盤稍寬，角的內卷有點矯揉造作的趨
勢，但耳目口鼻的位置排得不差，大致尙是卷角羊的面孔。到了侯家莊的一
件，雖也是獸頭，但所像何獸，却成了一個問題；全面除了口與鼻孔尙可
認定外，鼻旁的双孔及額前與額旁的奇特形態，都是不容易解釋的；初看好
像是蒙了一層面具的動物形，但無論下一種什麼註解，塑像已經失去真面
目，而被抽象的符號來代表了（圖版參拾肆：5a, b）。這大概是那時應用藝
術的趨勢。因此我們不能把小屯的四獸頭刀與侯家莊的一標本放在一個相
同的發展階段：前者崇尙自然作風，後者却趨於象徵主義。侯家莊所出的
幾件小的獸頭刀，大半雖是偷工減料的作品，中有一件（插圖二十六：D1）
顯然尙繼續小屯的風氣；像一個豎耳的驢頭；其餘的例，頭形因過份縮小，
已漸失真，却尙沒帶上非原有的符號。故照這一標準定安陽獸頭刀發展的
秩序：爲小屯四件柄端的裝飾所根據的樣本出現得最早，侯家莊的一件代
表晚期的作風。

　　這似乎說得有點像獸頭刀是突然出現於殷商時代的！實際上這一發展
並不突然；上面已詳細說明，獸頭刀全體形制：背線、双形、下闕、柄身等
等——都是由較簡單的作法發生出來。把柄端裝成一個馬頭、牛頭或羊頭，
雖像是一種革新運動，但仍有長期的孕育歷史。將器物的終止部份裝成一
動物形，可以說是殷商時代一種甚普遍的風氣；在若干實物上，如笄的頂

端，輈的前頭，容器及蓋上的紐，建築物的突出部份，飾以立體獸頭形，是大家週知的事實。在小屯出土銅器的文飾中，這一類的動物形，有些作得逼近自然，到了一種程度——如四獸頭刀及 297 式壺形器及 277F 方卣形器上所象的羊頭——使我們不能不假定一種寫真風氣的存在。

這風氣的原始，並不難解釋。殷商人所接近的動物羣，據我們清理殷虛獸骨的結果，只哺乳類一項，已不在少數 (122)；常見的家畜，如牛、羊、豬、犬，更不止一種；野生動物，包括狸、熊、獾、虎、豹、兔、獐、鹿、竹鼠、黑鼠以及海邊的鯨、南方的象、西北高山上的扭角羚；——這些動物的遺骸都保存在小屯的遺址中，較之甲骨文所紀錄的更可證明殷商人與它們密切的關係。

殷商時代顯然有一種像後代的勇士們一樣，用戰爭或打獵得來的俘虜品，紀念勞績，誇耀威武的習慣。小屯出土的牛頭刻辭，鹿頭刻辭，早經發表；此外並有人頭刻辭的傳說，雖無發掘紀錄的根據，事實似甚可信。這些具有刻辭的鹿頭、牛頭、或人頭，應該是預備給人看的。也許，像現在英國紳士們，把打獵所得的野獸頭剝製後掛在壁爐上，給人們欣賞的習慣一樣；殷商時代的虎賁之士，將這些獸頭（及人頭）懸掛在墻壁或高竿上，藉以宣揚他們的威德。欣賞這些紀念品的人自然要得一種印象；經過若干轉變後，這些印象就在各項藝術上表現出來了。最得風氣之先的大概是木作、骨作及石作的匠師，等了傳到銅器業的時候，作風已開始在變了。故完全效法自然的文飾在銅器上並不多見，但也偶然地出現。

吳其昌在他的金文名象疏證說："刀之爲用，除戰爭、刑殺、宰牲及以後變爲錢布以外，尚用以削治簡牘…"(123)，意見雖尚不能完全證實，但不會差得很遠。刀形在双口、刀背、柄身、柄端各處的變異及改進方向，大約以它們的用途作決定因素。或以爲小屯所出的銅刀，最大及最重的一例爲 YM020 的馬頭刀：長 320mm，重 382gr——用作戰爭或刑殺似乎不够分量。這一問題是否能成立，不是單靠分析器物本身的形態所能解決的。照發掘紀錄，YM0 20 所出的三獸頭刀，顯然是車上三武士的武裝之一部，與矢鏃及句兵放置在同一地位 (124)，好像是戰國時所用 "劍" (125) 的前身，預備短兵相接時作白双戰的。石璋如君對此一點將有更詳細意見發表；專就出土的情形說，這一解釋，是不容置辯的了。小屯及侯家莊一帶均沒有出過双双的劍，故在某一殷商時代的戰場上，人對人爭鬪到了 "搤肮坩背" 的時候，所持的最後利器，大概就是這厚背的獸頭刀。這自然只是指大型的，長度在 300mm. 上下的講；侯家莊的小型獸頭刀，顯然另有用處。看來殷商以後盛行於北方民族的獸頭刀，所承襲的作風，只是侯家莊的小型的一派；用作戰爭的大件，不久就被桃氏的劍所替代。

三　句兵溯源

第一段說明所紀錄的三十五件完全的，及七件不完全的句兵，各部形態頗有不同；綜合起來說，它們所引起的問題有三：(1) 內的外形，有長方形與倨句形兩大派別；這兩種不同的形態，在結構上是否有內在的關係，還是各有它獨自的來源？(2) 三十五件全形標本中，雖說大半都有上下闌，但也有缺這兩闌的；側闌的發展更不一律；它們的相互關係何如？究竟是側闌在前，還是上下闌在前？(3) 舌狀援末與尖銳的援末是初期的區別還是後期的分化？下面分開討論這三個問題。

（1）直內（長方形）與曲內（倨句形）：試先從墓葬的材料說起；上篇所說出有禮器的葬坑，有五座出過句兵：計 YM232 出土直內有文飾的一件，曲內的五件；YM238 出土直內有釜的一件；YM331 出土直內的五件，曲內的一件；YM333 出土直內的一件；YM388 出土直內的五件。照上篇所擬各墓相隨的秩序（表十三），YM232，YM388 均列入第一階段；YM331 第二，YM333 第三，YM238 第四；故直內與曲內的句兵，在第一墓葬期都已出現；

到了第四期，只有有鉴的句兵。西周時代，所有的句兵，如濬縣墓葬所出，全由長方內形演變出來；曲內的句兵在豫北一帶似乎已經絕了跡。(126)

小屯出土的句兵，有全體都用石（或玉），也有石（或玉）與銅聯合起來製的。石製句兵保存完全的共八件：計 YM232 出兩件；YM388 出四件；YM020，YM414 各作一件；八件都具直內，都沒有上下闌。YM331 所出石銅合製的一件，為曲內形；形態詳前說明（鋒双68）。YM333 的一件內已失去，只保存了援。故小屯出土形制保存完全的石製句兵，都為直內形，與銅合製的一件却為曲內形。侯家莊出有石銅合製的兩件，銅內都是直形（圖版參貳：2）。

就安秘處所留的痕跡看，上下闌顯然構成內的一部；所以我們談內的形態，應該包括這一段。石製的及銅製有鉴句兵都沒有上下闌；此外在小屯發掘出來的銅製無鉴句兵，無論是直內或曲內，大半都有上下闌，只有兩件'殘形的'要算例外。高本漢教授在他的論文內載有無上下闌的曲內銅戈兩件：其一由鄴中片羽轉載（原文圖版24：126），與本所在北平蒐集到的一件類似，是否安陽出土，無證明；另一件為于省吾氏所藏（同上，Pl. 26, 143）。

日照黑陶遺址出有石"戈"殘件；所保存的，為援末部份；有中脊及上下兩双；双線及中脊的排列，近於不對稱，橫內的"戈"；不近於對稱直戴的矛。金關丈夫、三宅宗悅、水野清一等，發掘旅順鳩灣內羊頭窪 (127) 遺址，黑陶文化層內，曾發現形制近於完整的石"戈"；同報告內載有"厚和購入"石"戈"一件，援末與日照所出的殘件相似（插圖二十八：C），但內的部份尚沒發育成形；發掘出來的各件，器後安柄的一端已具一孔，但也沒有完全分化的內。(128) 據此，我們可以推想，日照殘石戈所代表的全形，後一段的形態，大概也沒有分割清楚的窄內。小屯所出的石戈，安秘處前寬後狹；寬窄分界點作肩狀，向後較狹的一節，或者就是一部份銅戈上直內所本；不過有上下闌的直內及曲內，顯然另有來源。我們且把說過

插圖廿八：石製“戈”援六種

    a. 石製似無內 （見“羊頭窪”七六頁）

    b. 石製似無內 （見“羊頭窪”三六頁）

    c. 石製，不全 （兩城鎮出土 ww 35）

    d. 有內未發見 （YM 333）

    e. 有直形銅內 （HPKM 1488）

    f. 有曲形銅內 （YM 331）

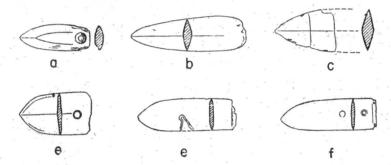

的各種內形，總叙一次，再討論它們的發展的先後及相互的關係。表二十

七撮列與橫內的句兵形制演變有關，所知比較準確的幾件事體：

表二十七：句兵質料與形態之關係

	①內援未分割	②內援分割，無上下闌		③內援分割，有上下闌	
		(a) 直內	(b) 曲內	(a) 直內	(b) 曲內
A. 石製 (包括玉)	羊頭窪出土石戈：同書所載（頁三十六，第十八圖）“厚和購入”石戈，與日照出土殘件類似	小屯出土，全形者八件：M 232兩件；M388四件；M020一件；M414一件			
B. 銅製		小屯出土，鋒双51-52；鋒双53-56(有盈)	小屯出土：鋒双57(有盈)	小屯出土：鋒双35-50	小屯出土：鋒双59-70
C. 石合銅製				侯家莊出土兩件；HPKM 1488一件，銅內石援俱全，HPKM 1487一件，銅內在，石援已失	M331出土一件：鋒双68

上表說明兩點可加注意的事實：①石“戈”沒有一件帶上下闌的；②石

銅合製的 "戈"，却沒有一件不帶上下闌的。石銅合製的武器，留存到現在
的，接箭處大牛都過份脆弱，故自來被視爲一種儀仗上的設備，缺乏實際
的效用。關於這一點，現在似乎尚沒有更適當的解釋。不過我們還可以從
"發生的" 方面，看這一組材料的含意。假如我們把有上下闌的 "內"，與
沒有上下闌的 "內"，分開來看；"內" 形的原始，也許可以看得更明白些。

侯家莊墓葬（HPKM 1488）所出石銅合製有上下闌的直內戈形器，（圖版
參拾貳：2a,2b），使我們聯想到新石器時代瑞士湖居民族遺留下來的石斧安
柄法 (129)（插圖二十九），先把石斧的頂端套入一根鑿有臼窠的短椿上，

插圖廿九：歐洲新石器時代石斧的鹿角 "套柄" 與殷商時代句兵的銅內形態之比較：

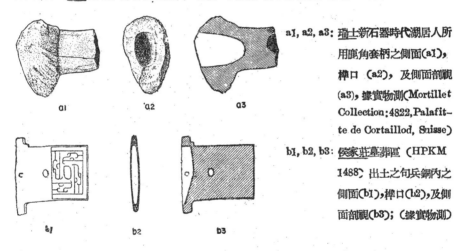

a1, a2, a3：瑞士新石器時代湖居人所
用鹿角套柄之側面(a1)，
榫口 (a2)，及側面剖視
(a3)，據實物測(Mortillet
Collection：4822,Palafit-
te de Cortaillod, Suisse)

b1, b2, b3：侯家莊墓葬區 (HPKM
1488）出土之句兵銅內之
側面(b1)，榫口(b2)，及側
面剖視(b3)；（據實物測）

再把這短椿插入一根長柄的榫口（插圖三十）；這一中間柄（短椿），可以
稱爲 "套柄"，大牛是鹿角、牛角、或骨料作的；所插入的長柄，卽直接把
握在手中的，可以稱爲 "握柄"，大牛是木料製的。鹿角製的套柄，曾在滿
州札賚諾爾及赤峰一帶出現過 (130)；黃河流域一帶的史前遺存中，雖尚沒
找到這類的遺物，它的存在可以由石銅合製的句兵，銅內的結構上看出；
故侯家莊出土的這一器，在形態上，可以說誠實地保留了古老的 "戈" 制
由此可以辨出，上下闌原是套柄外圍之一部，演成窄長條的榫口時，窄端

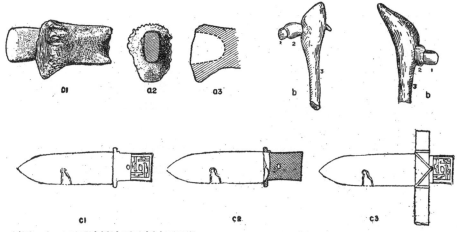

插圖三十：石斧裝柄與句兵安柄之兩階段

　　a1. 裝入套柄之石斧（Mortillet Collection: 4816，據實物測）

　　　　　　　　　　　　　　　　C1. 石援套入銅內之句兵（HPKM 1488）

　　a2. 鹿角套柄之榫口（同上）　　　C2. 同上，剖視

　　a3. 鹿角套柄之側面剖視（同上）　C3. 銅內石援句兵安柲法之一種可能

　　b. 裝成之石斧兩例：1. 石斧　2. 套柄　3. 握柄（見MDA（廿七）Fig. 191: 4. 6.）

特別加厚所形成的現象。沒有上下闌的內，大概是由早期石戈直接安於"握柄"上的肩形榫頭，傳下來的做法。

　　由套柄發育成的"內"，或直或曲，很難設定；小屯出土的句兵，有頗彎曲的直內（鋒双46），也有近直的倨句形（鋒双59）；插圖三十一所排的內，表示由直形到曲形中間並沒有難渡的空隙。不過曲內的產生，不像如此簡單；據豫北一帶發掘的材料，我們知道的關於曲內銅戈的事實為：①都是有文飾的；②存在的時代限於殷商；③最早出現期差不多與直內的銅戈同時。文飾的內容最清楚的為以鳥為中心的各種圖案；鉥錎鏤空，頭上有冠的一組（鋒双69，70），證明了形制與文飾有密切的相互的影響。這一組的鳥嘴可以拉得很長，如小屯所出二例，恰恰塡滿曲內下垂的部位，也可緊縮於長方內裏；如傳世有名的保定三句兵。(131) 據夢郼草堂所印的圖象，三句兵的內部形制顯然不屬於倨句形的一種；不過第一第二（即"且""父"二器）兩器的拓片，上下緣均剪裁了；第三器"兄"似為原大，鳥頭最寬處較內的

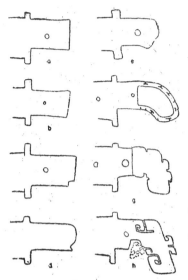

插圖卅一：戈 "內" 形態之演變示例：

a. 鋒双49 (YM 101)

b. 侯家莊墓葬區 (HPKM 1458)

c. 鋒双43 (YM 388)

d. 鋒双47 (YM 333)

e. 鋒双46 (YM 388)

f. 鋒双59 (YM 232)

g. 鋒双70 (YM 167)

h. 侯家莊墓葬區 (HPKM 1550)

裏段超過五公釐(5mm.)，嘴部已有向前伸的趨勢。找不出這三器的原照片，有若干形態上的細節目，看不出來；但有兩點，拓片已表現得很清楚：側闌已完全發育出來了；內上緣低於援上双。專就第一點說，似乎這三件兵器要比小屯的殷商晚；但就鳥的圖案說又較近自然；三器的出土地，遠在殷虛之北，也許另有一派作風；這一點是我們應該再詳細研究的。另外一點值得注意的，爲所說的形制與文飾相互的影響；這一組曲內向下垂的部份，以鳥嘴外伸的度數爲限（插圖三十二），週圍沒有填空的地位；鳥嘴伸長一

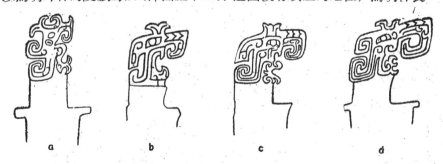

插圖卅二：鳥嘴的前引與曲內的下垂

a. 羅振玉：夢䩆草堂吉金圖卷中，三頁

b. 于省吾：雙劍誃吉金圖錄下，十五頁

c. 鋒双69 (YM 164)

d. BMFEA (十八)：No. 17, Pl. 24: 124

點，下垂的部份隨着長，如高本漢敎授文中所舉各例（119-126, Pl. 23-24），嘴部的寬度較裏段的寬度多超過兩倍以上；小屯標本（鋒双 69, 70）超過的度數，不及百分之七十；保定句兵第三器的比例縮小到 100:114。這些事實可以證明，內的後段成了一種裝飾品；輪廓的改變，與實用無關，只靠藝術的衝動定局。

復利爾藝術陳列館，1946年所出的中國青銅器目錄第四十二版載有一器，名爲 "禮鐮"（Ceremonial Sickle，插圖三十三）(132)；據說明，刀爲玉製，柄爲銅製；柄上端有槽形鑿口，將鐮本銜入；鑿後附有鳥狀的內；內的圖案與鋒双 69, 70 及保定三句兵之內後段相似。內爲銅製，附在柄旁，與玉鐮相對，却並不是鐮刀的一部。這一器的結構使我們更可以了解；若干曲內演變的眞正性質；一切動向所表現的都側重裝飾的一面，漸漸地與實用的關係遠了。(133)

（2）上下闌與側闌：程瑤田在句兵雜錄，談吳槎客所藏一器，云："…蓋有內者，双橫出如戈援，而無下垂之胡。內廣：三分其援本而去一；上與援上双齊平，而下双出於內者三分之一。內援之間，爲物間之，上下皆出援本，所以嵌祕鑿以固內。如戈戟之安內法也。以冶氏不載是器，不知其名，故存而不論…"。(134) 這一器顯然

挿圖卅三："禮鐮"（Ceremonial Sickle）照 Freer Gallery of Art, Descriptive Catalogue of Chinese Bronzes: Pl. 42（參閱本文註釋113）縮小描繪

就是殷虛最常見的句兵；所謂 "內援之間，爲物間之，上下皆出援本" 就指前段所說的上下闌。同書，冶氏爲戈戟考，有云："戈胡貼祕處，有闌以限之，闌之外復有物…"；戰國秦漢時代的戈，戈胡靠柄的部份兩面突起成

限；就是程氏所說貼柲的"闌"；由殷商到戰國，這一形態的發展，經過了若干轉變 方演到程瑤田註釋的考工記所說的階段。本文稱這一闌，卽貼柲的闌，爲側闌（或左右闌），以別於"出援本"的上下闌。

程瑤田雖注意到這兩形態，但並沒討論它們的實際的意義。在戈制改革的歷史中，兩闌的問題可以說佔在核心地位；這是將歷代句兵形制作一比較研究，就可以曉得的。

上下闌的原始，前段已經有所闡述；小屯所出的全銅句兵在援本與上下闌分界處，有若干標本，尚保有類似接箭的痕跡。這種蛻跡在本所1947年在北平購到相傳安陽出土的一件句兵上表示得尤明顯（插圖三十四：C）：緊靠上下闌的援本，寬度爲 58mm.，中脊厚度爲 6mm.，上下兩刄削薄到1—2mm；上下闌長 77mm.；厚度，由上到下，最小的爲 4mm，最多的沒超過 6mm。此一結構保持着援的箭頭插入內的樺口接縫的形態；與侯家莊所出的，石銅合製的句兵比，接箭的類似，再不能更近了。在小屯出土的句兵上，同一形態，尚可發現；但內援合冶後，范型變動，這一特點隨着漸漸地消滅，也是必然的事。插圖三十四所附的內援分界處的橫斷，說明這一趨勢，同時側闌的作用向前進展也是促進這一趨勢的一個重要原因。

援的中脊就是側闌的胚胎形，這是全體小屯出土的句兵可以證明的一件事。由中脊到成限的側闌，小屯出土的標本具有三級不同的發展；加上最早的一級共爲四級，如下：

(甲)援本最大厚度與上下闌部份厚度相等；鋒刄35—43，46，47，63，共十二器；計直內無文飾者十一器；YM331 五件，YM388 三件，YM18.2，YM18.5，YM333 各一件。曲內有文飾者一件，YM232出土。（圖版參拾參：1）

(乙)援有中脊，脊終止於上下闌前，作尖角形之突起。突起處略高於內，兩面對稱；鋒刄 44，51 共兩器：直內無文飾一件，YM388 出

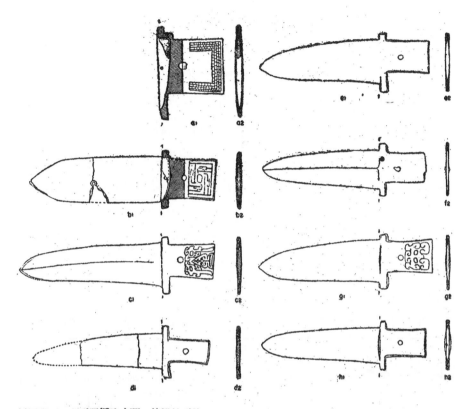

插圖卅四：戈形器援內之間，接樺的形態

a1：HPKM 1447：1.50銅內之剖面，樺口內留有石援殘片　　a2：同上，援與內的接樺

b1：HPKM 1488 剖面　　　　　　　　　　　　　　　　b2：同上，援與內的提樺

c1：北平購買全銅句兵　　　　　　　　　　　　　　　c2：同上，援與內的接樺痕跡

d1：鋒双 42（YM 388）　　　　　　　　　　　　　　d2：同上，援與內的接樺痕跡

e1：鋒双 37（YM 331）　　　　　　　　　　　　　　e2：同上，援與內的接樺痕跡

f1：鋒双 44（YM 388）　　　　　　　　　　　　　　f2：同上，援與內的接樺痕跡

g1：鋒双 50（YM 137）　　　　　　　　　　　　　　g2：同上，援與內的接樺痕跡

h1：鋒双 45（YM 388）　　　　　　　　　　　　　　h2：同上，援與內的接樺痕跡

　　　土；殘形直內有文飾一件，YM270 出土。（圖版參拾參：2—3）

（丙）援本與內交界處高於內；上下加寬，由尖角形突起，擴大成弧形

　　　之突起；鋒双 45，49，50，59—62，64—70 共十四器；計 YM232

　　　四件；YM020 二件；YM183，YM164，YM167，YM331，E16 各

　　　一件，皆曲內有文飾；YM101，YM137，各一件，直內有文飾；

YM388 一件，直內無文飾。(圖版參拾參：4—5)

(丁)限形側闌：(乙)(丙)兩項高出部份，爲援脊或援身中部之終止，如臺階之分別高低；丁項側闌，如門限之隔斷內外；爲兩周秦漢戈形器側闌之母形。 <u>小屯</u>只有一例，YM232 出土，無上下闌，近 "殘" 形，方內，內後段有文飾。(圖版參拾參：6)

參加上項統計的句兵，共廿九件；計有上下闌的二十七件，無上下闌的兩件。有上下闌的，直內無文飾的十二件，十一件沒有側闌，一件有側闌；直內有文飾的兩件，有側闌；曲內的都有文飾，無側闌的只一件，其餘的十二件都有側闌。兩件沒有上下闌的，都是直內的，都有側闌。若以出土地爲單位來計算，有兩件以上的爲 YM020，YM232，YM331，YM388 四墓；所出句兵，側闌之發展並見下表。

表二十八：各墓出土句兵之內形，文飾，側闌，上下闌，相互關係一覽

出土地 內形 文飾 上下闌 側闌	M18.2	M18.3	M18.5	M020	M101	M137	M164	M167	M232	M270	M331	M333	M388	F16	總數
① 直 無 有 無	1	—	1	—	—	—	—	—	—	—	5	1	3	—	11
② 直 無 有 有	—	—	—	—	—	—	—	—	—	—	—	—	2	—	2
③ 直 有 無 有	—	—	—	—	—	—	1	1	—	—	—	—	—	—	2
④ 直 有 有 有	—	—	—	1	1	—	—	—	—	—	—	—	—	—	2
⑤ 曲 有 有 無	—	—	—	—	—	—	—	—	1	—	—	—	—	—	1
⑥ 曲 有 有 有	—	1	—	2	—	—	—	1	1	4	1*	—	—	1	11

* 石銅合製

上表所示，上下闌與側闌之關係：①⑤兩項均爲有上下闌無側闌之句兵共十二件；③一項爲無上下闌有側闌之句兵共二件；②④⑥三項爲有上下闌有側闌的共十五件；但成限的側闌却不在有上下闌的十五件內，而在無上下闌的兩件內。由此我們可以得到一條結論：上下闌與側闌，在早期不是同時發展的形態。那時兵工最大的課題，是如何把句兵的工作部份與把握部份銜接得堅實穩固，增加戰爭的效率；這實驗自然是在兩方面並進的；故

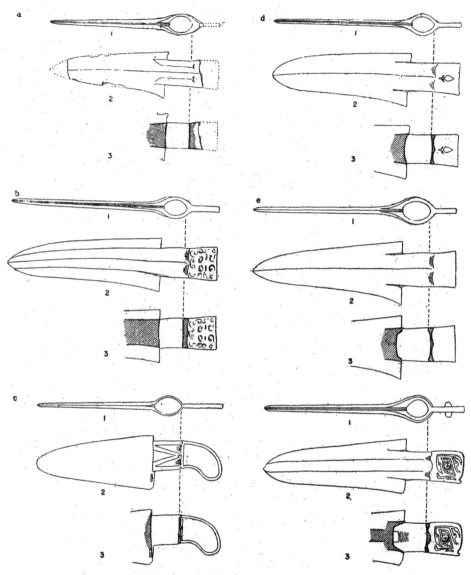

插圖卅五：以銎受秘的句兵銎形剖面

　　a1. 2. 3：鋒双 56 (E16) 銎形之俯視 (a1)，外表 (a2)，與縱剖 (a3)

　　b1. 2. 3：鋒双 55 (E16) 銎形之俯視 (b1)，外表 (b2)，與縱剖 (b3)

　　c1. 2. 3：鋒双 57 (E19) 銎形之俯視 (c1)，外表 (c2)，與縱剖 (c3)

　　d1. 2. 3：鋒双 54 (E16) 銎形之俯視 (d1)，外表 (d2)，與縱剖 (d3)

　　e1. 2. 3：鋒双 53 (YM238) 銎形之俯視 (e1)，外表 (e2)，與縱剖 (e3)

　　f1. 2. 3：<u>北平</u>購買有銎句兵銎形之俯視 (f1)，外表 (f2)，與縱剖 (f3)

銅的戈頭與木或竹的柲，均在不斷的改進中。就戈頭的方面看，下說的經過顯然都嘗試過。把柲端作成杈椏形，戈頭的內部騎在枒口，上端用繩纏緊，或加一箍，或加一帽；有上下闌的，亦內入柲的卯口內，卯口的形態，在較進步的階段中，卽反應戈頭內部的裏段，兩相扣合，有如符節。上下闌在此一階段的實際效用有二：㊀爲制止戈向前啄時的，後衝力量；同時㊁又爲安柄纏繩的把手，免得啄後外拔時，向前滑脫。在實際經驗上，大概啄時後衝的力量比較難制；側闌的設計就是爲應付這一問題；上下左右都有擋手時，後衝的力量自然較易制伏了。但這個解決方法，似乎不是短時期就實施的；殷商期間是否將柲端納戈的卯口，由開口的杈椏形改成闔口的鑿形仍是一問題，小屯侯家莊一帶所出的戈頭，內部的厚度，裏段殺於後段的，直形者有一半，曲形者居絕大多數(表二十三，二十五)；這是那時用杈椏形卯口一個有力的證據。闔口的柲鑿，大概在西周時代方實驗成功，同時限形的側闌也到了成熟的狀態；由此而降，下垂的胡，方得正常的發展；向這一路的實驗、差不多繼續了一千年的時間；但在小屯的殷商期間尙停留在孕育期。那時的冶氏，大概對於以鎜受柲的方法(插圖卅五)寄了很大的期望；故句兵的鑿形也經過若干改進；這一實驗一直展延到"胡"形降生的時候；但最後證明是一失敗；到了西周就放棄了。

殷周之際負責兵工設計的"冶氏"，在實驗句兵安柄固柲的工作中，始終沒有，像歐洲銅器時代盛行的句兵似的 (135) 在用釘子的這一路着想。這一點決定了中國句兵不同的改進方向。這個原因何在？現在尙找不出恰當的答覆。

(3) 舌狀的援末與尖銳的援末：小屯所出三件最大的句兵(鋒双63，72，73)，援末都作舌狀；較小一點的，只有 E16 出土以鎜受柲曲內的一器 (鋒双57)，YM232 出土無上下闌，有限形側闌的一器 (鋒双52)，及

YM388 出土有上下闌及弧狀側闌的一器（鋒双 45），前部的形態可與類比；此外都具尖銳的前鋒。早一點的遺址及殷虛出土的石製及玉製戈形器，上下兩双在前端交會處也很少作圓轉形的。稍晚，濬縣墓葬區所出大批的句兵，鋒末都極尖銳，只有在安陽大司空村，高去尋君發現過一件，形制與程瑤田在通藝錄句兵雜錄中所記吳徵埶的一器（冶氏，五十一，句兵廣援有內者），極近，援末恰如舌端，但有發展成限的側闌；這樣的作法，後來大概沒繼續下去（插圖三十六）。

句兵而前鋒不銳；看起來似乎是設計未精密，以致有這種不調和的出品。鋒双63重875公分，失了內的鋒双72重697公分鋒双73重677公分：這三器不但是小屯出土的句兵中最大的，也是最重的；它們都沒有側闌的任何痕跡。曲內的句兵，在小屯的句兵器羣中，大半都有側闌的胚胎形，只有這三件是例外。這些特點的集合：——

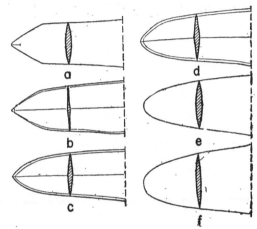

插圖卅六：由尖銳的援末到舌狀的援末六例：

a. 石製 YM020 出土　　d. 鋒双 54（E16）

b. 鋒双 74（E16）　　　e. 鋒双 73（E16）

c. 鋒双 65（E16）　　　f. 鋒双 72（E16）

最大，最重，舌狀的援末，側闌的缺乏。文飾的工整及作法的特別精緻——這些特點，都暗示一個解釋：它們是沒有實用的裝飾品。這樣的句兵，好像海敦教授所說的紐基尼，東南半島的石斧一樣 (136)，只是財產與權力的符號：愈沒實用，製作時耗工愈多，象徵的意義愈大，愈為社會所尊重。

不過上項的解釋只算說明了小屯最大三句兵存在的意義；並沒講明舌狀援末何以發生。援末作舌狀，較小的三件中，兩件有甚發展的側闌，一件以蓋受秘；它們的實際效用必較大。我以為這些都是早期實驗句兵形制的副產品。在石器及玉器的紀錄中，常看見端双與邊双聯合在一器上的作品（插圖三十七）：有前鋒斜出如牙璋，兩邊帶双如刀狀的；有端双弧狀，兩寬邊磨成双形，仍保持扁形石斧狀態的。很可能地，舌狀援末代表實驗聯合双形的一個階段，但沒得到最後的成功。（插圖三十七）

（4）不見於小屯句兵的現象：（甲）小屯的句兵，沒有由援本下垂的"胡"；沒有胡的句兵，不見於冶氏的記載，可見考工記時代已不作這種句兵了。但有胡的句兵，在小屯的殷商，尚沒誕生。（乙）成双的內，也不見於小屯的句兵，只有把內後緣

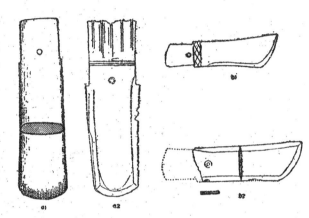

插圖卅七：　聯双器

a 1.　小屯出土 (E16)；斧狀端双。

a 2.　黃濬古玉圖錄初集，卷一，十四頁，斧狀聯双。

b 1.　有竹齋古玉圖譜，十四頁：刀狀邊双。

b 2.　四盤磨出土 (S4)：刀狀聯双。

下角作成刺狀的，出現過二次。（丙）側闌的胚胎期在小屯的殷商已開始，但成限的側闌只見過一次，形態發展尚未成熟。認清楚了這三點，我們可以再討論一次戈形器的原始問題。

　　最近(1945)高本漢教授，又把安特生博士在河北龍關湯池口所蒐集的原始石戈提出 (137)，認為安氏所說古銅戈的形制起源於這一石"戈"，可以證實了。前面已經講過羊頭窪及日照一帶所出另一型的原始石戈；與湯池口的一件相比，羊頭窪石戈的形態顯然較近於早期的銅製句兵。湯池口的石戈，在結構上，安柄的部份有三點可以注意：（一）寬度大於援；（二）厚度小於援；（三）厚的部份與薄的部份交界處，形態近方角轉，好像發展完

成的側闌 [138] (挿圖三十八)。 在小屯的句兵上，安秘的部份，緊靠援本，

兩處的厚度，相差甚為幾微；側闌的演進，亦未顯著。就這一點看，小屯

銅 "戈" 的形態要較
湯池口的石"戈"原始
得多。城子崖與日照
黑陶遺址中，都出過
薄內的石斧：由厚至
薄的一段，為緩的傾
斜，沒有像湯池口石
戈那樣急轉的作法。

華北一帶所發現的石

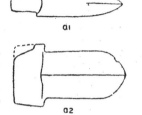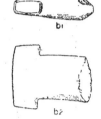

挿圖卅八：湯池口之原始石戈與小屯之 "丁" 形石斧
　　a：湯池口石戈 (ECC1 (卅一)：Pl.V)
　　　　1.正 面　　　　2.側 面
　　b：小屯石斧 (C64乙)
　　　　1.正 面　　　　2.側 面

器標本。直到現在，尚沒看見第二件與湯池口式完全相同的石 "戈"。最近於

它的形態的，為小屯 C64 乙坑所出的"T形"石斧(圖版參拾貳：挿圖三十八)；

這一器的輪廓，與湯池口的完全相符，但 "內" 與 "援" 兩部的厚度，沒有

分別，更沒有像湯池口標本所具的中脊與側闌。若說 "T形" 這樣子是 "戈"

的祖型，小屯的一器應更為合格，湯池口 "石戈" 的形制，本身顯然是由小

屯 "石戈" 發展出來的；故它的中脊與側闌，比小屯的銅製句兵，要成熟

得多。嚴格的說起來，湯池口標本，並非發掘得來，為一種游離的遺品，

所具的科學價值極低；它的真正時代，也許可以晚到西周；在它的身上，

找銅 "戈" 的原始，不但在形態的演變程序上很難插入，單就時代的先後

說也編排不出來。

　　　四　鏃形的演變，及其在地面下分佈之狀況

　　小屯出土的青銅箭頭，已經有過兩次的紀錄 [139]；抗戰期間，一部

份未經最後登記的田野號碼遭了損失；最近整理，有九十件銅鏃的坑位已

經不明。表二十九分式詳列小屯所出銅鏃之坑位。

表二十九：各式銅鏃之坑位及分配數

出土地／形制	第一式	第二式	第三式	出土地／形制	(1)第一式	(2)第二式	(3)第三式	出土地／形制	(1)第一式	(2)第二式	(3)第三式	出土地／形制	(1)第一式	(2)第二式	(3)第三式
35 坑	1	—	—	大連坑	4	3	—	D24	1	—	—	E181甲	5	2	—
縱 一 甲	2	—	—	A1	—	—	1	D51	—	—	1	H088	—	2	—
縱 二 甲	—	1	—	A23	—	—	1	D75	—	—	1	H138	1	—	—
縱 二 甲乙	1	—	—	B33	1	1	—	D95	—	—	1	H155	1	—	—
縱 二 乙	1	—	—	B47西	—	—	1	D120	3	—	—	H219	—	—	1
縱二甲乙西支	3	1	—	B69	—	—	1	E3	—	—	1	H326	1	—	—
縱 五 癸 東	—	4	1	B106南支	1	—	—	E16	14	9	—	M020	—	30	—
橫 12 丙	1	—	—	B106,118合坑	1	—	—	E20	1	—	—	M040	—	10	—
橫13丙北支二	1	1	—	B123	2	1	—	E21	2	—	1	M164	—	5	—
橫 13 丙	—	1	—	B126	1	—	—	E23	4	—	—	M238	8	4	—
橫 13·25 乙	1	—	—	C124	1	1	—	E59	—	—	2	？	58	32	—
村 北 斜 二	3	1	—	C133	—	—	1	E163	—	—	1	總　數	125	124	2
連 十 一 乙	—	1	—	D1	—	—	1	E168	1	—	—	總　合	—	251	—

小屯鏃形的演變，在用青銅原料製造的一組內，已有一個範圍；上表所列的二百五十一件都是兩面對稱合范鑄的；都具双双，三鋒；兩面都帶有中脊：但在這些類似點的幅度內，却有若干小的差異。除了三式（插圖卅九）在結構上的基本區別外，它們的體積大小，輕重，中脊突出的高低，翼展的寬窄，差不多是個個不同；插圖四十表示這幾方面相差的距離（參閱圖版參拾貳：5—18）。

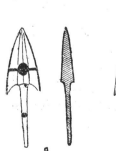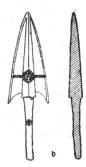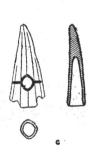

插圖卅九：小屯銅鏃三式
a. 第一式：短脊 (E16)
b. 第二式：長脊 (E181甲)
c. 第三式：篙脊 (E21)

表三十　簇形演變之統計分組比較表表

出土地＼測量點統計數	全　長						脊　長						本　至　末						上鋒至下鋒						葉　寬						脊　厚						重　量					
	N	min	max	M	σ	V	N	min	max	M	σ	V	N	min	max	M	σ	V	N	min	max	M	σ	V	N	min	max	M	σ	V	N	min	max	M	σ	V	N	min	max	M	σ	V
甲組（混合組）	100	36.6	93.0	63.4	10.8	17.03	100	22.7	59.0	35.4	7.6	21.56	100	20.5	53.5	33.6	5.8	17.12	100	22.7	60.5	38.8	6.7	17.17	100	14.0	34.0	21.0	3.6	17.20	100	3.5	11.0	7.5	1.2	16.24	100	3.10	20.50	9.6	3.5	36.43
甲一（短脊）	50	45.0	76.0	56.8	8.8	15.30	50	22.5	39.0	30.4	4.5	14.92	50	22.0	39.0	31.8	4.9	15.43	50	25.8	48.0	36.5	6.1	19.43	50	14.0	34.0	20.1	13.7	17.97	50	3.5	9.8	7.2	1.3	17.52	50	3.60	13.53	7.9	2.7	34.68
甲二（長脊）	50	36.6	93.0	69.9	9.2	13.14	50	22.7	59.0	40.5	6.6	16.37	50	20.5	53.5	36.0	5.8	16.09	50	22.7	60.5	41.2	6.3	15.37	50	14.1	29.2	22.0	3.4	15.37	50	5.0	11.4	7.8	1.1	13.41	50	3.10	20.50	11.4	3.2	28.47
乙組（混合組）	32	36.6	93.0	60.7	10.3	16.98	32	22.7	59.0	34.2	8.2	23.98	32	20.5	53.5	32.0	6.0	18.86	32	22.7	60.5	37.6	6.8	18.08	32	14.0	34.0	20.0	3.6	18.00	32	5.0	11.0	7.4	1.3	17.56	32	3.10	20.50	8.9	3.8	42.29
乙一（短脊）	16	45.0	67.0	55.9	5.7	10.20	16	23.0	39.0	29.8	4.7	15.77	16	24.0	39.0	30.5	4.8	15.74	16	28.9	48.0	36.9	5.8	15.72	16	14.0	34.0	20.0	4.2	21.00	16	6.0	8.5	7.2	0.9	12.50	16	4.00	13.53	7.6	2.7	35.34
乙二（長脊）	16	36.6	93.0	65.4	11.5	17.58	16	22.7	59.0	38.6	8.7	22.54	16	20.5	53.5	33.5	6.7	20.00	16	22.7	60.5	38.2	7.7	20.16	16	14.1	26.0	20.0	2.7	13.50	16	5.0	11.0	7.6	1.5	19.74	16	3.10	20.50	10.1	4.2	41.46
丙組（E16）	16	45.5	83.0	59.0	9.8	16.61	16	25.0	47.0	31.8	6.1	19.18	16	25.0	43.5	30.4	5.3	17.43	16	29.0	47.0	34.3	4.9	14.29	16	15.5	28.2	18.8	1.8	9.57	16	3.5	9.0	6.7	1.4	20.89	16	3.60	16.63	7.4	3.2	42.86
丙一（短脊）	8	45.5	63.0	52.4	6.2	11.83	8	25.0	30.5	27.6	1.9	6.88	8	25.0	30.5	27.8	1.9	6.83	8	29.0	35.0	32.0	2.0	6.25	8	15.5	20.3	17.3	1.8	10.40	8	3.5	8.5	6.3	1.6	25.39	8	3.60	9.00	5.7	2.0	35.09
丙二（長脊）	8	53.7	83.0	65.7	8.1	12.33	8	29.3	47.0	36.0	6.0	16.67	8	25.5	43.5	32.8	6.3	19.20	8	30.0	47.0	36.7	5.8	15.80	8	19.4	28.2	20.3	1.1	5.41	8	6.0	9.0	7.2	0.8	11.11	8	6.19	16.63	9.2	3.1	33.69
丁組（M23S）	12	59.0	91.0	69.4	10.3	14.84	12	29.0	49.7	37.9	7.1	19.19	12	29.0	45.2	35.8	5.4	15.08	11	33.5	49.1	41.4	4.7	11.35	11	21.1	22.6	21.9	0.5	2.28	12	6.1	9.2	7.8	1.0	12.82	12	7.70	15.20	10.8	3.1	28.81
丁一（短脊）	8	59.0	66.5	63.0	2.4	3.81	8	29.0	35.5	32.2	2.0	6.21	8	29.0	35.5	32.2	2.0	6.21	7	33.5	40.7	38.3	2.2	5.74	7	21.3	22.6	22.0	0.5	2.27	8	6.1	8.5	7.9	0.9	12.00	8	7.70	10.90	8.7	0.9	10.39
丁二（長脊）	4	71.7	90.0	82.2	7.7	9.37	4	43.0	49.7	46.8	2.4	5.13	4	40.2	45.2	42.0	2.2	6.24	4	43.7	49.1	46.9	2.2	4.69	4	21.1	22.2	21.7	0.4	1.84	4	7.5	9.2	8.6	0.6	6.98	4	14.70	15.20	15.0	0.2	1.34
戊組（M040）	10	68.8	79.1	74.7	2.7	3.61	10	38.3	45.2	43.7	1.9	4.35	10	35.0	43.0	40.6	2.1	5.17	10	42.0	49.2	46.2	2.0	4.33	10	20.5	22.4	21.6	0.5	2.31	10	7.5	8.9	8.0	0.4	5.00	9	11.00	12.60	11.9	3.4	2.84
己組（M020）	16	67.3	76.3	71.3	2.4	3.33	16	36.0	43.2	41.0	2.6	6.34	16	33.2	38.0	35.9	1.9	5.29	16	36.7	47.1	43.4	3.3	7.78	16	21.2	29.2	25.4	3.1	12.20	16	7.2	8.5	7.9	0.4	5.06	16	10.00	15.00	12.8	1.7	13.31
己一（M020）	10	70.6	76.3	72.8	1.6	0.22	10	41.5	43.7	42.9	0.7	1.51	10	35.9	38.0	37.2	0.6	1.61	10	41.9	74.1	44.7	1.5	3.35	10	26.5	29.2	27.7	0.8	2.89	10	7.9	8.5	8.2	0.2	2.20	10	13.15	15.00	14.0	0.5	3.79

N＝標本數　　Min＝最小數　　Max＝最大數　　M＝平均數　　σ＝標準偏差　　V＝差異係數

插圖四十：鏃鋒形態的沿變
上　列：（a1—a4）脊小至極大，（長脊式）：
　a1：（YH088）
　a2：（E59）
　a3：（E16）
　a4：（小屯庭下段折尖）
上中列：（b1—b4）源存至極瘦，（短脊式）：
　b1：（E16）
　b2：（YMC38）
　b3：
　b4：
中　列：（c1—c4）發展至繁聚，（短脊式）：
　c1：（小屯）
　c2：（E23）
　c3：（小屯）
　c4：（小屯）
中中列：（d1—d4）"關"的下移，（長脊式）：
　d1：（小屯）
　d2：（E8）
　d3：（小屯）
　d4：（E16）
下　列：小屯及殷墟晚期及戰國期銅鏃之比較
　e1：小屯出土，（E16）殷墟式。
　e2：濬縣出土，約在内周時代。
　e3：汲縣出土，（y15:126）戰國期。
　e4：汲縣出土，（y15:127）戰國型。

上列　　上中列　　中列　　中下列　　下列

第二式中脊透出鏃本的，流傳的時期較長；西周至戰國的銅鏃都由這一式演變出來；這可以由濬縣（約公元前八世紀）及汲縣（約公元前四世紀）出土的實物證明（插圖四十）。三稜式（三双）的銅鏃曾在戰國期間汲縣的墓葬出現，但小屯先殷文化層出土的石鏃已有較原始的三稜形；殷商西周的矢人却均沒用銅製三稜式的；這一件事值得特別紀錄。

第一式的鏃形開始出現，是否早於第二式，或同時，或較晚，尚無確切的地下證據。表三十的統計比較，由十五個組合構成；比較各組別的長度，脊長，鏃末至鏃本的長度，上鋒至下鋒的双長，兩翼展開的寬度，脊的厚度，全體的重量（插圖四十）*

甲組：由一百個形制完整的，但隨便選擇的銅鏃構成，第一式、第二式各五十枚；每式又分別統計，稱爲甲一，甲二。

乙組：爲小規模的混合組，以出土不及五個銅鏃的探溝灰坑所出或墓葬所出的實物爲限；第一式十六枚，第二式十六枚；綜合並分式統計：稱爲乙組，及乙一，乙二。

丙組：以E16坑出土之形制完全者爲限，第一式、第二式各八枚；綜合並分式統計，稱爲丙組，丙一　丙二。

丁組：以YM238出土者爲限，共十二枚；第一式四枚，第二式八枚；綜合並分式統計，稱爲丁組，丁一，丁二。

戊組：YM040出土銅鏃，共十枚，皆第二式。

己組：YM020出土銅鏃較完整者十六枚；皆第二式。內十枚出土時在一堆，再分開計算，稱爲己一。

*插圖四十與表三十另排

表三十甲、乙、二組爲混合組，代表銅鏃形制之全體；丙爲灰坑；丁戊己三組皆墓葬；故所列六個組合，有三大類別。今以此三大類爲單位比較形制各點之差異，所得之結論如下：

（1） 若以混合組之均數（M）代表全體之平均數，E16 坑（丙組）出土銅鏃所測量各點之均數比甲及乙組之均數小；YM238（丁組）銅鏃所測量各點之均數比甲及乙組之均數大。

（2） 第一式的共有四小組：甲一、乙一、丙一、丁一；所得各測量均數也是灰坑的（E16丙一），較混合組小，墓葬的（YM238，丁一）較混合組大。

（3） 第二式的共有七小組（己一，亦第二式，爲己組之一部份，暫不算），所得各測量均數，比較結果，大致如前，即灰坑的較小，墓葬的較大；但有四條例外：即 E16 坑第二式的平均長度大於乙混合組的第二式的平均長度；E16 坑第二式的平均寬度大於乙混合組第二式的平均寬度；YM238 及 YM040 第二式的平均寬度均小於甲混合組第二式的平均寬度。

（4） 各組的差異係數（V）之大小秩序，以混合組的最大，墓葬的最小，灰坑的（E16）介乎二者之間：但這是就每組係數的平均說。若個別的比較，就有若干參差；這些參差，也許與所用的實例數目（N）有關；也可能有其他的原因，但並不影響一般的趨勢，下表詳列每組六差異係數之平均數。

表三十一：各組別差異係數（見表三十：V，重量不計）之平均數

	第 一 式			第 二 式						第一、第二兩式合計		
	組別	標本數	平均係數	組別	標本數	平均係數	組別	標本數	平均係數	組別	標本數	平均係數
I. 探溝，灰坑墓葬混合組	甲一	50	16.76	甲二	50	14.96				甲組	100	17.72
	乙一	16	15.15	乙二	16	18.92				乙組	32	18.91
II. 灰 坑	丙一	8	11.26	丙二	8	13.42				丙組	16	16.33
III. 墓 葬	丁一	8	6.04	丁二	4	5.71	己組	16	6.67	丁組	12	12.56
				戊組	10	4.13	巳一	10	1.96			

所列之"統計結論"在此處之具體意義可解釋如下：——小的差異係數代表形制較為劃一的標本，極小者（如己一），各銅鏃可能由同一母范鑄成。差異係數大者，形制之變動亦大，或同時並代表較長時間之堆積，如混合組各例，所包括者實為全部銅鏃一二兩式之各樣不同形制及在小屯生存時間之總和。墓葬各組，銅鏃標本大半都是同時鑄的，故差異係數，均較小。灰坑的例，只有 E16 一個單位；算出的係數，極近混合組，比墓葬各組最高的數字還要高四點；這是 EI6 坑經過較長時期堆積過的一個最實質的物證。

五　墓葬與灰坑關係之一面

全形的青銅禮器，只在墓葬中出現；但小屯的墓葬却不出有文字的甲骨，青銅禮器與甲骨文字的關係應如何斷定？研究青銅鋒刄器分佈的結果，使我們知道：有若干出青銅禮器的墓葬並出青銅鋒刄器；有些出青銅鋒刄器的灰坑，也出帶文字的甲骨。有了這一發現，不但青銅器與甲骨文字生了聯繫，灰坑與墓葬之間，有若干事實也可類別出來，用作斷定它們相互的關係了。我們可以從 E16 灰坑說起。

E16 共出大形鋒刄器二十一件，佔全數四分之一略強（表十七）；又出矢鏃二十三個，佔全數百分之九略強（表二十九）。大形鋒刄器中有：空頭斧四件（鋒刄 9,12,13,15）；厚脊刀兩件（鋒刄19—20）；鑲頭刀一件（鋒刄26）；直內有銎句兵三件（鋒刄54,55,56）；曲內有銎句兵兩件（鋒刄57,58）；曲內戈形器一件（鋒刄65），矛形器二件（鋒刄78,79）；曲內失援標本一件（鋒刄71）；失內戈形器標本五件（鋒刄72—76）。矢鏃標本計第一式十四件，第二式九件。E16 所出的帶文字的甲骨共二百九十九片，見殷虛文字甲編圖版貳伍壹至圖版貳柒零；照董作賓先生的研究，這些卜辭都屬於一二兩期 (140)。據前節所統計的差異係數，E16 坑的鏃形可能地代表一較長期間堆積，故卜辭的年代雖以祖甲期爲限，其他實物的年代及堆積的時期也許較長。坑中所出的各種鋒双器，如曲內的句兵及直內與曲內以銎受秘的戈形器，皆不見於西周時濬縣的墓葬群；其他的鋒双器雖見於濬縣的墓葬群，但形制及結構細目已多改變；這是 E16 坑堆積的終止期可能在西周以前的一種間接的證明。更準確的估計尚待若干他種的比較研究。

但 E16 坑的實物屬於殷商時代，應該沒有很大的疑問；同時 E16 也不出作法及形制比較原始的青銅器，如 YH250（鋒双16）及 YH379（鋒双17）之一面平的小刀子；E16 出土的大小青銅器、包括矢鏃在內皆是 "合范法" 所鑄，並有用內模的。"一面平法" 所鑄的器物，出現於小屯的兩件標本，爲道地的日用品，不屬於偷工減料的明器範圍；故它們是眞正的初期青銅工業的遺存；這一點並可由它們所出兩灰坑的地層作證：YH250 在 B29 夯土下，又爲若干似乎屬於殷商時代的小墓所破壞；YH379 在一石礎下，亦顯然是那一區版築以前的建築。根據這兩種不同的觀察，我們可以說，YH250 與 YH379 兩灰坑，在小屯出現的年月，屬於早期的。假如我們把 YH250，YH379 兩坑放在小屯的青銅早期；E16 坑中儲藏的器物可以說是小屯的盛殷時代產品，這一時代也許延續了很久。

由墓葬發掘出來的鋒双器有三組（矢鏃除外），可與灰坑出土的比較，即（1）鑲頭的小刀（2）曲內的句兵及（3）以銎受秘直內的句兵。

小屯所出削形小刀，經紀綠的共七件：內有一件，柄端雖有鑲的輪廓，但並無穿；又一件橫面擴大，作頂蓋形；頂之一端以細銅條與柄下緣聯繫，成一小孔；故柄端眞正成鑲的只有：E16 的一件（鋒双26），YH092 的一件（鋒双27），YM040 的一件（鋒双28），YM164 的一件（鋒双29），及 YH181 的一件（鋒双30）；共五件。YH181 照發掘紀綠爲一被擾亂之墓葬，人骨全失，只餘銅刀的把，及塡入的雜器；故嚴格地說，我們只有四件鑲頭刀的出土地，沒經擾動，可以用作研究灰坑與墓葬關係的材料，即鋒双26—29四件。

四把鐶頭刀中，有兩把（鋒双26，27）出於灰坑，兩把（鋒双28，29）出於墓葬。它們的形制都是“偃曲卻双”，刀背的弧度，計：鋒双26爲：40° 15'；鋒双27爲：41° 45'；鋒双28爲26° 15'；鋒双29爲23° 00'；故灰坑的兩把，可以合九成規，墓葬的兩把，弧度差不多減少了百分之四十。凡下緣，柄双交界的部份，墓葬所出都有下闌；E16 坑一把，形制發展尚未及此，但 YH092 的一把，此處形態雖爲綠銹所掩，似已具有下闌的雛形。YM164 出的鋒双29，鐶外三乳狀突出，在小屯遺物中是一件孤本；在侯家莊小刀群中也無類似的發展；完全從形態學上說，這一設計，在鐶頭刀中，顯然代表晚期的作風。由此我們得到一個排列的秋序如下：鋒双26；鋒双27，鋒双28，鋒双29；在它們的形態的演進中，我們可以略略地看出 它們出現的年月也許有早晚的不同，它們的作法却都是一脈相傳的。

E16 所出曲內的句兵見分類說明 鋒双65；墓葬發掘出來屬於這一式的計有：YM232 的五件（鋒双59—63）；YM020 的兩件（鋒双66—67）；YM18.3 的一件（鋒双64）。此外尚有 YM331 所出銅石合製的一件（鋒双68），YM164 與YM167 出的鏤空文飾的各一件（鋒双69，70）。以上十二件形制完全，安柄方法都是橫內的。E16 另出有以銎受柲的曲內句兵一件；同於這一形制的不見於任何小屯的墓葬中。

鋒双65，在形制與文飾兩方面，與墓葬標本比都具有若干個性；最近這一器的墓葬標本，爲鋒双59，及鋒双66；但它們的曲內下垂處，上緣與下緣的轉角，均不若鋒双65之陡峻有力。鋒双65 的文飾，爲一極清楚之鳥形，清楚的程度只有 YM020 的鋒双66，67 可以相配；鋒双64（YM18.3）曲內的裝飾已漸成鳥之變態。YM232 五器中除了鋒双63 取象爬蟲外，餘四器的圖案，離蟲鳥原形漸遠；但仍象徵蟲鳥，不是四足獸，這是看它們的圖象就可以了然的。專就灰坑與墓葬的關係說，這一份材料所證明的 E16 坑與 YM020 相差的距離要算最近最小了。

以銎受柲的直內句兵四件，有三件出自 E16（鋒刄 54－56），一件屬 YM238（鋒刄53）；另有曲內的一件（鋒刄57）也是E16的原藏；它們的形制之互相差異處不只一點，已見前分類說明。E16的直內三標本及曲內一標本，銎的結構却是比較的一致；YM238 所出的一器，週壁向前合縫處，中間一段，凹入援本甚深；這大概是固柲設計之一，較之E16所出，此處不凹入的爲晚。

以上所舉各例，綜合在一起看，證實了：E16 坑的堆積確經過了較久的時間，故所出的實物，在形態上有早於 YM232 隨葬器的可能，也可以與YM238的出土物發生聯繫。同時上舉各例也證實了靑銅容器、靑銅鋒刄器及甲骨文字之密切的聯帶關係，把小屯地面下不少的墓葬及很多的灰坑打成了一片。　　　　　　　　　　　　　　　　　　　　　　中篇完

後　記

本文寫於民國三十七年春夏之交，爲整理小屯出土之靑銅器的第二篇報告。第一篇講容器，刊在中國考古學報第三冊。這一篇原編入擬定民國三十八年出版的考古學報第四冊內，三十七年八月卽送商務印書館排印；但等到最後校稿時，歷史語言研究所已搬到臺灣來了。最後校稿送印刷廠不久，上海卽淪陷；從此也就沒得到關於此文的任何消息。作者初遷臺時，心情迷亂，考古興趣，傷失殆盡；旋爲生活所迫，執敎臺灣大學，不得不重理舊業。兩年前，得到日本友人的來函說，考古學報第四冊已出版，並到了日本；但是否原樣，因爲作者自己並沒得到一本，就無法知道。除了日本，在鐵幕以外的其他國家，此文是否流傳到，却甚難判斷。不久以前，英國的葉慈敎授來函詢問，中國考古學報第四冊在何處購買，這至少證明承認中共的英國，也不容易買到這一類的出版品。瑞典的高木漢敎授①，似乎也沒看到本文；美國的 Max Loehr ②與維也納的 Karl Jettmar ③，在近兩年討論銅刀子問題，雖說提到早期安陽發掘報告有關的資料，但與他們最有關的本篇報告，却沒有列入他們的參考書報之內。

　　作者很感謝文史哲學報的編輯委員會；他們很慷慨地允許了把這篇論文重印一次，使這一部重要資料得與在自由中國及在自由世界關心安陽發掘的人士相見。治中國古代史的學者，同研究中國現代政治的學者一樣，大概都已感覺到，中國人應該多多注意北方；忽略了政治的北方，結果是現在的災難。 忽略了歷史的北方， 我們的民族及文化的原始， 仍沉沒在"漆黑一團"的混沌境界。 兩千年來中國的史學家，上了秦始皇的一個大當，以為中國的文化及民族都是長城以南的事情；這是一件大大的錯誤，我們應該覺悟了！我們更老的老家——民族的兼文化的——除了中國本土以外，並在滿州，內蒙古、外蒙古以及西伯利亞一帶；這些都是中華民族的列祖列宗棲息坐臥的地方； 到了秦始皇築長城，才把這些地方永遠斷送給"異族"了。因此，現代人讀到"相土烈烈，海外有截"一類的古史，反覺得新鮮，是出乎意料以外的事了。

　　外國的漢學家研究中國古史，有時雖也免不了"鹵莽滅裂"，但究竟是"旁觀者清，"常能把我們自己認不出的問題， 看得清楚些。青銅刀子引出的問題，也是中國早期文化的原始問題，即公元前三千年前至一千年前黃河流域的若干文化活動，與西伯利亞的伊爾齊斯河流域，葉尼塞河流域以及勒那河流域的人類還能是什麼關係？作者並不能同意馬克斯羅越（Max Loehr）的說法；一個最大的原因還是， 我們習用的殷商年代，最近雖已經若干專家作過精密的商討，仍沒達到確定的程度。所以專就這一面說，問題是方才提出；在解決以前，必須作的工夫還很多很多咧！我們以研究中國古史學為職業的人們，應該有一句新的口號，即打倒以長城自封的中國文化觀；用我們的眼睛，用我們的腿，到長城以北去找中國古代史的資料。那裏有我們更老的老家。

　　　　　　　李 濟　　四十二年二月廿八日，臺北夜十二時

① Bernard Karlgren: Some Bronzes in the Museum of F.E.A. pp.

22—25 BMFEA, Vol. 21, 1949。

② Max Loehr: Ordos Daggers and Knives. pp. 77—161, Vol XIV, Artibus Asiae, 1951。

③Karl Jettmar: The Kara-Suk Culture and its South-Eastern Affinities, pp. 83—126, BMFEA, Vol. 22, 1950。

重要參考及引用書籍雜誌簡稱（續）

（已見上篇之二十種不再錄）

（二十一）河南安陽遺寶　梅原末治著　1940年出版　京都　簡稱安寶。

（二十二）有竹齋藏古玉譜　上野有竹藏　濱田耕作編　大正十五年出版　京都　簡稱竹玉。

（二十三）文哲季刊　國立武漢大學出版　武昌　簡稱文哲。

（二十四）Archaeologia. Published by the Society of Antiquaries of London, London. 簡稱 Arch.

（二十五）Annual Report of the Bureau of American Echnology. Published by the Bureau, at the Government Printing Office. Washington. 簡稱 ARBAE.

（二十六）The Jessup North Pacific Expedition. Edited by Eranz Boas, Memoir of the American Museum of Natural History. New York. 簡稱 JNPE.

（二十七）Manuel D'Archéologie, Préhistorique, Celtique et Gallo-Romaine. Joseph Déchelette. 1928, Paris 簡稱 MDA.

（二十八）Le Neolithique de la Chine. Pierre Teilhard de Chardin, et Pei Wen Chung. Institut de Geo-biologie, Pekin. Peiping. 1944. 簡稱 NC.

（二十九）Smithsonian Institution Publications, Washington. 簡稱 SIP.

（三十）Ancient Harvesting Implements, Axel Steensberg. Nationalmuseets Skrifter. Copenhagen, 1943. 簡稱 AHI.

（三十一）An Early Chinese Culture. J. G. Andersson. 地質彙報（Bulletin of the Geological Survey of China）北平　第五號，第一冊，1-68頁，簡稱 ECC.

（三十二）中國考古報告集（Archaeologia Sinica）歷史語言研究所出版　南京　簡稱古集。

註　釋

(111)　安寶（二十一）：

(112)　B. Kalgren: Some Weapons and Tools of the Yin Dynasty. BMFEA（十八）: No. 17, pp. 101-144; Pl. 1-40.

(113)　A Descriptive and Illustrative Catalogue of Chinese Bronzes. Compiled by the Staff of the Freer Gallery of Art. SIP（二十九）3805 p. 90, Pl. 44, (Freer Gallery of Art, Oriental Studies. No. 3)

(114)　集外（十五）: 73—104頁。

(115)　Edward William Nelson: The Eskimo about Bering Strait. Pl. XLVII: 5; p. 109, 18th. ARBAE（二十五）

(116)　J. C. Andersson: Prehistory of the Chinese. BMFEA（十八）: No. 15, pp. 228-229,: Pl. 165 又 AHI（三十）p. 32; Fig. 19.

(117)　城子崖（十一）: Pl. XLIX.

(118)　吳其昌: 金文名象疏證。文哲（二十三）: 第五卷，第三號，469—564頁。

(119)　Waldemar Bogoras: The Chukchee. JNPE（二十六）: Vol. VII, pp. 216—218。

(120)　禮記，曲禮下: 天子之六工，曰土工、金工、石工、木工、獸工、草工、典制六材。鄭註此亦殷時制也。………獸工函鮑韗韋裘也。

(121)　Gordon Childe: The Bronze Age. Cambridge, 1930. p. 32. (夏鼐博士云，應參閱: MDA（二十七）: Vol II, pp. 181—186)

(122)　PS, D.（二十）: XVI: 1.

(123)　文哲: 第五卷，第三號，558頁。

(124)　考古: 第二冊，18—19頁。

(125)　荀子，議兵篇記魏武卒之裝備云:"………操十二石之弩，負服矢五十個，置戈其上，冠軸帶劍……"，與石璋如君所記 YM020 之三套兵器（見考古，第二冊，18—20頁；參閱石君另一文: 成套的殷兵器），所包括的弓、矢、戈相比，種類都甚相符。據此類推，大概獸頭刀，就是劍的先驅。殷虛在戰國時為魏之鄴郡；魏國訓練武卒所採的配備，顯然承襲一個相沿已久的武裝標準。

(126)　BMFEA（二十八）: No. 17, Pl. 34: 189 載有洛陽出土曲內句兵一件，高本漢教授標為西周時代器物。

(127)　羊頭窪: 東刊（七），乙種，第三冊；（1942）三四頁，三七頁，十六至十七頁；十七，四二圖；又圖版 XII: 1—7

(128)　同上。

(129) MDA (二十七): Vol. I, p. 532.

(130) NC (二十八): p. 52.

(131) 羅振玉：夢郼草堂吉金圖，卷中：一至三頁。

(132) 見註 (113)

(133) 高本漢教授，根據形制比較，得了曲內句兵原始於獸頭刀的一條結論（BMFEA（十八）: No. 17, pp. 136—137）。 在小屯地面下材料中，我們却沒找到獸頭刀早於曲內句兵的證據。只有 YM020 車馬坑內，同時出這兩種鋒双器：獸頭刀兩端的交飾爲馬，爲牛，爲羊（鋒双32, 33, 34）；鑄在曲內句兵內部的花紋完全是鳥狀的圖案，（鋒双66, 67）。 另出馬頭刀一件（鋒双 31）的 YH184，原是經早期破壞過的一室墓葬，準確的時代，尙難新定。其餘出曲內句兵的各坑，照同坑出土的禮器形制看，有比較早的（YM232），亦有較遲的（YM331）；就地層及器物形制兩方面說，均沒有可以證明 YM020 早於 YM232 或 YM331 的實證。高本漢教授用作建築這一學說的重要證據有二：（一）曲內的句兵，在結構上，內上緣與援上双齊平；關於這一點，小屯的標本，大半鏽化過甚，表現得不十分明確；較明確的一、二例，雖表現這一趨勢，但細加檢查，如鋒双 65，上闌與內上緣轉角處，留有冶鑄時的毛邊；毛邊磨去，內上緣與援上双仍不齊平；故統計小屯所出曲內的句兵，沒有一件像獸頭刀的背線似的，把內上緣與援上双鑄在一條線上（參閱表二十四）。高本漢教授所擧的第二種證據爲曲內句兵的內後段，保有沿襲於獸頭刀的四足獸形圖案；他所引用最重要的一例（Pl. 23: 118，又 p. 136; Fig. 8）眞實性却有疑問；這一例具有花紋的部份，輪廓及線條的排列，雖有點支離，但極類似列在同版及次一版的標本 119—125（Pl. 23—24）及小屯出土的鋒双 69, 70 各種帶冠的鳥狀圖案，不像變態的四足獸；作者用這一例建築一個新的學說，似乎是根據一種錯誤的印象。小屯出土的鋒双器中，也找不出可以支持這一巧妙解釋的任何實例。

(134) 程瑤田：通藝錄，冶氏四十（安徽叢書本）。

(135) Séan. P. O. Riordain. Arch (二十四), Vol. 86, pp. 195—321.

(136) A. H. Haddon: Evolution in Art. pp. 78—79 (The Contemporary Science Series.)。

(137) BMFEA (十八): No. 17, p. 134.

(138) ECC (三十一): Pl. V; la, lb; 又 BMFEA (十八): No. 17, Pl. 40: 250a, b.

(139) 安報：241—243頁；又集外（十五）：76—80頁。

(140) 小屯，古集（三十二）：自序；9頁。

圖 版 說 明

以上十二版共錄鋒双器標本八十一件，說明均詳本文第一節，分類說明，鋒双1至鋒双81。

圖版參貳: 鋒双器雜錄:

　　1. 侯家莊墓葬區出土之獸頭刀 (HPKM 1311)

　　2. 侯家莊墓葬區出土之石援銅內句兵 (HPKM 1488)

　　　　a. 援與內合併形　　b. 援與內分開形

　　3. 小屯出土之丁形石斧 (C 64 乙)

　　　　a. 平面形　　　　b. 側面形

　　4. 侯家莊墓葬區出土之脊背刀 (HPKM 1436)

　　5~10. 小屯出土之短脊式銅鏃 (第一式):

　　　　5. (小屯)　6. (小屯)　7. (E 21)　8. (E 21)　9. (E 23)　10. (小屯)

　　11~16. 小屯出土之長脊式銅鏃 (第二式):

　　　　11. (E 16)　12. (縱五癸東)　13. (E 16)　14. (E 181甲)　15. (YM164)

　　　　16. (小屯)

　　17~18. 小屯出土之筩脊式銅鏃 (第三式):

　　　　17. (E 21)　　18. (縱五癸東)

圖版參參: 側闌進展例:

　　1. 鋒双 40 (YM 331)　無中脊，援本中部最大厚度，與 "內" 厚度相等。

　　2. 鋒双 44 (YM 388)　有中脊，脊終止處，厚度較鄰近處加一倍。

3. 鋒双 51 (YM 270)　中脊發展顯著，終止處作三角形之突出。

4. 鋒双 65 (E 16)　　援本突出部份，向上下延展。

5. 鋒双 45 (YM 388)　月牙形突出，漸成曾形則闊。

6. 鋒双 52 (YM 232)　月牙形突出，限形則闊。

圖版參肆：殷虛五獸頭刀所鑄獸頭形之正面與側面：

1. 鋒双 31 (YH 181)　馬頭形　a. 正面　　b. 側面

2. 鋒双 32 (YM 020)　馬頭形　a. 正面　　b. 側面

3. 鋒双 33 (YM 020)　牛頭形　a. 正面　　b. 側面

4. 鋒双 34 (YM 020)　羊頭形　a. 正面　　b. 側面

5. 侯家莊墓葬區出土，HPKM 1311：見圖版參拾貳：1)

　　　a. 正面　　b. 側面

本文原載於國立臺灣大學文史哲學報告第四期　　　　　民國四十一年

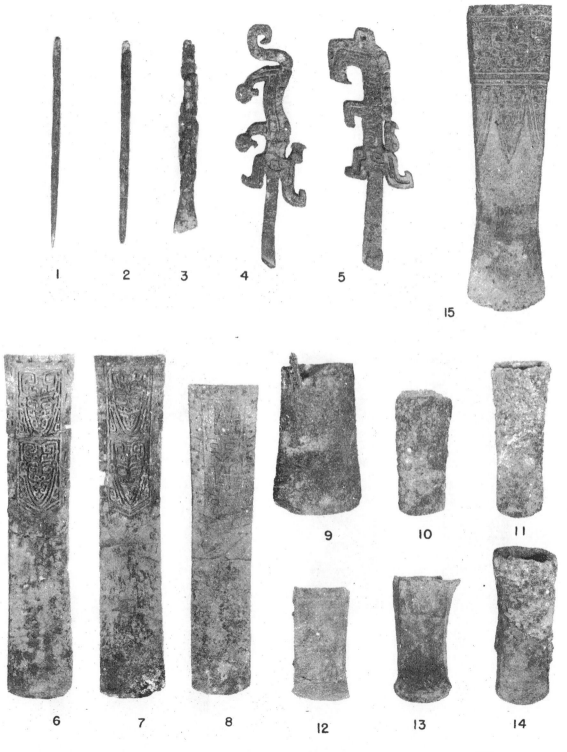

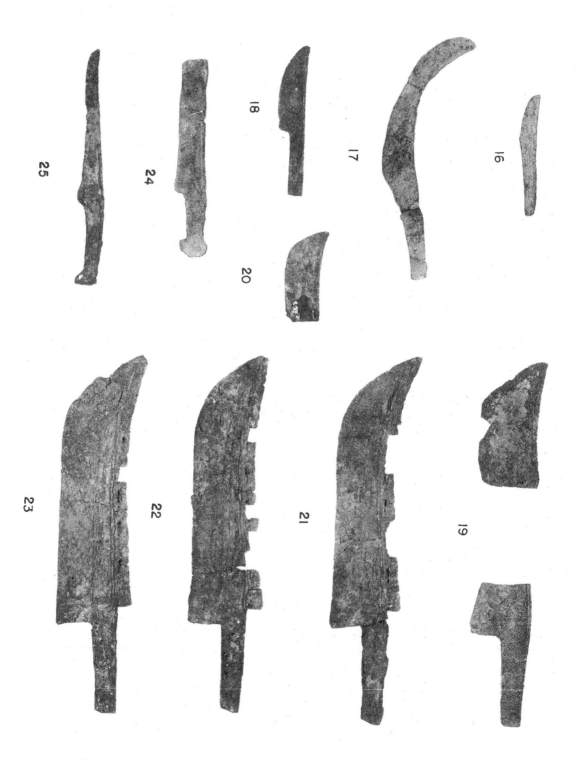

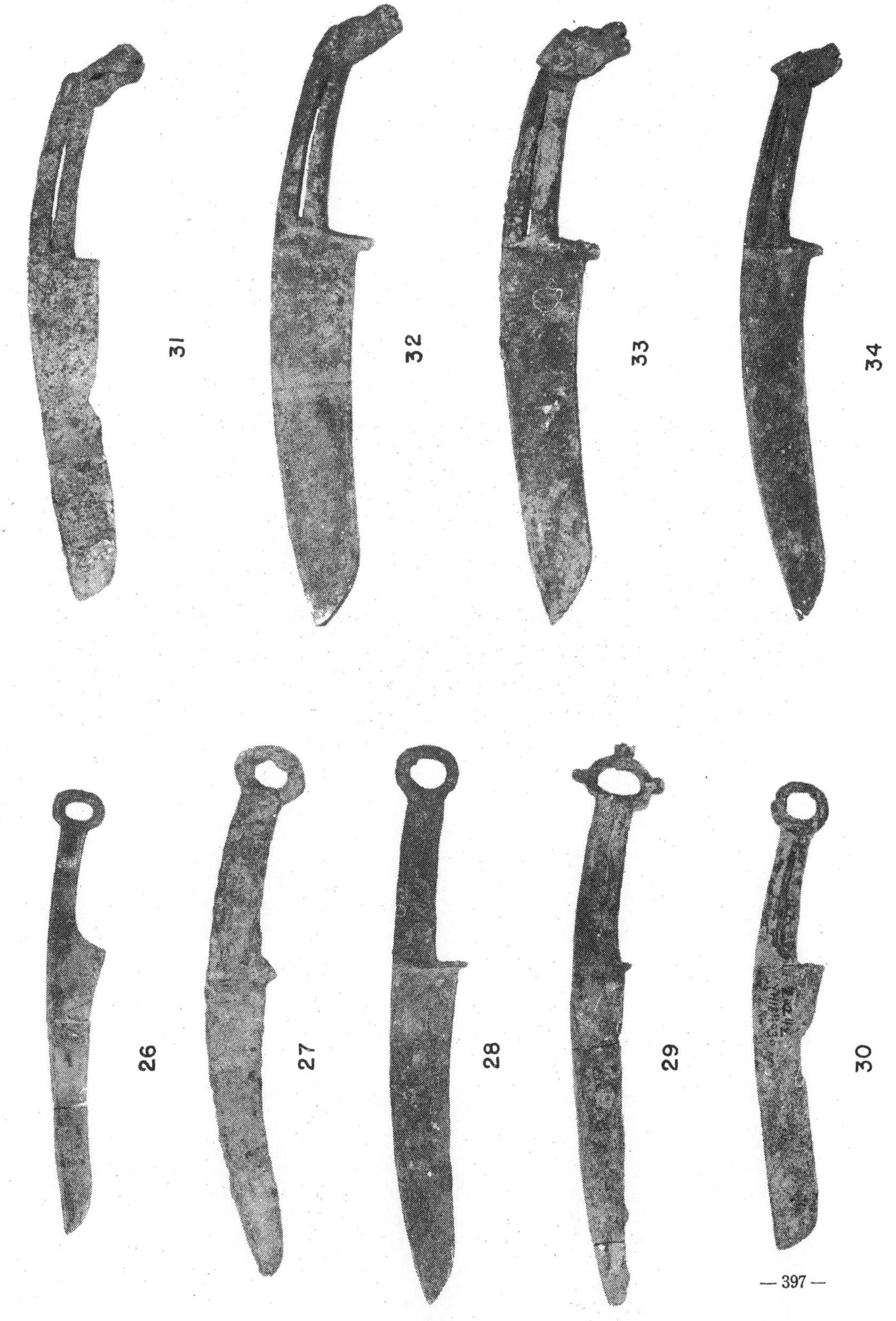
31
32
33
34
26
27
28
29
30

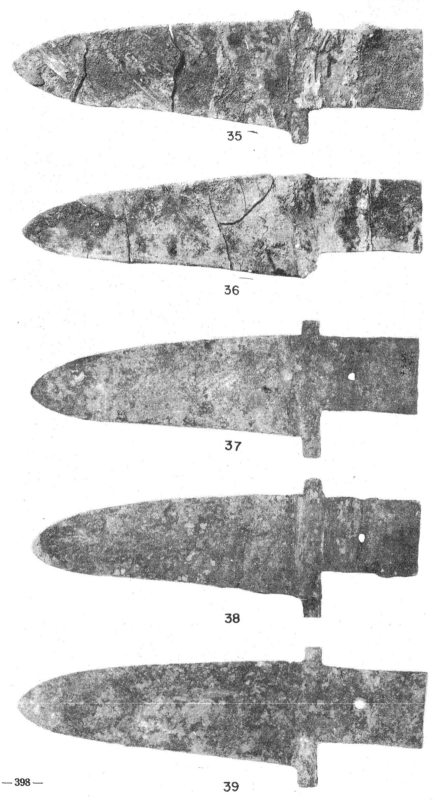

35

36

37

38

39

40

41

42

43

44

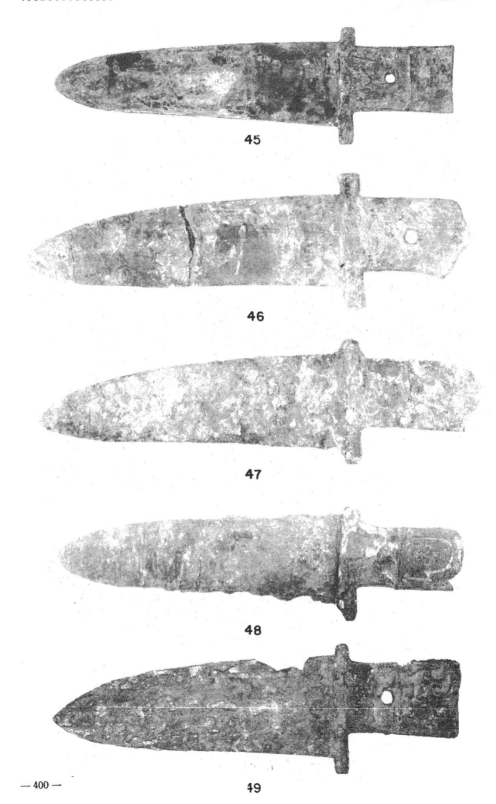

45

46

47

48

49

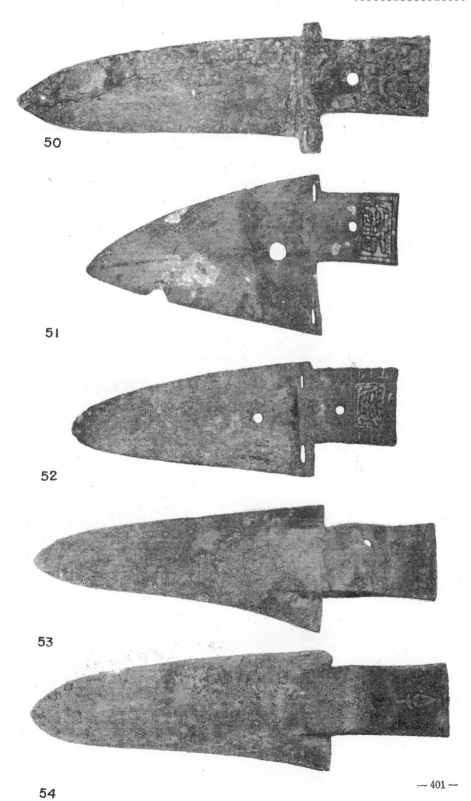

50

51

52

53

54

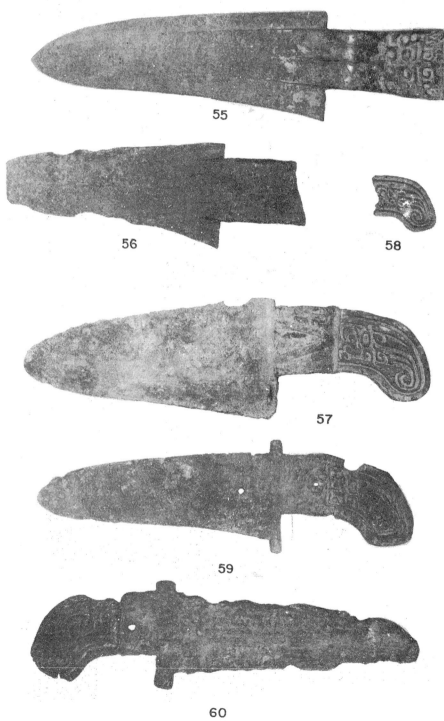

55

56

58

57

59

60

61

62

63

64

65

66

67

68

69

70

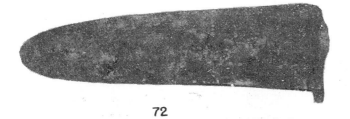

72　　　　　　　　　　71

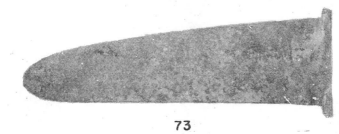

73

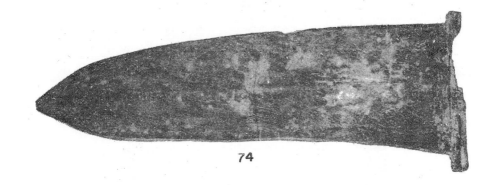

74

75

76

77

78　　　　　　　79

　80　　　　　　　81

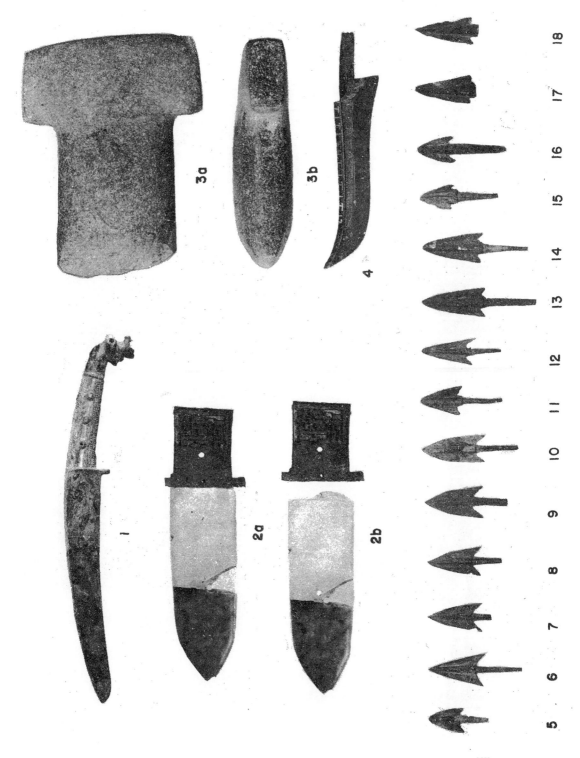

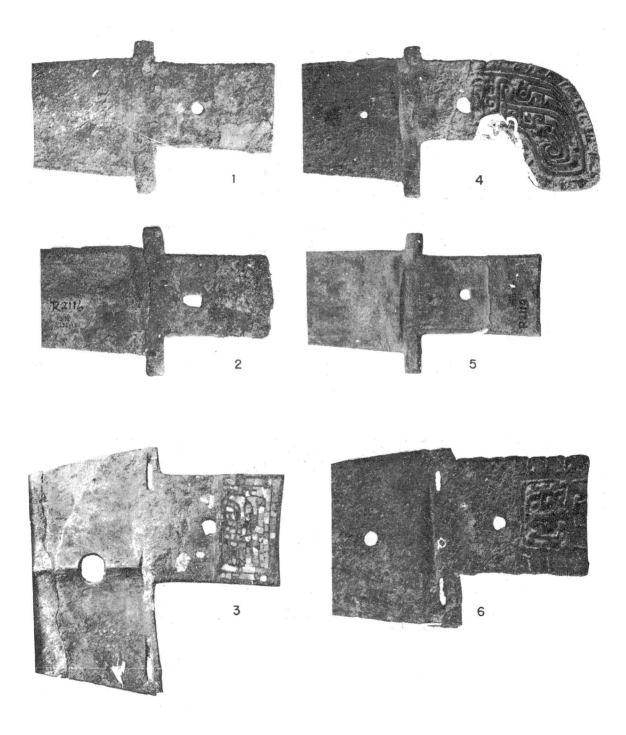

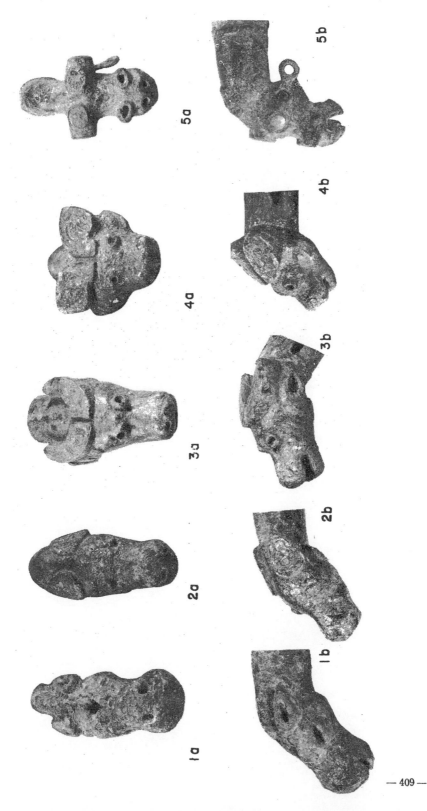

跋 彥 堂 自 序

殷虛文字甲編將出版，彥堂在美國芝加哥大學東方學院作了一篇自序寄回來；序中有一段，說：
——"如第四次發掘的 E16 坑，這是一個圓井，應該叫作竇的，井中只有一，二期的卜辭，深至十公尺，下及水面；因爲兩丈以下，全是沙土，第二期祖甲時，此竇塌陷，也就廢而不用了。　所以當時存儲的東西，也就留到如今……"

這段話說得有點過於簡略；既系沙到了若干原始材料的時代問題，E16 坑又是我親自看守它發掘的，我覺得我應該加點補充的說明，以免引起誤解。　這坑的發掘開始於二十年四月十日上午八時，終結於五月二號，經過了三個禮拜的時間；中間因爲下雨及禮拜日的停工，實際只工作了九天。　這九天發掘一般的經過情形，見安陽發掘報告第四期，564-567 頁；讀者可以參考。　自序說：——"兩丈以下，全是沙土，"這一句話，大概是指原紀錄所說的：—— 四月十六日，上午；5.20-5.80M："下層漸有粗沙，同日，下午：5.60-6.00M："……土色如上，漸夾沙土"。　但四月二十日上午的記載（坑深：6.00-6.60M）卻是：——"壁旁仍爲黃沙；數日前所見之黃沙，並非地下之沙層，確爲淤入者"。　以上均見安陽發掘報告第四期。　我個人對於殷虛文化層的構成，也常因新的事實發現，而變更我的見解；但關於 E16 坑的堆積情形，我始終沒有看出，有何種現象或事實，可以算作這坑在祖甲或其他時代塌陷的證據。　到了將近最下層，誠然有石塊漸多的紀錄，但這只是最下一公尺上下的現象，也不能作塌陷說的根據。　總結起來說，照當時的發掘紀錄，我們所知道的是：五米二到六米六深處，坑內有一段淤沙，但並非"地下之沙層"。　在五米二以上，坑內已出有帶字的龜甲，及大宗銅器；淤沙的一段，曾掘出大量的獸骨，多數都是肋骨與腿骨；但大部分的甲骨，是七米以下，近坑底才出來的。　彥堂說："井中只有一二期的卜辭……"，自然是一個代表長期研究，非常重要的結論，給我們解釋 E16 坑文化層堆積一個最可靠的憑藉。　讓我們看看 E16 坑出土的甲骨，在坑內由上往下分佈的秩序：

（1）發掘日期	（2）坑深	（3）出土甲骨	（4）圖版編號
四月十四日	3.5M-4.5M	（甲）3	（甲）2941，2942
四月十五日	4.5M-5.2M	（甲）7	（甲）2943-2949
四月十六日	5.2M-6.0M	（甲）11	（甲）2950-2959
四月二十日	6.0M-7.1M	（甲）18；（骨）1	（甲）2961-2977。（骨）3330
四月二十一日	7.1M-8.0M	（甲）27；（骨）2	（甲）2978-2999；3324-3328。（骨）3361，3362
四月二十二日	8.0M-8.8M	（甲）173；（骨）10	（甲）3000-3144；3322。（骨）3331-3345
五月二日	8.8M-9.4M	（甲）46；（骨）1	（甲）3145-3176。（骨）3346

彥堂董作賓教授別號

據上表，E16坑出帶字的甲骨在四月十四日那一天就開始；那一天所掘的深度，自離地面 3.5M 起，到離地面 4.5M 止；離坑口在 1.6M 與 2.6M 之間；在這個深度以上，我們並沒找着任何可以作解釋這坑早期塌陷的物證。 由離地面四米五向下掘，帶字的龜甲陸續地出現；與它們同出的，有帶釉的陶片（十五日），白陶片（十六日），黑陶及方格紋陶（十六，二十日），"將軍盔 式陶（二十一日）；大宗銅器（十五日），大堆蚌殼（十六日），大量肋骨（十六，十七日），成層蝸牛；土層的變遷，由灰褐色，灰黃色，而漸夾有木炭，粗沙，色漸變黑 十六日），而夾類似石灰質粒（十六日下午），而帶淤沙（二十日）及大塊木炭（二十一日），而成淤泥（二十一日），夾大量石塊（二十二日），直到水面（五月一日）。 雖說是多數的帶字甲骨，均出在離地面七米深以下，但其他的重要出土品，均在較上的位置出現，並有少數的帶字龜甲在同一水準上，似乎可用作證明它們的時代。

　　照董先生的論斷，凡是 E16 坑出土的器物，都屬於祖甲，或祖甲以前的時代；這條重要的論斷同時包含下列幾條必然的推論：

　　　　（1）見於 E16 坑的各色各式陶器：————黑色陶，灰陶，紅陶，白陶，帶釉陶——都是祖甲或祖甲以前的陶器；

　　　　（2）見於 E16 坑的各種銅器：—— 各式斧形器，各式句兵，刺兵，各樣銅矢，各種裝飾小件——都是祖甲或祖甲以前的銅器；

　　　　（3）見於 E16 坑的其他各種實物：——朱砂，黃金，玉器，雕花骨器等——也都是祖甲或祖甲以前的實物。

假如我們確能證實 E16 坑是在祖甲時封閉或塌陷的，上列的推論自然不會引起什麼疑問。 若說照斷代的研究，這一坑所出的甲骨文字，沒有比祖甲時代更晚的，因此也就聯帶地斷定了，與甲骨同出的器物，也必然與它們同時：——這個"必然"卻需要另外的證明。 關於這一點，彥堂在他的自序內，卻沒詳細地說明；他只說：—— 甲骨文字"是可以確證遺址遺物的年代"的。 在原則上，我們自然可以承認這話的正確性；但它的正確性也應該是有條件的。 至於如何才能把這一原則運用得恰到好處，大半要看我們對於與甲骨同葬的現象是否也作過同樣的，徹底的研究。 若說，在一塊版築土中，找出一塊可以認為是祖甲時代的帶字龜版或獸骨，就斷定這片版築也是祖甲時代築的，這就可以引起大大的爭端；譬如，看一所專藏宋版書的現代圖書館書庫，我們不能因為書是宋朝的，也說庋書的書架，庫內用的桌椅，紙張筆墨，甚至連庫房的建築，都必定是宋朝的。 同樣地，我們不能因為某一坑內出有某一時代的甲骨，也就斷定其他的實物與甲骨同時；甲骨的存在，若運用得適當，只能給同坑出土的實物一個最早時代的限制；至於最晚時代的限制，單靠甲骨文的聯繫，是不夠的。

　　E16 坑出過帶釉的陶，白陶，若干不同樣子的銅矢：——有些，我以為是較晚的形制，卻出現於最下層——這些當然都可以早到祖甲時代，或以前；不過這一類的判斷是否能與這遺址內所有的現象相符，應該有我們的充分的注意。 假如這些實物分類的與個別的研究所得的結論，能與甲骨文字研究所得的結論扣合起來，我們對於 E16 坑全坑的堆積時代，自然可以接受董先生的意見；要是所得的結論證明，有若干實物不能早到祖甲的時代，我們也就不能單靠一方面證據，把 E16 坑的最後堆積，強爲提早。

好久沒與彥堂討論這些問題了；近日交通當局把郵費提高到一個數，簡直使我們發不起一封去外國的信——似乎有意地要沒收我們與在國外朋友的通信權。 讀了他的自序，想起殷墟發掘的歷史，如作夢一般。 這篇短跋，只算代替了與他通信，並誌想念之情。

中華民國三十七年，正月十七日，李濟跋於南京鷄鳴寺路，史言所二樓。

本文原載於國立中央研究院歷史語言研究所中國考古報告集之二，小屯
第二本：殷墟文字甲編　　　　　　　　　　　　　　　民國三十七年

豫北出土青銅句兵分類圖解

(一) 導　　言

在"記小屯出土之青銅器"中篇內，我曾就殷虛所出的鋒双器一組材料，討論中國句兵的原始。本文是繼續那一篇文章作的；論題的主旨，是想把戈形句兵（田野工作人通稱爲戈頭），從殷中期到戰國末年，在豫北一帶演變的跡象，清理一個脈絡出來。我說"豫北"一帶，因爲所根據的材料，都是由安陽縣、濬縣、輝縣、汲縣，四處遺址發掘出來；這四縣都在黃河以北，太行山東南脚下，沿平漢路兩旁，爲河南省最北的行政區域。

安陽殷虛發掘一般的經過，已見安陽發掘報告；最緊要的兩處，爲小屯及侯家莊；一爲居住遺址兼墓葬區，一爲完全墓葬區。濬縣辛村的發掘經過，見田野考古報告；主持這一工作的郭寶鈞先生認爲，辛村最早的墓葬可近於衛康叔，晚亦"不下於衛成公"，時期約等於公元前1090至公元前578(1090—578BC)。輝縣琉璃閣所發掘的爲一周代至戰國的墓葬羣，抗戰前共作兩次，均由中央研究院及河南省政府共同組織的河南古蹟研究會主持；第一次在二十四年，十一月六日開工，二十六日收工，共作二十日；第二次在二十六年，三月十一日開工，六月二十六日收工，共作三月餘。據工作主持人郭寶鈞及李景聃兩先生的報導，墓葬羣中有殷代的三座(M054，M063，M077)，大約屬於戰國期的有五十餘；但"非完全屬於一個時代，當有早於戰國期者"。不過所出的句兵，大牛均來自戰國期墓葬，少數屬於殷商期。汲縣山彪鎮的發掘，在二十四年的八月至九月，亦由河南古蹟研究會主持，所掘一大墓，出有句兵十六件，形制與琉璃閣戰國墓所出甚近；據其同墓出土之其他實物綜合判斷，時代亦在戰國期間。

本文分類工作，根據上說五個遺址與墓葬區出土的青銅句兵，計：

(1) 安陽小屯，遺址兼墓葬區　　35件　　殷商期。

(2) 安陽侯家莊墓葬區　　31件　　殷商期，有稍晚者。

(3) 濬縣辛村墓葬區　　67件　　西周至春秋。

(4) 輝縣琉璃閣墓葬區　　59件　　大多數戰國期，有稍早者，亦有殷商期者。

(5) 汲縣山彪鎮墓葬區　　16件　　戰國期，有稍早者。

句兵總數　　208件

二百零八件句兵形制的變化，是多面的，隨方位與時代而有差異；同時這些變化也受了時代與地域的限制。同一墓葬或同一地窖出土的器物，形制的差別程度，顯然有很清楚的範圍；譬如小屯的 M 331，侯家莊的 MPKM 1366，辛村的 M029，琉璃閣的 M 060，各墓所出的銅質句兵均在五件以上；同一墓所出的器物形態，有若干差不多完全相同。若以每一墓為一單位互相比較，各單位就顯出很明白的個性：小屯的一組句兵，沒有下垂的“胡”；辛村的一組，沒有“曲內”的作法；琉璃閣的一組，“援”與“胡”交界的部份，沒有“上闌”；小屯與侯家莊兩組，曲內的句兵，佔甚重要的成份，援的形制，大致為舌狀，或長條三角形；辛村的一組有發展完全的側闌，有下垂的胡，但胡的發展甚不一致。琉璃閣及山彪鎮所出戰國期的標本，不但有考工記式的胡並有帶刃與鈎形的內。這些變異的遠因屬於時代性的似較多，地域性的較少。五處墓葬的最早期與最晚期，相差可能在一千年以上；它們的地理上的分佈，雖各有區屬，但相隔却沒有超過一百公里以上的；這就是在三千年以前的華北，也不能算很遠的距離。

(二) 形 態 分 析

考工記所說“戈”的形，最近已完全證明，只講到這一武器在戰國期間發展的一個階段；與早期的戈制衡量，相差甚多。為說明“戈”形演變的歷史，我採取了下圖（插圖一）所列各名稱的界說；這些，大部份沿襲黃伯思，程瑤田所下的定義。“側闌”，“上闌”與“下闌”等名，皆為新造，因實際有此需要，且先賢著作已常提到這些形態的存在，這裏只算把它們的稱謂固定化了。關於這一部份名稱的詳細說明，見拙著

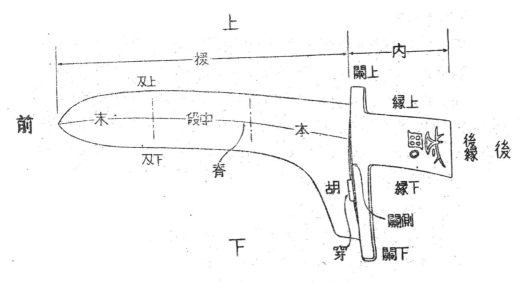

插圖一：句兵各部名稱圖解

"小屯出土之青銅器：中篇"。插圖一的"成周戈"，出土於濬縣辛村的 M 42 墓；它的"胡"形，代表這一形態的初期，上承殷商期沒有胡的"戈"形句兵；下啓戰國期胡形完全發展的戈頭形制；在句兵演變史中，這一器最足代表一個中間型。戈頭演變的情形當然不限於"胡"的一面；"援"，"內"，"闌"，以及其他部份都"因時而異"，下面就各部份的發展，分三段討論。

(1) 　援與胡　援是句兵的主體，它的歷史，可以上溯到新石器時代的末期；小屯侯家莊的遺存內，除了全部石製的句兵外，尚有插入銅內的石援〔侯家莊丙式，第一型，見後圖 (HCC：C_1)，下同〕；在小屯的青銅句兵群中，援形雖有不少的變化：一如援末有尖銳的（小屯乙式），有舌狀的（小屯辛式）；援本有極寬的（小屯戊式，第一型），有較窄的（小屯丙式等）；援的中脊有甚顯的（小屯壬式，第一型），亦有隱晦的（丁式，第一型）一，但他們大致仍保持了石器時代傳下來的典型：全形的輪廓，只是微微地不對稱；上双與下双的長度差不多相等，總是上双略長；近援本處的下双，沒有任何轉向下垂的趨勢。

侯家莊的句兵，援的形制大半均類似小屯組；除了四件（侯家莊庚式，第一型，第二型，侯家莊辛式，侯家莊壬式）當另論外，它們都沒有胡。四件例外，均出於

M1003 的翻葬坑，爲一經過早期盜掘又塡滿的坑；盜掘的時間，不能確定爲與甲骨文的殷商同時；因此，這四件例外，不能列入殷商期內。這四件都具有胡或胡的雛形，要放在濬縣辛村出土的句兵羣中，都顯着尋常了。辛村所出的六十幾件句兵中，丙丁二式（辛村丙式，第一，二等型；辛村丁式，第一，二等型）各分出若干小型，最足表現胡形初發生及進展的形態：由這些標本，我們可以看出，下垂的胡是由援本下雙些微的下展擴大出來的。等到 "胡" 形成後，同時它也就變成戈頭不可缺少的部份，好像人手的大姆指一樣。

由西周到戰國，胡形似有愈演愈長的趨勢，琉璃閣的戰國墓中所出的戈形句兵都具有發展較長的胡；最長的胡（琉璃閣戊式，第五型），具有四穿。山彪鎭各式，大體均見琉璃閣。我曾把五組句兵，每一型標本的上雙與下雙的長度量出，並計算它們的比例 $\left(\text{卽}\dfrac{\text{上雙長}}{\text{下雙長}}\right)$，得到下列的五個平均數：小屯組十五件，平均數爲：1.02；侯家莊組十六件，平均數爲：0.99；辛村組二十四件，平均數爲 0.91；琉璃閣組十七件，平均數爲 0.82；山彪鎭組五件，平均數爲 0.76。要是把侯家莊的翻葬坑所出的四件及琉璃閣的殷商墓所出的兩件剔除不算，侯家莊的平均數可以提高到與小屯一樣，（卽 1.02），琉璃閣的平均數可以降到 0.80。故，殷商期的句兵，上雙微長於下雙；到了西周，這比例就扭轉過來，下雙的長度開始超過上雙，降至春秋以及戰國期間，因胡形不斷的延長，下雙超過上雙的比例增加到百分之二十至百分之二十五了。這幾個數目字，可以說是胡形發展的指數，歸納成下表（表一）：

表一　三種援形在各組之分配

援形輪廓　　　組別 　　代表標本	小屯組	侯家莊組	辛村組*	琉璃閣組	山彪鎭組
上雙與下雙近於對稱	15	12	5	(2) +	—
近援本處下雙向下延展	—	(1) +	13	—	—
下雙向下展垂直成胡	—	(3) +	8	15	5

＊ 辛村組的代表標本，上下雙均可量出的，只有廿四件；另有兩件雙口有缺，但輪廓尚淸楚可辨。

＋ 侯家莊組項下有括弧的兩數字，指翻葬坑的標本；琉璃閣組項下有括弧的數字，指殷商期墓葬的標本。

(2) 內 內的結構與外形，在早期殷商的句兵中，已有好些不同的表現；可以分 "裹" "後" 兩段來說。裹段爲安柄的部份，在小屯及侯家莊的標本中，有若干由援本岐出，分成兩翼，於接近後段處合而爲一，形成一銎；銎之橫截面作一橢圓形，或一棗核形（小屯己式，第一型，第二型；侯家莊己式，壬式）。把這個銎套在柲上，似乎是句兵較早的一種安柲的方法，但沒有經久地用下去。經久採用的安柄方法是把內嵌入柲端所鑿的孔中，或騎入柲端又開的枒口上；內的裏段與後段有時化成一塊長方的片段；結構，輪廓，均沒有重要的區分；連裏段的厚度也不減少。這一型顯然代表，無銎內的早期作法；稍晚，這一類型的演變表現在後段的最多；有時裏段的厚度稍殺，但並不十分一致。

有銎的內，在辛村的一組沒有出現過。琉璃閣的墓葬羣出有三件：兩件（琉璃閣乙式）屬於殷商期的M054墓；另一件所在地位經過翻動；形制同前兩例，顯亦屬於殷商期。山彪鎮有帶銎標本一件（山彪鎮甲式），形制最爲別緻：援形寬短，銎周壁透空，隔成三橫條，質料脆薄，顯然不合實用；援上鑄有七字，證明這一器確屬周代，看樣子顯然是用作儀仗的。[*]

內的後段有磬折形的曲內與長方形的直內兩類別；每一類別又各有若干小的差異，表列如下（表二，見下頁）。

表二所列內形的分佈，有兩點應加注意：小屯與侯家莊的曲內，只在琉璃閣組重見一次，出於殷商期的墓葬；辛村與山彪鎮均不出曲內的句兵。有叉的內，只見於琉璃閣及山彪鎮，均是戰國期的。歸納起來，我們所得關於內形演變的結論如下：

一、殷商期的內形，有帶銎的與無銎的兩種：兩種又各分曲直兩類型。

二、辛村所代表的西周時代，不作曲內的句兵，亦不作帶銎的句兵；內形都是長方形；後緣有時拱出，或缺下角或作三叉形。

三、戰國期間的戈形句兵，仍以直內的佔多數；有時內的後緣斜出成叉，亦有彎成鉤狀的，這樣內形的句兵，已與刺兵（矛）合成爲一新的，有效的複合武器，卽戰國秦漢時代盛行的"戟"。

(3) 　援內之間　 要是把戈形句兵的歷史，推溯到石器時代去，我們可以很容易

---

[*] 小屯戊式第一型標本三件，重量爲：435gr., 425　　420gr.；第二型一件，重325gr。侯家莊戊式三件，重量爲488gr., 433gr., 331gr.；壬式一件，重357gr。琉璃閣乙式三件，重量爲375gr., 266gr., 212gr。山彪鎮甲式一件，重185gr.；爲帶銎句兵最輕的例。

表二　內形的類別及在各組之分布

內形 ＼ 組別			小屯組	侯家莊組	辛村組	琉璃閣組	山彪鎮組
直 ＼ 內	1.	後緣直，方角轉	甲式；丙式一，丁式一，二；戊式一。	甲式一，二；丙式一，二；乙式二，庚式一，二；辛式	甲式一，二；乙式三；丙式二至五；丁式一；戊式二	丁式；戊式二，五，六；辛式	
	2.	同上，缺後下角		乙式一	丁式七	己式	
	3.	後緣向外拱	丙式二		乙式一，二；丙式六，七；丁式三至六；戊式一，二；己式一	戊式四，庚式二	乙式二
	4.	同上，缺後下角			丙式一；庚式	丙式；戊式一，三；庚式二	乙式一；丙式
	5.	後緣上$\frac{4}{5}$向外拱，後下角成刺	乙式	乙式三	丁式二		
	6.	後緣兩又三刺形			丁式八，己式三		
	7.	後段有叉				壬式，癸式	丁式一，二
曲內	8.	磬折形	辛式；壬式；癸式	丁式一，二；戊式一			
	9.	後緣有枝，岐出作冠狀	庚式一；庚式二	戊式二		甲式	
鉤狀內	10.	後段彎曲成鉤形，上下緣有叉				子式	
有銎內	11.	裏段成銎，後段直形	己式一	己式；壬式		乙式	甲式
	12.	裏段成銎，後段曲形	己式二				

地看出，援與內顯然各有來源；這一點我在記小屯出土之青銅器：中篇裏已經詳細地討論過，這裏不再重複。由石器時代到青銅時代，援內之間所經的形態改變，都是爲加強裝柄作用而發生的；由殷中期的青銅時代到戰國末期的青銅時代，這一段的形態，爲這同一目的，仍在繼續的改進中。

　　侯家莊丙式第一型，石援銅內的句兵仍保持援與內原來分開的作法；這一作法很肯定地證明了，上闌與下闌，在結構上，原是內的一部；側闌的發展却是比較後起的。小屯的十五件代表標本中有五件無側闌的任何痕跡；其餘的也只呈側闌的胚胎形，於援中脊終止處，略作闌狀。小屯句兵的側闌發展最圓滿的一例，爲戊式第二型；這一器却不具上下闌；它的側闌雖已演成限形，但尚局於援本中段，沒有伸展到上下的叉口；表現限形側闌的在小屯標本中只有這一件。侯家莊的代表標本中，除了M1003翻葬坑中的四件外，援內之間的形態，類似小屯各例。翻葬坑的四標本中，三件（庚式一，二；辛式）均有上下闌及發展圓滿的側闌。

辛村二十六例中，二十五件都有上下闌；餘一件（庚式）有下闌，無上闌。側闌的發展，在這一羣標本中，也甚普遍；大牛都具橫貫援本的限形或階形，或兩形的混合。

有下闌無上闌的作法，在琉璃閣與山彪鎭戰國期墓葬所出標本中，最為盛行；十七件琉璃閣代表標本內，屬於戰國期的十五型，中有十三件都是具下闌缺上闌的；山彪鎭的五件全形代表標本，多數亦是這樣。兩處標本的側闌，有全面階形的，但大牛都是限形與階形的混合形態。

故自殷中期至戰國時代，單就以內安秘的句兵援內之間的形態說，有下列的階段可分（以鋬安秘的除外）：

1. 有上下闌，無側闌
2. 無上下闌，有初期的側闌 ⎱ 見小屯侯家莊的標本。
3. 有上下闌，有初期的側闌
4. 有上下闌，有發展完全的側闌：見辛村標本。
5. 有下闌，上闌與援上双齊平，或無上闌；有發展完全的側闌：見琉璃閣，山彪鎭的標本。

（三） 各 組 類 別

(1) 小屯組：小屯共出句兵三十五件，已詳 "記小屯出土之青銅器：中篇"。照上段所分析的句兵形態，這三十五件可分為十式，並以甲、乙、丙、丁，等字誌別，名為小屯甲式，小屯乙式……至小屯癸式；中有五式又可分為二型，故總計小屯句兵的類別為十式，十五型。再以 HT. 為小屯簡稱；A，B，C，D，等代替甲、乙、丙、丁；故 HT：A；HT：B；即為小屯甲式，小屯乙式之別名。表三詳列小屯三十五句兵之類別，援形，內形及援內之間的形態。

(2) 侯家莊組：安陽發掘第十次至第十二次的工作，全集中在侯家莊西北地，殷代的陵墓區；這三季田野工作主持人為梁思永先生，所有的發現亦歸梁先生整理。抗戰期間，梁先生以工作積勞致疾，臥病甚久，以致工作報告尚未完成；這一次，我因想把句兵的問題全部清理一次，承他的厚意，把這一組材料讓我在本文先發表，並供給我一切必要的紀錄；這是我應該特別誌謝的。

表三　小屯出土句兵各式形態比較說明
（參閱圖版壹）

小屯出土句兵 式別	簡稱	形態述要 援形	內形	援內之間	其他	標本
小屯甲式	HT:A	長條形，末段較窄，末端尖；上下双近對稱	長方形直內	有上下闌，無側闌	無穿，無孔	M 18.2，M 18.5 各一器 圖版壹：A
小屯乙式	HT:B	長條形，銳末；上下双近對稱	長方形，後緣圓角轉，後下角有刺	有上下闌，無側闌	無穿，無孔	M 333，一器，又一器失錄出土地 圖版壹：B
小屯丙式（第一，第二兩型）	HT:C₁ C₂	長條形，末段較窄，漸轉尖銳，上下双微不對稱。一、二，兩型同	長方形直內，第一型後緣直，上下方角轉，第二型後緣向外凸出	有上下闌，無側闌	內中心有一穿	第一型：M331，五器；第二型：M 388二器 圖版壹：C₁，C₂
小屯丁式（第一，第二兩型）	HT:D₁ D₂	長條形，末段漸趨窄狹，上下双微不對稱。一、二，兩型同	長方形直內，後緣方角轉，第一型裏段前後段厚度同；第二型，裏段較薄，後段有文飾	有上下闌，雛形側闌（援本，或中脊終止處略高）	內中心有一穿	第一型：M 388兩器；第二型：M161 M137各一器 圖版壹：D₁，D₂
小屯戊式（第一，第二兩型）	HT:E₁ E₂	長三角狀，上下双微不對稱；第一型中脊顯明，援本特寬，微內凹，第二型援本較窄	長方形直內，後緣微凹；第一型裏段較薄，後段鑄有文飾；第二型裏段與後段厚度同，後段鑄有文飾	無上下闌，第一型援中脊終止處略高起，形成側闌；第二型，無限形側闌，突出援本。	第一型：援中脊有一圓孔，援本兩側中心一穿；第二型援後段及內中心各一孔，援本兩穿	第一型：M 270一器，第二型：M232一器 圖版壹：E₁，E₂
小屯己式（第一，第二兩型）	HT:F₁ F₂	長條三角狀，第一型上下双不對稱，中脊顯明，末端尖；第二型上下双近對稱，末端圓，無中脊	裏段為一零；第一型直鉗援本，後段長方直形，第二型直接援本，後段曲折下垂，鑄有文飾	無上下闌，無側闌	第一型，無孔，無穿；第二型援本近下双處有一穿。	第一型：E16三器，M238一器；第二型：E 16一器，又一件殘 圖版壹：F₁，F₂
小屯庚式（第一，第二兩型）	HT:G₁ G₂	長條形，末段漸趨窄狹，末端尖，上下双不對稱；有中脊	裏段較薄，後段曲形下垂，有鏤空文飾，象鳥形，頂向後有冠岐出	有上下闌，雛形側闌	第一型，無孔，無穿；第二型援本段，內裏段各一圓孔	第一型：M 164一器；第二型：M167一器 圖版壹：G₁，G₂
小屯辛式	HT:H	長條形，末端舌尖狀（有時尖銳）上下双近對稱	裏段較薄，後段卷曲下垂，鑄成動物形文飾，或加鑲嵌	有上下闌，無側闌	內裏段有一穿	M232，四器 圖版壹：H
小屯壬式	HT:I	長條形，末端尖銳，上下双微不對稱	後段曲折下垂，鑄有動物形文飾	有上下闌，雛形側闌	援本段，內裏段各有一小孔	M232，M183，E16各一器；M020兩器 圖版壹：I
小屯癸式	HT:J	長條形，近對稱，末端類圭上端；前五分之四石製，後五分之一肯銅製，鑄有文飾	裏段較薄，後段曲折下垂，鑄有動物形文飾	有上下闌，援本接內處略高起	援本銅質，鑄有槽狀筍口，以納石部榫頭，石援兩圓孔，內一孔	M331，一器 圖版壹：J

表四　侯家莊出土句兵各式形態比較說明
（參閱圖版貳）

侯家莊出土句兵 式別	簡稱	形　態　述　要 援　形	內　形	援內之間	其　他	標　本
侯家莊甲式（第一，第二兩型）	HCC：A₁ A₂	長條形，末端舌狀，上下雙近對稱；第二型末端尖銳，有中脊形	長方形，後緣方角轉，第一型裏段略薄；第二型，裏段厚度大減，後段鑄有文飾	有上下闌；第一型無側闌，第二型有雛形側闌	無孔，無穿	第一型HPKM1：2083一器，HPKM 1550一器；第二型 HPKM：1366十器，HPKM 1550一器，HPKM1001一器 圖版貳：A₁，A₂
侯家莊乙式（第一，第二，第三，參型）	HCC：B₁ B₂ B₃	長條形，微向下彎；末端尖銳，上下雙微不對稱，中脊漸顯著	長方形，裏段有一緣直：第一型後緣直，方角轉，缺下角；第二型後緣直，後段有文飾；第三型，後緣圓角轉，下角有刺。	有上下闌；第一型無側闌，第二型援中脊終止處略高起，第三型同第二型，有雛形側闌	內裏段有一穿	第一型：M1488一器；第二型：M1001一器；第三型：M1311，M1238各一器 圖版貳：B₁，B₂，B₃
侯家莊丙式（第一，第二兩型）	HCC：C₁ C₂	第一型，援全部石製，長條形，近末端上下雙陡轉向內如末端，援本榫頭扣入內槽，第二型銅製，長條三角形，上下雙不對稱	長方形…後緣直，方角轉；後段鑄有文飾	有上下闌；第二型援中脊終止處，略高起	第一型援中段一穿，內裏段一穿；第二型援本一穿，內一穿	第一型：M1488一器；第二型：M2077一器 圖版貳：C₁，C₂
侯家莊丁式（第一，第二，第三，參型）	HCC：D₁ D₂ D₃	長條形，末段漸窄狹，末端尖銳，均有中脊，上下雙微不對稱	裏段有一孔，後段曲折下垂：第一型上緣與援上雙齊平；第二型上緣略低於援上雙；第三型同第二型	有上下闌；有雛形側闌（援中脊終止處略高）	第一，二型內裏段一孔，第三型援本一孔，內裏段一孔。	第一型：M1996一器；第二型：M1510一器；第三型：M2095一器 圖版貳：D₁，D₂，D₃
侯家莊戊式	HCC：E	長條形，末段漸趨尖銳，上下雙近對稱，有中脊	裏段有一孔；後段陡轉下垂，鑄鳥狀文飾，嘴向下向裏向上卷；後緣有冠歧出	有上下闌，雛形側闌	援本，內裏段各一小孔	M1550一器 圖版貳：E
侯家莊已式	HCC：F	長條三角形；末端尖銳，中脊甚顯，上下雙微不對稱	裏段銎形，直鉗援本	無上下闌	無穿，無孔	M1211，M1004，M1501各一器 圖版貳：F
侯家莊庚式	HCC：G	長條形，下雙在援本處轉向下展，援本後端寬大，成胡雛形	長方形，後緣直，缺後下角，裏段為一銎，銎前緣突出口部向上下延展成闌	有上下闌	無穿，無孔	M1003一器 圖版貳：G
侯家莊辛式（第一，第二兩型）	HCC：H₁ H₂	長條形，援本下雙折向下，成胡，有一穿，援本中段下雙雙凸出	長方形，第二型較長，有一穿	有上下闌，雛形側闌	此式連上式（HCC：G）共四器。是否殷商期物，不能在地層上斷定。	第一型：M1003二器；第二型：M1003一器 圖版貳：H₁，H₂

8：1

表六　琉璃閣出土句兵各式形態比較說明
（參閱圖版伍、陸）

式別	簡稱	援	內	援內之間	其他（要）	標本
琉璃閣甲式	LLK:A	長脩形，上下雙近鋒稜，曲本至末，脊度漸滅；足末段削尖，基緣與昆失真	曲內下垂；內後段隱成鳥狀，向下；向鑾再卷向上；向內。後緣有冠形飾尖，足緣削尖，基緣	有上下闌，無側闌	無孔，無穿	LLK:A，M054出四器 圖版伍：A
琉璃閣乙式	LLK:B	長脩形，德不對稱；中脊隱顯	長脩形，裏段鳥形，歪末中部，援本中部鉤成一垂直	無上下闌，無側闌	無孔，無穿	LLK:B，M054二器，M06一器 圖版伍：B
琉璃閣丙式	LLK:C	中段與訊段，長脩形狀；上下雙稜稱；援長，戌胡下垂，刅長，成胡；有三穿	長方形，後緣圓轉，缺下角。	有上下闌，側闌	胡部三穿	LLK:C，M63一器 圖版伍：C
琉璃閣丁式	LLK:D	長脩形，末端近鋒。上双曲。下双本。下垂成胡本。下垂至援本，下雙垂成胡	長方形，直內，後緣方圓轉，直角、援胡平行；上下緣近平，並援後上雙稜，並行；中心一長條穿	有下闌，上闌與援上雙稜平，不顯，胡與隱形近合作成	援本貼兩穿；圓形，縣上爻；一穿脩形，貼近側闌，丙中心一穿	LLK:D，M088三器 圖版伍：D
琉璃閣戊式（第一至第六型）	LLK:E₁ E₂ E₃ E₄ E₅ E₆	長脩形，末端鋒尖，或似兩尖。取似圭上端；上双圭本，下双轉，下双本。胡本。下垂。第一、第二型援等三穿；第二型二穿；長度十五公分，最在十五公分（cm）以上；第三型不及十五公分，援長第四、五型援十二・五公分以下；第五型在12.5公分以下：兩側闌下双稜近本，胡部分之長至援本六百分比之七十與六百分長間，第六型胡長援長之百分比在八十以上	長方形，後緣或直而圓轉，或鈍角，胡下緣稜或銳角，後下緣稜長，或大致皆平行，並援後上雙稜平行；但雙稜不等長，內中心一長條穿	複形側（限形加隆形）；有下闌或中圓形，上闌與援上闌平，不顯，援本貼近圓形側穿	援本貼兩穿；圓形，一近上爻；兩在胡部，長條一穿；長條形	LLK:E₁，M060出八器，LLK:E₂，M060出四器，LLK:E₃，M075十一器，M014，M017，M012各一器，M062，M075各一器，LLK:E₄，M059兩器，O23，M039各一器，M034，M058，LLK:E₆，M056各一器，E₁，E₂，E₃ E₄；E₅，E₆ 圖版伍：E₁，E₂，E₃，E₄；E₅，E₆
琉璃閣己式	LLK:F	長脩形，援末端尖鋒有胡下垂；三穿	長方形，援上双稜平，援上闌稜方，缺下角	下闌與胡下端稜平，無上闌，階狀側圓闌	援本貼近側闌處，三長條形穿，丙中心一穿	LLK:F，M080一器 圖版伍：F
琉璃閣庚式（第一、第二型）	LLK:G₁ G₂	長脩形，上双近平，下双轉曲；一型胡直至援末，二型胡在援長百分之七十以下	退方形，後緣圓轉，第二型缺下角	複形側闌；有下闌，上闌與側闌平，並上爻；二、三胡穿	援本四爻，丙裏一穿	LLK:G₁，M080，M060各一器，LLK:G₂，M049一器 G₁，G₂ 圖版陸：G₁，G₂
琉璃閣辛式	LLK:H	細長脩形，末向上翻似圭；援胡下垂；四穿	長方形，後緣方，有直緣；援上双稜平	側闌階狀，無上闌；有下闌	帶側闌援本四穿，一近上爻，三在胡部，丙中心一穿	LLK:H，M059一器 圖版陸：H
琉璃閣壬式	LLK:I	細長脩形，中段稍彎；至末段尖鋒；接至末端，有胡下垂；三穿	長條形，後緣斜向上闌，後緣稍有双	上闌與援上双稜平，下闌透出胡，後形側圓闌	援本貼側闌處三穿，丙中心一穿	LLK:I，M056一器，M059一器，M075四 圖版陸：I
琉璃閣癸式	LLK:J	細長脩形，末段胡約短援長百分之八十，四穿	甚長，下双翹；上下双稜成双	上闌與援上双稜平，下闌透出胡下端，後形側圓闌	援本貼側闌三穿，丙裏段一穿	LLK:J，M075一器 圖版陸：J
琉璃閣子式	LLK:K	長尖脩形，上双近平，中有轉彎；有胡三穿	裏段方形，外段斜向下彎向，成一鈎形，兩緣有双	上闌與援上双稜平，下闌透出胡下端，後形側圓闌	援側闌兩穿，丙裏段一穿	LLK:K，M080一器 圖版陸：K

8：3

(3) 辛村組：辛村發掘初步簡報，見田野考古報告第一冊，郭寶鈞的"濬縣辛村古殘墓之清理"（167—200頁）；關於句兵的材料，郭先生另有論文，"戈戟餘論"，載歷史語言研究所集刊第五本，313—326頁。郭先生是辛村發掘的領導人，他很慷慨地把他的很豐富的田野工作經驗，無限制地送給我參考；三十七年在南京預備這一篇論文時，我們曾在多方面共同討論這一問題，並發現了不少的相同的見解。他，像梁思永先生似的，也允許我先發表若干尚未發表的材料，是我特別應該書謝的。

(4) 琉璃閣組：琉璃閣共出句兵五十八件，發掘報告尚未發表。本文材料根據亡友李景聃先生的紀錄及郭寶鈞先生口頭補充。琉璃閣第二次發掘在抗戰開始的第一年，收工時離七七事變不及兩週，裝箱後工作人員流離西南將近十年。在昆明時略有整理工作，然最後負責之李君卒因為窮所迫改就他業；復員未久，李君即病故。撫摩遺物，追念往事，至感神傷，特略紀其經過於此。

(5) 山彪鎮組：山彪鎮在汲縣城西二十里，平漢路琉王墳車站北五里。民國二十四年，由河南古蹟研究會主持發掘，"得大墓一，馬坑一，小墓七；隨葬品：石．陶，

表七　山彪鎮出土句兵各式形態比較說明
(參閱圖版陸)

山彪鎮出土句兵		形　　態　　述　　要				標　　本
式　別	簡稱	援　形	內　形	援內之間	其　他	(皆M001出土)
山彪鎮甲式	SPC：A	近正三角形，上双近平，下双成弦，略向內凹，末端圓尖　、	裏段為一盔，盔凋膛橫斷成三節；後段柄狀；最後半段為一環	無上下闌，援本最下端一穿	內最後段一大孔；惯本最下一穿；援面刻七字	SPC：A一器 圖版柒：A
山彪鎮乙式 (第一，第二兩型)	SPC：B₁ B₂	長條形，上双近直，第一型援末尖銳；第二型援末圓轉，均有胡下垂，貼闌三穿	長方，第一型後緣圓轉，缺下角；第二型後緣外拱	上闌與援上双齊，有下闌；混合形側闌；第二型，原有上下闌，折失	援本貼闌處，兩型均有三穿，內裏段中心有一穿	SPC：B₁七器 SPC：B₂三器 圖版柒：B₁，B₂
山彪鎮丙式	SPC：C	長條形，上双近直，援末削狀，有胡下垂，三穿，中有甚顯	長方形，後緣外拱缺下角，後段一大圓孔，沿邊鑲嵌金綠條	有下闌；上闌缺；側闌混合形	左面側闌前有嵌金鳥篆四字；右面一字，三穿一孔	SPC：C一器 圖版柒：C
山彪鎮丁式 (第一，第二第三參型)	SPC：D₁ D₂ D₃	長條形，有胡；第一型上双平，末端尖尖；第二型上双平，援末銳，有中脊；第三型中段窄狹，向前漸寬，援末削尖如桂葉尖	內緣皆為双口，後双斜向上，上角銳轉；上角鈍轉；上下双平行，內裏段有長條穿，或三角形穿	上闌與援上双齊平；下闌透出胡底，側闌混合形	第一型援本三穿，第二，第三兩型援本四穿，內裏段一穿	SPC：D₁一器，D₂二器，D₃一器 圖版柒：D₁，D₂，D₃

貝，鐘鼎彝器，兵工車馬（飾）等器大小共千餘件，以編鐘一組，列鼎一組，戰跡鑑一對，立鳥華盖壺二對爲名貴……"（郭寶鈞先生紀錄原文），下表所列句兵七器，均出大墓 (SPM 001)。

(四) 全體分類的標準

把這五組句兵集合在一處，再作一次形態上的分類工作，我們應該選擇甚麽標準作根據咧？表三至表七所列，雖各帶區域性的色彩，是我們選擇的原始材料所在，可以作一個出發點。各表內把句兵的形態分三段敘述，我們也正可以再作一次分段比較，看看，各種形態的持久性與演變率，發生的原始與消滅時代；在選擇類別標準以前，我們對於這些重要形態的消長，變動的方向，是應該弄清楚的。這裏特別注意的是殷商以後的若干問題；關於殷商時代的，在前文已有討論。

與援有關的最重要的形態變化，自然是"胡"的降生。前表很明白地列出：小屯的句兵援體沒有下折的胡；援形是一把近長三角形不折的長條，前尖後濶；形制雖說也有不少差異，然沒有超過"不折的長條"這個範圍。侯家莊一組大致同小屯（殉葬坑四器除外），到了濬縣，這條就在它的本段有下折的趨勢，並在若干例中折成胡形。琉璃閣與山彪鎮兩組標本中，沒有胡的句兵要算例外，與殷商時代的形制比，就這一點說，恰成一個很鮮明的對照。這幾組材料使我們看出句兵最重要的一段歷史：就是，胡的降生完全是隨着一種强烈的生產活動脫化出來的；換句話說，遠在三千年以前，中國製造武器的人就明白求進步的道理；他們是最不肯拘守成法的一群人。前一段，我曾經簡略地指出，所算的各組句兵上双長度與下双長度的比例；這裏擬再詳細說明這一研究；因爲這最可以量出援形的改變，及那時製造武器的人求進步的實際狀況。

句兵屬於雙双器，故上下開口，由援夾到上下闌均極鋒利；沿每一器的双口，用軟尺或絲線，量它們的實際長度，把每一器上下双的長度互比，所得的比例數字，稱爲"双線比"。公式甚爲簡單：$\dfrac{上双線}{下双線}$＝双線比；例如，侯家莊 M1488 出土的一器（侯：乙式，第一型），上双線長 21.0cm，下双線長 20.5cm，双線比＝$\dfrac{21.0}{20.5}$＝1.02；再，小屯 M388 出士的一器(小：丁式，第一型)；上下双的長度均爲 16.7cm；故双線比爲 1.00；

辛村丙式第六型，上双長 15.1cm，下双却有 17.7cm 長，故双線比就降爲 0.85 了。這三例充分地說明了，下双愈長，双線比就愈小；在我所算的這五組材料中，最低的比數爲琉璃閣所出的一器（琉：丁），双線比爲 0.68。下表統計，爲各組代表標本的双線比的類別及分配。

表八　五組標本双線比之分配

双線比 ＼ 組別	小屯組 *	侯家莊組	辛村組 *	琉璃閣組	山彪鎮組
1.00—1.10	14	14	2	一	一
0.90—0.99		2	15	4	一
0.80—0.89	一	2	7	5	1
0.70—0.79			1	7	4
0.60—0.69			一	1	0

（＊ 比較表一，小屯與辛村兩組，各有一標本，双口有損，双線不能準確地量出。）

下双線的引長，自然是因爲胡的降生，及逐漸加長的緣故，但下双線最初的延長却遠在 "胡" 的觀念發生以前；辛村一組最可以證明這一點。在第二段，我曾指出，"下垂的胡，是由援本下双些微的下展，擴大出來的。" 爲什麼由那近於對稱的句兵援體上，要把它的下双，在援本最後一節要 "些微地" 向下展咧？辛村丁式（Hs. T: D、1—3）三型標本，援本下双皆略向下展，下展的部份，均有一穿，以備戈頭安於戈柄時作繩縳穿條用。這些下展的部份，顯然不能稱爲 "胡"。製句兵的人所以要在這裏穿一洞，似乎是因爲在他們的經驗裏，縳下闌的繩條，若直接經過下双的口邊，用起來，向內句時，就可以被切斷。這自然是一大病，應該設法子免除的。辛村第一，第二，第三各例，顯然是爲除此一病所設的計。故一個可推想的結論是：下双所以向下展，最初起源於要把縳下闌的繩條避免經過下双。這一步改良計劃發生在西周時代。以後把這一雛形漸次地發育，亦有一個時代的秩序；這一趨勢的加強應在使用這武器的方法上找解釋。關於車戰的戰鬭法早已隨戰車的制度失傳了；但是假若我們能把這一時代保留下來的武器發展的先後秩序排清楚，在這些武器製作上，很可能看出推行車戰的一個輪廓："戈制的演變" 應該佔這一問題的中心地位。

在這一時代，援體的改進，以胡的延長爲中心，其餘的都是隨着這一改進而發生。

其實連內及內與胡之間的若干形態的變異，也是直接地或間接地，隨着胡形的發展帶出來的。

但內也有它獨立的發展。最與實際戰鬥有關的改革出現在琉璃閣與山彪鎮所出的內後段的延長，兩畔磨成双口的標本：中有若干件，後緣傾斜向上，與上緣相會成一銳角；另外一例，後段鑄成一曲鉤形 (LLK：I，J，K；SPC：D₁，D₂，B.)，在這以前，句兵的內形，只有靠裏的一段，最與實際工作有關；後段的功用大半是輔佐的，裝飾的。殷商時代所盛行的裏段成銎，或後段卷曲下垂的內形，到了周初就全部廢棄不用了；似乎只有在儀仗的節目上，晚期的戈頭有時保留了這種古老的作法。眞正有任務的句兵，都表現了新的形制。穿銎安柲的方法之被廢棄，在戈形兵器史上，自然是一件大事；周代採取這一步驟，必有一個重要的原因；這原因一定是很實際的；我們現雖不能說定這決定的因素是什麼，但一般地說來，凡是兩種硬度不同的質料，遇有相接的需要時，總是硬度較低的作陰榫(榫口)，硬度較高的作陽榫(榫頭)，結果比較地滿意；這一改革顯然符合這一原則。

若專就器物的形態上，尋求穿銎法放棄的個別原因，似乎與"胡"的孕育期也有一部份關係。在殷商時代，句兵的銎，結構甚多變異；顯示着改進的努力。努力的方向自然是在加強接箇力量，以便增高器用的效率。小屯組中有一器 (己式，第二型)，表現這一努力的一個很有趣的特別實驗：即內銎直接援本，援本後下角，近下双處，有一長條穿 (HT.：F₂)，這一形態說明白了一件事實：即穿銎的戈，鬭箇多有遊移，故銎下再加繩縛，強化接箇，使它固定化。這一方法，大概沒得到預期的滿意；留存到現在的，這是唯一可靠的出土標本，證明這一實驗沒繼續下去。但在援後端鑿孔縛柲的辦法，卻爲沒有上下闌的，衞內的句兵繼承了。沒有上下闌的衞內戈頭，在小屯組中，有兩標本(戊式：第一，第二兩型)；都在援後端鑿兩穿，以備透過縛柲的繩：這兩器的援後端都特別寬大，把援形變成三角形，加大了上下双的傾斜度，同時也把鬭箇的部位擴大；實際作用上，這兩點似乎都妨礙工作的效率，也沒有爲周代的兵工接受。辛村組代表周代早期的句兵；中間雜有不少十足偷工減料的明器，形制雖可供參考，但不全不備的表現甚多；如丙式各型，下双近援本處皆向下延展，但均無穿，且質料脆薄，沒疑問地這些標本都是特製的隨葬器。同時這一組內也有若干厚實的可以效力疆場的標本：這一類的標本於下双向下展處，都穿有一孔 (Hs. T.: D_1, D_2, D_3, E_1, E_2 等)；它們都有上下闌，把分見在股 周兩不同式的形態，集成一式；衛內的闌箭，繩縛有了穿孔的方便，稍有彈性的秘端可以緊貼戈頭，自然遠勝穿銎的法式；同時，胡的長度愈伸，鑿的孔也可以加多，繩縛的回數隨着增；箭的緊密也就比例地加強：這一路的進步，不是"穿銎法"所能比擬；故它的永被廢棄，至少間接地，與胡的成長有些關係。

殷商期句兵所具的形態，保存了最久而沒變更的要算是援內之間的上下闌；辛村所有標本，除一器外 (G_2)，都固守這一作法 (Hs. T.: B_3，上下闌原有，折損，故照像中不見)。例外的庚式第二型，把上闌失去了；到了戰國期，琉璃閣標本上闌便成為稀見品了 (具此者二器，LLK: A, C)；山彪鎮所出句兵連這例外也沒有，但大部份的下闌仍被保留。這一變更，在劃分時代上，也甚為重要。

比較五組句兵形態的異同，追溯它們演變的跡象，我們可以歸納到一條結論：一切改進的起點，都原始於求戈頭與戈柄接箭的穩定。穿銎法被棄了，因為它不夠穩定；援後端鑿穿，為的可以加強穩定；由此而有下双下展的作法，由此而"胡"漸漸形成。

根據這一條結論，此處所採取，作這大分類的第一標準，為這些句兵所表現的與

表九　總　分　類　表

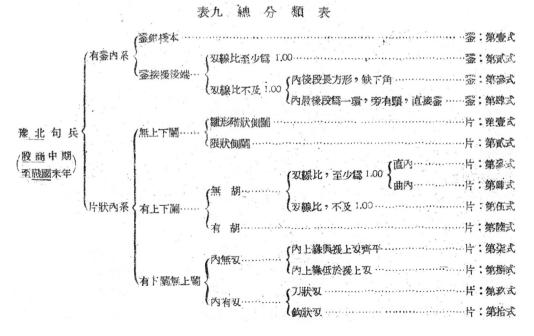

接箇最有關係的形態：內裏段的兩種作法。這兩種作法—帶銎的與片狀的—不但把內形兩分，同時也把戈的全體分爲兩大系統：即穿銎的戈系，與衞內的戈系。歷史證明，穿銎系的戈制，隨殷商的王朝被淘汰了；自西周起，衞內的戈系，漸漸地獨佔了兵工的製造。片狀的內，及與衞內有關的各形態，就成爲自西周至戰國，數百年間兵工不斷地設計改進的中心課題了。表九將豫北五組句兵，類別爲兩系，十四式；所採取的標準，可以代表自殷商中葉至戰國末年，製造句兵的"冶氏"，最注意的者十點。

(五) 各 式 說 明

各式的形制，照表九的歸納，各有若干不可少的形態的特徵；但歸入各式的標本，雖必須具有這些不可少的形態，同時在別的方面，也可以互相差異。因此，每一式又可分爲若干型，表十詳列豫北句兵各部形態發展之重要階段，以便注釋各型體別之

表十　句兵的內，闌，及穿，在豫北殷周期所發展之重要階段

內 形		上 下 闌		側 闌		穿 與 孔	
重要類別	例	重要類別	例	重要類別	例	重要類別	例
(1)直內，後緣直，方角轉	侯：丙式，第一型	(1)無上下闌，內直接援本	小：戊式，第一、第二型	(1)石援銅內，無側闌跡	侯：丙式，第一型	(A)無穿無孔	小：甲式
(2)同上，缺下角	侯：乙式，第一型	(2)內上緣與上雙齊；無上闌	珗：己式	(2)無側闌	小：甲、乙、丙各式	(B)一穿在內中心或偏裏	小：丙式，第一、第二型
(3)直內，後緣向後微拱或成弧形	小：丙式，第二型	(3)有上下闌	小：丙式，各型	(3)援中脊終止處，略高起	小：戊式，第一型	(C)一穿在援本或胡	侯：庚式，第一型
(4)同上，缺下角	辛：丙式，第二型	(4)同(2)，下闌透出胡底	珗：辛式	(4)內裏段下陷	侯：甲式，第二型	(D)一穿一孔	侯：丙式，第一、二兩型
(5)同上，下角有刺	小：乙式	(5)無上闌，上緣低於上雙，有下闌	辛：庚式	(5)援本有浮起文飾	小：癸式	(E)兩穿，一在內，一在援本或胡	小：壬式
(6)直內，後緣三枝，兩叉	辛：丁式，第八型	(6)有銎內，無上下闌	小：己式，第一型	(6)同上，有用卷起上張	辛：丁式，第二型	(F)兩穿，均在援本或胡	辛：己式，各型
(7)直內，後緣有叉，上下緣有叉	珗：壬式癸式	(7)有銎內，有上下闌	侯：庚式	(7)援本中段高起，臺階形	小：丁式，第一型	(G)兩孔一穿	小：癸式
(8)曲內	小：壬式			(8)援本中段突起，脤形	小：戊式，第二型	(H)三穿：一在內，兩在援本或胡	珗：丁式
(9)曲內，後緣有冠岐出	小：己式			(9)(7)、(8)混合形	辛：丁式，第六型	(I)三穿，均在胡	辛：庚式
(10)內後段延長成鈎	珗：子式			(10)脤形闌，橫貫援本	侯：辛式，各型	(J)三穿，一孔	小：戊式，第一、第二型
(11)內裏段爲銎，後段直	小：己式，第一型			(11)全面階形	小：己式，各型	(K)四穿：一在內，三在援本或胡	珗：戊式，各型
(12)內裏段爲銎，後段曲	小：己式，第二型			(12)(10)、(11)兩形混合	珗：戊式，各型	(L)四穿一孔	山：丙式
						(M)五穿：一在內餘在援本及胡	珗：癸式及胡

特點。

(六) 時代的範圍與幾個尚待解決的問題

關於各組各式句兵的準確時代，尚待若干其他材料的研究方能斷定；但那大概的範圍，頗有可以界說清楚的。照表十一及表十二所排列的事實，很顯然地，小屯與侯家莊兩組的句兵代表一個時代；最多數的形制均屬第參式（小屯，百分之五十三，侯家莊百分之七十四），其次為第肆式。琉璃閣與山彪鎮也代表同一個時代，最盛行的形制為第捌式（琉璃閣，百分之七十三，山彪鎮百分之五十三），其次為第玖式。濬縣所出，形制以歸入第伍式的最多（百分之五十九·七），其次為第陸式。小屯 侯家莊的時代可以早到武丁之世，或更早；琉璃閣與山彪鎮的句兵中有帶鳥蟲篆的；第玖式各型，與傳世的呂不韋戈（周金文存：卷六，一）時代極為相近，可以說是戰國末年的器物。由武丁到戰國末年，時間的估計，雖尚沒得到統一的意見，但說它在一千年以上，大概不會有很大的錯誤。這五組句兵，以濬縣出土的較多；在形制的演變上，這一組沒有疑問地上接殷商，下啓戰國；"胡"的創造歷史，在濬縣諸器，寫得特別清晰。

在這一時代的範圍內，由研究這幾組句兵，我們得到極具體的一個印象：中國民族在這段歷史過程中，不但富於創造能力，所表現的鍥而不舍求進步的精神，是內在的，沒有受外來的任何影響。戈形句兵是百分之百的中國貨，由開始到完成，它的千餘年歷史中，看不出一點一滴的輸入成分。

專就形態的演變說，有若干問題，尚待新的材料發現，方能解決。譬如"上闌"的漸次消失，是否與"戟"的出現有直接的關係，就是一例。戟的實驗，在濬縣 辛村期已經開始；在這一組遺存中，有若干戈，矛合成一器的戟，留存下來。那時制造的"戈"方開始嘗試胡的用處；上闌差不多普遍地存在。但戈矛合製的"戟"到了戰國期，似乎已經被認為一種失敗的嘗試；戈矛分製的"戟"已甚為時髦。豫北第捌，第玖，第拾，三式句兵，中有不少是戟的下體，柲頂另外裝有一挺矛頭；故在琉璃閣，山彪鎮所代表的戰國期間，裝置完成的戟，是由戈與矛兩種主體構成，另外尚帶有其他零件。這一事實，雖已有不少考古發現及圖象可供參考，但那詳細的結構，尚看不出；我們可以猜想，晚期的戈所以沒有上闌，可能地為便於與矛接箭的緣故。但這只能算一假設。

辛村，琉璃閣，山彪鎮三組句兵中有數件，鑄有或刻有文字 (Hs.T.：D。；LLK：G₂；SPC：A，C等)。這些刻辭的考訂尚待專家的努力，此處也列在未解決的問題中。

三十九年三月五日中午

附　錄　一

本文寫完後，曾托高曉梅兄代為校閱，承他的厚意，由楊梅專函給我，訂正數處，已將原文改正。來函對於上闌之消失及胡之發展，亦有所討論，與本文雖無大出入，意見至可珍貴，特商得高君同意，摘錄於此。

"……二十五年，郭寶鈞先生發表戈戟餘論之後，生曾根據馬叔平先生所藏孟津出土之銅戟，乃戈，矛（刺）分製之形制，致函郭先生，謂不當以衞墓時代之戟，否定郭鼎堂氏之說法，亦不應轉改考工記文字之傳統句讀，因考工記乃戰國時作品，所載戟之形制，自可與衞墓所出者不同也。惟生則私自認為孟津之出土物，究竟尚非科學之發掘品；故於廿六年春，參觀純一兄發掘輝縣時，特別注意此一問題，一再托純一兄，如在墓內發見有戈矛相挨出土，無論如何應找出其柲之痕跡，以觀其究竟。結果，在某一墓所發現之戟，其柲之朽痕尚存，戈刺乃分製者。純一兄特為此現象攝一影片。據生之記憶，其器安矛之處與戈尚有一段距離，足可容戈之上闌。不知此一照片，今日尚能找到否，若然則吾師認為戰國期戈之無上闌，'可能地為便於與矛接箭的緣故'之說，固非全非，但亦可能更有其他原因。又吾人今日所見，戰國期戟上之矛，皆較殷或西周之矛為短細；而汲縣出土所謂戰跡鑑所具戟圖，則其刺極長，可想見當時實物矛與戈之間，必有一段距離，如戈有上闌，亦無碍於矛之安置；此雖屬圖繪之事，但亦不失為一旁證也。生意戰國期戈之無上闌，其另一原因或因此時胡已極發達，足可使戈固於柲，無須更有上闌也，此亦不過一推測而已。

"多年來，生於銅戈形式之演進，有一印象，即殷商期之戈頭，由其援本與內分界處之情形可知，安柲後戈頭與柲相交如十形。自胡逐漸長成，戈援末端逐漸上揚，安柲後成丫或丫形，生疑援末之上揚，使胡之相交處，成鈍角形，或爲便於句啄敵人之頸項而設計者。(未知)是否亦胡之逐漸生長之另一原因。如胡之發生，專由於穿繩固柲，何援末上双不生胡—如有對稱之兩胡，更宜於固柲—不知師意何如？……"

按關於上闌的消失，純一（李景聃）的輝縣照相，雖是很好的參考資料，但並不能幫助我們解決這一問題；因爲柲已腐朽，結構難以詳查，中間的"一段距離"，究有何物，是我們所不知道的。戈援上揚與胡的下垂是否有直接的聯繫，却是很有趣的一個形態上的問題。"爲句啄敵人之頸項而設計"一說，恰爲本文"把雛形的胡，漸次發育……這一趨勢的加強，應在使用這武器的方法上找解釋……"下一正確註解。又"對稱之兩胡"的武器，在濬縣的句兵羣中出現過（參閱戈戟除論所說的衞侯戟），不過沒有叫它爲"戈"。本文資料，以"戈形句兵"爲限，故未涉及"戟"；將來當另文討論之。　　　　　　　　　　　　三月卅一日夜十二時。

李濟再記

附　　錄　　二

"記小屯出土之青銅器，中篇：鋒双器"見中國考古學報第四册(1—66頁)卅七年秋季送稿，排版早已完竣，上海商務印書館承印。出版與否，不知。

本文原載於國立中央研究院歷史語言研究所集刊第二十二本　　　　　　民國三十九年

豫北句兵形態類別解剖圖之一 (參照表十一)

豫北句兵形態類別解剖圖之二 （參照表十一）

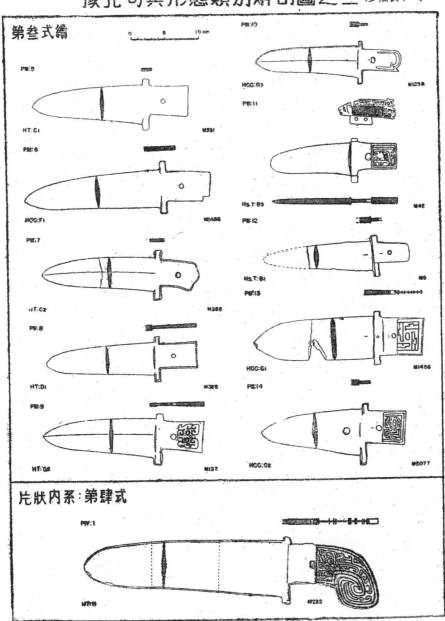

豫北句兵形態類別解剖圖之三 (參照表十一)

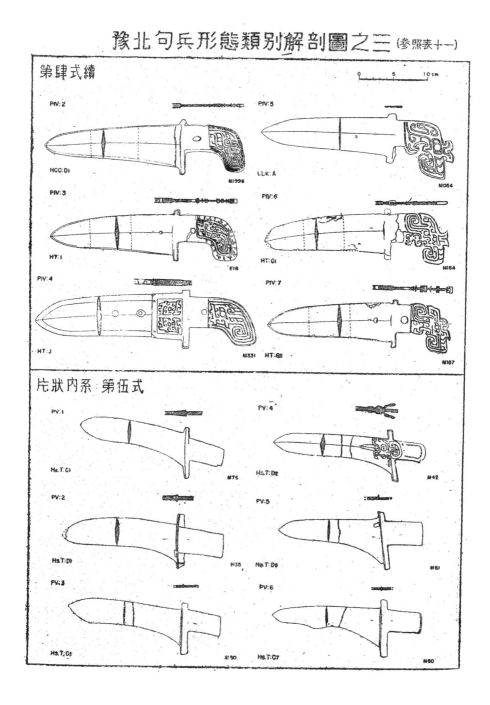

第肆式續

第伍式 片狀內系

豫北句兵形態類別解剖圖之四 (參照表十一)

豫北句兵形態類別解剖圖之五 (参照表十一)

豫北句兵形態類別解剖圖之六 (參照表十一)

片狀內系：第柒式

PVII:1

Ho.T:G1   M80

PVII:2

LLK:H   M59

PVII:3

LLK:F   M80

片狀內系：第捌式

PVIII:1

LLK:D   M80

PVIII:2

LLK:E8   MG39

PVIII:3

LLK:E1   M80

PVIII:4

LLK:E9   M80

PVIII:5

LLK:E3   M75

PVIII:6

LLK:G2   M49

PVIII:7

LLK:G1   M80

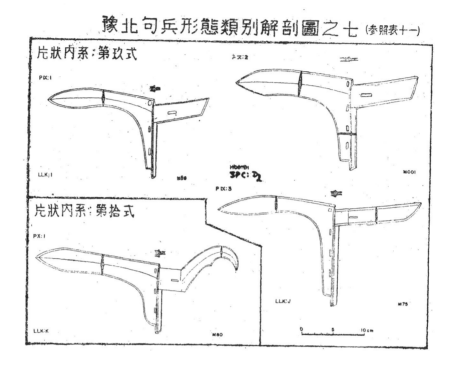

豫北句兵形態類別解剖圖之七 (參照表十一)

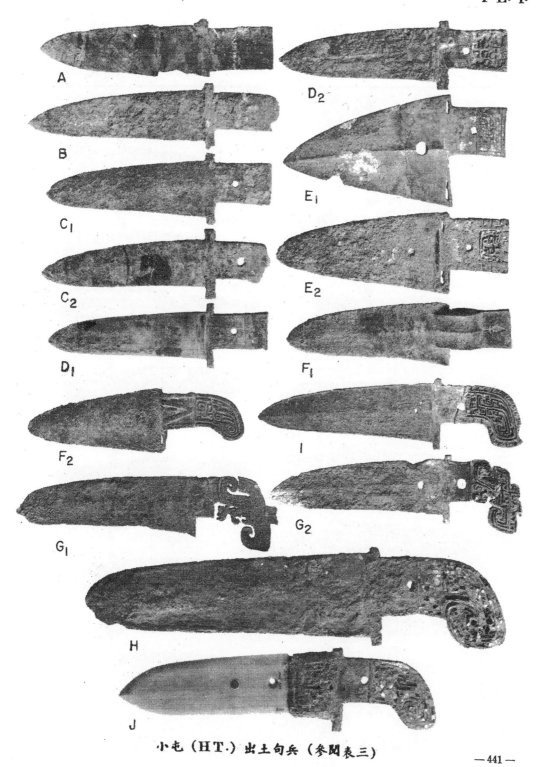

小屯（HT.）出土句兵（參閱表三）

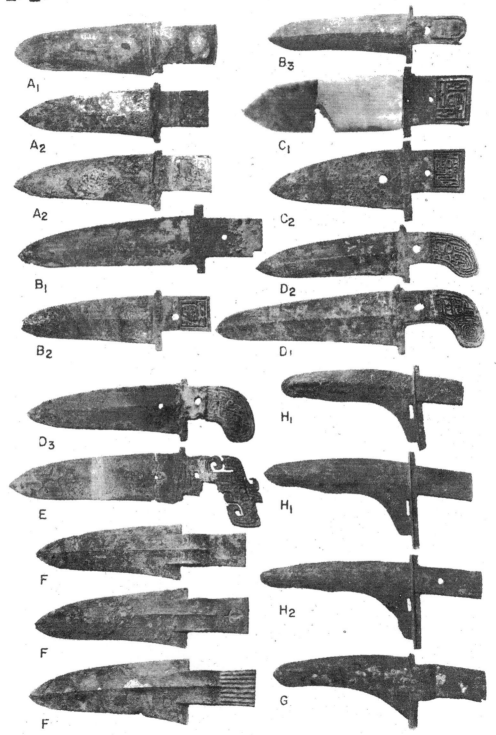

侯家莊（HCC.）出土句兵（參閱表四）

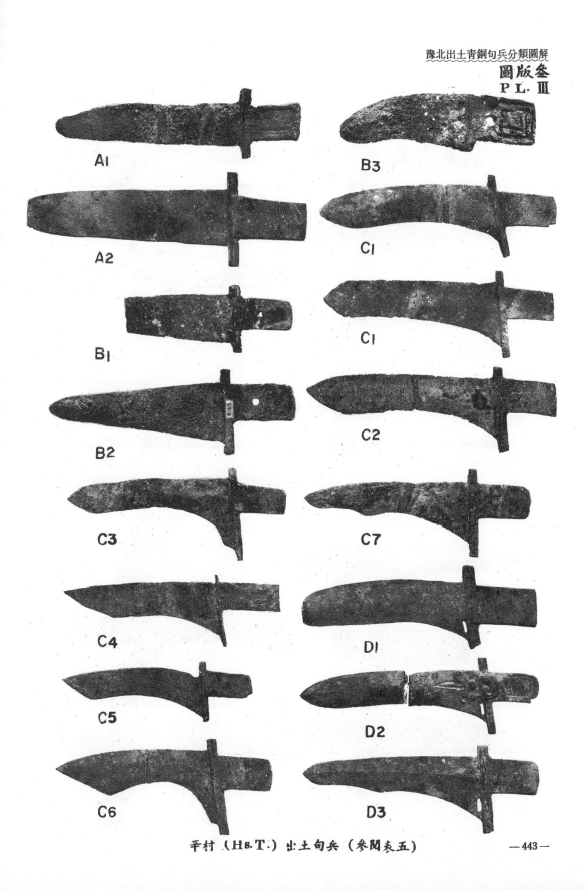

A1

B3

A2

C1

B1

C1

B2

C2

C3

C7

C4

D1

C5

D2

C6

D3

平村（H8.T.）出土句兵（參閱表五）

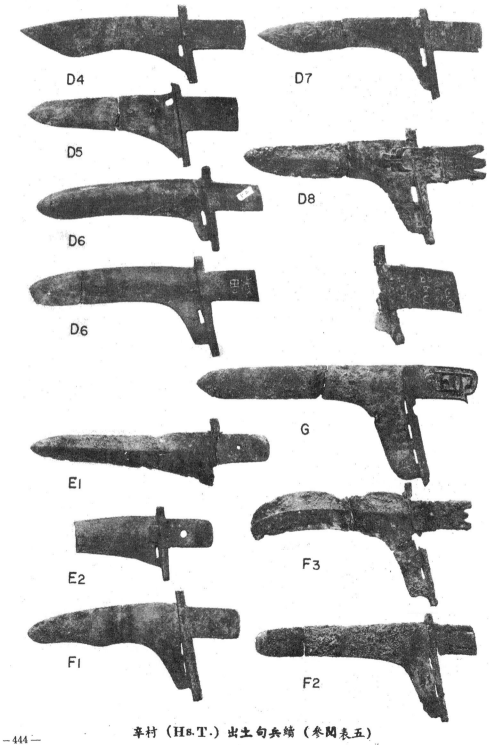

D4

D7

D5

D6

D8

D6

G

E1

E2

F3

F1

F2

辛村（Hs.T.）出土句兵續（參閱表五）

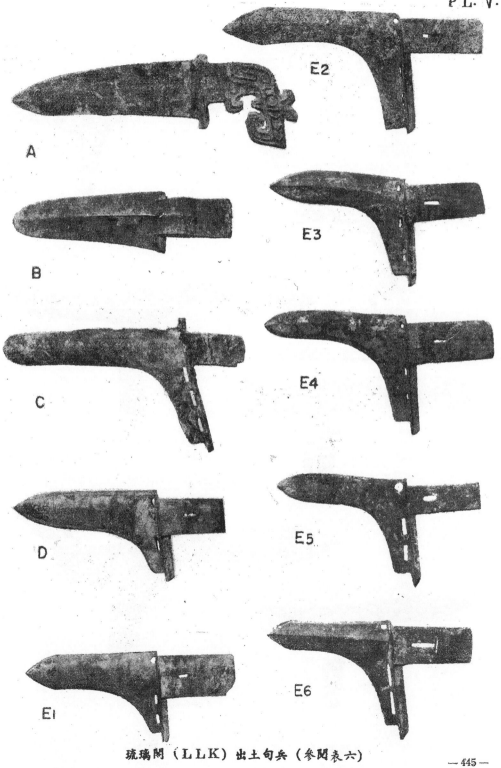

E2

A

B

E3

C

E4

D

E5

E1

E6

琉璃閣（LLK）出土句兵（參閱表六）

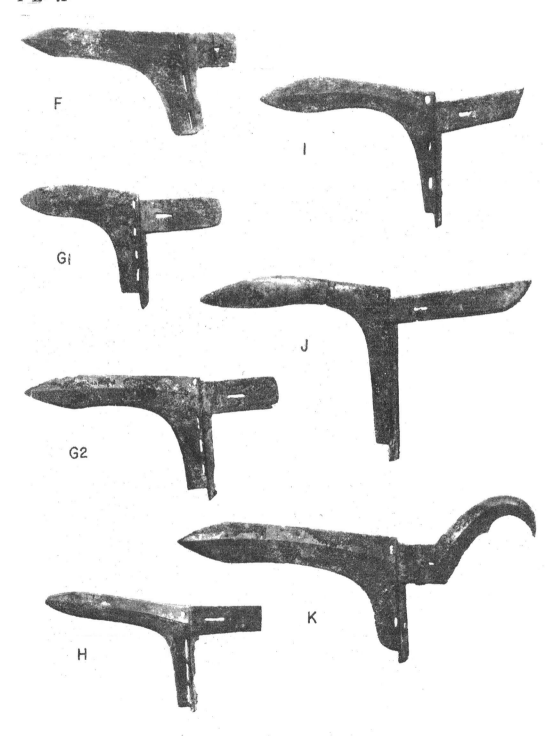

琉璃閣（ＬＬＫ）出土句兵續（參閱表六）

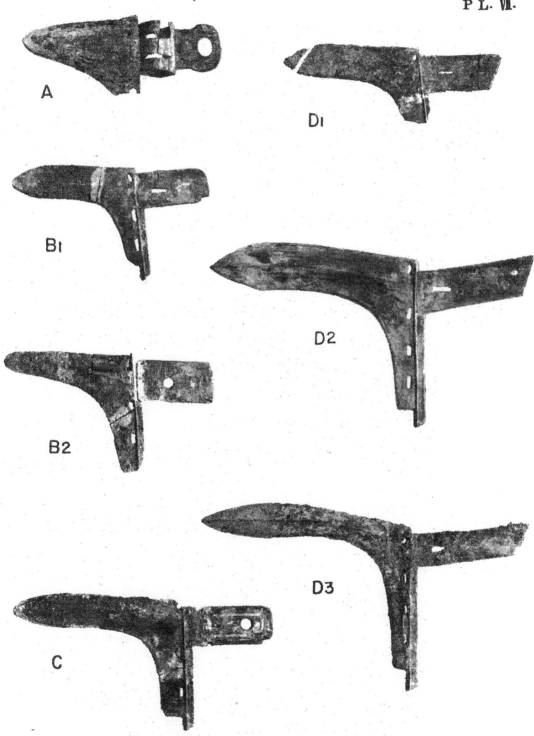

A

D₁

B₁

D2

B2

C

D3

山彪鎮（SPC）出土句兵（參閱表七）

殷虛有刃石器圖說

壹、引 言

貳、石 料

參、作 法

肆、形制的差異與演變及類別的標準

伍、圖 說

陸、總論殷虛有刃石器

壹、 引 言

本文所錄的有刃石器，總數爲四百四十四件：內端刃器一百五十二件，邊刃器二百四十三件，雙刃器十六件，全刃器三十三件。全數中出於小屯的爲四百二十二件，約百分之九十五略强。其餘百分之五，有出自侯家莊的八件，劉莊的兩件，後岡的兩件，大司空村的兩件，四盤磨的一件，同樂寨的一件，日照兩城鎭的六件；皆爲歷史語言研究所考古組的發掘品或採集品。

有一部份器物，在抗戰時期，本所遷徙中，把原登記的號碼摩滅了，原來的坑位因此失錄；但所屬的遺址，大多數尙可認明。此次在臺灣整理，將開箱的標本，重新編了一次號碼，用紅漆標於原器物上；下列目錄（見伍；圖說）每件描寫之第一個號碼卽指此新號，亦卽文中所稱紅號。

小屯所出有刃石器，實不止此數；但本文錄出的，大致可以代表普遍的情形。類別各標本的根據，以刃所在處爲主要標準。有刃石器的大致輪廓，爲長條扁狀；以單刃器說，刃口所在，若不是窄的一端，必定是寬的一邊。若爲雙刃或全刃，所在處的寬窄，在分類學上的重要性就略略地減少了。

端刃器所包括的項目爲斧，錛，斤，鏟，鋤，鑿等形器物；邊刃器爲各式刀削等形；全双器爲戈，矛，箭頭等形。沿用這些習用的名稱，並不是說，用石料製成的這類器物，在使用的方面，與以銅鐵或其他金屬質料製成的這類器物完全相同。這一點是需要個別討論的。專就形制的演變說，由石製到鐵製，每一類型，均有若干變異可尋。此一期待中的演變，要是沒有的話，倒顯着奇怪了。

在討論這些器物形制以前，對於它們所屬的文化階段，應略加說明。小屯出土的四百二十二件，原在地大半爲殷商文化層；只有在D，E，兩區的若干件中，有些標本的出土地可以列入先殷時代。參考資料中，有在殷商時代以內的（侯家莊），有屬黑陶時代的（同樂寨，日照），亦有可能較晚的（大司空村，四盤磨）；這些器物的出土地點，除了日照外，都與小屯相距不遠。把它們列入殷盧範圍以內討論，是富有啓發性的。應加說明的爲：列入目錄以內的器物，並沒經過特別的揀選；僅就開箱所見，取其形制有關及近似者，以類相從，排入圖版，並加以說明。

根據形制的類別，統計殷盧出土的有双石器，大多數可以說屬於"小屯石刀"一型：即前尖中寬或後寬，長條片狀的邊双器。關於這一型的石刀，本文中共舉有二百二十例，佔全數將近百分之五十，實爲殷盧有双石器中最常見的標本。除此一型外，其他類別所具的例，雖多寡不等，但最多的也沒有超過四十個的。本文的圖說，着重個別的描寫，差不多每一例均予一解剖圖及說明；只有"小屯石刀"一式，僅加集體的分析及例解。

貳、石 料

石器的質料，前後經由中央研究院地質研究所專任研究員陳愷先生及臺灣大學地質系主任阮維周先生鑒訂；這是作者要特別申謝的。所用中文名詞皆根據國立編譯館所編訂的岩石學名詞初審本稿本；說明中每條均將英文原名註出，以備參核。

四百四十四件器物的質料，細分可得四十五種，大致可以歸納入三十種左右；但百分之九十以上的例，全由下列八種岩石製出（表一）：所餘不及百分之十的標本，由二十餘種不同的岩石製成，中有不少珍貴的及稀見的原料；如黝輝石（Spodumene），

玉髓 (Chalcedony)，縞瑪瑙 (Onyx)，蛋
白石 (Opal)，蛇紋岩 (Serpentine)；此
外出現了在五次以下的石質，尚有變質岩
(Metamorphic rock)，潛晶矽長岩 (Felsite)，
綠岩 (Greenstone)，石髓岩 (Chert)，火
成岩 (Igneous rock)，角頁岩 (Hornfels)，
流紋岩 (Rhyolite)，半花剛岩 (Aplite)，閃
綠岩 (Diorite)，粗玄武岩 (Dolerite)，化
石 (Fossil)，斑糖岩 (Gobbro)，硬砂岩
(Graywacke)，正長石 (Orthoclase)，石英
斑岩 (Quartz Porphyry)，矽質岩石 (Si-
liceous rock) 等。

表一： 具有五件標本以上的各種
質料分類表

石　　　　　料	標本件數	標本百分數
板 岩 (Slate)	273	61.49%
輝綠岩 (Diabase)	37	8.33%
石灰岩 (Limestone)	31	7.00%
大理石 (Marble)	16	3.60%
石英岩 (Quartzite)	16	3.60%
千汝岩 (Phyllite)	14	3.15%
砂 岩 (Sandstone)	11	2.48%
玉　　(Jade)	7	1.58%
全　數	405	91.23

以上是統論原料的類別；若再按器物的類型，區別它們的質料，下列的數字，甚
值得注意：

表二： 各類器物常用質料統計表

	端 双 器 (152件)			邊 双 器 (243件)			全 双 器 (33件)		
	石 質	件 數	百分數*	石 質	件 數	百分數	石 質	件 數	百分數
最 常 用 的 質 料	輝綠岩	37	24.34%	板 岩	233	95.88%	板 岩	10	30.30%
次 常 用 的 質 料	石灰岩	27	17.76%	砂 岩	6	2.36%	玉	5	15.15%

*註: 指每類器物總數的百分數；總數見最上一列（端双器，邊双器……）旁之數目字。

上表證明器物的形制與原料的品質有若干固定的關係。製造端双器最普遍的輝綠
岩，沒有一次用過作邊双器；"小屯石刀" 差不多是百分之百地由板岩造成。這一聯繫
顯然不是偶合的。

關於各種岩石的來源，自然是值得追求的問題；不過這一問題牽涉岩石學的方面
較多，解決的方法需要大量的切片工作及參考資料：這一工作只能期待岩石學家了。
一般地說來，若干常見的岩石，如板岩，石灰岩以及輝綠岩等可能是安陽附近的產品；

但那比較稀見的石料，如 "玉" 一類的，是否採自殷墟附近的地方，甚難斷定。阮維周教授認為所鑒訂的七件 "玉器"，質料不像和闐的硬玉，也不像西南的軟玉；它們都是南陽玉。

中國古代所說的玉，包括的範圍比現代岩石學家所說的玉，似乎大得多。很可能地，凡是磨得光潤的，硬度較高的，"石之美者"，都列入中國古代的 "玉" 類；譬如殷墟出土的縞瑪瑙，黝輝石，蛇紋岩，以及蛋白石作成的器物，皆磨得光潤勻淨，顯然都夠得上殷周時代所定的玉的標準。

參、作　　法

（參閱圖版甲）

小屯石器的作法表現好些不同的製造技術，及發展的階段；製造過程的詳細節目雖難於步步復原，最後一段的手續卻完全留存在各器物上，都可以辨別得清楚。由完成各器物的方法上，我們可以看出，殷墟留存的石器所透露的攻石技術，有：

（一）　壓剝法 (Pressure Flaking)：例如 YH 006 灰坑所出的石髓岩箭頭（圖版甲：1）全身及邊緣皆滿佈壓剝留下來的，如細鱗形的小疤痕；這一攻石技術是舊石器時代後期即開始採用的作法；在內蒙古及滿州一帶，有大量的發現，中石器時代所留存的，壓剝成的細小石器。但在關內的古代遺址中，壓剝法只在黑陶遺址中出現過，如小屯以西的同樂寨及日照的兩城鎮。小屯石器表現此類作法的以此一標本為唯一的代表；它可能是先殷文化層的蛻存。圖版拾陸：丙，所列的1864號標本，為日照兩城鎮出土品，黑陶文化遺物，流紋岩的質料，亦由壓剝法製成。

（二）　打剝法 (Chipping)：用打剝法完成器面的作法，在殷墟石器群中，顯已成為過去，但仍不失為經常所用的攻石法之一。邊刃器內之 "小屯石刀" 的製造，初步預備工作，卽包括用打剝法造石坯之一段。有肩的鏟形器，實由製成之長方形鏟形器，順着兩側的上半段由頂端向下，各打剝一細長條而成（圖版伍：二，有肩形）。

（三）　碪製法 (Hammering)：碪作的石碪，與現代的木槌，鐵錘，在形制上大概沒有什麼重要的分別；工作的部份為中間略略凸出，近方形或近圓形的一個面。碪打留下來的痕跡，大的成塊狀，小的作細粒狀，硾打的方向是直下的；近代石工仍沿用此法硾擊建築石面，惟以鐵鎚代替石硾。殷墟出土的輝綠岩作成的端刃器，大半都用硾擊法攻平（圖版甲：3, 4），完成器物最後的形態；若干石斧，連刃端的兩斜面，都是完全硾擊出來的。因此引起了一個問題：——卽，若干刃端磨光的石斧，那"磨光"的部份，究竟是由於使用，還是原來磨製的？（圖版壹，圖版貳）。

（四） 啄製法 (Pecking)：啄製類似硾製，惟工具如鳥喙或如『鐵槌』形，用作攻擊的一段，近於錐狀。攻石的程序有似啄木鳥之啄木；如無固定之方向，所留痕跡，或與硾製所留之細粒狀無異；若縱橫各有先後，往往平行排列（圖版甲：2）不相紊亂，或交錯如網線，"小屯石刀"丙型各標本，大半由此法完成（圖版拾參）。

（五） 磨製法 (Polishing)：磨製可分三等。

（甲） 粗磨，與銼製法相同，用粗砂石磨成，砂痕仍留在器面；石刀的鋒刃，（圖版甲：2），大半由此法完成。

（乙） 細磨，磨擦痕跡不顯，肉眼看去已成平的表面。磨製工具，大概是細粒的礪石，決非粗粒的砂石。殷墟的鏟形器，大部份的有孔石斧，皆為細磨的作品（圖版甲：5；圖版伍，陸，柒）。

（丙） 磨光，發光潤的玉質或近於玉質各器，更需要進一步的細磨法，大概現代玉器作所用的細砂蘸水法在那個時代已十分習用了。本文所錄的雙孔薄斧（圖版甲：7；圖版陸；己二）及大部份的石戈，溫潤發光，所需的磨工，應該是最高等級的技術。

用作磨製的礪石在殷墟已有大量的發現；一部份顯然是磨銅刀銅斧，或磨骨器用的。硬度甚高的玉一類的材料，磨製的方法，大概已不完全倚賴手工。殷商時代，似乎已發明了鏇床。此一點將另有討論，不在此處細說。

肆、 形制的差異與演變及類別的標準

（一） 端刃器

　　無孔的石器，双在窄端的，依它們的厚度與寬度的比例，可以別爲厚薄兩組：鏟形器的寬厚指數〔即，（最大厚度÷最大寬度）×100〕皆在百分之四十以下，屬於薄的一組。另一組爲斧形器或鋒形器，它們的厚度與寬度的比例，差異距程爲 16.00 至 104.75；五十九個指數的平均數爲 63.10；百分之八十五以上的標本，指數均在 40.00 以上。指數在四十以下的八件，爲薄片狀的小型斧，鑿，或鋒；平均重量爲 116.5gms；最重的一件，也不超過 175gms。

　　長方形的鏟形器，保存較完全的有六件，平均重量爲 370.2gms，最輕一件的重量爲181gms；故它們的寬厚指數，雖像小型的斧鋒，它們的體積却大得多，重量在三倍以上。

　　由此我們得到下列的三條類別端双器的標準：

　　1　寬厚指數在40.00以上（至少爲40.00），重量在200gms 以上的端双器成一組：厚重的斧鋒形器。

　　2　寬厚指數在40.00以下，重量在 180gms. 以上的端双器成一組：鏟鋤形器。

　　3　寬厚指數在 40.00 以下，重量不及 180gms. 的端双器成一組：小型斧鑿形器。

　　以上的各項數目字，都是根據每個標本的實際測量得到的。此外，尚有帶孔的端双器，另成一類；這一類蔣形，厚薄不均，但指數差不多完全在四十以下；小屯的採集品中，只有一個例外。薄片的端双器又有在兩旁射出齒牙的"戚"形器，形制自成一格；故

　　4　有穿的端双器，寬厚指數在40.00以下（有一例外），有穿，穿徑大小不一；自成一組。

　　5　戚形器，片狀，亦有較厚的；兩側有齒投出，左右大致對稱，自成一組。

　　　　總結上論類別端双器的標準爲：寬厚指數，重量，穿，齒共四點。

　　上說的用作類別端双器標準的四點形態，雖可清楚地劃分出來，但同時也是與若干其他形態並著的。在排列這些器物時，類別的工作，並不能拘於這些標準以內，不考慮別的方面。尤其分不開的問題，爲製造方法與形制之關係。有些壓剝的石鏃與磨製的石鏃，有些硾平的石斧與磨光的石斧，若僅就所探取的四個類別標準說，可能完

全一樣；卻是，不同的製造方法，賦予了這些器物不同的外貌。不同的製造方法常常地引起新形制的發生，譬如：磨石法的發明，顯然爲石器的形制奠定了新的發展途徑。以斧形說，打剝法，壓剝法，無論習用的人如何老於此道，是很難造出九十度方轉斧身的；就是硾啄法的興起，也只能硾出或啄出近乎平面的平面，近乎方角的轉角。絕對方轉的正角，以及水平的平面，只在磨製法發明後才出現。小屯的石斧，厚重一類的絕大多數，都用硾啄法完成：故它們的橫剖面爲圓形，楕圓形，腰圓形，扁圓形，或近於這些圓形的圓形，也有近於四面四轉角的：面總是中段微凸，轉角總是刓圓。

認清了這一聯繫，及其重要性，類別標準內加入製造方法一項，就成爲必要的了。由此得到端双器七大類（式：甲至庚），三十小類（型），如下表（表三）：

表三：端双器分式分型詳表

端			双			器		
式	型	件數	式	型	件數	式	型	件數
(甲)不規則形狀斧形	不 分 型	7	(丁)全面磨製各式斧形器與鏟形器	一、不規則長方形兩面斜中鋒	1	(戊)部份磨製及全面磨製各式鏟形器	一、長方形	16
(乙)硾製斧鑿形器	一、圓轉斧形	20		二、不規則腰圓形兩面斜窄双中鋒	2		二、有肩形	13*
	二、圓轉鑿形	1		三、長方形片狀兩面斜窄双弧轉中鋒			三、無肩小蹼或方頸形	6
	三、圓角長方斧形	8		四、片狀兩面斜寬双角轉中鋒	1	(己)有穿端双器	一、小孔薄片	4
	四、蛾眉双鑿形	1		五、片狀兩面斜寬双弧轉偏鋒	1		二、大孔薄片	1
	五、方角長方斧形	2		六、一面斜角轉偏鋒斧形	1		三、小孔長厚體	5
	六、薄片狀斧形	1		七、一面斜角轉偏鋒鑿形	1		四、大孔中長形	35
(丙)部份磨製斧形器與鏟形器	一、一面磨鋒形	7		八、平凸面兩面斜偏鋒		(庚)有齒端双器	一、無穿薄片	1
	二、部份磨斧形	1		九、鏟形	2		二、有穿薄片	1
				十、靴形斧	1		三、有穿厚片	2
				十一、丁形斧	1	(附)殘形		3
				十二、方轉一面斜鑿形	4	總數		152

*內有殘缺不定型標本八件；四件無圖，四件有圖，圖形均列入戊二，見圖版伍，陸

　　上表所列的端双器由小屯發掘出土的共一百三十七件；坑位紀錄清楚的有一百一十七件，另二十件的號碼在搬運中摩滅了，但仍可確定爲小屯的器物。此外有出自侯家莊的五件，後岡的二件，劉莊的二件，同樂寨的一件，兩城鎮的五件。

　　單就小屯所出的一百三十七件分型來說，每型只具有一件標本的要居型數總額的過半數。放在一個高度發展的青銅文化叢體內，這些石器顯出來了一個不整合的局面。我們知道，在小屯的地面下，除了殷商文化層外，尚有屬於先殷時代，缺金屬器的黑陶文化層；還有一塊彩色陶片曾在堆積甲骨的坑穴內出現。故小屯所出的石器，可能屬於先殷時代的黑陶期，也可能像所發現的一塊彩色陶片似的，由另一史前文化遺址搬運而來，屬雜在殷商文化層內了。清理這些器物時代問題的最好的方法，應該是從分型論列入手。現在先從標本較多的類型說起。

　　成型的三十種端双器，具有十件以上標本的僅兩種，計：

　　　　乙式第一型，硾製圓轉斧形器，有標本二十件：全形者九件，餘皆殘缺。

　　　　己式第四型，磨製大孔中長斧形器，有標本卅五件：全形者八件，餘殘。

乙式第一型的九件完整標本，平均重量，爲658.2gms，約三分之二公斤；平均的寬厚指數，爲70.21。双端的消耗，均甚顯明。各器的頂端，有圓轉的，腰圓的，亦有不齊整的；寬度與厚度很少有顯著的削減；大多數都經摩擦光潤，留有久經把握的痕跡。很清楚地，這一型的石斧，不像是安在柄上用的，它們似乎是一種無柄的手斧，使用時，完全由手掌握着它們的頂端運行。

　　與此型相近的石斧，常在華北彩陶遺址中出現，但形態卻不盡相同；各式各型的頻率亦大有差異。安特生所記仰韶村出土的石器（J. G. Andersson：1947，pp. 57-58；Pl. 51-53），有石斧十三件；橫剖面近圓形者僅兩件，餘皆長方形，頂端近方。他所命名的 "河南斧"，就是指佔仰韶石斧多數，長方形的橫剖一組說。仰韶村附近的不召寨史前遺址出土的石斧（同上，pp. 104-106；Pl. 118-120），仍是以 "河南斧" 形爲主體；有紀錄的十七件中，橫剖面近圓形者亦只有兩件。殷虛端双器乙式第三型，亦具有長方型的橫剖，近於仰韶村及不召寨史前遺址所出的 "河南斧" 形，但數目較少，全形與殘缺的總數僅八件，不及乙式第一型的半數。表四詳列兩型石斧在三遺址所佔之相互比例。

表四： 乙式第一，第三兩型石斧，在三遺址出土數目之比較

類型 遺址	兩型 總數	乙 式 第 一 型		乙 式 第 三 型	
		件 數	百分比率	件 數	百分比率
仰 韶 村	13	2	15.39%	11	84.61%
不 召 寨	17	2	11.77%	15	88.23%
殷 墟	28	20	71.43%	8	28.57%

就上表所列兩型的比率看，殷墟石斧，在製造方法上，固仍承襲仰韶村與不召寨時代的作風；但對於形態的選擇，殷墟器物的着重點可以說已完全改變了。所發現的這一組實物，是在殷商時代製造的，還是早期留下來的，仍是一個不能斷定的問題；但是我們有理由相信，殷商時代仍在用這一類的石斧；確實的用途，下文將另有討論。

甘肅一帶史前遺址出土的石斧，若以安特生在半山附近蒐集的為例，"河南斧" 形的一類仍佔多數 (J. G. Andersson: 1943, pp. 120-123; Pl. 63-68)，邊家溝墓葬所出的一件 (同上: p. 130; Pl. 75:1)，橫剖的輪廓安特生稱為圓的長方 (Rounded Rectangular) 可以算很近小屯出土的，腰圓橫剖的一類；但眞正圓形的橫剖面，在甘肅的標本中，是罕見的。

乙式各型器物雖都由硾啄法製成，但以第一型的斧形器表現這一方法最為徹底；至少有兩個標本 (圖版貳：A13，A19)，双端的斜面，完全由硾製得來；留存的光滑部份僅限於双口一帶，顯然是使用的摩擦跡。

完全磨製的石斧在華北的分佈，因為發掘材料的不够，仍是一個混沌的局面。安特生所舉的北方圓斧 (同上: pp. 46-48) 與北方方斧 (同上: pp. 48-50)，在小屯出土的石器中，可以說同樣的貧乏。丁式與戊式中有幾型也許勉强地，可以與安氏所說的北方的方圓兩類有比較的部份；但這一類的標本，完整的很少：實際上並看不出與安氏所說的類型有什麼聯繫出來。

在黑陶區域中，磨製技術特別發展；日照兩城鎮史前遺址出土的端双器，大半都是磨製的，以偏鋒的鏟形器居多。小屯出土的鏟形器，最方正光潤的標本 (圖版肆；丁，911)，要算丁式第六型的例，D42 坑出土的一件殘器，屬於鏟形的双端。器面磨製的

光潤，可以與玉器比美；作工與形制，與日照黑陶遺址所出的最好的石鏟比，難以分辨。D42 可能是先殷文化坑層，故這一例大概是先殷時代的遺存。YH008 坑所出的半磨製的石鏟，與後岡的一件完全類似；後岡所出的地點雖屬殷商坑層，但器物仍可能是殷商時代以前的。

戊式各型，統名爲鏟鋤形器，分爲長方，有肩與薄頸三型。圖版肆：戊，所舉的第一型幾個例，以A90 最爲完整：双端久經使用，磨成深淺不等，近於平行的槽痕，與双線成正角；顯爲鏟除軟性物體之摩擦痕跡，酷肯安特生氏在中國史前史第二十三版所舉的秦王寨，池溝寨各彩陶遺址出土的石製鏟形器，惟全形較爲端正。第二型由頂端兩旁，向下削成肩狀；侯家莊與小屯各有全形標本一件，與日照黑陶遺址出土之千枚岩有肩的鋤形器，極爲類似。仰韶村與城子崖各出有有肩石鏟，形制與上述各例大致相同：都屬較長的類型。

己式各型器物，最切實用的應爲屬於第四型的一組，內有留存極深安柄痕跡的標本 (A64)。小孔薄片的第一型及雙孔的第二型，都由墓葬出土：双端無顯明的用痕。第三型各器。細長而具有較大的厚度，所用質料亦不同於他型；雖不是墓葬出品，但双端完整，只有一件略有摩擦痕跡；頂端的榫頭，矮小無力，不能維持一個堅強的接縫：——這些現象可以證明，屬於第三型的標本都沒有實用的目標。第四型的標本最多，保存齊全的有八件；八件中有用痕的五件，沒開口的三件；殘缺標本中具有双端的八件，亦大牛帶有輕重不等的剝脫與摩擦的痕跡。據此我們可以斷定，大孔中長型各器，大牛都是用過的。孔的作用，又顯爲加緊斧身與柄把的聯繫，故孔的外緣，常留有深入的捈柄凹槽。孔眼皆兩面鑽，但兩面深度並不完全相等；孔徑最大的總在外口，最小的在兩鑽口相接處；孔形的直剖，近X 狀。單就孔眼的形態說，第四型與史前的有孔石斧，在製作技術方面是一脈相傳。第三型各器的鑽眼法，似多由一面打透，或旋成；兩面孔徑有大小的分別；小徑的一面孔外緣或加修整。第二型的双孔玉斧，孔眼作法同第三型；第一型的薄片小孔亦多一面鑽成。

安特生在他的中國史前史 (J. G. Andersson：1943, pp. 52,53; Pl. 16-19)登記的有穿石斧，共分三類：一，細長的鑿形；二，寬扁的方頸斧形；三，寬身圓頸的斧形。三類石斧的穿，皆由兩面打透；與小屯己式各型相似。第二與第三兩類尤近小屯己式第四型，惟較寬短；史前史所舉第二類的八例（同上：pp. 52-53；Pl. 17-18），平均長度爲 112.7 糎，平均寬度爲 79.4糎；小屯己式第四型八例，長寬度齊全的共六件：平均長度爲 124.4 糎，平均寬度爲 66.2糎。

古器物學家所稱爲戚的，兩側投出若干齒形突出的平面斧，在小屯與侯家莊的石器羣內，均有代表標本：但在形制上，它們卻表現了若干差異。鄴中片羽各集（黃濬：1935，初集；1937，二集）記有殷虛出土的石戚共六件，側面投出的齒，數目有四對的（二集二十三頁），有五對的（初集十七頁），有六對的（二集二十四頁，二十五頁），有八對的（二集二十五頁）。正面的形狀亦不一致；外線有近三角形，梯形，長方形，短方形各種不同的樣式。小屯發掘出土的石戚，以 A93（圖版捌：庚）最爲寬大，由若干碎片拼湊復原，有一小穿，兩側投出齒形突出六對，双端留有劇烈的消耗痕跡。其他的戚形標本，如鄴中片羽所載，形制各別，製作亦精粗不等（圖版捌：庚）：由此我們可以推斷，戚形的石斧原是實用的器物；兩側投出的齒應是幫助安柄用的。此一型的石斧在史前遺址內，沒有紀錄。

　　（二）　邊双器

　　（三）　雙双器

　　（四）　全双器

邊双器共分甲，乙，丙三式，標本以屬於小屯石刀的丙式爲最多；有孔的甲式各型（圖版玖：甲），與安特生所記華北史前遺址出土的單孔石刀(J. G. Andersson：1943,pp. 223-229；Pl. 163-165) 相比，小屯的單孔卷瓣一型確爲殷虛特有的實物，（註一）不見於任何其他遺址。西北彩陶遺址所出的有孔石刀，無論其爲單孔或雙孔，皆是平瓣的。小屯亦出有平瓣的双孔石刀；一般的形制，近於黑陶區的出土品。

乙式各型的彎條刀，双線均向內凹；凹入部份，完全由於製造，故初作成時，双線卽曲相內。內彎的程度由使用而加深，是很清楚的。前端尖銳的各例（圖版拾：乙），近似觿形。與城子崖彎條刀比（李濟，梁思永 等：1933, Pl. XXXVII），小屯各型，很顯然地，是相近的。

小屯出土石刀之大觀，實在丙式（圖版拾壹至拾參），單就這一式標本出土的數目論殷商時代必在繼續不斷地製造它們。形態的變異，由長方形不分前後的，至前後有別，前端削成一尖，而爲細長條，變化多端。但有不離其宗者一事：双口在長邊，双線近直，或向內略凹，或向外微凸，偏差不大。背線或爲無轉角之圓轉曲線，或爲有轉角之兩邊，三邊形；上拱最高處以在後半者居多。小屯發現各例，有大批原始坯料，有開始製造的，有方製造完成的，有半使用的，有廢棄的。圖版拾參各例實代表小屯石刀最完美之樣本：厚度均勻，表面大半由啄製法啄平，双口粗磨，甚鋒利；最後端多經打剝，厚度削減，似爲嵌入柄口的預備。這些形態及作法都是殷商時代的新發展，在華北史前遺址內，是無跡象可尋的。（註二）

上項石刀折斷後，於折斷處另磨新双，構成大部份所發現之双双石刀，屬於廢刀重製的一組。但眞正的双双器亦見三例（圖版拾肆：双双器），可分兩型：一型双在兩端，一型双在一邊一端。

在 "記小屯出土之青銅器中篇"（李濟：1948）內，作者曾把青銅製成的戈，矛等器列入双双器內。近以整理石器，重新類別有双各器，乃感覺到『双双』一詞，有另加界說的需要。前舉石製双双三器，旣爲双双之極顯明的實例，與戈矛等器有基本的形制區別；戈矛等器的類名乃不得不加改定；玆擬名爲 "全双"，並界說如下："凡有双器之邊緣部份，除安柄者外，均作双狀者爲全双器"。在此一定義下，一切戈形器矛形器及磙形器，均可納入此式。

但小屯所見的全双器，石製者只有戈形與箭頭形兩種；關於矛頭的形制尚無確切可以指定的標本。若干殘塊石片（圖版拾陸：518，897），原擬列入矛形者，細加審核，兩双邊皆微不對稱；由此一形態特徵，可以推定它們是 "戈" 形器的殘片，不是『矛』形器的殘片。保存完全的青銅矛頭，在殷虛出土甚夥；保存完全的石製矛頭，在小屯遺物中，可以說尚沒見過。

殷虛出土的戈形石器，保存完整的，皆爲隨葬品；石料較細緻的居多，似屬 "石之美者" 的定義。圖版拾伍所列的戈形九器，三件出自侯家莊墓葬，六件出自小屯墓葬，質料如下：

大理石 (Marble)		二件
玉　髓 (Chalcedony)		二件
玉　　 (Jade)		五件

戈形器殘片皆出自小屯（圖版拾伍，拾陸），除一件由墓葬掘出外，皆在灰坑或探坑中發現，質料之鑒訂如下：

石 灰 岩 (Limestone)	二件
泥質石灰岩 (Argillaceous Limestone)	一件
結晶石灰岩 (Crystalline Limestone)	一件
石 英 岩 (Quartzite)	一件
縞 瑪 瑙 (Onyx)	二件
蛋 白 石 (Opal)	一件
玉 髓 (Chalcedony)	一件
細密的矽化岩石 (Fine Compact Silicified Rock)	一件

看上兩單，似乎隨葬器的質料，較爲貴重；灰坑中出來的碎片，所代表的原器物，可能具有實際的用處。這是一個值得注意的區別。

石鏃四型，與殷商時代盛行之骨鏃及銅鏃，形制沒有類似的部份。壓剝的双稜凹底，盛行於關外東蒙古及滿州地帶 (J. G. Andersson : 1943, p. 151; Teilhard de Chardin et Pei Wen-Chung, 1944: p. 33; R. Torii 1944: p. 45, ete)，常見於關內黑陶區（日照，同樂寨）；磨平的平底双稜見於仰韶，不召寨(J. G. Andersson: 1947, Pl. 64: 16,20; Pl. 110: 1-3, 6, 7)；三稜有托的有莖的，及三稜無托的均見於仰韶（同上：Pl. 63: 10, f2, 13; 64: 6; Pl. 111:10)；這幾型的石鏃，小屯出土的不多，所發見的大概都是先殷時代的遺存，但並不一定是黑陶時代的。

表五詳列邊双器，雙双器及全双器各式各型與標本件數。

表五：邊双器，雙双器，全双器分式分型詳表

邊		双		器	雙		双		器	全		双		器	
式		型		件數	式		型		件數	式		型			件數
(甲) 有 孔	單	孔	平	瓣	1	不 分	兩	端	有	双	1	(甲) 戈 形	有	內	無 孔	1
	單	孔	卷	瓣	7		一邊一端有双				2		有內有孔，孔在援			2
	双	孔	平	瓣	4		廢	刀	重	製	13		有內有孔，孔在內			5
	有 齒 有 孔 平 瓣				1	總			計				有 孔 有 欒，無 內			1
(乙) 彎 條	前			圓	3								殘	形	復 原	10
	前			尖	4	邊		双		器	243	(乙)刀形				1
	(附) 殘			型	3	雙		双		器	16	(丙) 箭 頭 形	雙	稜	凹 底	2
(丙) 小屯刀	寬			短	80	全		双		器	33		雙	稜	平 底	3
	中			間	111		共				292		叁	稜	有 托	4
	細			長	29								叁	稜	無 托	4

伍、圖　　說

圖說的秩序，按表三與表五排列。說明的內容包括下列的項目：編號，出土地點，顏色，質料，作法，形制，使用痕跡，體積測量，指數，重量。描寫形制的部份，所佔地位較多；器物各部位的名稱，大半皆取習用的及易了解的，在本文中皆有一固定之含意。第一項所標之號碼字，為在臺灣新編之紅號。各圖版所載器形，皆正面圖像，但各有一橫剖面或直剖面插入圖中，或附於圖旁，有時且將橫直兩剖面兼繪，附入正圖，以補說明之不足。

解剖圖拾陸版共列器形二百六十七件，除參考圖九件外，約及全部目錄所登記有双石器百分之五十八。未備圖形之器物以屬於編入集體說明之"小屯石刀"式的標本為最多。計二百二十例石刀，具有圖形之代表標本僅六十五件；但六十五代表標本實可概括小屯石刀之基本形態，其餘一百五十五例皆為有圖形各器之複本，無個別列舉敘述之必要。此外，納入目錄內的有說無圖之器皆是殘斷不全的：如端双器乙，硬製斧形器，無圖者十四例；端双器戊無圖者十例；這些殘器，形制有時可照全形標本復原；但復原部份，概無特異之形態可以稱述，自無見於圖繪之需要。

八件參考資料（圖版肆：WW. 1002, WW. 16；圖版玖：1642, 1655, 1645, 1637, 1636, 1641）之圖形，僅外線輪廓，與若干殘斷標本並排列入圖版內，旨在提示此項小屯出土，形制特殊而已經殘斷的標本可能之原形。目錄內無參考資料之說明。表六詳列各項器物的圖與說之件數。

表六　　各項有双石器圖說之件數

器　類 ＼ 圖與說	圖說總數	有說有圖	有說無圖	參　考　圖	圖　總　數
端　双　器	152	124	28	2	—
邊　双　器	243	86	157	6	—
雙　双　器	16	16	—	—	—
全　双　器	33	33	—	—	—
總　　　數	444	259	185	8	267

1 端 双 器

（圖 版 壹 至 捌）

甲式: 不規則形狀斧形器　製作方法及形制無固定之準繩；除双線在窄端外，七例各具一個別之形態，器中段多有打剝或消耗痕述，可能爲捵柄處。

1. A15。YM008 出土。磨平處棕色，不平處罩有石灰質，多灰色斑；石英岩（Quartzite）。兩正面擊脫多處，硾啄製，双端磨光。上窄下寬，側面上下線近直，正面上下線中拱，向側面圓轉。頂端窄長條。双端兩面斜下，弧轉中鋒；双線弧狀，斜出。双口中段消耗甚顯，一面擊脫一大塊。中段橫剖面近腰圓形。双端寬51糎；頂端寬34糎；最寬52糎，近双端。

長 106mm.，寬 52mm.，厚 35mm.；寬厚指數 67.31

重 276 gms, 圖版壹：甲

2. A16。D71 東支出土。石灰質白色，磨光處帶淺黃色。石英斑岩 （Quartze Porphyry.) 有打製處，有硾啄處，有磨平處，上大下小，四面均不整齊：一正面較寬，兩側面傾斜，頂端近不規則四方形，不規則轉角。双端兩面斜下，近中鋒，双線微中拱；口部消耗，中間有輕細缺痕，近兩側較重。一側面之腰部，較寬正面之上半，均經打剝。中段橫剖面近不規則四方形。

長 88mm.，寬 42mm.，厚 35mm.；寬厚指數 83.33

重 254gms.，圖版壹：甲

3. A23。小屯出土（坑位失錄）。磨平處黑色，不平處有石灰質及土斑，變質岩（Metamorphic Rock)。硾啄製。上大下小，一正面凹入大片；四面均不平整，轉角不規則。頂端向一面坡下，邊緣有打剝跡。双端兩面斜下，弧轉中鋒，双線近直，無消耗痕跡。双寬 28糎；寬 46糎。中段橫剖面近不規則四方形。

長 94mm., 寬 46mm., 厚 39mm., 寬厚指數 84.78

重 239gms, 圖版壹：甲

4. A26。E65出土。磨平處黑色；不平處盖有石灰質及土斑。輝綠岩 (Diabase)。上大下小；一正面磨平，近頂端打剝不齊；另一面近龜背形。轉角不規則，頂端長窄，中心略凸。双端兩面斜下偏鋒：龜背面大斜，正面小斜。双線近直，無消耗痕跡。双寬 29糎，最寬 47糎。

長 83.5mm., 寬 47mm., 厚 34.5mm.；寬厚指數 73.40

重 207gms., 圖版壹：甲

5. A35。小屯出土（坑位失錄）。磨平處淺棕夾肉黃色，不平處棕色，蓋有土斑。頂端折失。半花崗岩 (Aplite)。硾琢製，正面一部份磨光；上大下小。四面均不整齊；轉角不規則。折斷處坡下向一窄面，双端兩面斜下，弧轉中鋒。双線近直，中段有細微消耗痕跡；一角剝脫較大一塊。

長 77mm., 寬 39mm., 厚 31.1mm.；寬厚指數 80.36

重 147gms., 圖版壹：甲

6. A109。YH027 出土，磨平處，紅，淺黃，藍數色斑紋，不平處並雜有石灰質土斑，上段折失。化石 (Fossil)。兩側面近平行；兩正面中拱；側面圓轉，橫截面橢圓，折斷處一面坡下，双端兩面斜下，弧轉中鋒；双線略斜；双口消耗甚多，一角特甚，鋒芒全失。

長 76mm. 寬 39mm. 厚 25mm. 寬厚指數 64.10

重 131gms. 圖版壹：甲

7. A110。D14.1 出土，磨平處深綠，近黑色；不平處黃色及石灰質土斑。石灰岩 (Limestone)；原料長方形石片，除双端外，未加人工；双端兩面斜下，弧轉偏鋒，兩正面近平，兩側面不整齊；轉角不規則。頂端窄長條。双線近直，有細小消耗痕跡。

長 75mm. 寬 32mm. 厚 20mm. 寬厚指數 62.5。

重 92gms. 圖版壹: 甲

乙式: 硨製斧鑿形器   以石硨石，或以石啄石，為變更石形極有效方法之一種，今日石工仍加沿用，惟以鐵錘代石硨耳。如此作成的石器均具有滿身密集之粒狀痲文。

第一型   圓轉斧形（包括橫截面作近圓形至腰圓形各種類）

1. A1。E181 方井出土。磨光處棕黑色夾草黃色塊狀或條狀，不光處黑色與草黃色雜揉，並有石灰色。石英岩（Quartzite）。硨製，双端磨光，四面均中拱；圓角轉；近頂端一轉角劈去一片。頂端不齊，但全面磨光，上段兩側亦有摩光跡，双端兩面斜下，弧轉中鋒。双口消耗重大，已失鋒利，兩面及兩角均砍缺甚多。

長 144mm. 寬 59mm. 厚 48mm. 寬厚指數 61.02

重 720gms. 圖版壹: 乙一

2. A2。聯聯二北支出土。磨光處黑色雜綠色石粒，不光處深綠色盖黃土斑，輝綠岩（Diabase）。硨製，双端磨光，四面均中拱，圓角轉。頂端不齊，但摩擦光潤無稜角，似久經把握，双端兩面斜下，中鋒，鋒口全失；一角消耗尤甚，殘餘双口，最薄處厚 18mm.

長 136mm.   寬 55mm. 厚 46mm. 寬厚指數 83.64

重 618gms. 圖版壹: 乙一

3. A3。E181 方井出土。磨光處近黑色，不光處棕黑，盖黃土斑。輝綠岩（Diabase）。硨製。双端磨光，四面均中拱，寬度幾相等；圓角轉。頂端近圓角方形，中心，略凸出，圓角轉向下。双端兩面斜下，弧轉中鋒：磨平部份一面近弧線三角形，一面近

半腰圓形；双線近直；双口有初步消耗，兩面均有剝脫。

長 145mm. 寬 53mm. 厚 51mm. 寬厚指數 96.23

重 728gms. 圖版壹：乙

4. A5。橫十四辛出土，磨光處黑色綠斑；不光處黑色，雜白色綠色斑點，並盖有石灰壳及黃土斑。硾製。双端磨光。輝綠岩（Diabase）。四面中拱，圓轉角；橫剖面腰圓形代表標本。頂端中拱，轉角有光潤處，但面中心不顯。双端兩面斜下，弧轉中鋒。双口已鈍；兩面砍傷剝去大片。

長 137mm. 寬 60mm. 厚 40mm. 寬厚指數 66.67

重 638gms. 圖版壹：乙一

5. A9。大連坑出土，磨光處棕黑色，黑綠及白色斑，不光處棕黑色，盖黃土斑。輝綠岩（Diabase）。硾製。双端磨光，四面均中拱，圓角轉；橫剖面腰圓形代表標本。頂端近圓角長方形，全面摩擦光潤，兩側上端亦摩光如双端，双端兩面斜下，弧轉中鋒，双口消耗甚大，兩面均劈去大片，顯經重用。

長 147mm. 寬 64mm. 厚 42.5mm. 寬厚指數 66.41

重 740gms. 圖版壹：乙一；圖版甲：4

6. A4. 小屯出土（坑位失錄），磨光處紫黃色粒紋；不光處黑色，盖有黃土及石灰斑，輝綠岩（Diabase）。硾製。双端磨光，四面均微拱，圓轉角；橫剖面腰圓，頂端近圓轉長方，摩擦光潤。双端兩面斜下，弧轉中鋒；双口微拱；一半無消耗，一半折脫大片。

長 128mm. 寬 65mm. 厚 40mm. 寬厚指數 61.54

重 582gms. 圖版壹：乙一

7. A12. 大連坑出土。綠色，盖有石灰壳片及黃土斑。輝綠岩（Diabase）。硾製，双端磨光。一正面一側面近平；另一正面一側面微拱。頂端外線如蛋狀；不平，但全面摩擦光潤如双端；兩側上段亦經摩光。双端兩面斜下，弧轉中鋒，双線近直，消耗重大；兩面均砍失多片。

長 125mm. 寬 60mm. 厚 44mm. 寬厚指數 73.33

重 588 gms. 圖版壹：乙一

8. A10. 大連坑出土。綠色，盖有石灰殼片及黃土斑。輝綠岩 (Diabase)。硾製。全身摩擦光潤，双端亦經硾啄成形；無特別磨光跡。四面均略中拱，圓角轉；橫剖面長條扁圓形。頂端平正，但向下轉角處。有打剝狀。双端兩面斜下，弧轉中鋒。双口消耗重大，砍缺多處。

長 122mm. 寬 67.5mm. 厚 41mm. 寬厚指數 60.74

重 638gms. 圖版壹：乙一

9. A13. 橫十三丙北支出土。灰色帶綠。輝綠岩 (Diabase)。硾製。四面均略向中拱，轉角在方圓之間；橫剖面近圓角長方，頂端外線腰圓，全面有摩擦跡；一角向下劈脫一長片。兩側上段亦有摩光處。双端兩面斜下，弧轉中鋒。双口消耗，缺口如鋸齒，近口處摩擦光滑。一面折失較多，劈去石片較大。

長 134mm. 寬 65mm. 厚 40.5mm. 寬厚指數 62.31

重 672gms. 圖版貳：乙一圖版甲：3.

10. A19. 橫十三丙北支出土。深綠色，棕色結晶，雜有蛋白色。輝長岩(Gabbro)。硾製。一面折去半圓形大片；頂双兩端各失一角。四面均微向中拱；橫剖面腰圓；頂端不平整，双端中拱；有消耗痕跡。兩角均失去；近双口處　摩擦光滑。

長 122mm. 寬 70mm. 厚 37+mm. 寬厚指數 52.86+

重 436gms.+ 圖版貳：乙一

11. A17。橫十三丙北支出土一節，大連坑出土一節，最上一節未找出。磨光處棕黑色，側面有深棕色一片；不光處深淺灰色，盖有黃土斑。輝綠岩 (Diabase)。硾製。

四面均中拱，圓轉角；橫剖面腰圓。双端兩面斜下，弧轉中鋒。双線弧形，双口有少量消耗；近双端四面均經摩擦光潤，光潤處側面尤高。双寬 33 糎，僅及斧身最大寬度（65糎）之半。

長 137+mm. 寬 63+mm. 厚 49+mm. 寬厚指數 77.78

重 728gms. 圖版貳：乙一

12. A45。橫十三丙北支二北支出土。磨光處黑色，不光處深灰，盖有土斑。輝綠岩（Diabase）。硬製。双端磨光，頂端折失，折斷處，未重製。一正面剝脫兩大片，四面均向中拱，圓角轉。橫剖面腰圓。双端兩面斜下，弧轉中鋒，双線中拱，久經消耗，兩面剝脫，有細缺口。

長 96+mm. 寬 65mm. 厚 43mm. 寬厚指數 66.15

重 496gms.

13. A46。E20 出土。磨光處黑色；不光處黑色與黃土斑石灰質相雜。輝綠岩（Diabase）。硬製。双端磨光，上段折失，折斷處向兩正面傾斜，中隔一脊。双端兩面斜下，弧轉中鋒。消耗重大；一角擊落大片，留有扇形打擊疤痕（盖有石灰殼片，顯爲舊傷）。中段及另一角各有大塊砍傷痕跡。

長 76+mm. 寬 60mm. 厚 40mm. 寬厚指數 66.67

重 317gms.

14. A49。小屯出土（坑位失錄）。磨光處黑色，未磨光處深灰，殘餘兩側多磨光。輝綠岩（Diabase）。一正面中凹，仍具硬痕；另一正面僅保有双端下半。

殘餘測量：長 60mm. 寬 51mm. 厚 24mm. 寬厚指數？

重 95gms.

15. A24。橫十三丙北支二北支出土。黑白色雜揉。輝綠岩（Diabase）。四面均略向中拱，圓角轉，上段漸細小；頂端中拱，外線近圓角長方，双端全折失，似爲兩面斜中鋒形。兩面均損傷大片，原形難認出。殘餘叕線作 V 形曲折突線。無磨平痕跡。

長 118+mm. 寬 56.5mm. 厚 42mm. 寬厚指數 74.84

重 479 gms.

16. A33。小屯購買。深灰帶棕，黃土斑。輝綠岩 (Diabase)。橫剖面腰圓，頂端不平，有硾啄及撫摩痕。下部大半段折失；折斷處未重製。

長 61mm. 寬 65mm. 厚 43mm. 寬厚指數 67.09

重 341gms.

17. A32。D27 出土。外表深灰發紫，新傷鐵色。細石英岩 (Fine Quartzite)。硾製。頂端擊脫一角，斜下向一側，四面均微向中拱；四角圓轉。下半段折失；兩面折，中隔一脊，一正面向側面轉角，劈去一長片。橫剖面近圓轉長方形。

長 118.5+mm. 寬 62mm. 厚 48mm. 寬厚指數 77.42

重 534gms.

18. A29。YHO46出土。外表黑色有白色石灰點及黃土斑。輝綠岩 (Diabase)。硾製。頂端打傷數處均斜向下；下半段折失，折斷處兩面中隔一脊。四面均微向中拱；圓角轉。橫剖面圓角四方形。

長 147.5+mm. 寬 76mm. 厚 66mm. 寬厚指數 86.84

重 1440gms.

此器重量及體積超出所有全形石斧；但下段遺失，是否石斧，尙難確定。若爲一斧之殘形，應爲石斧中之最巨大者，專看上段之形態及製作方法，甚難否定其爲一斧形器之可能。特附錄於此，以供參考。

19. A54。橫十三丙北支二出土。青黑色有黃土斑。輝綠岩 (Diabase)。下半段折失，折斷處齊整近平面。殘餘上段，正面又劈去一大片；頂端亦經擊傷。一正面一側面保全一部份；經久用，硾啄處經使用摩光，正面近平，側面圓拱，橫剖面如短鼓剖面。

長 70.5+mm. 寬 63mm. 厚 36+mm. 寬厚指數 57.14（？）

重 273gms.

20. A39。連十一乙出土。棕色，黃土斑。流紋岩 (Rhyolite)。硾製，一端略斜近平，一端中凹作溝狀；似爲石斧之一上段；橫剖面腰圓形。一正面剝脫一片。

長 73+mm. 寬 78mm. 厚 60mm. 寬厚指數 76.92

重 487gms.

第二型　圓 轉 鑿 形

1. 879。D49（？）出土。磨光處深綠至黑色，不光處黑色，黃土斑。輝綠岩 (Diabase)。硾製。双端兩面磨光，頂端外線近四邊形，橫剖面圓轉四邊形。四面寬度幾相等，圓角轉。双端兩面斜下，弧轉中鋒；折傷一角，剩餘部份，一面又經斲傷；頂端有撫摩痕。

長 69mm. 寬 23mm. 厚 24mm. 寬厚指數 104.35

重 64gms. 圖版貳：乙二

第三型　圓角長方斧形

1. A11。E16 坑出土。磨光處深綠色，不光處灰綠色帶黃土斑。'輝綠岩 (Diabase)。硾製。四面均近平直；近頂端正面略中拱。圓角轉。橫剖面圓角長方形，頂端外線腰圓，双端兩面斜下，弧轉中鋒。双線弧形，有曲折，双口圓轉光潤，有細消耗，間有剝脫處。此器大概沒有用作重砍。頂端全面摩擦光潤，側面上段，亦有磨光跡。

長 115mm. 寬 63mm. 厚 36mm. 寬厚指數 57.14

重 500gms. 圖版貳：乙三

2. A8。YH006 出土。青綠色，帶石灰質與黃土斑。輝綠岩（Diabase）。硟製。四面均近平，圓角轉，橫剖面圓角長方，頂端外線圓角長方。双端磨光，兩面斜下；弧轉中鋒；双線弧形。近側面双端一面凹下；双口大半有重傷，外皮剝脱，並礄脱小塊。双口外皮保存者約四分之一强。器全身均經撫摩光潤，頂端尤顯。

長 149mm. 寬 64mm. 厚 38mm 寬厚指數 59.38

重 753gms. 圖版貳：乙三

3. A7。上段大連坑出土，下段 E52出土。黑色黃土斑。輝綠岩（Diabase）。硟製。原折兩段，上段失去一角；折斷處在中下段。四面均近平正，轉角圓；橫剖面圓角長方。頂端中拱，外線圓角長方。双端兩面斜下，弧轉中鋒。有磨光處；双口已完全消耗；外皮全部剝脱，留存僅硬砍痕跡。兩正面及兩側面均有摩擦光潤處。

長 156mm. 寬 61mm. 厚 43 mm. 寬厚指數 70.49

重 731gms. 圖版貳：乙三

4. A14。小屯拾得。磨光處青綠色，不光處灰色，綠色及黃土斑。輝綠岩（Diabase）。硟製。四面近平；近頂端四面圓轉；下段約三分之二，轉角近方。頂端磨光；外線近腰圓。双端兩面斜下，弧轉中鋒。兩面磨光如頂端。双線中拱斜行。双口缺脱多處；但大半仍保有磨光外皮。

長 107mm. 寬 42mm. 厚 33mm. 寬厚指數 78.57

重 307gms. 圖版貳：乙三

5. A34。D48 出土。表面綠色，折斷處深綠，黃土斑。輝綠岩（Diabase）。硟製。一正面近平，一正面微拱，一側面較寬近平，較窄面微拱；橫剖面圓角四邊形。頂端近平，缺一角；下段折失，折斷處高低不平。

長 58mm. 寬 43mm. 厚 34mm. 寬厚指數 79.07

重 159gms.

6. A21。E93 南支出土。深灰色雜發光白片，部份偏黑，部份偏白。輝綠岩 (Diabase)。由上段不規則地坡下，折傷一半；双端全失。四面近平，轉角處近方，橫剖面近長方形。頂端由側面坡下；兩側一高一低。外線近長方形。

長 94+mm. 寬 57mm. 厚 46mm. 寬厚指數 80.70

重 444gms.

7. A40。橫十三丙北支出土。黑色黃土斑，輝綠岩 (Diabase)。硾製。上下段均遺失，僅剩中段，兩正面平，兩側面外拱，橫剖面如矮鼓剖面。

長 63.5mm. 寬 60mm. 厚 36mm. 寬厚指數 60.00

重 265gms.

8. A53。橫十三乙西支出土。深灰色黃土斑。輝綠岩 (Diabase)。硾製。僅存中段之一半；上下段均遺失。兩正面均平，兩側面拱出。橫剖面腰圓形。(此一標本，曾送檢驗，一正面磨平)。

長 41.5+mm, 寬 46.5mm. 厚 37.5mm. 寬厚指數

重 185gms.

第四型 蛾眉双鑿形

1. A6。C128 出土。磨光處青綠色，不光處深綠色，外盖石灰壳片及黃土斑甚多。輝綠岩 (Diabaes)。硾製。上半段立長方形，下半段楔形；最厚在楔形與長方形相接處。上半段正側兩面左右均近平直；圓角轉；橫剖面為圓角長方形。頂端兩斜角上坡聯成圓脊。双端兩面斜中鋒，鋒線彎成蛾眉狀，左右兩测平；凹凸兩正面；均摩擦光潤。凹面光潤處，由双口上量高約 17mm.；凸面光潤處，高約 7mm。双口有輕細消耗痕跡；一角剝脫一小塊。上段兩正面及頂端一轉角，均有摩擦光潤跡，頂端無。

長 114mm. 寬 55mm. 厚 40mm. 寬厚指數 72.73

重 446gms.，圖版貳：乙四

第五型　方角長方斧形

1.　A18。小屯出土（坑位失錄）。磨光處黑色，含小綠石片，硾啄處灰色黃斑；折斷處深灰近黑，有青綠小片。輝綠岩（Diabase）。硾製。四面平正，方角轉。頂端未硾平，似非折斷。双端兩面斜下，弧轉中鋒。一側面磨光，双線左右略斜，鋒双全失，近口處外皮剝脫盡淨，全為砍傷痕跡。

此器出土地失錄，是否小屯器，不能斷定。

長 91mm. 寬 62mm. 厚 48mm. 寬厚指數 77.42

重 510gms.，圖版貳：乙五

2.　A41。劉莊 LA1：出土。上段折斷遺失，磨光處黑色與綠色雜糅，硾啄處黑，綠，白相雜形成灰色。折斷處有黃色斑。輝綠岩（Diabase）。硾製。四面平正，方轉角；橫剖面長方形。双端兩面斜下，弧轉中鋒。双線微向中拱；双口鋒利未失，有細微消耗。

長 92mm. 寬 54.5mm. 厚 41mm. 寬厚指數 75.23

重 328.5gms

第六型　薄片狀斧形

1.　876。E161 北出土。磨光部份，棕色，硾啄處草黃色。砂岩（Sandstone）。硾製。正面左右微拱，側面細條，厚度在寬度百分之四十以下。頂端細長條。双端兩面斜下，弧轉中鋒。双線中拱，双口有細微消耗。

長 81mm. 寬 43mm. 厚 16mm. 寬厚指數 37.21

重 90gms, 圖版貳：乙六

丙式：部份磨製鏟形器與斧形器　器身至少有一部份磨平。

第一型　一面磨鏟形器

1. 874。YH088 出土。黑色發紫，有大塊粒狀，石英岩 (Quartzite)。一正面磨平；另一正面及兩側面硾平，圓轉角。頂端硾製，不整齊。双端一面斜下，弧轉偏鋒，双線近平，双口消耗顯著，砍折痕分佈平均。

長 87mm. 寬 47mm. 厚 27mm. 寬厚指數 57.44

重 207gms. 圖版參：丙

2. A126。後岡 210 出土。磨平處灰色黃黑斑，硾打處灰白色黃黑斑；頂端有紫鐵色。石英砂岩 (Quartzite Sandstone)。一正面磨平，餘硾製。頂端外線近長方形；不齊。双端磨光，一面斜下，弧轉偏鋒，兩側面亦有磨光處。双線近直，双口無消耗，甚鋒利。

長 98mm. 寬 48mm. 厚 25mm. 寬厚指數 52.08

重 296gms. 圖版參：丙

3. A43。B34 出土。一正面磨平黑色，另一正面及兩側面硾製，有摩擦平滑處；兩側面硾打近平。千枚岩 (Phyllite)。頂端缺一角，最上一段，是否原來器面難定。双端一面斜下，弧轉偏鋒；磨平處正面微轉。双線近直；双口消耗，一半細微，另一半有缺口。

長 110.5mm. 寬 54.5mm. 厚 31mm. 寬厚指數 56.88

重 434gms. 圖版參：丙

4. A20。劉莊 LA 出土。磨平處深灰色。變質岩 (Metamorphic Rock)。一正面磨平，其他三面打製兼硾製；磨平正面與兩側面銳角轉，餘圓角轉；頂端向一正面彎曲斜下。双端一面斜下，弧轉偏鋒。双口剝脫數片。

長 125mm. 寬 46mm. 厚 28mm. 寬厚指數 60.87

重 267gms.

5. 877。D15 出土。青白色。泥質石灰岩（Argillaceus Limestone）。一正面一側面磨平，另一正面一側面呈現硬打痕。頂端有摩光處，外線近長方。橫剖面圓轉長方。刃端一面斜下，弧轉偏鋒。刃口消耗甚大；剝脫多次。此器體積較小，爲一鑿形器。

長 57mm. 寬 30mm. 厚 22mm. 寬厚指數 73.33

重 79gms. 圖版參：丙

6. 1467。A22 出土。磨平處黑色，帶棕色及紫色網紋。石英岩（Quartzite）。上段折失，保存下段約五分之二，一面磨光，另三面硬打未磨光。橫剖面圓轉長方條形。刃端一面斜下，陡轉偏鋒，刃口有缺，但消耗不重大。折斷處中間一斜脊，向兩正面傾下。

長 61+mm. 寬 67mm. 厚 27mm. 寬厚指數 40.30

重 193.5gms.

7. A42。西斜西支三出土。磨光處黑色，帶棕條。千枚岩（Phyllite）。上段折失，兩正面磨光，兩側面現硬痕；四面轉角：兩方，兩微圓；橫剖面近四角長方。刃端兩面斜下，偏鋒；刃線弧轉；摩擦光潤；刃口一角剝脫大片；有細微消耗痕。

長 84+mm. 寬 56mm. 厚 28mm. 寬厚指數 50.00

重 242.5gms. 圖版參：丙

第二型　部份磨製斧形器

1. A30。HPK3104 出土。深灰近黑，內含黃色小塊狀，變質岩（Metamorphic Rock）。上段約三分之一較窄較薄，下段較寬較厚；正面看近有肩長條斧形；但肩部不分明。全部原來硬製；硬後兩正面各磨光一部份；一面在上段，一面近下段。橫剖面近腰圓形；各面均呈參差狀，双端尤甚，似曾經强烈的砍擊工作，双端作法爲兩面斜下偏鋒，双線不明；双口缺脱多塊。頂端兩面打剝，削薄處作曲折線形。似爲安柄時所加修製。

長 171.5mm. 寬 73.5mm. 厚 39mm, 寬厚指數 53.06

重 713gms. 圖版參：丙

丁式：全面磨製（頂端除外）各式斧形器與鏟形器

第一型　不規則長方形兩面斜中鋒

1. A27。YH164 出土。黑色。千枚岩（Phyllite）。四面磨光；轉角處有圓有方，上下不一致。遍體又經打剝，滿佈大塊疤痕；沿轉角，亦有小片打剝處。頂端保有原打擊面，不整齊，双端兩面斜下中鋒。双口經久用，消耗巨大，一正面全剝脱。近頂端，一轉角圓滑，其他三轉角經打剝，或壓剝，似爲安柄所預備。

長 142.5mm. 寬 62mm. 厚 32mm. 寬厚指數 51.61

重 479gms. 圖版參：丁（兩圖，各四面，第二圖爲復原形；又圖版甲：8）

第二型　不規則腰圓形兩面斜窄双中鋒

1. A48。E127 西支出土。黑色帶紫，米黃色網紋。角頁岩（Horntels）。僅下段保存；上段形態難復原，全面磨光；各面均中拱圓角轉。橫剖面近腰圓形；折斷處染成灰色。双端兩面斜下中鋒；双線微拱，略斜；双口鋒利；近側端處有小消耗。双線寬度（19糎）不及剩餘部份最大寬度（41糎）之一半。

長 81+ mm. 寬 14 mm. 厚 29+ mm. 寬厚指數 70.73

重 154gms. 圖版參：丁

2. A50。橫十三庚出土。磨光處深灰色；折斷處黑色，細緻緊密的火成岩（Fine Basic Igneous Rock; dense, compact)。外有石灰壳片。僅剩双端一小段；上部及中段形態難復原，全面磨光；四面均略中拱。近双端處，轉角分明；或圓或方。橫剖面半腰圓，半近圓轉正角。双端兩面斜下中鋒；双線微拱略斜。寬度（16糎）不及剩餘部份最大寬度（38糎）之一半。双口充滿細小缺痕。

長 55+mm. 寬 38mm. 厚 31mm. 寬厚指數 81.58

重 77.5gms 圖版參：丁

第三型　長方形片狀　兩面斜，窄双弧轉中鋒

1. A94。E16 出土。深灰色，純一無雜斑。細石英岩（Fine Quarzite)。四面磨光；正面中拱，側面近平，方轉角；橫剖面長方條形。頂端未磨；近頂端兩側面及轉角處均經打剝；似爲安柄用。双端兩面斜下，弧轉中鋒，一角双線由側端圓轉；双線微彎；双口有細微消耗。双線寬（38糎）不及最大寬（48糎）五分之四。

長 98mm. 寬 48mm. 厚 17mm. 寬厚指數 35.41

重 158.5gms. 圖版參·丁

第四型　片狀兩面斜寬双角轉中鋒

1. A96。橫十三·二五乙出土。磨光面深綠色，黑色網紋，粗粒玄武岩（Dolerite)。兩正面近平，兩側面圓轉，橫剖面長條形，兩端圓轉。頂端砸製；沿邊及兩角微有打剝。双端兩面斜下，角轉中鋒，双線平直，双口無消耗，有小缺。（頂端打剝處，或爲安柄需要）最寬在双線。

長 87.5mm. 寬 62mm. 厚 13mm. 寬厚指數 20.97

重 173gms. 圖版參：丁

第五型　片狀兩面斜寬双弧轉偏鋒

1.　A115。霸斜甲乙出土。淺綠色冰裂紋，有棕灰色及絳色斑紋。結晶石灰岩 (Crystalline Limestone)。四面均磨光，但仍有不平處，橫剖面窄條斜長方；頂端不整齊，外線仍爲窄長方條形。双端兩面斜下，弧轉中鋒。双線微中拱，傾向一角；双口消耗，多細小缺陷。

長 61mm. 寬 37mm. 厚 13mm. 寬厚指數 35.13

重 59gms. 圖版叄：丁

第六型　一面斜角轉偏鋒，鏟形器

1.　911。D42.2 出土。僅存双端一小塊。綠色有灰白條。板岩 (Slate)。四面細磨，光滑平正，方轉角，橫剖面近長方形。双端一面斜下偏鋒；双線直，傾向一角，双口無消耗，有缺。（此型在小屯僅有一例；圖版內附日照出土標本 WW16：1.10；WW1002 以資比較。）

長 34+mm. 寬 43mm. 厚 21mm 寬厚指數 48.83

重 56.5gms, 圖版肆：丁

：第七型　一面斜角轉偏鋒，鑿形器

1.　A103。D29.1 出土。灰綠色夾深灰條紋。帶矽質石灰岩 (Siliceous Limestone)。全面磨光，一正面微拱；橫剖面長條方轉；頂端磨光，中拱，向兩端傾斜，外線仍近長條形。双端一面斜下角轉偏鋒。双線直，傾向一端；双口無消耗，有小缺。（此型小屯僅有一件）。

長 32.5 mm. 寬 24mm· 厚 9mm. 寬厚指數 37.50

重 15gms. 圖版肆：丁

第八型　平凸面　兩面斜偏鋒

1. 873。橫十三‧二五乙出土。青綠相錯。疊積層硬砂岩 (Graywacke)。一正面平直，磨光，有大塊浸蝕處；另一正面，中段凸出，磨光；亦剝落大片。兩側面均磨平，亦有剝脫。橫剖面長方。一端平頂，一端有刄，刄口消耗甚大，折失多片。

長 152mm. 寬 36mm. 厚 30mm. 寬厚指數 83.33

重 265.5 gms. 圖版肆：丁

第九型　鏟　形　薄　斧

1. A95。YM335 出土。一面石灰白色，帶黃土斑；另一面為黃土遮蓋，中透白色。大理石 (Marble)。原為磨光，土酸浸蝕，外皮幾全部剝脫；僅刄端留有磨光殘面。兩正面平正，兩側面圓轉；橫剖面細長條，近頂端有線條形壓痕一週；再上有斜磋痕。頂端細長，缺去一塊。刄端兩面斜下，弧轉中斜；刄線弧形，刄口似無消耗，同其他部份，有浸蝕。

長 105mm. 寬 62mm. 厚 12mm 寬厚指數 19.36

重 148gms. 圖版肆：丁

2. A97。YM333 出土。一面黃色，靠側面有一條白色；另一面半黃半白。大理石 (Marble)。同上例，但土酸浸蝕程度不及上例。形制亦同 A95。頂端不齊；近頂端兩面有摩擦痕，刄口無消耗痕跡。一角略有缺。

長 108.5mm. 寬 66mm. 厚11mm. 寬厚指數 16.66

重 145gms. 圖版肆：丁

第十型　靴　形　斧

1. 549。B69 出土。米黃色。砂質板岩 (Sandy Slate)。四面及刄端均磨光，頂端似未經磨；土中浸蝕，脫皮多處。兩正面平正，上窄下寬。側面不平行，一邊斜下，方角轉向正面；一邊直下，圓角轉向正面。上端表面不平，方向尙正，双端弧形，兩面磨圓轉中鋒。双線由直下側面圓轉斜下，傾向斜行側面相交處成靴尖形。尖端不全，但形制可以推出。

長 79mm. 寬 63mm. 厚 16mm. 寬厚指數 25.40

重 140gms. 圖版肆：丁

第十一型　丁　形　斧

1. A102。C64 乙出土。淺綠色，灰色與黃土細斑點。輝綠岩（Diabase）。丁形；肩段橫行，軀段直垂，双在軀段下端；全部打磨光潤。肩段上面及兩端均方角轉；腋下稍圓；與軀段相交之轉角處，有淸楚之摩擦痕跡，顯爲拴柄的繩帶所消耗。肩部各面均微向中拱，軀段四面外拱，橫剖面腰圓形；最大厚度（24糎）較肩段高出約半公分（5糎）。双端兩面斜下中鋒，鋒双全失。双口消耗重大，一面劈脫大片。

長 84mm. 肩寬 67mm. 軀寬 43mm. 厚 24mm. 寬厚指數 55.81

重 176.5gms. 圖版肆：丁

第十二型　鑿　形　雕　器

1. 881。橫十三丙北支二北支出土。綠色。板岩（Slate）。長條形；兩正面磨平，兩側面中拱，磨光，但不平，方角轉；橫剖面近長方形。頂端磨光，亦不平。双端兩面斜下偏鋒；鋒双磨平，双線近直；一面剝脫大塊，双口形態不明。

長 60mm. 寬 15mm. 厚 8mm. 寬厚指數 53.33

重 15.05gms. 圖版肆：丁

2. A127。小屯出土（坑位失錄）。碧綠色。玉（Jade）。長條形，四面細磨，平正，方角轉，頂端不平，亦經磨光。上大下小，双端兩面斜下偏鋒；一面大偏，圓角轉；一面小偏，由兩轉角處斜下至刃端。刃線寬約 6粍 弧形，甚鋒利。

長 35mm. 寬 8mm. 厚 6.5mm. 寬厚指數 81.25

重 4.2gms. 圖版肆：丁

3. A125。小屯出土（坑位失錄）。黑色。硅石（Chert）。短條形，全面細磨；一正面平面，一正面微拱；兩側面均微向中拱；轉角處或圓，或削，或方，頂端光潤，外線如僧帽形。刃端兩面斜下，偏鋒；大坡面等於器長一半（14：28）；小坡面高約 3粍刃口缺一角，甚利，有甚細微消耗。刃線微彎。

長 28mm. 寬 12mm. 厚 6.5mm. 寬厚指數：54.17

重 4.4gms. 圖版肆：丁

4. 883。同樂寨出土。黑色帶灰，有粒狀凹入。火成岩（Igneous Rock）。一正面磨平，餘爲原石子形，不整齊。頂端略加打製。刃端一面斜下，弧轉偏鋒；刃線斜下，弧狀；刃口極鋒利，有細微消耗。

長 37.5mm. 寬 15mm· 厚 8mm.；寬厚指數 53.33

重 7.2gms.,

戊式：部份磨製及全面磨製各式鏟鋤形器

第一型 長 方 形

1. A90。橫十四庚出土。深灰帶淺褐色及淺灰色。板岩（Slate）。全面磨光，兩正面平正，頂端較刃端微寬；兩側面中拱，圓角轉向正面；頂端亦中拱，外線細長方。刃端兩面斜下，弧轉偏鋒，刃線弧形；刃口圓轉光潤，曲折無鋒芒，兩面摩擦消耗，凹入如溝狀，一面較多。似未作硬性工作；鏟鋤工作對象，大概爲砂土等物，故消耗痕跡如此。

長 186mm. 寬 65mm. 厚 20mm. 寬厚指數 30.77

重 532.5gms. 圖版肆: 戊一; 圖版甲: 5

2. A92。D22 出土。黑色。板岩 (Slate)。全面磨光, 正面與側面均平正, 轉角處磨平。頂端長條形, 磨光, 沿轉角處經打擊, 有剝脱處。双端中間, 一面如"人"字形, 圓轉, 角度約在 110°—120°, 兩面斜下中鋒, 双口突出不銳, 有重磨跡。双線為大轉彎弧形。最前双口, 保有原消耗痕跡; 口已摩窩, 皆為細小缺痕, 仍有細石灰壳片遮盖。

長 165.5mm. 寬 67mm. 厚 13.5mm. 寬厚指數 21.78, 長寬指數 37.46

重 311gms. 圖版肆: 戊一

3. A108。E53 出土。淡灰色。有白色斑, 表面染有黃色, 並罩有棕色壳片。石灰岩 (Limestone)。四面磨光, 頂端未磨; 上下微彎; 一正面凹入大片; 双端兩面斜下弧轉中鋒。双線斜出, 微拱, 消耗大, 双口曲折, 一面有凹痕數處, 一面劈折大小塊甚多。

長 124mm. 寬 56mm. 厚 19mm. 寬厚指數 33.93 長寬指數 45.16

重 259gms. 圖版肆: 戊一

4. 1630。小屯出土 (坑位失錄 。灰色, 有白點或白色條。石灰岩 (Limestone)。全部磨光, 斜長方形, 近平; 嘗轉角處, 有凹入小窩數處, 如瓜子或杏仁形, 或不規則。兩側面中拱, 頂端近平, 細長條形, 如橫切面; 双端兩面斜下微轉中鋒, 一面略偏; 双線對邊斜行; 双口圓轉有起伏, 兩面均有摩擦形成之溝形凹道。為鏈形器最短的一例。

長 84mm. 寬 69mm. 厚 16mm. 寬厚指數 23.19, 長寬指數 82.14

重 181gms. 圖版肆: 戊

5. 560。E16 坑出土。青灰色, 有棕色塊, 石灰岩 (Limestone), 兩節拼成, 缺最上一段。全面磨平，兩正面中拱；側面細窄，呈平直狀；轉角處或磨去方角。橫剖面如長條扁豆狀。一側面上下直行，另一側面中段略外拱，近刃端漸向內。刃端兩面斜下微轉中鋒；刃線弧形；刃口有細小彎曲處及缺口，表現軟性消耗。

長 192＋mm. 寬 85mm. 厚 17mm. 寬厚指數 20.00

重 441gms. 圖版肆：戊一

6. 561。橫十三‧二五乙出土。黑色。板岩 (Slate)。一正面磨光，其他係均未經磨製之糙面。頂端有打擊疤痕，刃端一面斜下，成圓轉角形。為一製作尚未完成之長方形鏟形器。

長 174mm. 寬 76mm. 厚 14mm. 寬厚指數 18.42，長寬指數 43.68

重 395gms. 圖版肆：戊一

7. 559。日照 WW8 出土。灰色，刃端及一側面深棕色。板岩 (Slate)。斜長方形，製作尚未完成之長方鏟形，側面打製平正，刃端一面打斜；刃線弧狀，斜行。（此器尚未經磨製，但顯係尚未完工之全面磨製器類型，故暫附此處）。

長 137mm. 寬 81mm. 厚15mm. 寬厚指數 18.52。長寬指數 59.12

重 333gms., 圖版伍：戊一

8. 533。E16 出土。深灰近黑色。石灰岩 (Limestone)。下半段遺失，上半段頂端保存。全面磨光，正面近平，側面圓轉；橫剖面細長，兩端圓轉，頂端未磨光，沿正面轉角處打剝。

長 73mm. 寬 57mm. 厚 17mm. 寬厚指數 31.63

重 160gms. 圖版伍：戊一

9. 624。橫十三‧五丙南支出土。淡灰色，石灰質千枚岩 (Calcareous Phyllite)。下段大半遺失，僅留近頂端一小段；頂端磨平，全面磨光，兩平面平整，兩側面圓轉；橫剖面細長條，兩端圓轉。頂端一正面轉角處打剝；兩側角亦打剝。

長 39＋mm. 寬 60mm. 厚 22mm. 寬厚指數 36.67

重 105gms

10. 626。D77 出土。淺灰色帶棕色，硅質石灰岩 (Silicified Limestone) 下段大半遺失；折斷處又經磨光，兩正面及兩側面原磨光，近頂端側面轉角處打剝數塊，頂端不平。

長 47＋mm. 寬 62mm. 厚 16mm. 寬厚指數 25.81

重 92gms. 圖版伍：戊一

11. 1468。C172 出土。此件外表完全似淺灰磚，但核心仍是石質，下半段遺失。砂質板岩 (Sandy Slate)。硬度甚高，似曾磨光，有黃土斑及石灰壳片。折斷處不齊，兩正面平整，兩側面圓轉；橫剖面細長條形，兩端圓轉，頂端平正，兩角微有打剝。

長 86＋mm. 寬 56mm. 厚 17mm. 寬厚指數 30.36

重 161gms.

12. 623。小屯出土（坑位失錄）。茶褐色灰斑。細石英岩 (Fine Quartzite)。上下段均折失，僅存中段。全面磨光，兩正面微拱，兩側面圓轉；橫剖面細長條腰圓，兩端圓轉。

長 65＋mm. 寬 71mm. 厚 18mm. 寬厚指數 25.35

重 171.5gms. 圖版伍：戊一

13. 534。橫十三丙北支二北支出土。淺灰色，砂質板岩 (Sandy Slate)。上下段折失，保存中段。週面硾平，似未加磨製。兩正面微拱，兩側面圓轉，橫剖面長條扁圓形。

長 63＋mm. 寬 59mm. 厚 21mm. 寬厚指數 35.59

重 164gms. 圖版伍：戊一

14. 747。小屯出土（坑位失錄）。淺灰色。砂質板岩（Sandy Slate）。保存上段一小段。週面大半有硾啄痕，正面一轉角處，有一小片曾磨平，頂端經硾啄，打缺數片。正面微中拱，側面有磨平處；橫剖面近長條扁圓，兩端削平。

長 46+mm. 寬 61mm. 厚 20mm. 寬厚指數 32.78

重 111gms.

15. 1396。E149 出土。絳灰色。細砂岩（Fine Sandstone）。中段之半邊，外表大半磨光；有大塊硾製痕跡；側面硾製，兩正面大半磨光，正面中拱，側面圓轉，橫剖面腰圓。

長 41+mm. 寬 51+mm. 厚 18mm.

重 85gms.

16. 748。E181 甲出土。灰色。炭質石灰岩（Carbonaceous Limestone）。僅餘中段一窄條，兩正面磨平，側面亦磨平。轉角處，兩角削平，正面中拱。

長 78+mm. 寬 38+mm. 厚 16+mm.

重 69gms.

第二型 有 肩 形

1. A99。橫十三丙北支二北支出土。棕色。板岩（Slate）。全面磨光，原長方形；約全長三分之一的最上一段，兩側由頂端向下，擊去寬約 9 糎各一長條，成一肩形長鏟；肩部向外下坡，一正面近平，另一正面微微中拱，兩側圓轉，頸邊打剝，未加磨工；參差不齊，間留有疤痕。頂端磨光圓轉。刄端一面斜下，圓轉偏鋒。刄線弧狀，刄口有大小缺陷。

長 144mm. 寬 76mm. 厚 11.5mm. 寬厚指數 15.13

重 233gms. 圖版伍：戊二

2. A101。侯家莊西北岡 HPK 3104 出土。青灰色。石灰岩 (Limestone)。原長方形，全部磨光；上段打成肩形，同上例；沿頂端亦加打剝成不規則双狀；頸部佔全長約三分之二。双端一面斜下，圓轉偏鋒。双線弧形；双口鋒利，無消耗痕，但有新傷，缺一大片。

長 153mm. 寬 95mm. 厚 18mm. 寬厚指數 18.95

重 376.5gms. 圖版伍：戊二

3. 1607。日照 WW17 出土。灰色，帶淺綠及棕色斑。千枚岩 (Phyllite)。原長方形，全面磨光；上段擊成肩狀，如前二例；但體積較小。頂端原未磨光；双端兩面斜下，圓轉中鋒，双線微拱，略斜。双口有細小消耗痕。

長 93mm. 寬 66mm. 厚 7mm. 寬厚指數 10.61

重 72gms. 圖版伍：戊二

4. 541。B5 坑出土。黑色。細砂岩 (Fine Sandstone)。缺下段。一正面近平，一十拱，橫剖面如弓形，頂端如橫剖面，磨製平正，由頂端沿兩側各打擊約 3—5 糎寬窄條一道；較下，打去部份亦較寬。

長 81+mm. 寬 64mm. 厚 12mm. 寬厚指數18.75

重 132.5gms. 圖版伍：戊二

5. 635。大連坑出土。棕黑色，有灰白網條，石灰岩 (Limestone)。有肩形端双器之 "頸" 部殘片，餘折失。兩正面磨光，近平正，頂端保有光面；兩側面均經打剝，頂端有新傷。橫剖面細長條形。

長 62+mm. 寬 66mm. 厚11mm. 寬厚指數

重 84gms. 圖版伍：戊二

6. 543*。A20 出土。深灰色雜棕色。大理石 (Marble)。保存双端一部，上段大半遺失，全面磨光。橫剖面細長條扁圓形；兩端削細，圓轉。双端如有肩形錐，一面

斜下，圓轉偏鋒；双線略傾斜，双口中段有硬消耗痕，打脫大片；兩旁消耗較輭，有
圓轉凹入槽痕，尙鋒利。

長 62+mm. 寬 73mm. 厚 12mm. 寬厚指數 16.44

重 96gms. 圖版伍：戊二

7. 545*。C122 出土。淺灰色，青色斑。石灰岩（Limestone）。保存双端一部。
上段大半遺失。原全面磨光；土中浸蝕，一面脫失表皮。磨光一面平正；脫皮一面中
拱；橫剖面如帶弦弧線。双端兩面斜下偏鋒；一角缺去一大塊；另一角有曲折消耗痕，
中間一小段双口保存，双線圓轉。

長 67+mm. 寬 82mm. 厚 14mm. 寬厚指數 17.07

重 102gms. 圖版伍：三

8. 547*。E16 出土。表面淺灰色，內青色；石灰岩（Limestone）。僅餘双端一
部。兩正面磨平，兩側面各有凹槽一道。橫剖面窄長條。双端兩面斜下中鋒，双口新
傷，有缺；双線難辨。

長 77+mm. 寬 85mm. 厚 13mm. 寬厚指數 15.29

重 144.5gms. 圖版陸：戊二

9. 1469。C317 出土。青灰色，滿裹石灰質黃土壳。石灰岩（Limestone）。遺失
上段約全器一半；殘餘部份又缺双口約三分之二。一正面平正，一正面微中拱，橫剖
面細長條；側面圓轉。双端兩面斜下偏鋒，全部磨光。双口圓轉，有細軟消耗。

長 94+mm. 寬 85mm. 厚 11mm. 寬厚指數 12.94

重 129gms.

10. 544*。B32 出土。淺灰色帶紫色及黃色土斑。石灰岩（Limestone）。保存双
端一角，餘全失。全面磨光，一面有細長條狀深痕，似爲磨製尖器所留，深達 2 釐，

---

*543, 544, 545, 547 四件皆鏟形器双端殘片，可屬第二型，亦可屬第三型；圖版伍，陸，四器均列入第二型。

長達 52 糎，與此平行另有較淺之長條痕一道，長 21 糎。双端兩面斜下中鋒；双線弧狀；双口近轉角處劈脫一片，餘部消耗如久磨鋸齒。齒口圓轉光潤，大半作壓剝狀，有小參差。

長 71+mm. 寬 72+mm. 厚 9mm.

重 67gms. 圖版陸；戊三續

11. 894。YH289 出土。白色。石灰岩 (Limestone)。保存双端一小角。全面磨光；一正面平直，另一面中拱；双端一面斜下偏鋒；双線弧狀；双口消耗細軟，缺陷處轉角光潤。

長 53+mm. 寬 31+mm. 厚 8+mm.

重 16gms.

12. 887。YH140 出土。青灰色，一面發紫。石灰岩 (Limestone)。殘存双端一角，五邊形。全面磨光，双端一面斜下偏鋒；双線弧轉，双口薄，圓轉鋸齒形消耗。

長 82+mm. 寬 58+mm. 厚 15+mm.

重 82.5gms.

13. 1625。小屯出土（坑位失錄）。青灰色。石灰岩 (Limestone)。殘存双端一角近三角形。全面磨光。双端一面斜下，弧轉偏鋒；双線弧狀，双口無原消耗跡。未殘破之一側面，圓轉；近上端一面有打剝痕大塊兩處，小塊三處。最上略向內斜，似近頂端。

長 96+mm. 寬 57+mm. 厚 14+mm

重87gms.

以上 6—13 八件，殘缺不全，但皆爲薄片端双，構造方法及形製均類似小屯出土之有肩形端双器。但此八件所具之全形，上端是否有肩，甚難確定，日照及城子崖之黑陶遺址，均出有薄片狀無肩形之鏟形端双器（例：1819, 1615, 1611, 1606等），近双端

之最大厚度，亦如上八例，僅在 10—15 糎之間。故此八例亦可能爲無肩之薄片狀鏟

形器（參閱下段第三型）。

第三型　無肩薄片方頸或小頸鏟形器

1. 1615。日照 TKT 030 出土。青灰色綠條紋。板岩 (Slate)。双線斜行弧轉，

餘作薄片長方形。兩窄邊磨光；兩正面靠邊磨光；橫剖面細長條形。頂端及兩側上段

磨平後又經打剝；双端一面斜下，弧轉偏鋒。双口有細微消耗痕跡，亦有新傷。

長 150mm. 寬 76mm. 厚 12mm. 寬厚指數 15.79

重 242.5gms. 圖版伍：戊三

2. 1619。日照 W.W14 出土。青綠色，白色粒狀斑，黑條紋。板岩 (Slate)。上

窄下寬，双線斜行弧轉；頸端較窄；兩側邊微中拱，兩正面平正。全面磨光，頂端一

角斜下，双端一面斜下，弧轉偏鋒；双線上下行。双口全線消耗，圓轉缺口密佈。

長 145mm. 寬 73mm. 厚 9mm. 寬厚指數 12.33

重 195gms. 圖版伍：戊三

3. 1611。日照 TKT 027 出土。深灰色，帶白斑，作層疊狀。板岩 (Slate)。長

條片狀，中寬，上端未磨製，不整齊；兩邊有打剝痕跡。双端削出中拱，頂端以下均

磨光。双端兩面斜下偏鋒，双口有細微消耗。

長 153mm. 寬 66mm. 厚 15 mm, 寬厚指數 22.73

重 213gms. 圖版伍：戊三

4. 542。YH 335 出土。外表紅棕色近紫。石灰岩 (Limestone)。保存上端約三

分之一，餘折失。全面磨光，頂端又加打剝；一邊劈去一條；一角磨斜。

長 67＋mm· 寬 69mm. 厚 10mm. 寬厚指數 14.50

重 79.5gms. 圖版伍；戊三

5. 539。YH 156 出土。青灰色，深灰斑，大理石 (Marble)。保存上段約三分之一，餘折失。全面磨光，頂端方轉，細長條形，略中拱。靠正面打剝數處。

長 68+mm. 寬 73mm, 厚 13mm. 寬厚指數 17.81

重 106gms. 圖版伍: 戊三

6. 546。A11 出土。青灰色。石灰岩 (Limestone)。保存上段約三分之一；折斷處齊整，下段遺失。全面磨光，頂端細長條形，角轉向兩邊；兩邊向下漸寬；兩正面平正，橫剖面細長條形。頂端中段一面有打剝跡。

長 50+mm. 寬 77mm. 厚 8mm. 寬厚指數 10.39

重 70gms. 圖版伍: 三

己式: 有穿的端双器

第一型　小孔薄片，寬厚指數在 20.01 以下；最大穿外徑爲 10.00 糎

1. A.120。YM238 出土。白色，雜青綠色，剝蝕處，藍色較多。千枚岩 (Phylite)。不規則長方形，上寬39糎，下寬36糎。全面磨光；兩正面及兩側面均平正，方轉角；橫剖面細長條方形。頂端一角斜下，四邊均方角轉。双端兩面斜下，圓轉中鋒；双線近直，兩角略斜下，一角缺。双口不鋒利，消耗細微，不顯著。穿距頂端20糎，距兩邊爲17糎及19糎；外上緣微有摩擦跡；穿徑 5 糎，一面鑽。打穿處厚 7 糎。

長 80mm. 寬40mm. 厚7mm. 寬厚指數 17.50

重 44gms. 圖版陸: 己一

2. A98。YM 331 出土。土黃色，外粘黑砂。大理石 (Marble)。外表皮幾完全剝蝕，多坎陷，靠穿一小部份保有原來磨平狀態。兩正面平正，兩側面似圓轉。頂端

長方細條，亦經浸蝕不顯。双端似兩面斜下中鋒，双線曲折，非原狀。一穿上緣距頂端24糎，旁緣距左右兩邊各21糎。穿口消耗以靠兩邊者爲較顯。穿徑 9 糎，兩面鑽。打穿處厚 7 糎。

長 115mm. 寬 55mm. 厚 7mm. 寬厚指數 12.72

重 62gms, 圖版陸: 己一

3. A123。HPKM 1001 出土。表皮藍色與灰色，已大半剝脫，皮下白色。石灰岩 (Limestone)。長方片狀，双端略寬。兩正面微向中拱，兩側面圓轉；橫剖面細長條扁圓形。近頂端兩正面外表均有橫越器面平行劃紋三道，下垂平行弦紋七道，直至双端。頂端平正如拉長棗核狀；双端兩面斜下，圓轉中鋒；双線弧狀，双口剝脫外皮，消耗狀不明。一穿上緣距頂端36糎，旁緣距兩側各25糎。穿最大外徑 6 糎，外緣無摩擦跡。打穿處厚 9 糎。

長 115mm. 寬 63mm. 厚 9mm. 寬厚指數 14.29

重 104gms., 圖版陸: 己一

4. A100。HPKM 1003 出土。綠色，一面有長條黃白色紋如大樹切片年輪。細變質岩(Fine Metamorphic Rock)。長方薄片形，上段向兩側各寬出一糎至三糎。分界處略偏上半；最上近頂端處向內縮進約一至三糎，作肩形。兩正面近平；兩側面方轉，或刓圜。橫剖面細長條形。頂端靠一正面削去兩角，橫切作弓狀；一穿緊靠頂端，與上緣相距爲 5 糎，距兩側爲20糎，22糎；上緣兩面均有摩擦跡。穿外徑 5 糎，打穿處厚5糎強，兩面鑽。双端兩面斜下，弧轉中鋒，新傷一角。双口消耗細軟，有大小缺口。

長 136.5mm. 寬 62mm. 厚 6mm. 寬厚指數 9.68

重 97.5gms. 圖版陸: 己一

第二型　大孔薄片，寬厚指數在 20.01以下；最大穿外徑在 10.00糎以上。

1. A128。YM388 出土。碧綠色，有璺；沿璺有黑色斑，双端兩面均作白灰色。

南陽玉（Jade）。除頂端外，全面磨瑩，極光潤。兩正面平，全身厚度在 5糎與 6糎之間；兩側面圓角轉。頂端兩正面斜切，未加磨製。橫剖面細長條形；双端兩面斜下，圓轉中鋒；双線微向中拱；双口鋒利，有細微消耗，並有傷兩處。有兩穿，上下排列。上穿上緣距頂端6糎；旁緣距兩側為26糎，28糎；外徑一面大：12糎；一面小：8糎。一面鑽；打穿處下厚5.5糎，上厚4.7糎，穿內亦磨製光潤。下穿作法同上穿；兩穿外徑，大小相錯；即上穿的大外徑，與下穿的小外徑同在一面。……兩穿距離在25糎與27糎之間；下穿外徑11糎，大外徑13糎，距兩側面為28糎與29糎。

長 122mm. 寬 69mm. 厚 6mm. 寬厚指數 8.69

重 103gms., 圖版陸：已二；圖版甲：7

第三型　小孔厚長形，寬厚指數在 20.00 以上；長寬指數 20.00—40.00；
　　　　穿徑不超過12糎。

1.　A118。D74 出土。象牙色，一正面一側面遍染黃色，其他兩面有黃色斑點，並為土酸侵蝕形成大塊痲點。黝輝石（Spodumene）。原折兩段，粘貼復原，無他損失。橫剖面細長方扁條形，全面磨製光瑩。最上四面縮小成榫頭，週肩斜下，寬約 1糎；榫頭中間一穿，一面鑽成；打穿處厚 10糎，外徑一大，8糎；一小，5糎。穿內留有旋紋。榫頭上頂，方角轉，四週圓轉。頂端細長，平潤，略向一面傾。器身四面均微中拱；方轉角。双端兩面斜下，圓轉中鋒；双線弧狀；双口有傷一處，脫一小片；餘圓轉光潤。無摩擦痕跡。

長 182mm. 寬 39mm. 厚 14mm. 寬厚指數 35.90 長寬指數 21.43

榫頭：長 16mm, 寬 32mm., 厚 11mm.

重 210gms. 圖版陸：已三、

2.　A107。D20.1 出土。象牙色並染有黃色。黝輝石（Spodumene）。僅双端一小部份保存，此部份形制完全如 A118．磨製光瑩；双端兩面斜下，弧轉中鋒。双線弧狀，双口圓轉光潤，無摩擦跡。

長 61+mm. 寬 40+mm, 厚 18mm. 寬厚指數——

重 68gms., 圓版陸：三

3. A117。E185 出土。黃色，一側面及轉角處，染有紫色。黝輝石 (Spodumene)。下段缺角　長條；頂端正中間裂開有陷口，一側面剝脫外皮二長條。原全部磨光，最上段四面內縮爲一榫頭。週肩斜下，寬約2—3糎。榫頭四角圓轉，橫剖面爲腰圓形，頂端磨光向兩側下傾；有穿未透，打穿處厚21糎，兩面對鑽，成深約5糎之腰圓形小窠，外徑爲7×6糎，鑽向斜下，不直下。器身四面均微向中拱，四角圓轉，橫剖面腰圓形。外表有刻割文飾：週肩下，磨成與週肩平行之弦紋兩週，下週弦紋以下又有下垂至刃口上下直行弦紋共二十四條，距離不勻稱；但亦不過份參差：約計兩正面各八條，兩側面各四條。弦紋均由兩側刻入之線條顯出。刃端兩面斜下，中鋒；保存約五分之二。刃線弧狀；刃口圓轉，無摩擦跡。

長 175+mm., 寬 49+mm., 厚 31+mm., 寬厚指數 63.26，長寬指數 27.53

榫頭：長 26mm., 寬 41mm. 厚 24mm.

重 417.5gms., 圖版陸：己三

4. A119。小屯出土（坑位失錄）。深黃與絳紅色。石灰岩（？Limestone），鐵化過甚，岩質難確定。全部外皮剝脫幾盡；未剝脫處，皆爲甚光潤之黃色，絳色斑。全器由十餘小塊復原，上端爲一榫頭；由兩正面收進；正面平，側面圓；左右無肩；前後有肩，寬約2糎；肩上，榫頭最下邊中間有一穿：距頂端22糎，距左右兩側各22糎，穿外徑兩面均爲8糎；似爲兩面鑽；打穿處厚16糎，穿內最小徑爲5糎。頂端平正光潤，細長條形，兩端圓轉，器身兩正面微中拱，兩側圓轉。刃端兩面斜下，圓轉中鋒。刃線弧狀。刃口剝蝕已盡，情狀不明。

長 178mm. 寬 54mm. 厚 19mm., 寬厚指數 35.18，長寬指數 30.33

榫頭：長 29mm. 寬 49mm. 厚 18mm.

重 320gms. 圖版陸：己三

5. A121。E16 出土。碧綠色，黑暈；一正面靠榫頭處粘銅綠；肩上榫頭兩正面均作微黃白色，寬約42糎；但兩側仍保持碧綠色黑暈。大理石 (Marble)。上端榫頭，由兩側縮入，形成左右各約三糎之坡肩。榫頭兩側面平正，兩正面微中拱；各轉角處均近方。有一穿，兩面鑽；穿上緣距頂端44糎，旁緣距左右兩側為24糎，27糎；穿外徑為 9.5糎，11糎；兩面旋成，旋紋清晰，打穿處厚16糎。頂端平正光滑，肩下器身，兩側面圓轉，兩正面微中拱；橫剖面為細長條之腰圓形。双端兩面斜下，弧轉中鋒。双線弧狀，兩端略超出兩側面，急轉成一圓角突出；一角傷。双口圓轉，有極細微之摩擦跡，不顯著；似未經實用。

長 266mm. 寬 74mm. 厚 18mm. 寬厚指數 24.32 長寬指數 27.82

榫頭：長 63mm. 寬 59mm. 厚 17mm.

重 630gms., 圖版陸: 己三

第四型　大孔中長形，最大穿外徑在10糎以上；長寬指數40.01—80.00

1. A64。YM 238 出土。白色，染淺黃淺綠色及黑色斑點。大理石 (Marble)。正面近長方形，穿以上略窄。全面磨製光潤；一側面及一正面，近穿所在部份，有多處為土酸浸蝕。橫繞此處，有摩擦光潤壓入痕跡，顯為繩柄處。兩正面近平，兩側面圓轉。頂端細長條，兩頭圓轉。双端兩面角轉斜下中鋒。双線弧狀；沿双口有細小消耗痕。穿上緣距頂端27糎，旁緣距左右兩側為 23糎 26糎，故穿不在正中。上緣，左上緣與右上緣之兩面，均留有繩條痕跡。穿兩面鑽，打穿處厚16糎。口內摩擦光滑，無旋跡：外徑約14糎，中徑約 7 糎。

長 88.5mm. 寬 57.2mm. 厚 16mm. 寬厚指數 27.97 長寬指數 64.63

重 163gms. 圖版陸: 己四

2. A69。E178 甲出土。白色，表面染有黃點。鬆質石灰岩 (Loose consolidated Limestone)。正面近長方形，兩正面均中拱，兩側面圓轉，橫剖面長條腰圓形。上端向兩側傾斜，缺一角，外表原磨製光潤，為土酸浸蝕，作網狀小窩紋。双端兩面斜下，弧轉中鋒，双線中拱，双口圓轉，有輕軟用痕，一角有微傷。穿上緣距頂端38糎，旁緣距兩側各爲26糎，一面上緣有繩帶摩擦跡，另一面，無此跡。穿兩面鑽打，打穿處厚19糎，相接處有斜行細條隔斷，隔斷兩邊均留有粗條旋紋。穿外徑最大：15糎，內徑最小：8糎。

長 100mm., 寬 62mm., 厚 20mm., 寬厚指數 32.26 長寬指數 62.00

重 229gms, 圖版陸：己四

3. A67。E16 出土。淺灰色，正面一角及双端染有草黃色，外粘銅綠。石灰岩 (Limestone)。正面長方形，兩正面均平正，兩側面近平，轉角處刓圓。橫剖面圓角細長方，頂端磨平，中段上拱，外線圓角細長方。双端兩面斜下，弧轉中鋒，双線微中拱，双口不銳，最窄處寬僅2糎，方角轉，細微消耗，似非原有。外表全面磨光，双端傷一角，近頂端及穿口略有剝蝕。穿上緣距頂端49.5糎，旁緣距兩側爲32糎，34糎，兩面鑽，穿孔剖面)(形，打穿處厚17.5糎，兩面均留有細條旋紋。穿外線轉折處除一面下緣有浸蝕跡外，稜角清楚，無摩擦跡，最大外徑 19糎，最小內徑 11.5糎

長 167mm., 寬 80mm., 厚 17.5mm., 寬厚指數 22.50. 長寬指數 47.90

重 490gms., 圖版陸：己四

4. A68。E16 出土。黑色，內雜白色帶肉紅色塊粒，一處粘小塊銅綠。細石英岩 (Fine Quartzite)。外表正長方形；兩正面，側面及頂端均保有磨平面皮，轉角處現粗糙樣。正面與側面均近平正，圓轉角；橫剖面細條圓轉長方形。頂端略中拱，磨平，轉角處外皮不光滑，現硾啄跡，一角靠正面與側面各硾脫一小塊。双端兩面斜下，弧轉中鋒，双線微中拱，近直。双口中段有較重缺傷，靠外角處，消耗輕細。一穿上緣距頂端40糎，旁緣距左右兩側爲28糎，29糎。打穿處厚19糎，兩面鑽，接口齊整，無旋痕，偏佈啄痕，外緣不圓，無摩擦跡。穿最大外徑 29糎，最小內徑 14糎

長 127mm., 寬 74mm., 厚 19mm., 寬厚指數 25.68, 長寬指數 58.27

重 380gms, 圖版柒：己四

5. A66。E16 出土。墨色，表皮有裂紋數處，粘有深黃色塊粒狀石灰質。質理緊密的千枚岩 (Dense Phyllite)。正面上窄下寬，輪廓作梯狀。全面磨光，正面中拱，兩側面圓轉，橫剖面近長條扁條狀。頂端中略拱，外線棗核狀。双端兩面斜下，弧轉中鋒，双線中拱，由左至右不直。双口不利，圓轉光潤，有原缺傷，無消耗跡。一穿上緣距頂端49糎，旁緣距兩側23糎，25糎。打穿處厚18糎，兩面鑽，穿左右旋，接口處有隔斷，旋痕清晰，外緣不圓，最大外徑18糎，最小內徑 6 糎 外緣無摩擦跡。

長 146mm,. 寬 62mm., 厚 20mm; 寬厚指數 32.26, 長寬指數 42.46

重 318gms., 圖版柒: 己四; 圖版甲: 6

6. A104。小屯出土（坑位失錄）。黑色白色相雜，白色質緊，黑色較鬆。閃綠岩 (Diorite)。正面近梯形，下漸寬。全面磨光。兩正面中拱，兩側面圓轉，橫剖面長條腰圓形。頂端中拱圓轉角，外線長條腰圓。双端兩面斜下，弧轉中鋒。双線弧狀，双口大缺，一正面劈脫多塊，似曾經硬打工作。一穿，上緣距頂端42糎，旁緣距兩側為25糎，25.5糎；穿兩面鑽，旋痕不清；打穿處厚19糎，接口處略傾斜。外緣圓轉，有摩擦跡，上外緣對頂端轉角處，有纒繞切跡。最大外徑 24糎，最小內徑 9糎

長 118mm. 寬 61mm. 厚 20mm. 寬厚指數 32.79 長寬指數 51.69

重 278gms., 圖版柒: 己四

7. A105。E161 出土。淺黃色，外染棕色。細石英岩 (Fine Quartzite)。正面近長方形，下略寬，全面磨光，側面近頂端處，略有打剝及摩擦痕跡。正面平，側面中間平，轉角處削圓。橫剖面圓轉細長方形。頂端弧狀，外線細長方條，兩端圓。双端兩面斜，圓轉中鋒。双線弧狀，双口缺脫大半，僅一小角保持原狀，摩擦甚久。缺脫處，有曲折双線，兩面脫皮，類似階形打剝。一穿上緣距頂端32糎，旁緣距兩側21糎，25糎。兩面鑽，有旋痕，接口處傾斜，打穿處厚18糎，兩面外緣均有摩擦用跡，長佔週線三分之一至一半，各靠一側邊。最大外徑 18糎，最小內徑 8糎

長 93+mm., 寬 57+mm., 厚 19mm; 寬厚指數 33.33. 長寬指數（？）

重 177gms.，圖版柒：己四

8. A106。E16 出土。深綠色與黑色相雜。角閃岩（Hornblendite）。正面長方形。全面磨光。一正面近平，一微中拱。兩側圓轉。上厚，下漸薄。頂端有摩擦跡，中拱，四角圓轉，双端兩面斜下，弧轉，中鋒，消耗大．双口折傷殆盡。兩面劈脫；中段失一面，兩角傷另一面。一穿上緣距頂端31糎，旁緣距兩側24糎，25糎。兩面鑽，無旋痕，有啄痕，接口傾斜；打穿處厚17.5糎，外緣圓轉。近穿口下緣，正面與側面轉角處有捼繅跡。穿形不圓，最大外徑 23糎，最小內徑 9糎

長 96＋mm.，寬 59mm.，厚 18mm；寬厚指數 30.51．長寬指數（？）

重 204gms；圖版柒：己四

附上型殘件：

9. A75。26坑出土。白色，外皮剝脫。大理石 (Marble)。由側面至側面，斜行折斷，切斷穿所在處一半；下段遺失，外皮剝蝕幾盡。正面中拱，側面圓轉，橫剖面細長腰圓形。頂端中拱，外線輪廓同橫剖面。打穿處厚16糎，穿兩面鑽，上緣距頂端32.5糎，旁緣距側面24糎。最大外徑 21糎，最小內徑 11糎。

長 44＋mm.，寬 56＋mm.，厚 16＋mm.，寬厚指數 28.57（？）

重 61＋gms.，圖版柒：己四續

10. A76。YHO41 出土。白色。大理石 (Marble)。殘餘上段，頂端一角及側面仍缺。原打磨光潤。外皮尚保存。正面中拱，側面圓轉，橫剖面細長條腰圓形。折斷處橫越穿所在。穿兩面鑽，有清晰旋痕。打穿處厚15糎，最大外徑 19糎，最小內徑 11糎，接口處傾斜。穿上緣距頂端24糎；旁緣距兩側面各為27糎。

長 33＋mm.，寬 61＋mm.，厚 15mm.，寬厚指數 24.59（？）

重 51gms. 圖版柒：己四續

11. 1658。後岡出土。白色。結晶石灰岩 (Crystalline Limestone)。由頂端向下直

越穿所在縱斷；縱斷半面又遺失一半，双端全失。打磨光瑩。正面中拱，側面圓轉；橫剖面細長腰圓形。頂端平，略中拱；沿轉角處有細打剝。穿兩面鑽；打穿處厚18糎，摩擦光滑，不見旋痕。上緣距頂端29糎；旁緣距側面26糎；最大外徑 24糎，最小內徑 9糎

長 71＋mm.，寬 68（？）mm.，厚 19mm.，寬厚指數 27.94

重 70gms.，圖版柒：己四續

12. A81。B123 出土。外表黃色，染有棕色斑點，大理石（Marble 。 僅存上半段。一穿大半保存；橫越穿下半緣折斷，兩正面近平，兩側面圓轉。橫剖面細長腰圓形。頂端沿兩正面打剝，保留彎曲窄條平面。穿兩面鑽，接口傾斜，留有寬條旋痕。打穿處厚16糎，最大外徑 22糎，最小內徑 12糎。

長 59＋mm. 寬 79mm.，厚 18mm.，寬厚指數 22.79

重 127＋gms.，圖版柒：己四續

13. A73。E181 出土。黑色。細輝綠岩（Fine Diabase）。頂端全，斜越穿口折斷。外表打磨光潤，正面中段近平，側面中條近平，近側面處，正面下傾。轉角在方圓之間，橫剖面細長腰圓形。頂端細長，兩邊平行，兩端圓轉；轉角處有細條消耗。穿兩面鑽，接口傾斜，旋痕清晰。打穿處厚19糎，最大外徑 18糎，最小內徑 12糎

長 63＋mm，寬 68＋mm. 厚 19mm. 寬厚指數 27.94（？）

重 119＋gms.，圖版柒：己四續

14. A74。YH006 出土。黑色有反光結晶。輝綠岩（Diabase）。橫越穿口折斷，上半段保存，全面磨光。正面中段近平，靠側面下坡；兩側面亦有近平一段，轉角在方圓之間。頂端略中拱，外線長條腰圓形，如橫剖面，兩角有消耗。打穿處厚17糎，穿兩面鑽，接口處有旋痕甚細。最大外徑 17糎，最小內徑 11糎。

長 43＋mm. 寬 59.5mm. 厚 17.2mm. 寬厚指數 28.91

重 100＋gms. 圖版柒：己四續

15. 884。B123 出土。深綠近黑色。細輝綠岩 (Fine Diabase)。橫越穿口下約一公分折斷。全面磨光，兩正面微拱，兩側面近平；轉角處磨光；橫剖面細條圓角長方。頂端中拱，四角方轉，外線輪廓如橫剖面形。一穿上緣距頂端32糎;旁緣距兩側各21糎；打穿處厚 16.2糎，兩面鑽，有旋痕，接口處傾斜，穿外緣轉角有摩擦光滑跡。最大外徑 21糎，最小內徑 10糎

長 57+mm. 寬 54+mm. 厚 17mm. 寬厚指數 31.48

重 109gms. 圖版柒：己四續

16. A86。小屯出土（坑位失錄）。黑色有反光質。千枚岩 (Phyllite)。斜越穿下，約一公分，上下折斷。全面磨光，兩正面近平，近側面坡下，圓轉；側面亦圓轉，橫剖面長條形，兩端圓轉。頂端兩角坡下，中段近平；轉角處曾經打擊。穿上緣距頂端39糎，旁緣距兩側為25糎，29糎；打穿處厚16糎，兩面鑽，有粗條旋紋；外緣一面近腰圓狀，有摩擦跡。一面較圓；接口處傾斜。最大外徑 18糎，最小內徑 8糎

長 69+mm. 寬 64mm. 厚 17mm. 寬厚指數 26 56

重 141gms. 圖版柒：己四續

17. A84。小屯出土（坑位失錄）。黑色與綠色雜糅。輝綠岩 (Diabase)。斜越穿口折斷。原全面磨光；兩正面微中拱，兩側面圓轉，橫剖面細長條腰圓形。頂端中拱，中段仍保有光面；兩角脫皮，有打剝跡。外表粗糙。穿上緣距頂端37糎，旁緣距一側邊32糎，距另一側邊為32糎強；打穿處厚14.5糎，兩面鑽，接口傾斜，鑽痕磨光。外緣及接口處均極光滑。最大穿外徑 22糎，最小內徑 11糎

長 55+mm. 寬 73mm. 厚 15mm. 寬厚指數 20.55

重 104gms. 圖版柒：己四續

18. A57。E181 出土。黑色，綠岩 (Greenstone)。橫越穿中心折斷，上半遺失；全面磨光。兩正面近平，兩側面圓轉，橫剖面圓角長方形。双端兩面斜下中鋒；双線微中拱；双口打缺一角：其餘消耗，亦為硬砍一類，兩面均有大小片剝脫，穿下緣距

双口67糎，旁緣距兩側22糎，25糎。打穿處厚度爲23糎；兩面鑽：一深一淺；深鑽爲19糎，淺鑽僅3糎；有旋痕；淺鑽已摩擦光滑。最大外徑 16糎，最小內徑 12糎

長 70+mm. 寬 57+mm. 厚 24mm. 寬厚指數 39.79

重 191+gms.，圖版柒：己四續

19. A58。B36 出土。黑色。輝綠岩 (Diabase)。斜越穿心折斷，失上段。全面磨製光潤，兩正面中拱，兩側面圓轉；橫剖面近棗核狀。双端兩面斜下中鋒；双口一面打脫三大片，一面剝脫小塊多片；殘餘双線曲折，有大小圓滑鋸齒。消耗狀況，硬軟兼有。穿下緣距双口70糎，旁緣距左右各爲23糎；兩面鑽，粗條旋痕，已漸磨光；接口近正，摩擦尤光潤，打穿處厚約 20 糎，兩面鑽入，深度約相等。最大外徑約24糎，最小內徑約 12糎

長 78+mm. 寬 58mm. 厚 21mm. 寬厚指數 36.21

重 176+gms，圖版柒：己四續

20. A61。D49 出土。黑色。千枚岩 (Phyllite)。斜越穿下外緣折斷，上段遺失，一正面保有穿外緣一弧，餘已不存。全面磨光；兩正面近平，靠側面圓轉下傾；橫剖面如扁豆狀，双端兩面斜下，角轉中鋒；双線平直；双口除兩角外，無消耗。兩角缺傷，似非原消耗。打穿處厚17糎。

長 63+mm. 寬 80.5+mm. 厚 17+mm. 寬厚指數 21.12

重 144+gms. 圖版柒：己四續

21. A85。縱二甲乙西支出土。灰綠色。細石英岩 (Fine Quartzite)。橫越穿心下半折斷，下段遺失。全面現硴啄痕；正面及頂端均有磨平部份，似爲未完工之殘斷標本；有穿石斧保有這類作法的，僅此一例。正面中段微拱，兩側面近平，橫剖面細長近腰圓形。頂端磨平，外線輪廓同橫剖面。穿上緣距頂端38糎，距兩側爲26糎，28糎，打穿處厚度在 18—19 糎間；兩面鑽，接口傾斜；近接口處兩面均有旋痕，並磨光；穿口外段穿面滿佈啄痕。最大外徑 26糎，最小內徑 8糎

長 53.5+mm. 寬 62+mm. 厚 18.5mm. 寬厚指數 29.84

重 117gms. 圖版柒：己四續

22. A77。大連坑出土。綠色，略帶灰。綠泥質千枚岩 (Chlorite Phyllite)。橫越穿心折斷，略斜，失下段。磨製，有凹入數處。兩正面略中拱，兩側面圓轉，橫剖面細長條腰圓形。頂端平直，一角脫去大塊；沿兩正面轉角處均有擊脫處，打穿處最厚15.5糎，穿兩面鑽，旋痕可見；上緣距頂端39糎，旁緣距兩側為24糎，25糎；接口略傾斜，摩擦光滑，外緣無摩擦跡。最大外徑 17+糎，最小內徑 11糎

長 52+mm. 寬 57+mm. 厚 15.5mm. 寬厚指數 18.42 ？）

重 82gms. 圖版柒：己四續

23. A80。小屯出土（坑位失錄）。黃色，網狀綠色及黑斑。變質輝綠岩 (Meta-morphosed Diabase)。斜越中心折斷，下段遺失；兩正面中拱，兩側面圓轉，橫剖面長條腰圓形。頂端平正方轉，外線近扁豆狀，磨製光潤。穿兩面鑽，有旋紋；接口略傾斜，有摩擦光滑處；外緣摩擦光滑；打穿處最厚20.5糎；穿上緣距頂端 34糎，旁緣距兩側為 25糎，26糎，最大外徑 23糎，最小內徑 10糎

長 48.5+mm. 寬 61+mm. 厚 20.5mm. 寬厚指數 33.61

重 102+gms.，圖版柒：己四續

24. A70。大連坑出土。灰色。砂質板岩 (Sandy Slate)。斜越穿中心折斷，下段遺失。磨製，兩正面中微拱，兩側面圓轉，橫剖面近細條長方。頂端弧狀；一角順側面劈去一長條；頂端有啄痕，但亦經磨光。打穿處厚17糎，兩面鑽；靠外緣全為啄痕，近接口處有旋痕，為旋後再啄之例。接口略傾斜；穿最大外徑 28糎，最小內徑 12糎

長 54+mm. 寬55+mm. 厚 17mm. 寬厚指數 31.48

重 67+gms.，圖版捌：己四續

25. A78。D4 出土。深灰色，米黃色及黑色斑。輝綠岩 (Diabase)。斜越穿中心折

斷，下半遺失。磨製光潤，兩正面中拱，兩側面圓轉，橫剖面近扁豆狀；頂端平滑，微中拱，方轉向下，外線細長條形，如橫剖面；穿上緣距頂端50糎，旁緣距兩側為29糎，31糎；打穿處厚16糎；兩面鑽，有旋痕，接口略傾斜，靠外緣一面有啄痕，穿最大外徑 19糎，最小內徑 11糎。

長 59+mm. 寬 67+mm. 厚 16mm. 寬厚指數 23..88

重 121+gms., 圖版捌：己四續

26. A79。IX4 出土。一半淺灰帶綠，一半深灰帶棕，細石英岩 (Fine Quartzite)。磨製，橫越穿心折斷，下段遺失，兩正面中段近平，靠側面下傾，側面作細條狀，橫剖面細條形，兩端尖出。頂端中微拱，轉角處經打剝。穿上緣距頂端33糎，旁緣距兩側為24糎，25 糎；打穿處厚 13 糎，兩面鑽，有旋痕；旋痕細微，可見。最大外徑23糎，最小內徑 11糎，接口近正。

長 46+mm., 寬 58+mm., 厚 13mm. 寬厚指數 22.41

重 56.5gms. 圖版捌：己四續

27. A82。YH006 出土。灰紫帶黃色。珪長岩 (Felsite)。斜越穿下半折斷，下段遺失。全面磨製，兩正面中拱；兩側面有細條平面，圓角轉，橫剖面細長腰圓形；近頂端兩側面均有啄痕。頂端平正，向正面方角轉。穿上緣距頂端40糎，旁緣距兩側為27糎，28糎；打穿處厚18糎；正面鑽，旋紋約略可見，接口處平正；外緣兩面均圓轉，有消耗痕。最大外徑23糎，最小內徑 11糎

長 53+mm. 寬 65+mm. 厚 18mm.；寬厚指數 27.69

重 104+gms., 圖版捌：己四續

28. 885。A30 出土。紫色，黑色。石英岩 (Quartzite)。全面磨製，橫越穿中心折斷；兩正面中拱，兩側面細條圓轉；橫剖面近棗核狀。頂端平滑中拱，面有啄痕，向兩側圓角轉；向正面方轉。穿上緣距頂端37糎，旁緣距兩側為30糎，32糎；打穿處厚16糎，兩面鑽，接口近正；有旋痕，外緣及接口處均磨光。最大外徑 21糎， 最小

內徑 9 糎。

長 42+mm. 寬 69+mm. 厚 16mm.；寬厚指數 23.19

重 75 gms.，圖版捌：己四續

29. A87。大連坑出土。穿附近紫紅色，餘黑色及深灰色。砂質板岩(Sandy Slate)。磨製，斜越穿心折斷，下段遺失，正面中拱，兩側近平，方角轉；橫剖面近長方條形。頂端中拱，外線細條長方；兩角有啄痕。穿上緣距頂端 40 糎，距兩側為 28 糎，27 糎，打穿處厚18糎；穿兩面鑽，接口近正；最大外徑 21 糎，最小內徑 14糎，外緣與接口有輕微摩擦跡。

長 60+mm. 寬 68+mm. 厚 18mm.；寬厚指數 26.47

重 105+gms.，圖版捌：己四續

30. A83。小屯出土（坑位失錄）。紫色黃斑，藍黑色寬細條紋，條帶紋細石英岩(Bandy fine Quaitzite)。外有石灰質壳粘連。斜越穿口折斷，下段遺失。兩正面中拱，兩側面近平，圓角轉；橫剖面細長中寬。頂端中拱，沿轉角一面有啄痕，穿上緣距頂端36糎，旁緣距兩側為27糎，32糎；兩面鑽，孔面皆啄痕；打穿處厚17糎，外緣有摩擦跡。穿最大外徑 23 糎，最小內徑 14糎。

長50+mm. 寬 72+mm. 厚 17mm.；寬厚指數 23.61

重 97+gms.，圖版捌：己四續

31. 676。縱二甲出土。灰綠色，細白斑。板岩(Slate)。斜越穿心下緣折斷，又縱裂；下段遺失，上段保存一面。外表磨光，中微拱，兩側面圓轉；頂端磨光；兩轉角分明，向下方轉。穿上緣距頂端 27糎，旁緣距兩側 20糎；最大外徑 14糎。

長 43+mm. 寬 41+mm. 厚 5+mm；寬厚指數？

重 17gms，圖版捌：己四續

32. A71。B129 出土。紫色黃斑，藍色細條紋。細石英岩 Bandy fine Quartzite)。

僅餘上段一角，保有原穿四分之一，兩正面近平，側面微拱，橫剖面近圓角細長方形。頂端平，微中拱，圓角下轉，角傷缺；穿兩面鑽，接口傾斜，外緣及接口均有摩擦跡。穿最大外徑？打穿處厚19糎。

長 56＋mm. 寬 57＋mm. 厚 19mm. 寬厚指數？

重 100＋gms.，圖版捌：己四續

33. A55。大連坑出土。淺絳色，雜土黃色，內含色度較深之圈點狀。石英岩 (Quartzite)，硬度甚高。斜越穿上緣折斷；上段遺失，全面磨光，兩正面近平，兩側面亦近平，交界處圓角轉。橫剖面圓角轉細長方，双端兩面斜下中鋒；双線略傾斜，中微拱。双口消耗硬重：兩面劈缺；偏重一面。穿下緣距双端89糎，旁緣距一側26糎，距另一側15糎；打穿處厚19糎；穿兩面鑽。一面較大較深，深度為 11.3糎，反面深度為 6.7糎。接口如圈足陶器底。大鑽口外徑 15糎，最小內徑 8.4糎，孔內有米粒形隆起，外緣無消耗跡。

長 102＋mm, 寬 51.5mm. 厚 19mm. 寬厚指數 36.89

重 215gms.，圖版捌：己四續

34. A56。大連坑東出土。灰綠色雜月白色，及深綠斑點。珪長岩 (Felsite)。全面磨光，兩正面平正，兩側面圓轉，橫剖面如腰鼓形。橫越穿心下半折斷，上段遺失；双端兩面斜下中鋒；双線全失，双口一角折傷大塊，另一角傷去小塊。穿下緣距双端約95糎；旁緣距兩側為22糎，26糎；打穿處厚21糎；兩面鑽，接口傾斜，外緣及接口處均有摩擦跡。穿最大外徑 21糎，最小內徑不詳。

長 99＋mm.，寬 56＋mm.，厚 21mm.，寬厚指數 37.50

重 233gms.，圖版捌：己四續

35. A111。B133 出土。黑，黃，紫，紅相錯成章。正長石 (Orthoclase)。全面磨光，斜越穿口折斷，上段遺失。兩正面中三分之二近平；沿邊坡下弧轉向兩側；側面細長條圓轉，橫剖面如細長條棗核形。双端兩面斜下，弧轉中鋒，双線弧形中拱；刃口不鋒利亦無消耗痕，無缺傷。穿下緣距刃端63粍，旁緣距兩側為26粍，27粍。打穿處厚15粍；兩面鑽，接口傾斜；孔面滿佈啄痕，外緣與接口處均無顯著消耗跡。最大外徑 18粍，最小內徑 11粍。

長 77＋mm 寬 64＋mm 厚 15mm 寬厚指數

重 126＋gms.，圖版捌：己四續

庚式：有齒的端刃器

第一型　無孔薄片型，寬厚指數在 10.01以下，兩側面各有齒形突出

1.　A91。侯家莊 HPKM 1001 出土。遍體土黃色，剝蝕處或現石灰白色，數處粘有黑色，蝕甚處作大小坑窩狀。大理石 (Marble)。原磨製光潤；刃端保存較好，上段失去原面皮。正面輪廓近長方形，下邊作弧狀。兩側各具六齒，六齒排列，上下對稱。第三第四（由上向下數）兩齒距離最近，中分上下兩組。第一至第二，第二至第三兩間隔作坡狀，距離較寬，略等於第六至第五，第五至第四相隔之形態與距雜，兩正面平直，兩側面弧狀，方轉角，全器厚度，除刃端外，各處大致相等。頂端一角土酸浸蝕較甚，其他一角保有方轉稜角，刃端兩面斜下，弧轉中鋒；刃線略作弧狀，兩角微超出側面；刃口不鋒利，有細微缺傷，似非原消耗。

長 171.5mm.，寬 120mm，厚 11mm.；寬厚指數 9.17，長寬指數 69.97

重 471gms.，圖版捌：庚

第二型　有孔薄片型，寬厚指數在 10.01以下，兩側面各有齒形突出

1.　A93。橫十三‧二五乙坑西部及其附近出土。青白色，有白斑。大理石 (Marble)。由三斷片拼湊，仍缺頂端及刃端各一角，按對稱原則補成。一側面保有五齒，另一側面保有四齒，所缺各齒，位置顯然。一般形制及側出齒形，同A91；但有一穿，頂上所缺一角，由穿心下裂。原穿僅保有一半；距頂端21糎，距側端50糎，兩面鑽；
打穿處厚11糎，穿外徑6糎，內徑4糎。頂端有突出中線，一條高出沿邊約1—2糎；
保存完整之一角，橫越凸線刻劃平行橫紋四道。双端兩面斜下，弧轉中鋒。双線已失
原形；保存双口，消耗已久，缺口皆圓角，顯由細軟摩擦所致。

復原後：長 159mm., 寬 128mm., 厚 11mm.; 寬厚指數 8.59, 長寬指數 80.50

重 395.5gms（補缺質料在內），圖版捌：庚

第三型　有孔厚片型，寬厚指數在 20.00 以上

1.　A63。E16 出土。黑色。千枚岩（Phyllite）。全面磨光，有方向不一之摩擦
跡。兩正面中拱；兩側面平直，各有六齒凸出；六齒排列如 A91，兩側下角翹出。正
面側面交界處方角轉。頂端微斜，並略中拱；沿正面轉角處，折傷一長條。双端兩面
斜下，弧轉中鋒；双線中拱，兩角透出側面。双口有圓角缺陷，兩面多摩擦跡，方向
不一致。一穿上緣距上端47糎，在側面第二齒與第三齒之間；打穿處厚14糎；兩面鑽，
鑽孔外大內小，外深7糎，有旋痕，接口為一小孔。最大外徑 12糎，最小內徑3.5糎，
外緣磨光圓轉。

長 138mm., 寬 65.5mm., 厚 14.2mm., 寬厚指數 21.68, 長寬指數 47.46

重 232gms., 圖版捌；庚

2.　A62。大連坑出土。原為白色，外表全部染黃。大理石（Marble）。全面磨
光。斜越穿心折斷，上段遺失；一側面留有五齒，一側面二齒；據留存五齒之排列，
全形顯為六齒，如前三例。兩正面中拱，兩側面近平，圓角轉。双端兩面斜下，弧轉
中鋒；双線弧狀，兩端透出側面各作一翹尖。双口圓轉，不鋒利；近兩角及中間略有
缺傷，是否原消耗，頗難斷定。穿下緣距双端79.5糎，打穿處厚 13.5糎；兩面鑽，有
旋痕，接口傾斜，外緣方轉，無消耗。最大外徑 12糎，最小內徑 8糎

長 110＋mm., 寬 73mm., 厚 14.5mm., 寬厚指數 20.27(？)

重 162.5gms., 圖版捌：庚

附：難見全形的殘缺標本

1. A88。大連坑出土。青灰色。石灰岩 (Limestone)。原磨光；外皮已多在土中浸蝕剝脫。上段大半折失；一側保有四齒，排列如 A91；另一側保有最下兩齒。折斷處成一斜行線，兩正面平直，兩側面圓轉；完全類似 A91，A93 兩器之下段，但是否有穿，難定。双端兩面斜下，弧轉中鋒；缺一角，另一角圓轉；双線中拱，双口有大小缺陷，是否原消耗，不能定。

長 85+mm., 寬 127+mm., 厚 10+mm., 寬厚指數 ？

重 193gms.

2. 640。E166 甲出土。白色質地，大部爲土染作灰黃灰紫及棕色。大理石 (Marble)。保存器物中段的一半；折斷處各邊不規則，保有原側邊一段，並具五齒；側面平直，方角轉向正面。正面中段平正，近側邊坡下。所留五齒，間隔處凹入均向一面坡；較厚之一端留有長12糎之原側面；有齒部份佔39糎，共長51糎，下端折斷正切第五齒。第四齒齒端中有凹痕，且較第二，第三兩齒大約一倍，或爲上下分界處。如此，此器每側當具八齒；但齒間坡狀不變，亦難解釋，可能是沒有完成的標本。

長 60+mm., 寬 53+mm., 厚 14+mm.

重 62gms. 圖版捌；庚

3. A89。D98 出土。黃色。變質珪長岩 (Metamorphosed Felsite?)。全面磨瑩。器物上段一角，保有頂端大半；側面上段保有五齒；正面一穿，大半尚存在。正面平直，側面圓轉，頂端方轉。穿上緣距頂端 33 糎，旁緣距側面 34 糎；打穿處厚 8 糎，兩面鑽，有接口尚正；一面深 5 糎，另一面深 3 糎。齒形上卷，外面圓潤，排列清楚如 A91；分界間隔最深入，作方轉槽形；第二與第四間隔最淺，第一間隔略深。穿面磨光，旋痕尚可見，外緣圓轉光滑；最大外徑14糎，最小內徑 8 糎。

長 74.5+mm., 寬 56+mm., 厚 8mm.

重 66.5gms.

II 邊 双 器

（圖版玖至拾叁）

凡双在一器較長的邊緣部份，均收入邊双器類。殷虛出土的邊双器，可以再分爲下列三式：

    （甲）　有孔各形

    （乙）　彎條形

    （丙）　片狀(小屯式){ 一、短瓣：寬短型

                            二、中長瓣：中間型

                            三、長瓣：長條型

甲式：有孔各形

第一型　單　孔　平　瓣

1.　A45。E16 出土。深灰近黑色。千枚岩（Phyllite）。全面磨光。兩正面平直，近側面斜下圓轉；兩側面細長條，上背亦爲細長條；四邊均方轉。正面長方形；双在寬邊*，一穿，上緣距上背12糎，旁緣距左右兩側各23糎，下緣距双邊30糎。孔兩面鑽，有清晰細條旋痕；接口平正；打穿處厚約10糎。穿外徑最大12糎；內徑最小10糎。双直

---

*A45原列入"斧"類；但斧類器物双在窄端；此器双在寬邊，特改隸於此。

端兩面斜下偏鋒；一面大斜，角轉；一面小斜，弧轉。刄線近直，刄口有傷缺，一角傷甚，但無消耗。

長 58mm.，寬 51mm.，厚 10mm.；長寬指數 87.93

重 54gms.，圖版玖：甲一

第二型　單　孔　卷　瓣

1.　501。小屯地面拾得。凹面黃色，外皮大半剝脫；凸面灰黑，摩擦光滑。砂岩 (Sandstone)。由背至刄，剖面作圓轉曲線形，厚度漸減；凸面中段近平，上下兩段彎度較大；凹面上段彎度較大，刄邊一段近直。背邊圓轉；刄邊一面斜下，弧轉偏鋒；刄線微中拱；刄口有剝脫處，有缺傷數處；不缺傷處口面摩擦光滑，似爲原消耗。一穿距背邊25糎，距兩側爲37糎，41糎，距刄口29糎；打穿處厚度不一，在12糎上下；孔兩面鑽，旋後加啄。旋痕大半爲啄痕遮盖，但尙留有數處。穿外徑19糎；最小內徑7糎；穿形不圓。

長 80mm. 寬 60mm 厚 13mm. 長寬指數 69.76

重 118 gms. 圖版玖：甲二

2.　502。E10出土。黑色或深灰色。綠石 (Greenstone)。磨製。由背至刄，厚度漸減：曲瓣，凸面彎度較凹面彎度略大。背圓轉，摩擦光潤；刄邊一面斜下，弧轉偏鋒；刄線近平；刄口原甚鋒利，中段有傷；大半消耗，均爲淺寬或淺窄細缺口。刀瓣中有一穿：距背邊與刄邊各21糎，距兩端爲37糎，41糎。穿形不圓，兩面鑽；凹面外緣如棗核形，偏向上下拉長，似爲摩擦所致；凸面穿上緣亦有大塊摩擦痕；接口處穿形亦不圓。打穿處厚 9－11糎；穿外徑（凹面）17－25糎；（凸面）13－15糎；最小內徑5糎；原斜越穿口中心折斷成兩半，粘闘復原。

長 92mm. 寬 49mm. 厚 11nm. 長寬指數 53.26

重 92.5gms.，圖版玖：甲二

3. 503。A25 出土。深灰，間帶黃色或棕色。砂岩 (Sandstone)。磨製。由背至双，厚度下減，橫剖面錐狀，一面中段近平，上下外卷；一面双邊半段彎曲。背邊圓轉，摩擦光滑；双邊一面斜下，弧轉偏鋒，双線近直，双口傷一角，圓轉，大半皆有割切消耗；一處似爲勒傷缺口。一穿，距背邊21糎，距双邊18糎，距兩端爲35糎，41糎。穿一面鑽，打穿處厚度 10糎，凹面外徑 17糎；凸面外徑 7糎。

長 84mm. 寬 44mm. 厚 14mm. 長寬指數 52.38

重 38.5gms, 圖版玖：甲二

4. 504。A29 出土。粒狀黑色，深綠夾白色。砂岩 (Sandstone)。磨製。靠背一邊；圓轉，爲全器最厚處；約15糎以下，厚度陡減，近兩端僅厚 6糎。橫剖面如滴水下垂狀。一面近平，上下兩邊外卷；一面自穿孔以下，曲度急轉近平直。双邊一面斜下，弧轉偏鋒。双線近平，中段經使用消耗向內凹。双口兩角傷缺；中段密積橫割切痕，如淺槽齒形，與双線成斜角。一穿距背邊18糎，距双邊31糎；距兩端38糎，41糎。打穿處厚約9糎。凹面大鑽，穿外緣上口有大塊摩擦跡；週緣亦有窄條摩擦跡。凸面小鑽，深約3糎。穿最大徑 15糎；最小徑 2.5糎

長 83mm., 寬 54mm., 厚 15mm., 長寬指數 65.06

重 92.5gms., 圖版玖：甲二

5. 505。小屯出土 (坑位失錄)。肝紅色，雜大量粒狀白晶塊。砂岩(Sandstone)。磨製。圓轉背，曲向双邊，厚度向下隨減。橫剖面如錐狀；一面凸向外，如弧狀；一面內凹，曲度較大；背邊最厚，摩擦光滑。双邊一面斜下偏鋒。双線近平，兩角圓轉向上；双口有勒痕多條，粗細不一，刓轉無稜鋒。一穿距背邊23糎，距双邊29糎，距兩端爲39糎，40糎。打穿處厚10—11糎；兩面鑽，凹面大鑽，口徑 18糎；凸面小鑽，口徑 12糎；最小內徑 4糎。

長 87mm., 寬 65mm., 厚 15mm., 長寬指數 74.71

重 110gms., 圖版玖：甲二

6. 508。A2 出土。肝紅色，雜大量粒狀白晶塊。砂岩 (Sandstone)。磨製。圓轉背彎向刃邊，厚度向下隨減，橫剖面如錐。直越穿中心，斜向刃邊折斷；保存小半部份，顏色質料形制均類似上例 (505)。殘餘刃口所呈勒痕，亦如上器。打穿處厚9糎，穿兩面鑽，一大一小；凹面外徑較大 17糎；凸面外徑 11糎；兩面外上緣均有摩擦跡。長 50+mm.，寬 55mm.，厚 14mm.

重 52gms.

7. 510。A9 出土。灰色。砂岩 (Sandstone)。磨光。殘餘上邊一角；自背邊中間繞穿上緣，橫向側端折斷。背形圓轉向下，厚度遞減。刃邊完全遺失，全器形制似與 503 相類。打穿處厚 12 糎，穿兩面鑽，凹面較大。

長 51.5+mm.，寬 31mm.，厚 14mm.

重 36gms.

第三型 雙 孔 平 瓣

1. 506。連十一丙出土。淺綠灰色。板岩 (Slate)。全面磨光。凹刃直背，兩端由背邊圓轉坡下；一端較長，微中拱。背邊及兩端均圓轉，刃邊亦圓轉；凹入部份由磨製作成，有大小勒痕八條。刃邊未消耗處，仍圓轉光滑，一面剝脫外皮兩大塊。有兩穿，皆兩面鑽；穿面均打磨光潤，外上緣靠背部份均有細磨跡。打穿處厚 9糎；穿最大外徑 17糎；15糎；最小內徑 7糎。

長 89mm.，寬 42mm.，厚 9mm.，長寬指數 47.19

重 46gms.，圖版玖：甲三

2. 507。B125 出土。棕色帶紫，及土染黃色。砂質板岩 (Sandy Slate)。全面磨光。由背至刃透越一穿中心折斷，失去小半，保存部份，正面如半段魚形；方背，兩正面近平；近側端處剝脫外皮大片。刃邊前部尚未磨成，近中段兩面斜下中鋒，刃線外凸，刃口未用。兩穿：一穿完全保存，一穿僅剩一半。打穿處厚約11糎。穿兩面鑽，一深一淺：兩孔深鑽，均深約 7 糎，淺鑽爲 3 糎，4 糎。穿面有旋紋，殘餘双邊略有缺傷，有極細微消耗痕。穿最大外徑 12 糎；最小內徑 6 糎。

長 108+mm，寬 53mm.，厚 10mm.，長寬指數？

重 82.5+gms.，圖版玖：甲三

3. 509。小屯出土（坑位失錄）。黑色。細綠石（Fine Grenstone）。磨製光潤，由背至双直透穿中心折斷，失去大半。保存部份圓轉背；双邊以上，厚度匀稱，至側端漸薄，背邊至側端圓轉；双邊一面斜下偏鋒。双線平直，双口鋒利，缺傷一角，無消耗。打穿處厚 8 糎，兩面鑽；穿面部份磨光，部份留有啄痕；外緣圓轉。此器僅保有半穿，但就穿所在地位判斷，顯爲兩孔器。穿最大外徑 19 糎；最小內徑 7 糎。

長 41+mm，寬 52+mm.，厚 8mm，長寬指數？

重 30+gms.，圖版玖：甲三

4. 1857。C124 出土。碧綠色。砂質板岩（Sandy Slate）。由背至双直透穿孔折斷，失去大半。圓背圓轉向正面，背至側端角轉，側端坡下，拱向双邊，角轉向正面。全面磨平，双邊以上，厚度匀稱。双邊一面斜下偏鋒，双線近平，双口有大塊缺傷，細微消耗痕。打穿處厚 11—12 糎，兩面鑽，穿面有旋痕。外緣轉角處無消耗跡。此器所保穿孔不及一半，就其所在地判斷，似原有兩穿。穿外徑 15 糎。

長 61+mm.，寬 51+mm.，厚 11mm.，長寬指數？

重 55gms. 圖版玖：甲三

第四型 有齒有孔平瓣

1. 912。橫十三丙北支二北支出土。黃色，淡白。黝輝石（Spodumene）。全部打磨光潤。由近背邊一孔縱裂中斷，失去約一半，兩面剝脫數片。側端坡下，中間突出，有四齒，上下排列對稱，二三兩齒緊列，中間距離成 V 形凹入；一二兩齒與三四兩齒相距各約15糎。由一向二，由四向三之中間距程坡下，作對稱形。背邊方正，正角向兩面轉。折斷處一穿，上距背邊12糎；一面鑽，穿外徑一面9糎，一面5糎。打穿處厚11糎，靠側背兩邊轉角處又一孔，亦一面鑽，打穿處厚11糎，穿外徑一面7糎，一面5糎；較小外徑曾加修製。兩正面磨製光潤，滿佈裂紋，並剝脫多片，刃邊寬約22糎，兩面斜下中鋒；刃線直，刃口無消耗。刃邊以上厚度勻稱。

長（背邊）116＋mm.，（刃邊）96＋mm.，寬 92mm.，厚 11mm.

重 274gms.，圖版玖：甲四

乙式：彎條形

第一型　圓末拱背凹刃，前端由背邊圓角陡轉，與刃邊成圓角或倒轉船尾形。

1.　239。E10 出土。黑色。板岩（Slate）。磨光。兩面近平，前端兩面打脫，背邊圓轉中拱；後端自背邊角轉坡下，圓轉向刃邊。背邊後半，砍脫大塊。刃邊刓鈍，全線圓轉，摩擦跡清晰，滿佈橫繞勒痕。與刃線成正角或偏角，皆為圓轉切跡，無鋒稜。

長 115mm.，寬 39mm.，厚 90mm.，長寬指數 33.91

重 67.5gms.，圖版拾：乙

2.　214。E16 出土。深灰色帶棕色。板岩（Slate）。兩面啄製平坦，背部細長條，中拱，方角轉向兩面。前端由背邊圓角陡轉向下，與刃邊相交成正方角，有尖。刃邊內凹，中段兩面砍缺，剝脫多片。近前端，前背亦有傷缺。

長 217mm.，寬 64mm.，厚 90mm.，長寬指數 29.49

重 206gms.，圖版拾：乙

3.　241。E181 出土。深灰或黑色，未磨光處有星光。板岩（Slate）。啄製平坦背兩面及刃邊大半摩擦光滑。背邊微中拱；圓轉向前端。前端與刃邊相交成銳角。後端高起，由背邊方轉，直線坡下，斜轉向刃邊。刃線內凹，刃口磨平，未經使用；最後一段有消耗痕。

長 144mm，寬 58mm.，厚 10.5mm.，長寬指數 40.27

重 142gms.，圖版拾：乙

第二型　細長條狀，不規則的三邊形，拱背凹双；前尖，後寬圓，不齊整。

1. 1509。大連坑出土。黑色。板岩（Slate）。啄平，大半摩擦光滑；但背邊及正面坎坷甚多。背線自後端起約四分之一略强甚爲平正，再向前，漸向下彎，直至最前端成一尖；尖向前。後端爲一不整齊之參差圓轉形。双線內凹，中段較甚；双口刓鈍，有橫切細跡。

長 140mm.，寬 41mm.，厚 10.5mm.，長寬指數 29.29

重 80gms.，圖版拾：乙

2. 661。小屯購買。黑色。板岩（Slate）。細長彎條形。全部摩擦光滑，後段有露啄製痕跡處。背線外凸，双線內凹，由前至後均作弧狀；後端大圓轉，前端小圓轉。双線粗圓，双口有數點消耗深入，大半均爲細線橫壓跡。此器可代表細長型彎刀之模範標本。

長 155mm.，寬 35mm.，厚 8mm.，長寬指數 22.90

重 69gms.，圖版拾；乙

3. 242。E5 出土。深灰近黑色。板岩（Slate）。不規則三角形。摩擦光滑，背厚，背線弧狀；後端厚，圓轉。双線作磬折形。双邊兩面斜下中鋒；双口不利，左右圓轉；双線折角處有勒痕兩處；最前，近尖端處亦有橫切消耗痕。最厚部份靠背線；由背至双，厚度逐漸由11糎減至1糎；計每 2.5糎減薄 1糎。

長 94mm.，寬 39mm.，厚 11mm.，長寬指數 41.48

重 42.5gms.，圖版拾；乙

4. 240。E20 出土。顏色青綠與黃褐相間，有藍色斑點。板岩 (Slate)。不規則三角形，弦線微作磬折形。背有缺陷，背線微拱；前尖，後端圓轉，剝脫不齊，双邊兩面斜下中鋒；双口前利後鈍，有細小勒痕。最厚處靠背線。

長 84mm., 寬 31mm., 厚 80mm., 長寬指數 36.90

重 24.5gms., 圖版拾: 乙

附: 缺前端殘形標本

1. 238。E16 出土。黑色。板岩 (Slate)。全部磨光。最前一段折失。最寬部份在後端；由後端向前約30糎，双線陡向前坡；至距後端約100糎處，坡度緩平。斜坡部份寬度由69糎減至45糎。背線曲折向前，微拱；至最前段，略向下傾。後端參差，外線弧狀，與背線相交處，作銳角，向双線圓轉。双邊兩面斜下中鋒。双線近磬折形；双口滿佈砍痕，向一面劈剝。原双口保全極少；最後段双口光滑，消耗細軟，缺口亦摩光。

長 205+mm., 寬 68mm., 厚 11.5mm., 長寬指數？

重 200gms., 圖版拾: 乙

2. 366。B100 甲出土。深灰色。板岩 (Slate)。粗磨。部分摩擦光滑。前半折斷，背線參差，圓轉向後端，多坎坷。双線內凹；双邊兩面斜下，略偏。双口消耗重，作鋸齒狀。

長 125+mm., 寬 50mm., 厚 10mm., 長寬指數？

重 94gms., 圖版拾: 乙

3. 368。YH182 出土。深灰色。板岩 (Slate)。粗磨。前端折失，後段上下圓轉，如花瓣狀。背線不齊，由後向前傾；圓轉向後端。後端下角缺。双邊兩面斜下中鋒。双線內凹；双口滿佈橫勒細條痕。折失部份似不多。

長 107+mm., 寬 40mm., 厚 70mm., 長寬指數？

重 46gms., 圖版拾: 乙

丙式：不規則三邊，四邊，或多邊長條形片狀刀：定名爲小屯石刀

這一式，佔小屯出土石器的絕大多數：第二次至第七次發掘期間，一坑出土在百數以上的，有縱二甲支，縱二甲乙，縱五癸東支，橫十三丙北支，橫十三‧二五乙，大連坑，E181 方坑等灰坑；所蒐集的標本，總計到了三千六百四十件。小屯出土器物除了陶片與骨簇外，片狀石刀要算是最常見的遺物。雖說破碎是一般的情形，但是完整的標本也出現了不少；抗戰期間，携帶到西南一帶的，只以完整的及可見全形的爲限。運到臺灣來整理的，也沒超出這一範圍。數目約在四百以上；爲便於一般的說明起見，我們暫定這一類石刀的名稱爲小屯石刀。

小屯出土的片狀石刀，差不多完全是板岩所製；深灰色至黑色，有時也雜有紅色的砂質板岩。製造方法及歷程，在發現的標本上可以看出下列的幾個階段：

1. 大連坑及其附近出了一批尚未修製的 "刀坯"，方從製造原料劈解的坯料，解理參差，邊緣厚度相等，但輪廓已具；一般厚度不齊。〔例：10（紅號，下同）〕板岩製

2. 毛邊；兩邊經硾啄。厚度已漸勻稱；尚未作刄。〔例 1〕　　　　板岩製

3. 毛邊；粗磨；刄已形成。〔例：34〕　　　　　　　　　　　板岩製

4. 毛邊；兩面粗磨；刄邊細磨；有刄。〔例18〕　　　　　　　板岩製

5. 邊緣及兩面均粗磨；尚未作刄。〔例102〕　　　　　　　　　板岩製

6. 兩面粗磨，沿邊加磨，較薄。有刄。〔例245〕　　　　　　　板岩製

7. 邊緣及兩面均經細磨製；有刄。〔例88〕　　　　　　　　　板岩製

8. 兩面啄製，厚度勻稱，靠邊加磨，邊緣磨光，有刄，後端打剝。〔例143〕　　　　　　　　　　　　　　　　　　　板岩製

9. 全面及全邊細磨，有刄，沿邊磨薄。〔例244〕　　　　　　　板岩製

10. 細磨光潤，厚背薄刄〔例237〕　　　　　　　　　　　細石英岩製*

1,2,3 及 5 各階段的標本，都沒有完成的刄，都是未經用過的；第10項所舉一例（237）

*以上十件，均列入分類統計表內（詳後表）。

不出於小屯；小屯雖出有磨製光潤的甚多石器，却沒有作到如此精細的石刀。237 一例的質料爲細質石英岩，双口鋒利，遠在板岩所製各刀双以上。看來，製造方法的精細程度，大半由器物原料的性質定；板岩似乎是經不起過份細緻磨製的質料。

這些石刀（除237外）都是在小屯製造出來的，不是在別處造好了再搬到小屯的；它們留有製造歷程各階段的清楚痕跡。

表七　小屯石刀各型代表標本之指數，双形，作法與用痕詳表

一、寬短型					二、中間型					三、長條型				
紅號	長寬指數	双型	作法	用痕	紅號	長寬指數	双型	作法	用痕	紅號	長寬指數	双形	作法	用痕
267	63.49	直	6	8	87	39 86	凸	4	2	143	30 64	凸	8	2
268	63.35	直	8	2	152	39.69	直	7	2	140	29.14	凸	8	3
673	52.63	凸	4	3	86	39 56	凸	3	4	138	28.51	凸	8	1
158	50.37	凸	4	2	67	38 82	凸	6	1	136	28 00	凸	8	3
101	49.64	直	6	2	232	38.16	凸	6	3	17	27 53	凸	8	3
55	48.88	直	4	3	60	37.24	直	7	3	132	27.11	凸	8	3
246	47.09	凸	7	4	58	36.84	直	6	2	130	26.95	凸	8	3
91	46.04	凸	7	3	244	36.37	曲	9	3	137	25.86	直	8	2
155	45.08	凸直	6	2	234	36.36	曲	5	7	124	24.78	直	8	2
52	44.36	凸	4	3	178	35.88	直	7	3	123	24.18	凸	8	2
51	43.97	凸	4	2	235	35.75	凸	6	2	122	22.44	凸	8	3
89	43.66	凸	2	3	228	35.74	凸	6	4	1503	22 31	凹	8	1
170	42.65	凸	6	3	161	34 67	直	6	6	121	19.76	凸	8	3
245	42.46	凹	6	3	237	34.75	凹	10	2	660	17.53	凸	4	1
62	41.98	凸	6	2	83	34.75	凸	3	2					
100	41.93	凹	5	2	18	34.56	凹	4	3					
30	41.49	直	7	2	109	34.42	直	4	4					
71	41.05	曲	7	3	224	33.65	直	7	1					
188	40 67	凸	5	1	19	32.78	曲	5	1					
44	40 55	直	4	1	215	32.62	凹	6	2					
84	40.5)	凸	6	2	15	31 37	凸	4	2					

用過的石刀，如用過的石斧一樣，在双口上均留有消耗痕跡；這些痕跡所表現的消耗程度可以分出若干等級。圖版拾舉了九個例，各具一種不同的使用程度：由双邊新完成尚未用過的 667，到用痕齧入刀瓣，形成兩個半月形切跡的 674，共分九個等級：

例（紅號）	消耗情形	消耗等級
667	未用過，双口無缺	1
22	細小鋸齒形缺痕	2

171	較大缺口，分佈双線上	3
202	大小鋸齒相間，全線都有	4
203	全線鋸齒形	5
161	一部份齒痕深入	6
96	中段大塊切跡，餘皆細軟消耗	7
210	大塊剝脫，經輕重工作	8
674	前後兩月牙形深入切跡，兩面剝痕密積	9*

圖版拾壹至拾參所舉五十六個片狀邊双器的例子，可以說代表了所有重要的小屯石刀不同的外形；排列的秩序，是按着長寬指數大小：大的在前，小的在後。上表詳列各標本的指數，双形，作法及消耗等級(表七)；後兩項的號碼，均照上面所舉的例解釋。

這次在臺灣整理的屬於這一類全形及可見全形的石刀共 220 件，它們的長寬指數分佈如下：

表八　二百二十件小屯石刀長寬指數之等級及各級之頻率

長 寬 指 數	件 數	長 寬 指 數	件 數	長 寬 指 數	件 數	長 寬 指 數	件 數
69.01——70.00	1	45.01——46.00	4	35.01——36.00	14	25.01——26.00	2
63.01——64.00	2	44.01——45.00	3	34.01——35.00	11	24.01——25.00	2
57.01——58.00	1	43.01——44.00	8	33.01——34.00	6	23.01——24.00	—
52.01——53.00	1	42.01——43.00	16	32.01——33.00	11	22.01——23.00	2
51.01——52.00	—	41.01——42.00	21	31.01——32.00	5	21.01——22.00	—
50.01——51.00	1	40.01——41.00	11	30.01——31.00	4	20.01——21.00	—
49.01——50.00	2	39.01——40.00	16	29.01——30.00	2	19.01——20.00	1
48.01——49.00	3	38.01——39.00	19	28.01——29.00	4	18.01——19.00	—
47.01——48.00	3	37.01——38.00	16	27.01——28.00	4	17.01——18.00	1
46.01——47.00	3	36.01——37.00	13	26.01——27.00	7	總　數	220

照指數的分佈，屬於寬短型的，即長寬指數大於 40.00 的，有八十件，佔全數三分之一强 (36.36%)；屬於中間型的長寬指數在 31.01—40.00 之間的有一百一十一件，佔全數一半以上 (50.45%)；指數在 31.00 及其以下的有二十九件，佔全數百分之十三略强 (13.18%)。今將三型之作法及用痕，照其分類，分別列表如下：

---

*運臺之全形石刀具此用痕的僅此一器。除此器外，餘八件均列入分類標本統計表內 (詳後表)。

表九　小屯石刀製造方法分類表

刀　型 ＼ 製造方法 件　數	1	2	3	4	5	6	7	8	9	10	總　數
一、寬　短　型*	1	1	10	16	4	24	19	4	1	—	80
二、中　間　型	—	—	14	26	8	39	20	—	3	1	111
三、長　條　型	—	1	1	1	—	—	3	23	—	—	29
總　　　數	1	2	25	43	12	63	42	27	4	1	220

表十　小屯石刀使用痕跡分級表

刀　型 ＼ 用痕 件　數	1	2	3	4	5	6	7	8	9	10	總　數
一、寬　短　型	7	31	23	13	1	1	1	3	—	—	80
二、中　間　型	8	34	36	22	1	2	3	3	1	1	111
三、長　條　型	5	10	13	1	—	—	—	—	—	—	29
總　　　數	20	75	72	36	2	3	4	6	1	1	220

據上表，第一型與第二型的製造方法均以第六種爲最多（兩面粗磨，沿邊加磨，漸薄，有刃）；次爲第四種或第七種。第三型，長條形的作法，百分之八十以上爲第八種。第八種的作法爲兩面啄成平行細紋，厚度勻稱；靠邊加磨。邊緣磨光。後端打剝，厚度削減。這一作法。第三型中特別多用；第一型用此法的四件，爲全數二十分之一。中間型用此法的完全沒有。屬於第一型的四件，實際是利用破裂過的第三型所重製。所以第八種作法，是作長條型石刀獨具的。由此，我們可以斷定：

　　　長條型的片狀石刀，不但在形制上自成一系統，製造方法也是完全獨具的。長條型的後端均經打剝，厚度大減，可能是爲安柄用的；這一點也是第一第二兩型標本所不常見的形態。

（附）　廢刀重製各型標本

　　長條型的板岩石刀，大概因爲在原來製造的過程中，下了較大的工夫，所以破碎以後，仍儘量的利用。後段的殘片，就製成寬短型的長方刀；上表所舉八十例，就包括有若干廢刀重製的（圖版拾壹：268）。殘斷的一邊，磋成圓轉形，其他部份大致不改，成爲近長方形不等邊的邊刃器。

*寬短型八十件：有坑位的四十九件，坑位失錄的三十件，大司空村一件；中間型一百一十一件：內有坑位的六十七件，坑位失錄的四十三件，大司空村的一件；長條型二十九件：內有坑位的二十二件，坑位失錄的七件。

　　長條型的前段破片，另有一種利用的方式；殘斷的邊緣磨成新刃，與原來刃口成一正方角或銳角之雙刃器。圖版拾肆所列之 269，257，254，255，251，274，250，139，249，均屬這一類。同版所列的 273，252，137，248 四例，爲利用長條型的中段殘片所製的雙刃器。以上除了 269 帶有用痕外，皆是新磨成尚未用過的標本*(圖版拾肆)。

Ⅲ 雙 刃 器
（圖 版 拾 肆）

　　除了廢刀重製的雙刃器以外，<u>小屯</u>石刀類另有數件，顯然不是利用廢料製成的雙刃，如下例：

第一型 兩 端 有 刃

　　1. 134。E166 出土。灰綠色。千枚岩 (Phyllite)。兩面啄製平坦，有平行細條紋。細長條形，厚度勻稱，長的邊緣未磨薄，兩窄端均作刃狀，刃端兩面斜下中鋒。長 223mm，寬 61mm.，厚 10mm.
重 191gms.，圖版拾肆：雙刃器

第二型 一 邊 一 端 有 刃

　　1. 247。E178甲出土。深灰近黑色。板岩 (Slate)。兩面啄製平坦，厚度勻稱。

------

*以上十三件，均未列入分類統計表內，自成一型，附雙刃器內統計。

細長條四邊形；兩長邊微拱。一長邊一窄端磨成双狀，中鋒，另一長邊亦經磨薄，邊緣厚條形方轉，摩擦光潤，有打剝處，一窄端全經打剝。

長 145mm., 寬 53mm., 厚 8mm.

重 116gms., 圖版拾肆

2. 258。B128 出土。淡青，有棕色條帶。千枚岩 (Phyllite)。細長條石片。一長邊，一窄端兩面細磨近双形，但双口圓轉光滑無用痕。

長 78mm., 寬 35mm., 厚 11mm.

重 49gms., 圖版拾肆

Ⅳ 全 双 器

（圖版拾伍，拾陸）

除與安柄有關部份以外，全部邊緣均粗磨或細磨，或打剝成双形者，計有三式：橫內安柄的"戈"形器，與安柄法不詳的"刀"形器及箭頭。"刀"形全双器只有一例，出四盤磨。

甲式：戈 形 器

第一型　有內無穿，內略窄於援本，援尖向下傾，援有中脊。

1. 512。YM232 出土。米黃色。大理石 (Marble)。原全部磨製光潤，爲土酸浸蝕，外皮剝脫多處，內下一面尤甚。內裏段靠援本處，有寬約40糎之安柄痕跡；內後段方形。援有中脊，由援本趨向援尖微微隆起。週邊双口尚未完成，厚度有及3糎，最薄亦及1糎。顯然為用作殉葬的明器。屬於此型的戈形器，<u>小屯</u>出土甚多，但皆破碎成小片。此標本是由三小塊復原的。

長 314mm.，寬 70mm.，厚 12mm.

重 383.5gms.，圖版拾伍：甲

　　第二型　有內有孔，孔在援部；內與援分別清楚，援有中脊，援尖略向下傾。

　　1. 513。YM414 出土。米黃色，近援本處，一面粘有紅土。大理石(Marble)。石質鬆脆，破成若干小片，由小片復原。內援分界處，內寬59糎，援本寬73糎；稍前有一穿，在中脊打透。打穿處厚9糎，穿兩面鑽，有旋痕，接口不平正；兩面外徑均不及6糎。双口不鋒利，但已磨薄，最厚處約1糎。安柄處前段留有紅土印，最前邊緣，緊接穿所在，土印寬約45糎。

長 258mm.，寬73mm.，厚 10mm.

重 221,4 gms.，圖版拾伍：甲

　　2. 1851。HPKM1550 出土。雜色：後半灰白底，有紫色及棕色與藍色暈紋，前段灰色至黃色，雜有紫色，棕黃色與黑色暈紋；細磨光潤。紅玉髓 (Red Chalcedony Carnelian)。兩片復原，缺內後段。內援分界清楚，內寬60糎，援本寬65糎。稍前援中脊打有一穿；一面鑽：9.8—10.4糎，打穿處厚5糎。中脊顯著，双口鋒利。

長 238+mm.，寬 65mm.，厚 5.5mm.

重 117.8gms.，圖版拾伍：甲

　　第三型　有內有孔，孔在內部

　　1. 1848。YM388 出土。青綠色，黑暈，黃白暈，黃斑。玉 (Jade)。細磨光潤。援双邊兩面斜下中鋒；双口鋒利；援末中脊顯；上下双線至援尖均角轉，上線下傾，下線略向上。援內交界處清楚。內寬69糎，援本寬78糎；內有一穿，兩面鑽；接口正：口外徑 7.6—10.7 糎，打穿處厚 5 糎，內近長方形 。

長 328mm.，寬 78mm.，厚 5mm.

重 244gms.，圖版拾伍：甲

2. 1850。YM388 出土。土黃色，靑藍色及灰白色相雜。玉（Jade）。細磨光潤。援上下双均兩面斜下中鋒；双口甚薄，厚度在 1 糎上下。中脊淸楚。與中脊平行，由內中段向前，近上下双邊，兩面各磨成轉角界線兩條；兩線均至上下双線向內轉折處為止。近援尖處，上双線圓轉向下，下双線圓轉向上。援內交界分明：內寬64糎。援本寬80糎。內最前段，靠援本處有一穿，一面鑽；穿外徑 9.3—11.3 糎，打穿處厚 5.2 糎。內中段有弦紋一條與援本平行，由兩刻紋劃成。弦紋後，旁出橫行弦紋五對，作法與直行弦紋同；投出內後緣，形成後齒五雙。

長 286mm.，寬 80mm.，厚 5.2mm.

重 206gms.，圖版拾伍：甲

3. 1849。YM020 出土。純白色，一面染有土色。玉髓（Chalcedony）。細磨光潤。上下双線均略向中凹。双邊兩面圓轉中鋒，援無中脊。援尖銳角，近圭前端形。最厚在中部。援內交界處，上下邊淸楚，兩面未劃分：內寬40糎；援本寬51糎。有一穿靠援本；打穿處厚60糎；一面鑽，穿外徑 12.3—7.0 糎。

長 20mm.，寬 51mm.，厚 6mm.

重 923gms.，圖版拾伍：甲

4. 1853。HPKM 1:2016 出土。淺綠色，雜灰色與黃色暈。玉（Jade）。細磨光潤。援形寬短，端正，傾斜程度極微；有中脊及上下邊線，均由內中段起線。援尖微向下傾；上下邊線與上下双及中脊平行，如 1850；至援前段，上下邊線轉向双口。双邊兩面斜下，中鋒；双口圓轉，不鋒利。內援交界處，上下分明，兩面不劃分。內寬55糎，援本寬64糎。一穿在內後段，兩面鑽，接口不傾斜；大鑽外徑 8.7 糎，小鑽外徑6糎；內徑4.9糎；打穿處厚6.1糎。內後段有上下行弦紋兩道，越穿口過，與援本平行；再後，有橫行寬條弦紋四對，與直行弦紋成正角，投出內後緣，形成後齒四對；上下兩對近邊緣處，各有一小穿；均缺損。橫弦部份，厚度向後緣漸減。

長 148mm., 寬 64mm., 厚 70mm,

重 101.7gms., 圖版拾伍：甲

5. 1852。HPKM 1500 出土。一面綠色，雜灰白色，外有土斑；一面綠色幾全部變白，但留有幾何形綠色花紋，似為繩裏布所留痕跡。玉（Jade）。細磨光潤。厚度甚小；中脊最厚處3.5糎，平均厚度不及3糎。援與內週邊均有刃，刃邊兩面斜下中鋒，刃口鋒利。邊線由援本起與中脊並行向前；至援尖，上下線隨刃線轉，至援末與中脊相會。援內界線，上下分明，兩面未劃清；內寬57糎，援本寬73糎，內上寬下窄，後緣弧狀；一大穿在內中間，打穿處厚3糎，穿一面鑽；穿外徑11.8—9.3糎。

長 204mm., 寬 73mm., 厚 3.5mm.

重 83.5gms., 圖版拾伍：甲

第四型　有孔，有柄，無內

1. 1854。YM 333 出土。淡綠色黃條紋。玉（Jade）。細磨光潤，有柄無內；柄頭為插入銅內用，有缺。援身齊全，有中脊，刃邊兩面斜下中鋒；刃口鋒利，上下刃線近對稱，援末直向前，無下傾形。靠援本有一穿，直透中脊。打穿處厚 5.7糎，一面鑽：穿外徑 10.9—8.6糎。

長 118mm., 寬 67mm., 厚 5.7mm.

重 72.3gms., 圖版拾伍：甲

乙式：刀 形 器

第一型 長條片狀，最前段弧轉如大斫刀刀頭形，但無厚背，全邊均作刃狀。

1. 517。S4 出土。黑色，雜大片灰白及黃色細紋。蛇紋石（Serpentine）。細磨光潤，缺最後一段。保存部份類似戈形器援部，週邊皆兩面斜磨成刃形；刃口鋒利，上下均有細小缺痕；大半皆屬舊有。最前段形制特殊：下刃線近前端處圓轉陡向上，略斜向前，如船尾形；與上刃線相交作一圓轉銳角，凌空上翹。上刃線向後一段，保有長約19糎一節，緣邊厚度逐漸增加至 4 糎。最後一小段邊緣下降約 2 糎，如階狀；（類似戈形器之援與內交界處）；再後即為折傷斷口，斜向下刃。對向上下刃線起始點，援本兩面，均留有筒轉圓痕：一面深約 1 糎，一面深約 6 糎，顯為未鑽透之穿痕。
長 162+mm.，寬 55mm.，厚 5mm.
重 82gms.，圖版拾伍：乙

附：由殘片復原戈形全刃器及未復原之類此形制之殘片十件。

1. 919。D74 出土。原質白色，染成黃色至絳色，斷口粘有泥土，泥土下亦現黃色。石灰岩（Limestone）。援中段的殘餘。細磨，不光潤，一面留有黃至黑色"囚"形印記，據鄴中片羽初集下卷第四頁所載之蟠夔古兵器援形中段復原（圖版拾伍：919）。

2. 1856。E16 出土。灰白色。縞瑪瑙（Onyx）。細磨光潤。轉角殘斷，有中脊及上下邊線，形近鄴中片羽二集卷下第二十六頁所載之 "玉器"。此一 "玉器" 顯然屬於戈形，惟 "內" 部弧轉向下，甚為別致。但 "內" 與 "援" 上下界線分明，並有一穿，與一般戈形器無別。1856殘片，向後段圓轉向下；轉角處無內援分界痕跡，亦不見有鑽孔處；但邊線中脊，刃線及圓轉處均類似上說 "玉器"。特此附錄，以資參考。
（圖版拾伍：1856）

3. 899。B133 出土。白色黃土斑。結晶質石灰岩 (Crystalline Limestone)。原面皮大半剝蝕；僅小塊保存，甚光潤。戈形器援部極窄小殘片。中脊顯明，有上下邊線，双線不鋒利。照圖版拾伍：512形復原；此形殘片甚多。（圖版拾陸：899）。

4. 897。橫十三丙北支二北支出土。灰色。泥質石灰岩（Argillaceous Limestone）。細磨光滑不潤。戈形器 "援" 部，後身殘斷，最後斷口處留有與 "內" 分開殘餘小塊；正面與邊緣均跡象分明。中脊明顯，厚度在16糎與18糎之間；至可注意。上下双口均極鋒利，有斫缺痕。此一殘片，因其中脊之過大厚度，原擬定為直刺的矛形器。但細審上下双線與中脊之關係，並不對稱；向前延展的趨向，仍是戈形器的形制。原狀何如，尚難確定；現暫就此片之殘餘線路，加以延長，以備參考。（圖版拾陸：897）。

5. 520。B1 出土。青灰色。石灰岩（Limestone）。磨製光潤，戈形器中段殘片；有中脊及上下邊線，上下双口鋒利，用過。據1848（圖版拾伍：1848）復原。圖版拾陸：520）

6. 1855。橫十三・二五乙出土。青白色。縞瑪瑙（Onyx）。磨製光潤，戈形器中段殘片；無中脊；上下双口鋒利，用過。據1849（圖版拾伍：1849）復原。（圖版拾陸：1855）。

7. 900。YM034 出土。灰白色黑斑，染有大塊黃色。石英砂岩（Quartzite Sandstone）。僅存 "內" 後段；後緣與上下緣，成方轉角。照 513 大理石全形器復原（513器未入錄）。

8. 519。斜四北支出土。青白色，週邊近黑色，表面滿佈冰裂紋；一部份染有黃色。蛋白石（Opal）。僅存 "援" 前段。細磨光潤，有中脊及上下邊線。双邊兩面斜下中鋒，鋒口多缺痕。援末微向下傾；援尖已失。照 1851（圖版拾伍：1851）復原。

9. 1792。YH 369 出土。白色，後緣突出之齒部染有藍灰色。玉髓（Chalcedony）。僅存"內"後段。細磨光潤，上下緣平行；後緣有寬齒四個；每個均另具兩峰，由兩端投出，向外對峙。齒間凹入縫隙，深達5糎，淺僅3糎。兩面光潤如玉，各有中脊及上下邊線共三條浮出平面，隱約可見。照1850（圖版拾伍：1850）復原。

10. 518。出土地失錄。深棕色近茄子紫，染有黃灰色。細密矽質化岩石（Fine Compact Silicified Rock）。細磨光潤。前段大半失去，僅餘援後身及"內"的殘形。內援之間，兩面無界，兩邊界線分明：交界處援本寬41糎，內寬32糎。兩面有中脊及上下邊線；中脊與邊線間，微向內凹。邊線隨刃線外轉；刃口甚薄，但不利。援後段兩邊均有凹入弧形切迹；最後端上下各有一小穿：穿兩面鑽，外徑二糎，內徑約一糎。

丙式：箭　頭

第一型：雙稜，無莖，凹底；壓剝法製

1. 910。YH006 南出土。黑色。硅石（Chert）。長三角形；兩面滿佈壓剝痕，每一壓剝單位均中凹，相互交界處成脊形。沿刃邊，剝痕密集，寬窄不等，每面排有十三至十五單位；底邊壓剝四次至五次。最大剝痕寬至 3.5 糎，最窄僅及 1 糎。刃線不直，波折如鋸齒；底緣兩端斜削，中間微向內凹。
全長 33.2mm., 底寬 14mm., 最厚 3mm.
重 1.1gms., 圖版拾陸：丙

2. 1864。日照兩城鎮 WW 4 出土。肝紅色，雜大塊白石。流紋岩（Rhyolite）。作法如上，但石質雜駁。兩刃鋸齒較銳，切迹較深；底緣兩端未切削，凹入程度亦較淺。
長 38mm., 底寬 19mm., 最厚 4mm.

重 2.0gms.，圖版拾陸：丙

第二型：雙稜，無莖，平底，磨製

1. 1514。連十一丙出土。深灰帶綠色。板岩（Slate）。近兩等邊三角形。兩等邊外拱，細磨光潤，双邊兩面斜下中鋒；双口甚薄，有細微缺痕。近底邊有小片剝脫。

長 26mm.，寬 20mm.，厚 2.4mm

重 1.8gms.，圖版拾陸：丙

2. 1515。D8 出土。淡綠色。板岩（Slate）。近兩等邊三角形。兩等邊略向外拱；前尖微折，餘完整。磨製，兩面均有摩擦痕。双邊兩面斜下中鋒；双口薄，有細微缺痕。

長 39十mm.，寬 21mm.，厚 3.2mm.

重 3.6gms.，圖版拾陸：丙

3. 1516。D47 出土。黃色。千枚岩 （Phyllite）。近兩等邊三角形，兩等邊微向外拱；前尖折失約四分之一。細磨光潤，兩面均有中槽，由底緣起，向尖端漸淺。双邊兩面斜下中鋒；双口有細微缺痕。底邊最厚，底緣厚平。

長 29+mm.，寬 28.5mm.，厚 5.3mm.

重 7.1gms.，圖版拾陸：丙

第三型：參稜，有托，有莖，磨製

1. 865。D47 出土。深灰色。板岩（Slate）。磨製，有摩擦痕，由上至下三段：上段三面三轉角，轉角處成双，最前聚成一尖，橫截面等邊三角形。中段圓柱狀，上托鋒双，下接細莖；莖由托底內縮作錐狀，尖向下。

全長 91mm.，稜長 45mm.，托長 32mm.，莖長 14mm.

重 7.9gms.，圖版拾陸：丙

2. 866。橫十三甲黑土坑出土。深灰色。板岩 (Slate)。磨製，有摩擦痕，由前尖至底莖三段，如上例：但鋒刃較短，莖底折去一節。

全長 60mm.，稜長 19mm.，托長 36mm.，莖長 5+mm.

重 7.6gms.，圖版拾陸：丙

3. 867。E16 出土。深灰色。板岩 (Slate)。磨製，有摩擦痕；由前尖至底莖三段，如前例。前尖微折，底莖全失。

殘餘全長 66+mm.，稜長 38mm.，托長 27mm.，莖長 1+mm.

重 6.6gms.，圖版拾陸：丙

4. 868。D47.1 出土。深灰色。板岩 (Slate)。磨製，有摩擦痕。由前尖至底莖分爲三段，如前三例。前尖折去一節，底莖已全失。

殘餘長度 56mm.，稜長 23+mm.，托長 32mm.，莖長 1+mm.

重 6.7gms.，圖版拾陸：丙

第四型：參稜，斜底，有莖，無托

1. 864。A5 出土。深灰色。板岩 (Slate)。磨製，莖有摩擦痕。鏃身三面三轉角，轉角磨成刃狀，刃線前聚成銳尖；橫截面等邊三角形，身底斜下磨成錐狀莖形。

全長 62mm.，稜長 43mm.，餘爲莖長

重 8.5gms.，圖版拾陸：丙

2. 870。大連坑南出土。棕灰色。板岩 (Slate)。磨製，有細摩擦痕。形態同上，鏃身底部轉角較分明。前尖折去一節。

殘餘長度 48mm.，稜長 30+mm.，莖長 18mm.

重 10gms.，圖版拾陸：丙

3. 871。同樂寨？出土。深灰色。板岩（Slate）。磨製，有磨擦痕。**形制同前二例，一面剝脫大片。**

全長 37.3mm. 稜長 25.3mm. **莖長** 12mm.

重 3.6gms. 圖版拾陸：丙

4. 872。D115 出土。深灰帶黃色。板岩（Slate）。 磨製。簇身縱裂，粘成，失前尖及莖下段，形制同前三例。

殘餘長度 41mm., **稜長** 31mm., **莖長** 10mm.

重 8.6gms., 圖版拾陸：丙

陸、 總論殷虛有双石器

五十一小類的殷虛有双石器，只具一件例證的佔二十一型。殷虛的中心，小屯地面下，有分佈甚廣的先殷文化層（李濟：民國三十三年，學術匯刊，1—13）。這一文化層以黑陶為主體，大部份為後來殷商時代的建築所破壞，保存完整者甚少；因此，先殷時代的遺存與殷商時代的就有很多混雜了。混雜的情形，可分兩種：(1)原為黑陶時代的灰坑，雖有後期的實物滲入，但原遺址尚未完全破壞；(2)早期的遺物，隨地下的土層翻動，轉入後期的文化層內。第二種的擾動，增加了判定殷商文化層內出土實物準確性的不少因難；加以石器本身的時代性，是"先天的"混沌，故辨別本文入錄的四百餘件有双石器是否確屬殷商時代的產品，用品；除地層外，尚需要若干更明確的輔助標準。假如我們探取下一界說，作討論的起點。

所謂"確屬殷商時代"的器物，必須符合三個條件：(1)殷商時代製造的；(2)殷商時代使用的；(3)殷商時代以前沒見過的，五十一型有双石器真正能滿足上說三條件的只有小屯刀式的第三型。這一型的石刀，有大量的標本，在不同的未完成的製造過程中出現；原在的地位又確屬殷商。在可以證明早於殷商的其他史前遺址——黃河流域

一帶的彩陶及黑陶遺址——亦沒見過類似這一形態的有双石器。出土數目的豐富，尤加強三條件的眞實性，故說它們是殷商時代的器物，總算是有堅强的根據了。

　　與“小屯石刀”成一鮮明的對照，爲全双器丙式第一至第四，四型石製箭頭。若是我們能確定地判斷，小屯石刀爲殷商時代製造及使用的石器，我們也可同樣確定地判斷上說各型的石碳是先殷時代的遺物；因爲：(1)殷商時代最盛行的，出土最多的箭頭，爲骨製與青銅製的兩種；(2)四型的形制沒有與骨簇或銅簇類似的；(3)出土數目極少 (註三)。(4)四型石碳均散見早於殷商的黑陶遺址及彩陶遺址。

　　現在我們把確屬殷商時代的有双石器定爲殷虛有双石器第一種，確屬殷商以前的爲殷虛有双石器第二種；此外我們可以把先殷時代已經開始，到了殷商仍繼續用下去的有双石器列爲第三種。是否還有第四種可能呢？有一種由別處搬來的；時代難定一可能同時亦可能較晚的——混入了殷虛遺址內的器物；從考古學上說，這一類的現象是常見的；小屯的地下情形亦不是絕沒有這一現象。這一類的時代是難定的，可以列爲第四種。要說明此事，我們必須將小屯的有双石器，與殷虛四週遺址 (註四) 出土的類似器物作一廣泛的比較。

　　甲：　西及西北方面。　這一區域內，出石器的遺址曾經詳細研究的，仍以半山，仰韶及不召寨三處最可注意。雖說大部份的實物屬於地面探集，同時它們也包括不少的發掘品，作檢定的標準。以小屯有双石器與西北區三遺址類似遺物比較，可以論列者，共有六事：

　　　　1.　三遺址都出有硾製石斧，但在形製方面，各處的出土品所表現的發展方向，與小屯遺物相比，參差不一。半山石斧，正面與橫剖，都極近小屯的圓轉石斧，但上段逐漸削薄，至頂端形成安特生所說的“薄頸”；與“細頸”的作法頗類似，顯然是爲便於安柄的一種預備。小屯的硾製石斧，沒有薄頸的作法，上段的寬度與厚度，比最寬最厚的部份雖略加削減，亦不甚多。頂端摩擦光潤，尤爲小屯石斧之特色，這一點所引起的問題——它們的使用方法問題，就小屯發掘紀錄，確有可以資解答的。小屯標本，器形及出土紀錄，保存同樣完整的，爲E181方井所出兩器 (A1, A3)；出土的深度，距地面超過六公尺；在此深度的方井，縱橫均僅及一公尺上下。這一發現使我們聯想到，殷商時代地窖與地穴的建築程序：此類的建築，保存了極整齊的壁面，同時可以深逾十公尺，透過現代地面下的水面。地窖的徑度或縱橫尺度，雖不一致，總是愈深愈爲減小，可以小到不及一公尺，僅够一人在內勉强地迴旋。爲一個在坑內下掘及修整週壁的工人設計，若專靠有柄的鋤鏟進行，有些動作是難於施展的。若干較深的灰坑，上段週壁，塗有外衣，平整有似膠泥外殼；下段或無外衣，仍保持平坦的表面，但常露斧鑿痕跡。據此，似乎可以合理的推定，手執的無柄硾製石斧，大概是在坑窖深處，用作修整壁面的工具（註五）。西北各區出土的石斧，是否有此一類似的使用，不能判斷；照安特生的意見，這一類的石斧是有柄的 （J. G. Andersson：1934 p. 181；also 1923, pp. 6-7），但他並沒有詳細地討論這一問題。一個可能的發展是，彩陶時代的各種硾製石斧原是有柄的，留傳到青銅時代的殷商，一部份仍被利用着作挖土或其他類似的工作。建築地下室及坑窖，到了狹小的深坑，連柄把也許都不要了。至於殷商時代是否仍製造這一類的石斧，卻很難說。小屯出土的標本，連破碎的在內，只有二十餘件，較之小屯石刀出土數目相差甚遠；二十餘件中，殘斷者又居多數。在那時的用途，範圍窄狹，也是很顯然的。

2. 仰韶與不召寨以及半山所出硾製石斧的中心形態爲，圓角長方的橫剖，安特生所說的 "河南斧" 型，亦卽本文所類別的，端双器乙式第三型。在小屯，乙式第三型的標本數目不及第一型的一半；殷商時代獨喜圓形，近圓或腰圓形的頂端及橫剖，可能還是因爲便於直接用手把握的緣故。第三型標本的頂端，有數件也摩擦得很光潤。

3. 小屯所出的有穿石斧，分爲四型，以大孔中長型的標本最多（圖版陸，柒，捌：己式第四型）。這一型遍見於西北各史前遺址，但完整標本甚少：計半山，仰韶，不召寨，所出標本近全形者，各只一件，餘皆殘缺。小屯的己式第四型石斧，全形的或近全形的共有八件，双口用痕清楚，消耗程度深切；有些保有明顯的捲柄捆壓的槽痕。另有二十七件折傷的標本，亦屬此型。完整的和殘缺的有穿石斧第四型標本，合在一起計算共三十五件，由十八種不同的岩石所製，如下表：

表十一： 己式第四型石斧各標本原料分類表

岩　　石	全形件數	殘形件數	岩　　石	全形件數	殘形件數	岩　　石	全形件數	殘形件數
石　　灰　　岩	1	一	細　石　英　岩	2	2	砂　質　板　岩	一	2
鬆質石灰岩	1	一	有帶紋的細石英岩	一	2	潛晶砂長岩	一	2
結晶石灰岩	一	1	千　枚　岩	1	2	板　　　岩	一	1
大　理　石	1	3	綠　　　岩	一	1	正　長　岩	一	1
輝　綠　岩	一	6	綠泥千枚岩	一	1	粗粒普通角閃石岩	1	一
石　英　岩	一	2	變質輝綠岩	一	1	閃　綠　岩	1	一

上表與乙式各型標本（共三十三件）的質料相比，不但顯出兩種作風不同的工業，質料的選擇也各不一樣。三十三件硪製端双器，由輝綠岩作成者共二十八件；其餘五件的原料，有石英岩二件，斑糲岩，流紋岩，砂岩各一件：計三十三件標本的質料只有五種岩石，百分之八十五又只由一種岩石造成。故這兩類的端双器——硪製無穿的與磨製有穿的——必有不同的歷史背景及製作習慣。

　　一般地說來，有孔的一類，在石器歷史中是較晚的發展，已是一件證明的史實。在西北各史前遺址內，更可加重此一證明。但在小屯，這一較晚的發展，亦是過去的或外來的文化成分；外來的，或由別處製造完成後送來的，來源甚多：大概這是器物原料龐雜的基本原因。確在殷商時代製造的有穿石斧，應以第三型，小孔厚長型（圖版陸）爲限；這一型器物，雖不切實用，但形制及鑽孔方法，都是在史前時代所沒見的。第一第二兩型（圖版陸），製造的精緻，頗帶殷商的氣味，亦不出現於西北區的史前遺存。

　　4. 偏鋒的端双器在小屯石器群內（圖版肆：丁）只有少數標本：有部份磨製的，亦有全部磨製的；形制以細小的，寬度大於厚度的爲限。仰韶與不召寨遺址均出有甚多完整的錛形器，大於小屯標本；寬長比例亦大不同，多數標本的寬度在長度二分之一與三分之一之間。更細長者，寬度或不及長度三分之一；小屯的錛，沒有如此細長的。

　　5. 有孔的邊双器，在西北區史前遺址內雖分佈甚廣，但形制甚爲單純；半山，仰韶與不召寨三處的石製標本，都是平瓣的，大多數都只有一孔；有兩件單孔之外又加一孔，但第二孔所在地位不定，與東方的雙孔刀不全相同。小屯出土的單孔邊双器五件（圖版玖：甲），厚背的一邊，都卷向一面：即目錄中所稱的卷瓣。甘肅羅漢堂出土的雙孔邊双器亦是平瓣的。背向內凹，孔所在處接近双邊，與小屯的魚形，月牙形，半月形，梯形：——各形雙孔平瓣石粟豎外形絕不相類。小屯的標本，背邊近直或略凸，沒有內凹的；全器的輪廓近於東方史前遺址的出土品。

6. 雙稜平底石碳及三稜有莖石碳，為仰韶，不召寨及小屯（圖版拾陸：丙）所共有，但均不見於半山。三稜有托有莖的石碳，見於小屯（圖版拾陸：866.867）與仰韶，不見於不召寨亦不見於半山。

乙 東方黑陶區。 這一區域的史前文化自應以黑陶文化遺址為中心，但已出版的完整報告，只有城子崖；此外，本所藏有日照兩城鎮的發掘報告草稿；可資參考。兩遺址所出之有双石器，與小屯相較，可論列者亦有六項：

7. 城子崖與兩城鎮的端双重器，雖仍保有啄製法完成的標本，但磨製的已較普遍；有若干標本，磨成後再沿頂端轉角處加以打剝，殆為配合鬬筍時所加之修整，或為工作時所擊脫；小屯亦曾發見此種標本（圖版叁：丁．A. 27），但以兩城鎮與城子崖所出較多：有方柱形的，厚扁形的。全部磨製光潤的圓斧，如安特生在中國史前史舉出的例證 （J. G. Andersson, 1943, Pl. 8, 12, 13; pp. 46—48），出在宣化熱河一帶的 "北方圓斧"，在山東的兩黑陶遺址內，均有殘破的實例；全形可復原的卻只有磨不甚光的一件，出日照兩城鎮（草圖207：WW37）。小屯石器無與 "北方圓斧" 相符的形制；西北區域雖有關於此型的零星紀錄，皆非發掘品。

8. 磨製的端双器，在黑陶遺址中，實以偏鋒的鏟形為多；沿海一帶較晚的遺址所出尤為豐富。較大的標本，胸至背的厚度常大於左右的寬度，故寬厚指數亦常逾一百（註六）。寬度大於厚度的鏟，體形較小，數量亦較多；愈小者磨工亦愈加細，長寬比例亦多變化。西行至豫北黃河南岸一帶，所見的鏟形器，差不多全是較小的類型。小屯附近遺址雖偶有大型的鏟出現，但小屯本處出土的，卻都是較小的。

9. 城子崖與兩城鎮均有帶斜肩的石斧，及有肩的石鏟，小屯只有有肩的石鏟，不見有肩的石斧。彩陶遺址有略具雛肩的石鏟，亦無帶肩的石斧。

10. 城子崖的有孔端双器，多屬大孔中長型，但三例皆缺双端；兩城鎮所記的十二件，可見全形者只一件，亦為大孔中長型。兩城鎮（TKTM2）另有薄片形雙孔玉斧一件，顏色淡綠，質料純潔，出自黑陶期墓葬，與小屯標本A128（圖版陸：二）相似；小屯一器亦爲隨葬品，玉製；但質料遠不如日照標本之精萃（插圖二）。

11. 城子崖與兩城鎮的雙孔邊双器，有長方形，半月形及近半月形；無單孔的亦無卷瓣的。近於半月形的若干變態，顯由蚌刀演出。小屯平瓣諸例，與山東各實物形制最近。

12. 兩城鎮出有壓剝法製成之凹底雙稜石鏃；城子崖無此；兩黑陶遺址均不出三稜石鏃。這幾型的石鏃雖都在小屯出現過，但都不是殷商時代的土產。

丙。 新疆蒙古滿州至遼東半島。 這一區域的史前遺址曾經發掘而已有報告者爲數不少；但時代多難確定，有若干較殷商晚的亦有似乎較早的；今就其較明確之事實選三項論列。

13. 小屯的有双石器，最足表現與塞外及東北聯繫的應爲圖版拾陸：丙，所列的910，YH 006 出土，壓剝法製成的凹底雙稜石鏃，雖說日照兩城鎮也有類似的遺存，但就製作方法論，關外遺物遠較關內的爲普遍：壓剝法製的石箭頭遍佈於滿州及東蒙；齊齊哈爾，瀋陽，遼東半島，東蒙古及赤峰一帶 (Tielhard and Pei Weng-chung 1944. p. 33, 等)均有壓剝石鏃出現的報導。雖時代各有早晚，但與河南山東的相比，製造中心顯然在較北的方向；由滿蒙流傳到關內的，若非貢品，必是貨物。不然，它們在黃河流域下流留存的數量，無論在黑陶時代，或殷商時代，就不會如此稀少了。假定它們在關內是輸入品，以日照標本爲例，這項交易至少也開始於殷商以前；由此可以推算，滿蒙區域製造這一型的石矢，雖可能繼續到華北的歷史期間，它的開始創製時代亦可能比華北的黑陶時代更早。

14. 小屯坑位 B123. 在發掘到深 1.7m. 處，出有日本考古家所稱的 "槌斧"，（濱田耕作，水野清一：1938，Pl. 46）類似歐洲先史學所說的 "戰斧" 一件。這一寶貴的標本，在抗戰期間，本所奔命西南的時候，放置的地位失錄，原物久已不見；但田野紀錄說得很清楚，並有出土照像保存。茲將原紀錄及摹繪原器形放大的插圖轉錄於此。

以下是李景聃的記載：

民國二十五年，四月二日。

B123。"作深 1.70m. 出石斧一，如×形（附註：見插圖一）。此種形制尚未見過。質係火成岩，双口殘缺，想曾用過；眼下至双口，尚顯長條凹痕，製造頗費工，似仿銅斧形制，時期當然較晚"（以上錄自田野發掘記載，除附註及標點外，均爲原文。）

另有李君工作日記一段，日期標明爲四月十二日；疑有筆誤；發掘日期爲四月二日，故"十二日"的十字大概是衍文。所記如下："深 1.67m 處，出石斧一，如×形（附註：原紀錄將器物原形縮小如字體繪出，此處以×代表）。質係火成岩，中間有一大孔，係穿柄之用；双已殘缺，當屬用過；長 0.12m，寬 0 045m. 孔徑 0.034m"。

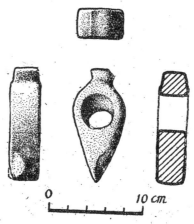

插圖一：B123 出石製 "槌斧"

上形石斧，誠如亡友李君所說，在民國二十五年發掘以前，未曾在小屯見過；以後的發掘，也沒遇到第二件；故在小屯石器羣中，這一器是唯一的槌斧標本。時代是否屬於殷商，地層上尚不能加以說明。記載中所說的"仿銅斧的形制"的銅斧，亦是在殷虛發掘中未見的類型。

安特生記載中國史前石器，關於槌斧形的共舉了三例：河北宣化一件，赤城一件，陝西府谷一件（J. G. Andersson: 1943, p. 54; Pl. 20; 按宣化，赤城現屬察哈爾省），可以說都是在接近長城地帶蒐集的，形制體系大致類似，輪廓頗有差異。熱河赤峰一帶，濱田耕作所發掘的第一住址與第二住址的地面上亦蒐集到若干標本（濱田耕作等：1938，三一，三八，八○至八一等頁；第十九，廿三，六十一各圖；圖版二十七，四十一等）；但這些標本的頂端並無像小屯槌斧向上凸的樺頭形的突出。照原報告的意見；這些槌斧屬於赤峰第二次文化，爲紅陶的，包含綏遠式的靑銅器，時代約在公元前五百年至二百年，到了由戰國至秦的朝代（同上：八○至八一頁；英文節略第七頁）。不過照原報告的發掘記載，第二住址出土遺物表內（同上：四六頁），石器項下，並無槌斧一目，故它的時代究竟與發掘遺址是何關係，頗難肯定。因此，這一宗槌斧與小屯的一件有無關係，也不能說定。赤城與府谷所出槌斧，穿孔不似小屯之肥大（註七），頂上亦無樺頭形的突出，時代更難解釋。但小屯槌斧與長城內外所出諸器之比較，輪廓雖異，仍屬同一體系；而與小屯之其他有孔石斧比，顯然是不侔的。不過親手發掘此一標本的李景聃認爲這一形制的槌斧是較殷商時代晚的實物，雖是有見之言，但槌斧形的戰斧，在近東出現時代甚早；後岡的彩陶文化層中亦有 "殘形鶴嘴形石器的斷片" 存在的報導（註八）；這兩事都可以提早小屯槌斧遺存的時代。

15. 邊刄器乙，彎條刀（圖版拾：乙），見於城子崖，兩城鎭，亦見於仰韶，不召寨。東北一帶，早於殷商的遺存中似少此類的刀形。彎條刀形態的要點，不但在它的拱背凹刄，更要的爲那向前的一尖。小屯石刀的形態，似融合長方的體形與彎條刀的前尖而成（圖版拾壹，拾貳，拾叁）；但彩陶與黑陶時代的長方刀，多牛有孔；小屯石刀不但無孔（有孔者爲另一類型）；前尖的形態亦不是絕對不變的。顯然地，小屯石刀演進到長條型的階段（圖版拾叁），已離原形甚遠，接近一種新的創造；但第一型（寬短型）與第二型（中間型）的形制，似與沙拉烏蘇河發現的碧玉打製石刀（Teilhard et Pei：1944, p. 49；揷圖二），有若干因緣。再向西北在新疆的溫宿以南的阿克蘇，德日進神甫與楊鍾健博士在民國十九年與二十年的時間，發現了一串新石器時代的居住遺址，滿佈着破碎的石器與陶器（Teilhard and Young：1933, pp. 83–104）；他們認爲是一種石子工業；內容，照二人的報告意見，——"與所有在中國北部及西部有報告的新石器工業都相差得很遠，仍是不可能地，把它們在考古學的地位叙明……"（同上：p. 101）。這遺址內出了兩種石刀：一種是就薄片的天然石子，打成雙邊；又一種爲由軟的砂石磨成，作法及形制均與小屯石刀酷肖（同上：p. 101；又 p. 98 脚註）；這一點卻早為兩發現人觀察到了。它們的準確時代雖難斷定（Teilherd et Pei：1944, p. 63）；但與它們同存的陶器卻極值得注意：兩種陶器中，一種是粗粒紅色，有些破片是大的器物殘剩部份；又一種是黑色的，較細緻的陶質。可惜兩種都難復全形。不過這裏所透出的消息，黑色細緻的陶片與小屯石刀型並見於阿克蘇新石器遺址，是極值得深思而加以追尋的一個考古問題。它們與中國北部西部固尚未建立直接關係。它們與中國的東部雖相距遙遠，卻並不比德日進所說的揚子江流域或四川西藏邊界的交通，更加困難（Teilhard and Young：1933. p. 103）。日照的玉器原料，已是一個未解決的問題。可能地，山東海岸及河南東部，在殷商時代或更早的時期，已有求玉商人到了新疆嗎？

看來小屯石刀變化多端，大部份的形制似乎是殷商時代在小屯的創造；但其起源或在戈壁附近的中石器時代之打製石器中。安特生所舉的查克其埃斯基磨及美洲紅印度人沿用之此類石刀（J. G. Andersson：1943. pp. 226. 227），可能皆由沙拉烏蘇之原型蛻變出來，與小屯為一種並行的演進；但它們顯然是較殷商時代晚的生產；故亦可能是殷商文化的傳播所演成的。

丁。　東南一帶。　由河南東南經安徽江蘇到浙江的杭州灣，有很多的史前遺址，在七七事變以前陸續地發現，但印出來的報告甚少；已出版的，大半只是撮要，或簡略的初步報告。據這些報告，殷虛文化與東南的聯繫，大半要透過黑陶文化的層次；但也有若干例外，茲特檢出可以記載者兩事。

16. 民國二十三年，歷史語言研究所調查安徽壽縣史前文化時，曾在瓦埠湖〔王湘：1947, 241頁〕附近，楊林集遺址內發現 "小屯石刀" 殘片，經發現人王湘復原，作法形制完全同小屯的一樣；與黑陶文化的石器，並無顯然的關係。這是殷商文化推到淮河流域最直接的實物證據。

17. 前臺灣大學日籍教授金關丈夫與國分直一兩位近著 "臺灣先史時代靴形石器考"（金關丈夫，國分直一：1949, pp.73-100），圖版捌：15, 所舉臺灣牛稠仔出土靴形器一例與小屯出土的靴形石器（圖版肆：丁，549）外形完全相符；唯小屯一例，双口限於弧線的一端；牛稠仔標本双口延及後邊，近於雙刃器了。據上文

小屯出土石器與中國其他史前遺址出土石器比較圖十例

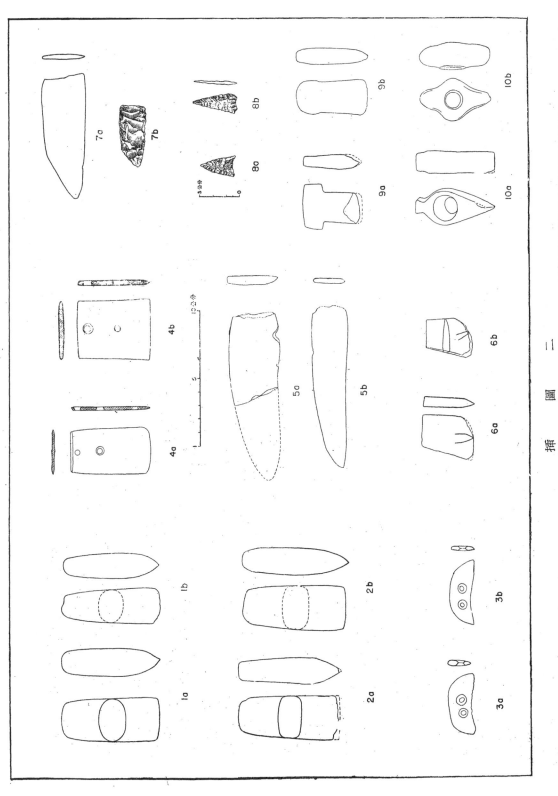

插 圖 二

石 器 比 較 圖 十 例 說 明 文

1 a：小屯大連坑（缸號 A 9，見本文圖版壹及說明）

2 a：小屯 YH 006（缸號 A 8，見本文圖版貳及說明）

3 a：小屯村北連一一丙（缸號 506，見本文圖版玖及說明）

4 a：小屯 YM 388 出土（缸號 A 128，見本文圖版陸及說明）

5 a：小屯 E 178（缸號 1508，見本文圖版拾參及說明）

6 a：小屯 B 69（缸號 549，見本文圖版肆及說明）

7 a：小屯 E 16（缸號 83，見本文圖版拾貳及說明）

8 a：小屯 H 006（缸號 910，見本文圖版拾陸及說明）

9 a：小屯 C 642（缸號 A 102，見本文圖版肆及說明）

10 a：小屯 B 123（根據田野記載及照像繪製）

1 b：甘肅牛山瓦器（Andersson：1942 1b 114頁挿圖 25 又 159─160 頁說明）根據上文圖版 76：1 及共說明挿圖繪製

2 b：河南省池仰韶村出土（Andersson：1947. 圖版 52：4 及說明及眼樣上圖繪製

3 b：山東灣南城子崖出土（城子崖：圖版參拾柒：10：3b 根據上圖繪製）

4 b：山東日照大孤堆 TKTM 2 出土（缸號 A 123 4b 根據實物繪製）

5 b：安徽壽縣楊林集出土（王湘：安徽壽縣史前遺址調查報告中國考古學報第二冊，241頁，挿圖四十三，5b 根據上海圖繪製

6 b：臺灣牛罵頭（金關丈夫，國分直一：臺灣先史時代に於けるち器考，眼器興評人文科學論叢，第一輯 73─100 頁，1949 圖版 VIII:15，6b 根據上圖繪製

7 b：綏遠沙北沙村烏藤卯小橋畔，（Teilhard de Chardin 1941 p. 33 中石器時代，石器工業墨本 Fig 48 7b根據上圖繪製

8 b：（德日進：Sze文中 1944. p. 33 Fig. 16 8b根樣上圖）碧玉製 第三件繪製

9 b：翠合爾宣化縣（Andersson：1943. Pl. 21：6.9b 根樣上圖繪製）

10 b：陝西臨合縣高寨靜（Andersson：1943. Pl. 20：2.10b 根樣上圖繪製）

著者的意見，東南一帶的靴形石器，爲 "在東南亞細亞地方共通的日常生活……
是必要的東西……" 但是這一石器的 "盛行年代，除法越和老撾的該器，被推定
是在紀元後數世紀，可認爲稍有確實性外，其他無線索可尋……"(同上：25頁)。
他們並認臺灣的靴形石器"爲浙江省杭縣良渚鎮的史前文化"的成分(同上：26頁)。
良渚文化爲黑陶文化晚期的發展，所包含的靴形石器皆有樺頭(何天行：1938，圖
版：23)；與牛稠仔的標本不盡相同。照原文的叙述，牛稠仔的例，"柄部欠落"，
似乎原來也有樺頭，且後緣有刃，更與小屯的靴形石器不能完全並論。但是，小
屯所出的爲靴形石器的類型，就形態上說，是難於否認的；有若干廢刀重製的雙
刃器標本(圖版拾肆)，也可與此型取得聯絡；故這一器的時代屬於殷商的可能性，
不是沒有的。若然，不但靴形石器最早的年代可以提早若干世紀，殷商文化與東
南濱海一帶的關係也有了更廣泛的證據了。(注九)

戊。　遙遠的比較。　我們尙沒有充分的資料，用着與國外的古器物作些踏實的
比較工作；但小屯出有兩件有刃石器，呈現的形態，在殷虛週圍遍尋不得類似的標本，
而在國外，是不難找的。這兩件石器爲：

　　18. 圖版貳：乙，四之蛾眉双鑿形，與圖版肆：丁，A102 之丁形斧。兩型的
器物在小屯各出現了一次；均不見於殷虛附近的其他遺址。唯一可以與丁形斧相
比擬的只有安特生在宣化蒐集列入畸形，"肩在後段的" 一器 (J. G. Andersson:
1943. P. 55, Pl. 21：6，看插圖二)；但外形相差仍遠。在國外，丁形斧不但見於埃
及及西伯利亞，在南北美洲亦甚爲普遍；蛾眉双鑿形在歐洲美洲亦常常見到；小屯
兩例誠然不是典型的蛾眉鑿，亦不是典型的丁形斧；但確屬於這兩個體系，是沒
有疑問的 (參閱 W. W. Flinders Petrie：1917, p. 8. Pl. II：72, 74；etc. Oscar
Montilins：1888, p. 4；Max Ebert：B. XII. T. 9. etc)。

己。　小屯特有的石器。

　　19. 兩側有齒形突出的端刃器與邊刃器(圖版捌：庚；圖版玖；甲四)應以小
屯所見諸例爲最早，圖版拾伍與拾陸所列的各型戈形器也是小屯特有的器物：卽
不見於比殷商時代早的遺址，亦與國外的古器物無所比附。可注意的是，它們的
質料與作工，都可分爲精粗兩種。可以列入這一類的還有：圖版陸：三，的小屯長

厚型有孔端双器；圖版玖的單孔卷瓣邊双器，以及圖版拾參的長條型的邊双器。

根據以上各條論斷及其他有關事實，對於殷虛出土有双石器之歷史的意義，著者得到之結論如下（參閱插圖二）

（一）　殷商時代仍在使用之石器，如前尖厚背形的小屯石刀，在形態上與仰韶及龍山文化均無直接關係；器形的原型可能抄自沙拉烏蘇河中石器時代遺存中的打製石刀。長條一型大概完全是殷商時代的創制；阿克蘇與瓦埠湖所見的兩例以及散見於關內外他處遺址的，顯然是效法殷商的；極可能地，它們就是由小屯傳播出來的樣式。

（二）　若干與彩陶時代文化有直接關係的有双石器在殷商仍繼續使用的，如各型硾製石斧，使用的方法與目的，可能已有改變。我們有理由相信，殷商人在這類斧頭上有時不另加柄把，僅用手掌直接地緊握頂端挖掘地下室的土塊或修整地窖的週壁。小屯所出的這一式的標本，外型雖仍保有彩陶時代的輪廓，上段削薄者差不多沒有；斧身四角圓轉的程度，遠在半山，仰韶及不召寨出土石斧之上。

（三）　磨製的偏鋒石銶，爲黑陶文化遺存中最常見的石器，出現於小屯遺存內的，僅限於中小的類型，且爲數極少。這些小量的偏鋒石器，由先殷文化層翻上來的在半數以上。殷商時代所用的偏鋒石器，大概只是最小的，斬形的雕刻器；大型的石銶在殷商時代已完全廢棄了。

（四）　殷商時代特有的石器有三種可分：第一種完全是用器，除長條型小屯石刀外，尚有單孔的卷瓢長方刀；第二種爲用器兼爲禮器或殉葬器，如戚形斧，及各式戈形器；第三種完全是禮器或殉葬器，如有齒的刀形器，小孔厚長形的端双器，双孔薄片形的端双器。第一種證明殷商時代，在某一範圍內，不但仍在使用石器，並且發明新型。第二種證明禮器是由用器演變出來的；有些石製的禮器是由若干石製的用器演變出來的；第三種證明若干禮器形制演變的進程，已甚遙遠，有些已與原型失去了聯繫。

（五）　地層上緊接殷商文化層的黑陶文化與彩陶文化，各有若干常見的石器類型──如見於城子崖及兩城鎮的坡肩石斧；見於寺洼，仰韶，不召寨及河陰兩端有切跡的長方石刀，皆爲殷虛所無。這一點說明了小屯的殷商文化不但與彩陶文化有時間的距離，與黑陶文化可能也有時間上的距離。

　　（六）　大多數只有一件標本的類型，有些像第三次安陽發掘在小屯所得的一塊彩色陶片一樣（李濟：民國十九年，〔1930〕, 324—347頁），是由他處搬來的，或由先殷文化層翻上來的；也可能有後期的滲入品。這些不二見的標本，無論它們的來源及時代何如；可以幫助說明以小屯爲中心的中國古代文化，與他處接觸的範圍：丁形斧可以溯源到埃及，西伯利亞，及秘魯，蛾眉鑿見於北歐的石器時代，槌斧於公元二千年以前在黑海區域出現（D. Davison, 1951: pp. 116—127），靴形斧遍佈東南亞——這範圍是够廣的了；證據雖嫌單薄，卻甚爲具體。至少我們可以由此認識，公元前一千年至一千五百年的時候，幾個東西文化交流的問題。

　　（七）　若把殷虛有双石器與殷虛有双青銅器比較，有一部份顯然要露出不整合的局面。關於這一點，著者將另有討論。

　　（八）　但是，稱殷商文化爲金石並用時代，似乎是不妥當的。大多數在小屯發現的石器類型，是"蛻存"一類的性質；同時我們也知道，小屯的殷商時代，能鑄重數百斤的大銅鼎，能用整批的青銅武器殉葬，能用青銅製造箭頭一類的消耗品：這些都是青銅文化到了鼎盛時期的象徵。

註　釋

註一：臺灣山地邇西多邦社的瑞岩民族，現在收割小米所用的工具爲一竹製的彎瓣小刀。大致形狀，爲一細小
圓竹筒約三分之一略強之週邊，橫剖面作初月形的曲線，長約十公分至十五公分。兩邊緣各以一半削成偏鋒雙口，兩相斜對。臺大考古人類學系圖書室館員宋文薰君藏有一標本，承他的厚意，借作參考。茲將此器形制及用法分別繪就，捕錄於此。這種摘穗的竹刀，可能是小屯彎瓣刀原型的一個樣子。雖時隔數千年，地隔數千里，"禮失而求之野"，亦使人不能避免這一推論。

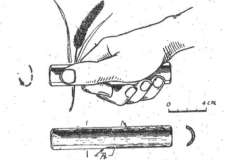

插圖三：瑞岩人收割小米所用之竹刀及竹刀摘穗圖

註二：此處所說之華北史前遺址，指與殷商文化有若干地層上之關係，及較早者言；與殷商文化地層關係不明，或較遲，或在其他區域者，當另加討論。

註三：小屯 YM 020 墓葬出有雙稜凹底短莖的石鏃十件，鋰輝石（Spodumene）製，（插圖四）；本文漏列；形制特殊，自成一型，頗似殷商時代之靑銅鏃，但無中脊。十件均無用痕；殆爲效法靑銅鏃形制所製成之殉葬禮器。此形存在，仍不妨礙本文所持之論點。

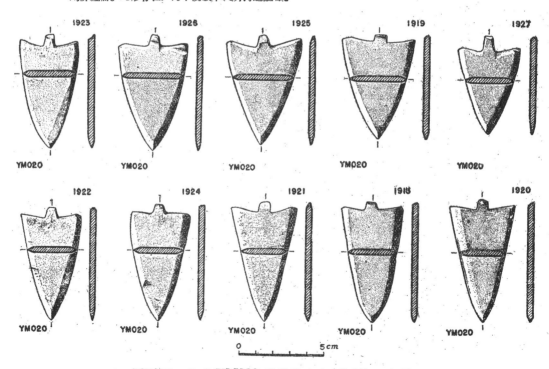

插圖四：小屯 YM020 墓葬出土之石製箭頭十件

表十二：YM020 出土石製箭頭十件長度，寬度與重量

器物號數	長度(mm)	寬度(mm)	重量(gms)	器物號數	長度(mm)	寬度(mm)	重量(gms)
1 9 1 8	69	35	1.45	1 9 2 3	66	35	1.45
1 9 1 9	60	42	1.50	1 9 2 4	67	35	1.45
1 9 2 0	70	38	1.50	1 9 2 5	63.	43	1.50
1 9 2 1	69	38	1.40	1 9 2 6	66	41	1.55
1 9 2 2	64	35	1.30	1 9 2 7	57	36	1.05

註四：選擇作比較的遺址，有兩種：(一)曾經發掘，出土品較多的遺址；(二)地面採集，有發掘品及地層紀錄作參考的。本文參考資料（除少數例外）暫以上屬兩種爲限。

註五：殷墟發掘經驗最多的石璋如先生不以此說爲然。來函云 "上端的磨光部份可能爲安柄時磨光者，華北的石匠有一種鑽子，鑽頭的上端卽磨光者，因爲常常拔下安上，把它磨光了……" 按石器的外表磨光的現象，至少可以有四種不同的來源。第一爲製造時細磨所產生的光潤，滿佈全身，光潤程度，各部大致相等，這是製造技術的表現，如大部份的中國古玉器。第二是由久用而得的光面，光面限於實用的部份，如若干有刃器的刃端及小亞細亞發現的石鐮刀，光滑的程度，各處並不相等，有的光的發亮，有的只是平滑而已。第三爲在使用時，器物自身的磨擦，如石先生所舉的例，或如唧筒內之活塞，這種由摩擦而得之發光部份，亦應以受摩擦部份爲限，是比較固定的。最後第四種，爲久經撫摩或把握而致之光澤：這是一種受了汗漬及油脂的浸潤，慢慢積成的亮光；所在地位及分佈雖大致固定，但分佈可以近於不規則。小屯的石斧，頂端磨光面者共十三件：細審其分佈區域，各不一樣；大致可分四類：(甲)頂端全面光潤近平，兩側面上端亦有撫摩跡者六件：A1, A4, A9, A11, A12, A13；(乙)頂端全部及上段四面均經摩擦有光者四件：A2, A8, A10, A14；(丙)頂端與正面轉角處摩擦光潤，但面中心不顯；斧身上段四面亦不顯者一件：A5；(丁)兩正面上段有發光處，但頂及上段兩側均不發光者兩件：A6, A9。(丙) 與 (丁) 兩項，可以符合石先生所舉安柄石斧的條件，但 (甲)(乙) 二項的光潤部份似乎只能用手掌的把握與撫摩解釋。

註六：參閱羊頭窪 (三宅宗悅等，1942) 第三〇頁，第十三圖所錄朝鮮扶餘柱狀鑿形石斧；又同書七六頁，第四十二圖及圖版一五，圖版五七。鹿野忠雄博士所記火燒島土人造船所用的石錛，仍沿襲此形 (鹿野忠雄：1946, 頁 184, 圖版一八九)。

註七：與小屯槌斧形最近之件，爲安特生所記，相傳出在河套附近沙漠出土的青銅槌斧：參閱 J. G. Andersson, 1932, p. 242; Pl. X. 7。

註八：高去尋敎授云："梁思永先生在後岡發掘小記內述後岡下文化層之出土物，於槌琢成的石器一項中有若下的話：‘其中最可注意的爲一件鶴嘴石器殘片’"，小屯龍山與仰韶 (梁思永：1935) 一文中，有此殘片的圖形，但僅剩 "鶴嘴"；無孔，無頂部，全形何似，難知。高君認爲此乃後岡下文化層已有槌斧之證據；並認爲小屯所發現之槌斧，乃外來輸入品，時代可能不晚於殷商。

註九：良渚出土有類似小屯石刀的器物 (何天行，1937：圖版5: C, F.)；屬於寬短及中間型；此亦可爲殷商文化，在良渚黑陶時代已播及東南的證據。

參 考 資 料

三宅宗悅，金關丈夫，水野淸一等，1942：羊頭窪。東方考古學叢刊，乙種第三册。

王 湘。1947：安徽壽縣史前遺址調查報告。中國考古學報第二册。179—250頁。

水野淸一。1937：石 鎌。考古學（日文），八卷八號，349—357頁。

江上波夫，水野淸一等。1935。內蒙古長城地帶。東方考古學叢刊，乙種第一册。

安志敏。1947：殷墟之石刀，燕京學報，第三十三期，七七——九五頁。

何天行。1937：杭縣良渚之石器與黑陶。上海。

李 濟。1927：西陰村史前的遺存。清華學校研究院叢書第三種。

李 濟。1930：小屯與仰韶。安陽發掘報告。337—347頁。

李 濟。1944：小屯地面下的先殷文化層。學術滙刊，第二期。1—13頁。

李 濟。1948：記小屯出土之青銅器，上篇。中國考古學報第三期。1—99頁。

李 濟。梁思永等。1933。城子崖，中國考古報告集之一。

金關丈夫，國分直一等。1949。臺灣先史時代靴形石器考。人文科學論叢。73—100頁。

梁思永：1933：後岡發掘小記。安陽發掘報告，第四册。609—626頁。

梁思永：1935：小屯龍山與仰韶。歷史語言研究所集刊外編第一種。555—563頁

鹿野忠雄。1946：紅頭嶼耶眉族與石器。東南亞細亞民族學先史學第一卷。181—197頁。東京，矢島書房。

黃 濬。1935：鄴中片羽，初集。尊古齋，北平 彩華珂羅版印刷局。

黃 濬。1937：鄴中片羽，二集。尊古齋，北平 彩華珂羅版印刷局。

黃 濬。1943：鄴中片羽，三集。尊古齋，北平 彩華珂羅版印刷局。

濱田耕作等。1929：貔子窩。東方考古學叢刊，甲種第一册。

濱田耕作，水野淸一。1938：紅山後。東方考古學叢刊，甲種第六册。

J. G. Andersson, 1923: An Early Chinese Culture. BGSC. (Bulletin of the Geological Survey of China 下同)
　　　　　　No. 5

J. G. Andersson, 1932: Hunting Magic in the Animal Style. BMFEA. (Bulletin, Museum of Far Eastern
　　　　　　Antiquities, 下同) No. 4. pp. 221-315

J. G. Andersson, 1934: Children of the Yellow Earth. Kegan Paul, Trench, Trubner & Co. Ltd.

J. G. Andersson, 1943: Researches into the Prehistory of the Chinese. BMFEA. No. 15 pp. 1-304

J. G. Andersson, 1947: Prehistoric Sites in Honan. RMFEA No. 19. pp. 1-124.

Dorothy Davison 1951: The Story of Prehistoric Civilization. Watts &. Co.

Max Ebert, 1924-1932 Reallexikon der Vorgeschichte. B. I-XV.

O. Menghin, 1931: Welt Geschichte der Steinzeit.

Oscar Montillins, 1888: Civilization of Sweden in Heathen Tmes.

W. M. Finders Petrie, 1917: Tools and Weapons. British School of Archaeology in Egypt.

Pierre Teilhard de Chardin, et Pei Wen Chung, 1944: Le Neolithique de la Chine. Institute de Geobiologie, Pekin. No. 10.

Pierre Teilhard de Chardin, and C. C. Young. 1933: On Some Neolithic (and posibbly palaeolithic) Finds in Mongolia, Sinkiang and West China. BGSC. Vol. 12. pp. 83-114.

R. Torii et Kimiko Torii. 1914: Etudes Archeologiques et Ethnologiques. Journal of the College of Science, Imperial University of Tokyo, Vol. XXXVI, Art. 4.

本文原載於國立中央研究院歷史語言研究所集刊第二十三本　　民國四十年

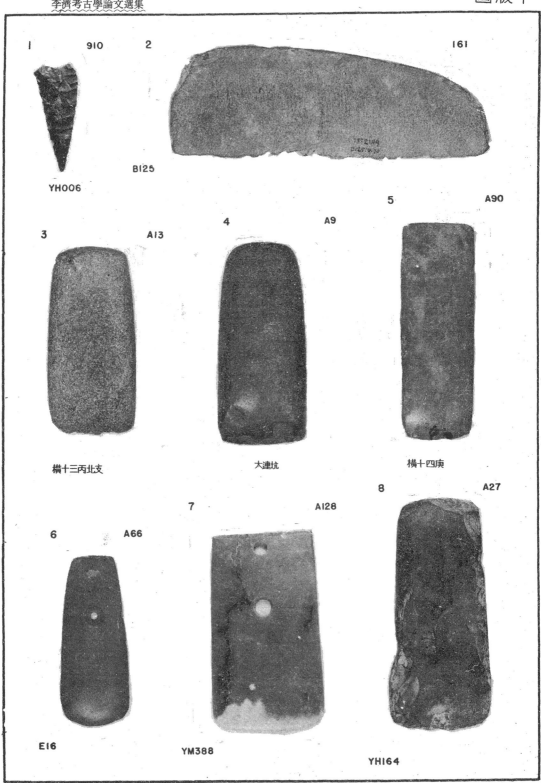

1　910　　2　161

YH006　B125

3　A13　　4　A9　　5　A90

橫十三丙北支　　大連坑　　橫十四庚

6　A66　　7　A128　　8　A27

E16　　YM388　　YH164

甲　不規則形狀斧形器

器解剖圖　殷墟有刃石

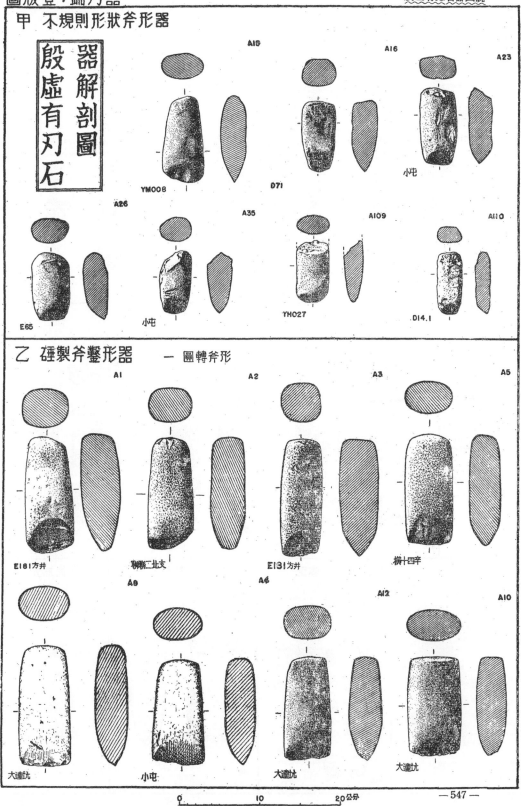

乙　碰製斧鑿形器　　一　圜轉斧形

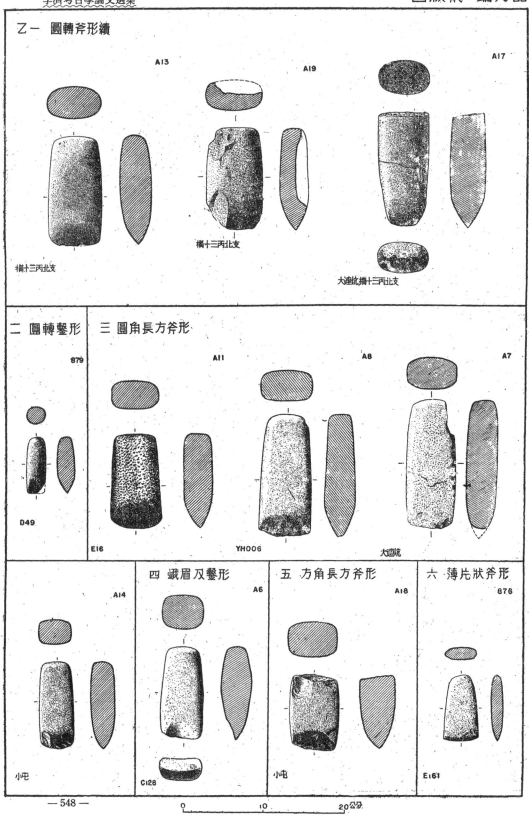

乙一　圓轉斧形續

A13

A19

A17

橫十三丙北支

橫十三丙北支

大連坑橫十三丙北支

二　圓轉鑿形

879

三　圓角長方斧形

A11

A8

A7

D49

E16

YH006

大連坑

四　蛾眉及鑿形

A6

五　方角長方斧形

A18

六　薄片狀斧形

876

A14

小屯

C128

小屯

E161

0　　　　10　　　　20公分

丙　部份磨製錛形器皰斧形器

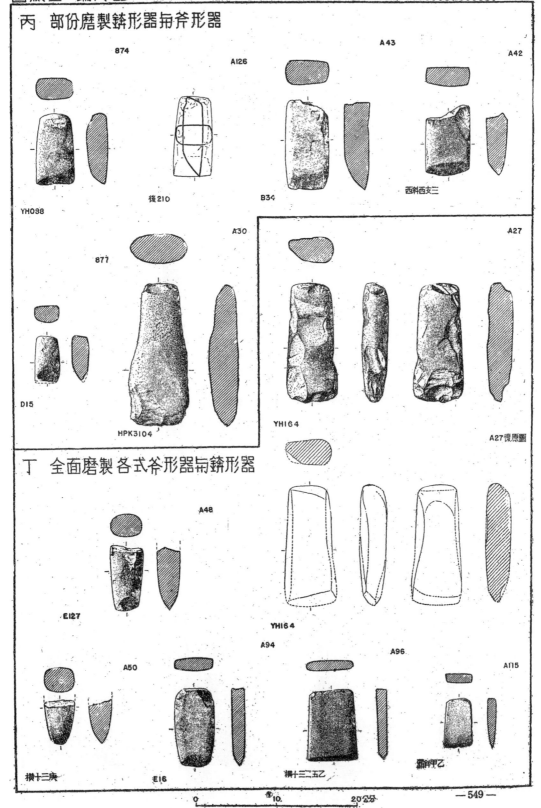

丁　全面磨製各式斧形器皰錛形器

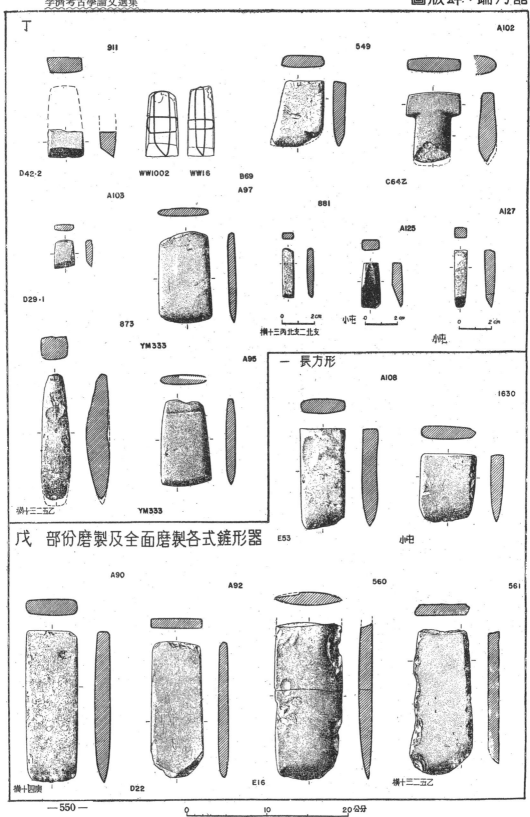

戊 部份磨製及全面磨製各式鏟形器

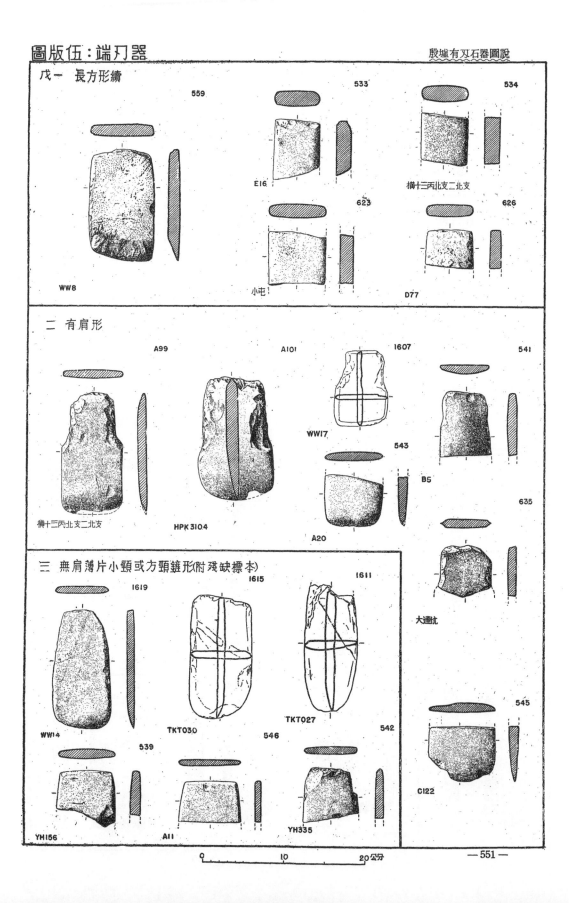

戊一　長方形續

559

533

534

E16

横十三丙北支二北支

623

626

WW8

小屯

D77

二　有肩形

A99

A101

1607

541

WW17

543

B5

横十三丙北支二北支

HPK 3104

A20

635

三　無肩薄片小頸或方頸鏟形(附殘缺標本)

1619

1615

1611

大連坑

WW14

TKT030

TKT027

545

539

546

542

YH156

A11

YH335

C122

戊二　鏟

547　544

B32

E16

己　有穿端及器　一　小孔薄片形

A120　98　A123

A100　HPKMIOO3

二　大孔薄片形

A128

YM368

YM238　YM331　HPKMIOOI

三　小孔厚長形

A118　A107　A117

A121

D74　D20.1　E185

E16

A119　四　大孔中長形

A64　A69　A67

小屯　YM238　E178　E16

0　10　20公分

己四　大孔中長形續

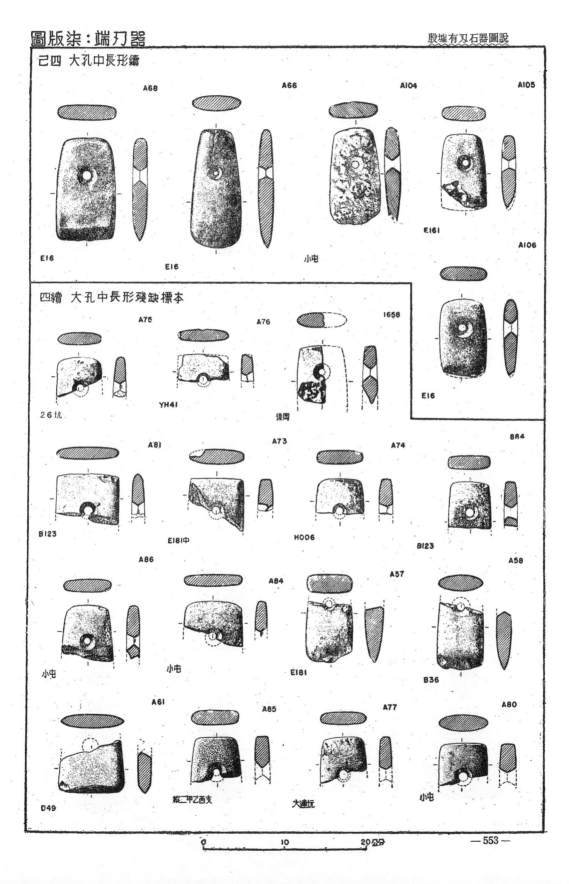

A68　　　　　A66　　　　　A104　　　　　A105

E16

E16

小屯

E161

A106

四續　大孔中長形殘缺標本

A75　　　　A76　　　　　　　1658

26坑　　　　YH41　　　　後岡

E16

A81　　　　A73　　　　　A74　　　　884

B123　　　　E181中　　　H006　　　B123

A86　　　　　A84　　　A57　　　　A58

小屯　　　　小屯　　　E181　　　B36

A61　　　　A85　　　　A77　　　　A80

D49　　　縱二甲乙西支　　大連坑　　　小屯

0　　　　10　　　　20公分

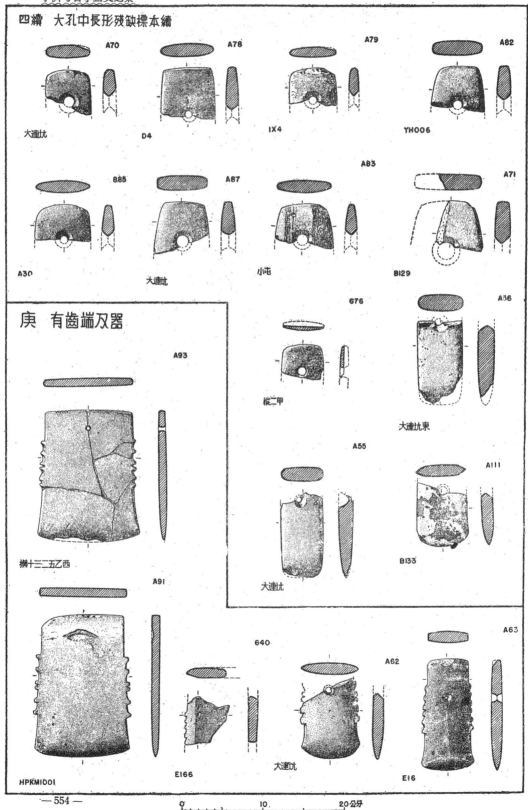

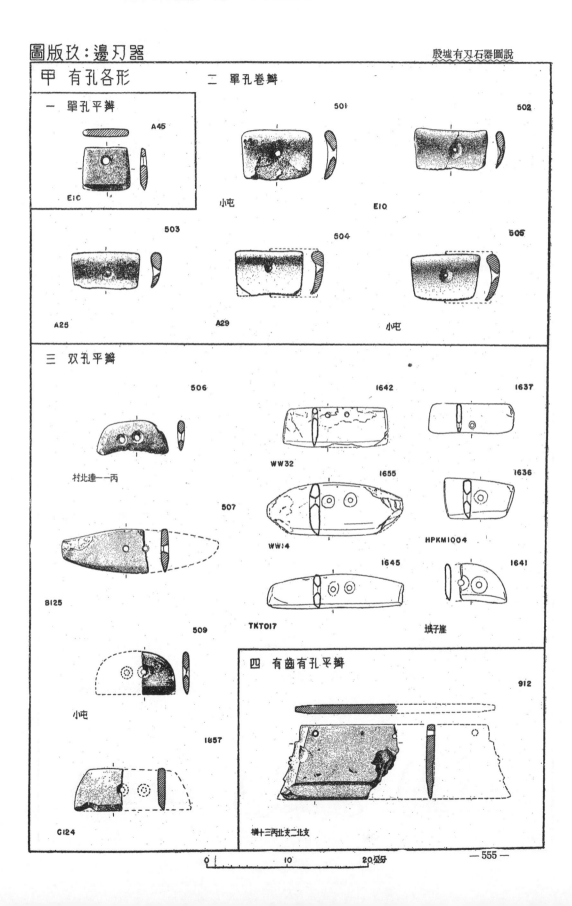

甲　有孔各形

一　單孔平瓣

A45

E10

二　單孔卷瓣

501

小屯

502

E10

503

A25

504

A29

505

小屯

三　双孔平瓣

506

村北連一一丙

507

B125

1642

WW32

1655

WW14

1645

TKT017

1637

1636

HPKM1004

1641

城子崖

509

小屯

1857

C124

四　有齒有孔平瓣

912

橫十三丙北支二北支

0　　　　　10　　　　20公分

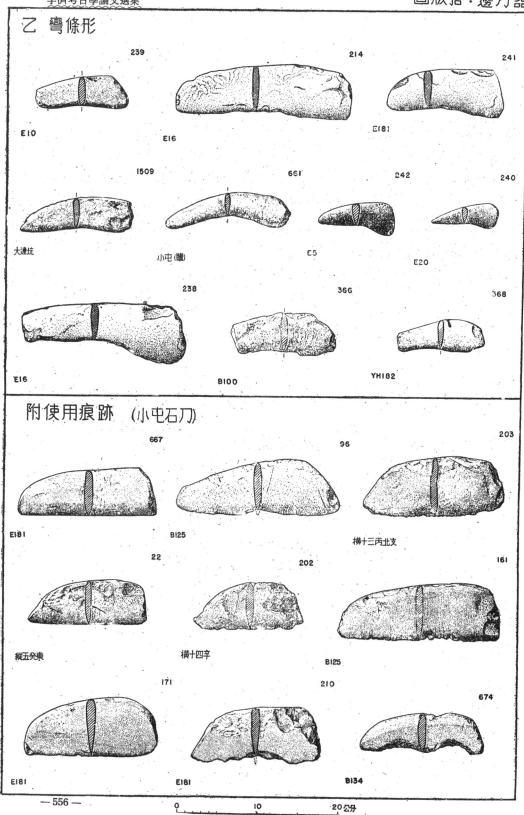

乙　彎條形

附使用痕跡　（小屯石刀）

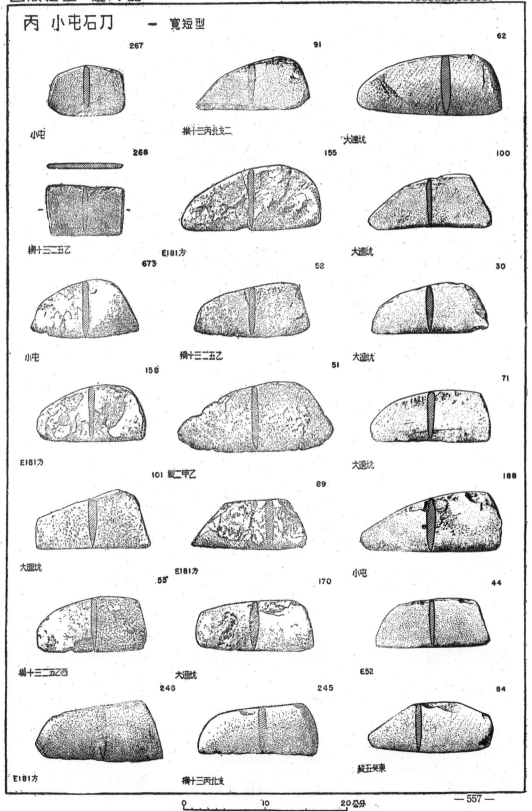

丙　小屯石刀　　一　寬短型

267　　　　　　　91　　　　　　　　　62

小屯　　　　　　橫十三丙北支二　　　大連坑

268　　　　　　155　　　　　　　100

橫十三二五乙　　E181方　　　　　大連坑

673　　　　　　52　　　　　　　30

小屯　　　　　　橫十三二五乙　　　大連坑

158　　　　　　　　　　　　　51　　　　　71

E181方　　　　　101　縱二甲乙　　　大連坑

　　　　　　　　89　　　　　　188

大連坑　　　　　E181方　　　　　小屯

55　　　　　　170　　　　　　44

橫十三二五乙酉　大連坑　　　　　E52

246　　　　　　245　　　　　　84

E181方　　　　　橫十三丙北支　　縱五癸東

0　　　　10　　　　20公分

二　中間型

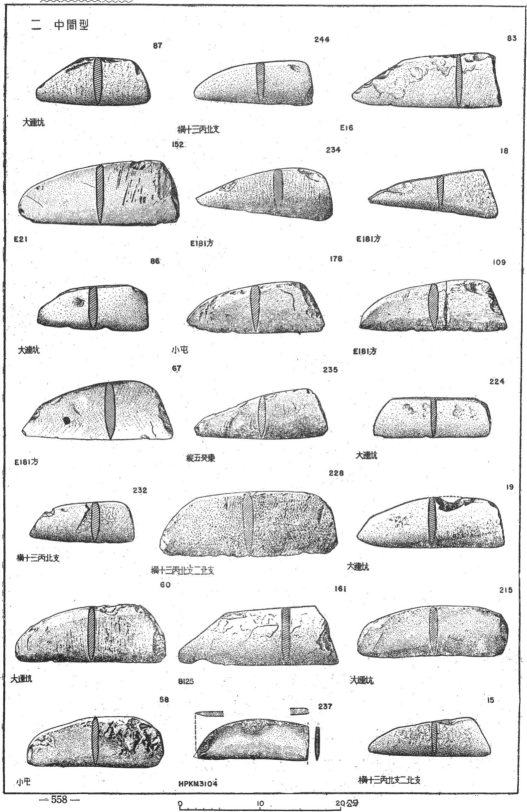

87　　　　　　　244　　　　　　　　83
大連坑　　　　橫十三丙北支　　　　E16

152　　　　　　234　　　　　　　　18
E21　　　　　　E181方　　　　　　E181方

86　　　　　　178　　　　　　　　109
大連坑　　　　小屯　　　　　　　　E181方

67　　　　　　235　　　　　　　　224
E181方　　　　縱五癸東　　　　　　大連坑

232　　　　　228　　　　　　　　19
橫十三丙北支　　橫十三丙北支二北支　　大連坑

60　　　　　　161　　　　　　　　215
大連坑　　　　B125　　　　　　　大連坑

58　　　　　　237　　　　　　　　15
小屯　　　　　HPKM3104　　　　橫十三丙北支二北支

0　　　　　10　　　　　20公分

三　長條型

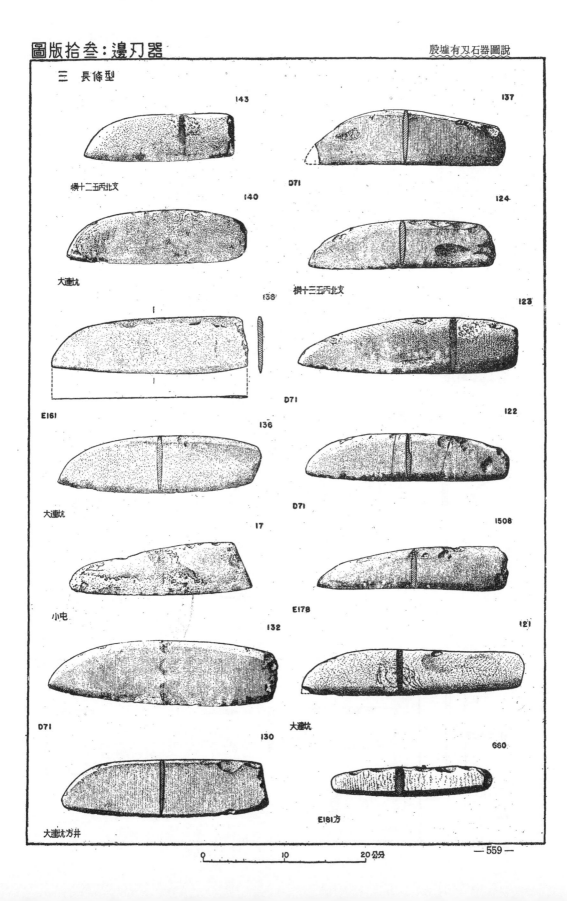

143

137

D71

橫十二五丙北支

140

124

大連坑

橫十三五丙北支

138

123

E161

D71

136

122

大連坑

D71

17

1508

小屯

E178

132

121

D71

大連坑

130

660

大連坑方井

E181方

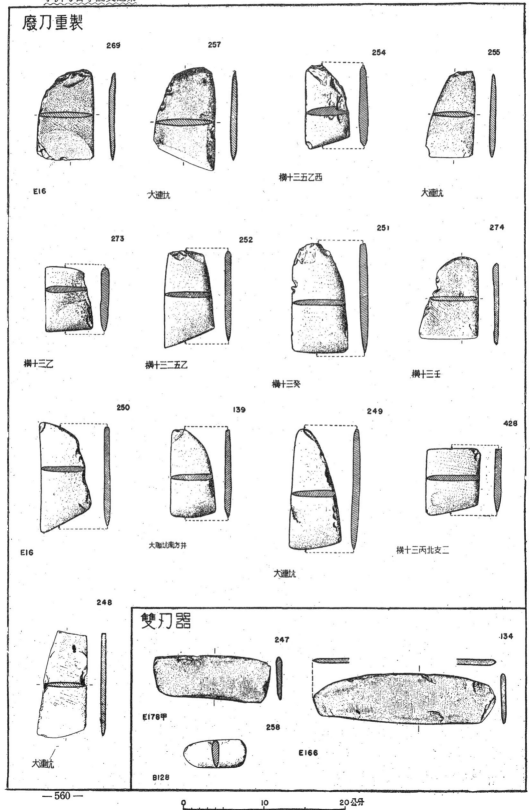

廢刀重製

269 E16
257 大連坑
254 橫十三五乙西
255 大連坑

273 橫十三乙
252 橫十三二五乙
251 橫十三癸
274 揆十三壬

250 E16
139 大聯坑南方井
249 大連坑
426 橫十三丙北支二

248 大連坑

雙刃器

247 E178甲
258 B128
134 E166

0 10 20公分

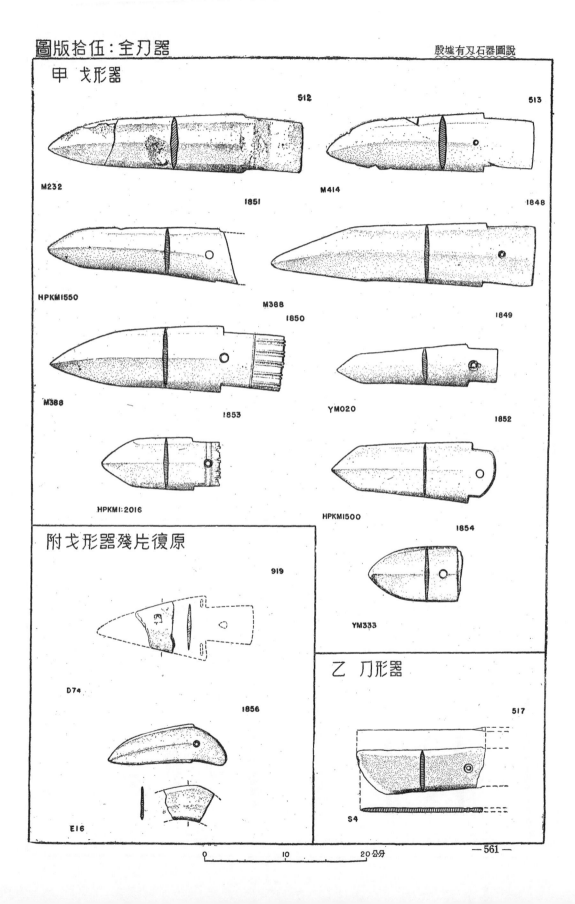

甲　戈形器

512

513

M232

M414

1851

1848

HPKMI550

M388

1850

1849

M388

1853

YM020

1852

HPKMI:2016

HPKMI500

1854

附戈形器殘片復原

919

YM333

乙　刀形器

D74

1856

517

E16

S4

0　　　　　　　10　　　　　　20公分

戈形器殘片復原續

0　　　　　　　10　　　　　　20公分

899

897

512

B133

楠十三丙北支二北支

520

: 1855

B1

1848

橫十三二五乙

1849

900

519

513

YM034

斜四北支

1851

1792

518

YH369

1850

小屯？

丙　箭頭

0　　　　　5　　　　　10公分

910　　　　1864　　　　1514　　　　1515　　　　1516　　　　872

YH006　　　WW4　　　聯十一丙　　　D8　　　　D47

D115

865　　866　　　867　　　868　　　864　　　870

871

D47　　橫十三甲黑土坑　　E16　　D47.1　　A5　　大連坑南　　同樂寨

跪 坐 蹲 居 與 箕 踞

（殷虛石刻研究之一）

『少時聞之先人云，嘗至鄭州謁列子祠，見其塑像席地而坐……其後乃聞成
都府學，有漢時禮殿，諸像皆席地跪坐，文翁猶是當時琢石，……』

晦庵先生朱文公集，卷第六十八，跪坐拜說

『東夷之民，蹲居無禮義，別其非中國之人…』　吳大澂　夷字說

『箕踞乃不對客之容，如孔子所謂燕居，申申天天者。』

朱翌　猗覺寮雜記，卷六，箕踞條

壹　解　題

　　到過日本的人們都知道，日本的住房內，平常不設几案。　日本人的坐法，是把
一雙小腿的前面向下，平行地，與脚背成兩條直線，放在榻榻米上，　膝蓋向前，脚
掌上仰，以脚跟緊墊臀部：所謂『兩膝據地，伸腰危坐，而以足承尻後』。[1]

　　這一坐法，據說日本稱爲『正坐』（Seiza）[2] 但並不代表日本早期的習慣，而似
乎是由朝鮮傳去的。[3] 朝鮮似乎又仿自中國。但在中國，南宋時代，博學的朱文公，
費了很大的氣力，才把中國早期的跪坐考訂清楚，並嘗嘆息地說道，東南的學者，不
識這一眞相，已近千年了。[4]

　　跪坐習慣在中國日常生活中的放棄，大概起源於胡床之輸入，以及東來佛教僧徒
趺跌的影響；但是全部的遺忘，却是交椅流行以後的事。[5] 兩漢時代，這一習慣，雖
已開始動搖，但大體尙保持着，跪拜的儀節及啓處的姿式仍以此一習慣爲起點。這可
以由近代拓印及影印的各種漢畫像看得很清楚。[6]

　　朱子說，『跪有危義，故兩膝著地，伸腰及股而勢危者爲跪。　兩膝著地，以尻著

蹠而稍安者爲坐……』。用現代白話來解釋，跪的姿態，膝蓋以上，全身成一條直線；坐的姿態，屁股以上，全身成一條直線；至於膝蓋以下的小腿，全部平放在地上，無論爲跪爲坐，都是相同的。

跪坐顯然是有文化的人類所發明；猴子與猩猩都沒有（除了神話故事外）跪，或跪坐的習慣；就是原始的人類，最自然的休息狀態，以蹲居及坐地爲最普遍，不是以跪爲主的任何體相。[7]

段氏說文解字注第八篇上，居字條注云：『凡今人蹲踞字古祇作居字』；又引曹憲說云：『……古人有坐有跪有蹲有箕踞；跪與坐皆跠著於席，而跪聳其體，坐下其髀……若蹲，則足底著地而下其髀聳其跠曰蹲；原壞夷俟，謂蹲踞而待，不出迎也；若箕踞，則髀著席而伸其脚於前，是曰箕踞。』[8]

足底著地而下其髀（段注：髀，今俗云屁股是也）聳其跠的蹲踞狀態，雖是適合人體構造的一種最自然的休息方法，但是無論在東方社會或西方社會，都認爲是一種不文明的，或者說，一種沒有禮貌的態度。呂氏春秋所引魏文侯見翟黃的一段故事，可以代表漢以前中國對於蹲居的一個看法：

『魏文侯見段干木，立倦而不敢息。反見翟黃，踞於堂而與之言；翟黃不說。

文侯曰：段干木官之則不肯，祿之則不受；今女欲官則相位，欲祿則上卿。既受吾實，又責吾禮，無乃難乎！』[9]

至於孔子之見原壞夷俟而大發肝火，注疏家，連朱子在內，大抵把夷俟當『蹲踞而待』解釋，[10]也就是說蹲踞是一種沒有禮貌的傲慢態度。但是爲什麼把夷字解爲蹲踞，似乎到了吳大澂手裏，才找到一個文字學的根據。吳氏的夷字說：

『夷爲東方之人，彡（夷）字與彳（人）字相似，象人曲躬蹲居形；白虎通，夷者僔，夷無禮義。論語原壞夷俟，集解引馬注，夷踞也，東夷之民，蹲居無禮義，別其非中國之人……』[11]

但是金文中的夷字與人字是否有如此清楚的分別，尚無定論；再上溯到甲骨文，更是混沌了；故『人方』，『夷方』可以交換着叫，並不算犯了重要錯誤。[12]至少我們可以說，甲骨文中的『夷』字是否『象人曲躬蹲居形』尚不能確定。

不過東方夷人的日常生活中習於蹲居，即『足底著地下其髀而聳其跠』的姿態，似乎是大家所承認的。他們沒有禮貌的壞名譽可能並不是由他們慣於蹲居；而是由於他們沒學跪坐。換句話說，照周代通行的社交標準，有跪坐習慣的人才算有禮貌，沒有學跪坐的人，就是一位方外的聖人如原壤老夫子（皇侃說），腿上也要遭重視禮貌的孔夫子叩擊。[13] 這不但代表不同的人生觀，不同的文化，可能代表更廣泛的民族間的一種思想鬪爭。本文根據殷虛出土的石刻人像，擬分別討論跪坐與蹲居及其他有關習慣之起源與分佈，及在中國古代史之意義。先說殷虛出土的資料。

貳　殷虛兩石刻

甲、小屯像

安陽發掘報告第二期所載『民國十八年秋季發掘殷虛之經過及其重要發現』報告中關於大連坑出土的抱腿石像的一段，茲轉錄於下：

> 『…在這些石器中，最新穎的是一個半截抱腿而坐的人像，膀腿均刻有花紋；圖案與花骨刻紋一致。獨惜上半截沒找着，不能斷定它是什麼面孔。身後有槽，槽寬七至九生的，深約四、五生的；下平，脚已失去。發現處為大連坑，三節找出；運到北平；才知道是一件東西。這塊殘石，最寬為〇‧二六三米；最高為〇‧二二米；最厚〇‧二三米。背後有紅土與石灰印。……』[14]

這一半截石像，保存的部份近立方形，惟一般地看去，似乎上下較高；全體的重量為 15.4 公斤。初期報告所測部位，僅及大略，不夠精密。現在將此像，分六面紀錄如下。

（1）　上面。這是折斷的一面；只有右大腿的下段，在膝關節以上，所保存的一小塊，是原來的外皮，長 6.5－8.5 公分；餘皆截折的斷面。由右膝向後向左，斷面微向下傾：自底部上量，斷面最高點靠右膝，約 20.5 公分；最低處在左後角，高約 15.2 公分；右膝原外皮最高點為 22.9 公分，亦為保存部份全體之最高點。上面輪廓近 H 形；中段橫樑厚度在 11.0 公分上下，前線中凸，後線回入；後寬 7.8 公分，前寬 8.3 公分。左右兩肢，各長 19.5 公分；右肢後段，有上膀橫斷面旁出；左肢旁邊可見外附之左下膀全部。左右最寬處在後部：26.5 公分；前後距離，為 19.5－19.7 公分，左右兩邊相差無幾。（圖版壹：甲）

（2）　前面。也就是抱腿的正面，雙腿不並膝，但平行上下；中隔距離寬度約 6.0

公分。中間腹部，沒有露出體形，只顯一長方中凸的表面；下半淺劃一未完成之獸頭，僅具兩角一嘴，無眼無鼻；兩角向外向上，曲轉作螺旋形。角上緊接由腹部上段下垂之寬條平行劃文各一條。此外無他文飾。右腿自膝關節以下直至腳根，全具；右腳不見。左腿上下兩端均損傷；左膝以下所缺之一小段，以右腿為準，約在4.0公分上下；下段損失為髁以下之全部。由腳跟至膝關節中點，右腿高22.3公分，至膝蓋以上最高處為22.9公分。右手五指並行，橫撫右小腿中段；五手指最寬處為5.9公分；小指以下距腳底11.0公分，大指以上距右膝中點5.4公分。左手抱左小腿中段，所在地位及排列均與右邊對稱。兩腿突出腹部表面，以左右兩大指所在處測量，為5.2公分。左右兩腿的前面均刻有順腿平行直線三條，由折斷處下達腳部。膝部及下段，直線經過處，常有緯線旁出，或作短橫條，或作勾狀。右手外皮，剝傷大塊；左手保存較好，每一手指，由指根到指尖，均有一長條劃紋。（圖版壹：乙）

（3） 右面。這是文飾保存了最多的一面，也是體態顯得最清楚的一面。由後向前，腰下腹部，大腿與小腿，共為兩折三節，劃分明顯。最外面附有下垂之右上膀下段與橫行之右前膀全節，前及手背。計側面全部之排列：最後為腰下及腹部側面，在臀關節區與大腿作一百八十度之大轉彎；大腿折向上，至膝關節區再作一百八十度之大轉彎；小腿折向下，直至腳跟。右上膀下段，附麗於腹部的側面及大腿的側面之中間。在肘關節區，前膀與上膀作一正角轉，向前伸出，橫越大腿及小腿中段，直至手背最前邊緣；再由指根轉向前面。各部外皮頗有剝脫，如膝關節區，手背及前膀前段；小腿中段，上膀後半，均有大塊損失。下列測量，表示側面各部之比例：

（一） 臀關節處，大腿之側面寬度： 7.8公分。

（二） 膝關節處，大腿之側面寬度： 4.3公分。

（三） 膝關節處，小腿之側面寬度： 5.2公分。

（四） 近腳背處，小腿之側面寬度： 5.0公分。

（五） 上膀側面寬： 6.2—6.6公分。

（六） 前膀側面寬： 5.0公分。

腹部側面，上膀至肘關節，大腿至臀關節區後緣，均蓋有一薄層黯紅或灰色並帶有黏性之質料，似為石灰質調成之化合物。

側面全部，除最後之邊緣外，均佈滿雕刻文飾；大腿與小腿外表，雕刻紋以上下行之直線為經，雜以旁出之短橫線及鉤狀紋，互相錯綜。臀關節處，為一圓轉大旋紋；膝關節區，外皮已脫，文飾不明。上膀與前膀文飾，由各式雲雷紋構成；肘轉角處前面有一目形文飾。小腿下段樸質無文；脚跟所在部位，有高約七公分之磨光面，光面底段向前一半，作一142°之轉角向前，構成正面與側面間之一小斜面。

小斜面實為一榫口；大半保存，如一橫長之長方洞穴，四週有圍，甚齊整。外圍與上圍俱全，外圍直接足跟側面，上圍直接小腿下端；下圍與內圍，均遭損害。穴底深1.7—1.8公分。靠上圍墻脚，有平排橫列之近圓形鑽眼五個，眼深約0.3公分至0.4公分。靠下圍墻脚角，亦有四眼；最外一眼，近圓形；徑度最大，亦最深，約0.5公分。餘三眼順次向內排，均較小較淺，形狀亦不一致。上墻最全，長2.8公分，寬1.65公分，懸有一眼，甚圓，深0.35公分。（圖版壹：丙；插圖一）

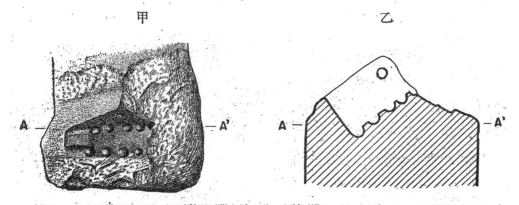

插圖一：小屯石像右腿下端，正面與側面間之長方形，小斜面榫口。甲：正看；乙．靠上圍縱剖面形。

（4）　左面。保存部份，少於右面：上膀，膝蓋，小腿下端，臀部後半，均已損失。腿部轉折及前膀位置均同右側；一切文飾，亦與右邊對稱。前膀全部，由肘至手背，花紋完整，可補右側面之不足；計自肘關節區起，前至手背，所刻文飾，可分為四個單位。（一）肘關節；（二）肘前；（三）腕後；（四）腕至手背。第一單位為圓轉旋紋，起線大半已漫漶，最後終點，與全線脫節，但遠看不顯。第二單位為一巨形目紋；眼眶由兩曲線構成，眶內眼珠，亦由兩曲線界畫；若前膀向下垂直，第二單位紋恰作一橫目形。第三單位在前膀前段，組織較複雜：分上下（或外內）兩半；上半（外）初看有如對稱雙鈎，但實由橫（ᘓ）豎（ᕝ）兩鈎狀紋合成一帶鬈雲頭雙鈎（ᘓᕝ）；下半為一橫躺之 S 形紋與一圓轉角之曲線相連成為此一單位之半體。最前一單位之文飾，小半在手腕，大半在手背，與第三單位間有一直線界劃。第四單位之文飾，由三路線紋作主體：一線自大指根起，沿手背前緣，至小指根正角轉向手背小指邊直至腕關節，全線作一正角矩尺形。第二線自前臂下端起，向前橫越腕關節區至大拇指根，轉向手背中心，作圓角方轉旋紋。環繞第二線之旋紋，為一缺邊橫框，是為第三線；以上三線大半均集中於手背部位；手腕外表另由橫轉之 ∈ 形紋填空。各基線均有旁出短線，或作鈎狀，或於轉角處吐出一鬈；大抵皆為補缺之用。（圖版壹：丁）

（5）　背面。保存部份，斲傷甚多。背中段凹入，成一上下行之立槽；槽道深入背面約 5.0 公分；槽口寬 9.4—10.6 公分；槽底寬約 7.6—7.8 公分。由槽口形成之兩邊突出部份，作半圓柱狀形，剝脫甚多；全背面沒有損傷的部份，均蓋有薄層之黯紅色或黑色土質。（圖版壹：戊）

（6）　底面。底面後半斲傷，斜向背面。前半未傷處，磨治平坦；左腿附近亦有大塊傷痕；小腿與臀部在底面無界痕。全面輪廓如 H 形。（圖版壹：己）

乙、侯家莊像

民國廿四年的歷史語言研究所田野考古的工作，集中在侯家莊，為殷虛發掘之第十二次。九月廿六日，祁延霈君的田野工作日記，有一段說：

『HPKM 1217，今日翻葬坑做至 5.2m. 了，就暫停不做，預備明日再做夯土部份。在翻葬坑中，出有殘石器一，全形想為一人形，惜頭部已無，僅有一手，尚可以看出，……大理石做，刻有花紋，做××形。深 5.13m 出土，還是在偏西北一部份。』

日記中沒提到，廿六日發現的，只是上半段或只是下半段，還是兩節同天找出。我沒有查出，以後的日記是否又提及此事。這兩塊殘石關在一起，為一無頭人像之右半身，肩以上截斷。（圖版貳：甲，乙，丙），共重 1.259 公斤，上下左右前後情形如下：

（1）　上面。僅右肩邊緣保有殘餘之原刻衣領邊緣花紋；餘為折傷斷面，約全肩五分之三，佔右肩全部，頸項的大半。

（2）　前面。保存部份爲：右膀及右手全部；肩以下全身之右半；上端較寬，腿部不及全身一半。小腿自膝部折向後，著地；大腿由臀關節折向前，右手拳曲附於右膝上，上膀由肩下垂，略偏向外，至肘區，略轉向內以達附於膝上拳曲的手，姿態爲一安穩坐像。胸前，右膀及腿部，均有衣裳文飾，腰圍有束帶，帶上有交叉衽邊；右襟自右肩向胸中斜下，爲自左肩斜下之左襟所掩蓋。兩襟交叉點約半公分以下，即爲腰帶上緣。腰帶寬2.2公分，右肩斜下之右襟花邊，寬2.0至2.2公分，由肩向下漸窄。帶上右襟邊有保存較齊全之一段，花紋分內外兩條，沿邊一條較寬，由鈎狀雷紋連環套成一長條圖案；內鑲較窄一條，塡以重疊八字紋。腰帶文飾，由斜方之回紋排成十字形或方勝形；胸前當中一紋，損失小半，似爲一方勝，但靠左部份殘闕，難加確定。腕上袖口花紋，爲三道邊：中間寬（0.6公分）兩旁窄（0.3公分），中爲連環雷紋，兩旁爲重複八字紋。膝下外皮剝脫，僅上緣保有些須殘迹，顯爲衣下邊之文飾，直接右側面，圖案爲三道邊式。（圖版貳：甲）

（3）　右面。除上臂斲傷一段外，肩以下保存尙全，但有數處外皮剝脫。上膀側面磨平，內轉角有文飾一窄條，但大半剝脫。肩後一段，下至肘關節，損傷尤多，有深入三公厘以上之切迹。兩段復原，接縫在腰部，（近束帶上緣）及前膀（袖口上緣）。肘關節與腰中間，側面看爲一棗核形之穿孔；腰旁露有束帶上方勝紋之一角；穿孔內，束帶經過處，無紋。腰下，大腿向前正角轉，直伸向前至膝端；自膝端小腿向後作一百八十度轉折；腳趾向下，腳板向後。臀部後下角，外皮剝傷；大腿前半亦然。沿大腿平行，爲衣下緣之花邊：分內中外三道，中寬，內外較窄；全部寬度在2.5公分與2.7公分之間。中間爲連環雷紋，佔全邊寬度之半；內外兩窄條皆爲重疊雙八字紋，各佔全部寬度約四分之一。膝蓋附近，有窄條重疊雙八字紋，自衣下緣下垂，似爲下裳文飾。脛下段，浮雕連續八字形，來回轉折，類似裹腿。臀下足部，向腿前投出部份甚少；側面看，足部作長方形。（圖版貳：乙）

（4）　左面。自頂端下傾向右，全面皆爲折傷斷面；最下端靠後，可見右足內側面之原狀。

（5）　後面。上半斲傷，近背中心有腰帶原外皮殘跡；由腰帶殘迹起斜下向右，有一窄條槽口：長3.7公分，深0.7公分，寬0.8公分上下。槽口最大端，直達衣下緣

花邊之上緣。臀下為脚，著履，近長方形：寬3.2公分，長2.9公分；履端圓轉向下面，表皮平，磨光。（圖版貳：丙）

（6）下面。保有面積，少於上端，前後一長條，寬約4.6公分，大牛為著地之小腿前面，平滑無文飾。餘為在小腿上向內投出之大腿面一長條，亦平滑無文飾，不著地。

丙、兩石刻之比較

兩石刻之分別如下表：

	小屯像	侯家莊像		小屯像	侯家莊像
重量	15.400公斤	1.290公斤	上肢放置	上肢貼腰身，兩手抱腿	肘部離開腰身，有一棗核形穿孔，兩手撫膝
小腿長度	上下高:22.9公分	前後長：9.2公分	文飾線條	寬約5公厘	寬約1公厘
臀部	著地	在脚跟上	文飾	雲紋，長條紋，鉤紋，目紋	雷紋，斜回紋，方勝紋，八字紋
大腿放置	由臀部折向上，轉彎180°	由臀部轉向前，轉角90°	文飾素地	肉體上（？）	衣裳上
膝	向上	向前著地	後背	有立槽在背 脊部份	小牢榫槽，在腰旁
小腿放置	由膝折向下，前面向前	由膝折向後，前面著地	腿下	右腿下有長方槽口，無脚	有脚有履

參　其他參考與比較資料

甲、甲骨文的象形字

兩石刻的出土情形雖有甚詳細的紀錄，但一尊來自經過兵燹的居住遺址，一尊來自經過盜掘的翻葬坑；故它們出土的地位已不是它們的原在處，並且經過猛烈的破壞，僅餘殘斷碎塊，所以它們的真正的用處及時代，均需要堅實的旁證，方能確定。茲先從一部份與『人』有關的殷代象形文字說起。

孫海波編的甲骨文編收入的下列各字：（插圖二）女、母、妾、命、邑、奴、（或釋『嘉』）兄、祝、鬼、㠯、既、饗等字都很清楚地象人跪坐形。[15] 就各字涵意分析，大概可別為四類：女、母、妾、等與女性有關；命、邑、奴（？）等具有征服的意義；

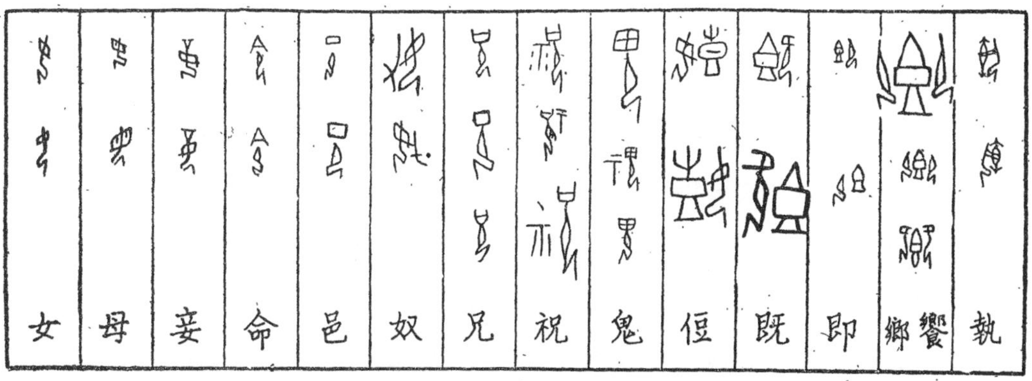

執	鄉饗	即	既	叵	鬼	祝	兄	奴	邑	命	妾	母	女

插圖二：甲骨文編所見，像「跪」或「跪坐」狀態各字。

祝、鬼、兄、涉及祭祀鬼神；叵、既、饗均為飲食之事。由這些涵意不同的象人形跪坐的字彙，我們可以看出一點肯定的史實：即習於甲骨文字的商朝人，已有跪坐的習慣；那時的人們不但對主人，對鬼神要跪坐；在日常生活中如執行為母的職務，自己吃飯，或宴饗賓客，均在跪坐中進行；一切都像現代日本人家居生活的方式，但時代卻早了三千餘年。據此可知侯家莊的半身跪坐像，實為商代的『正坐』，符合甲骨文字描寫的商代人的生活規範；故它雖僅在商墓的翻葬坑中出現，殷虛文字的結構卻給予了它的存在時代一種有力的旁證。

乙、殷虛出土的其他實物

跪坐的象形字雖容易認出，但蹲居與箕踞的象形卻甚難鑑別。以吳大澂所舉的金文中之『夷』字例證以及容庚金文編蒐羅的『夷』字看，[16] 從仰身高臥（曾伯盉）到

金文編夷字											甲骨文編夷字
豐兮夷敦	師酉敦	虢仲簋	眔白	競白	無眞敦	宗周鐘	茶白	曾伯簠	師袁敦	弓甲盤	

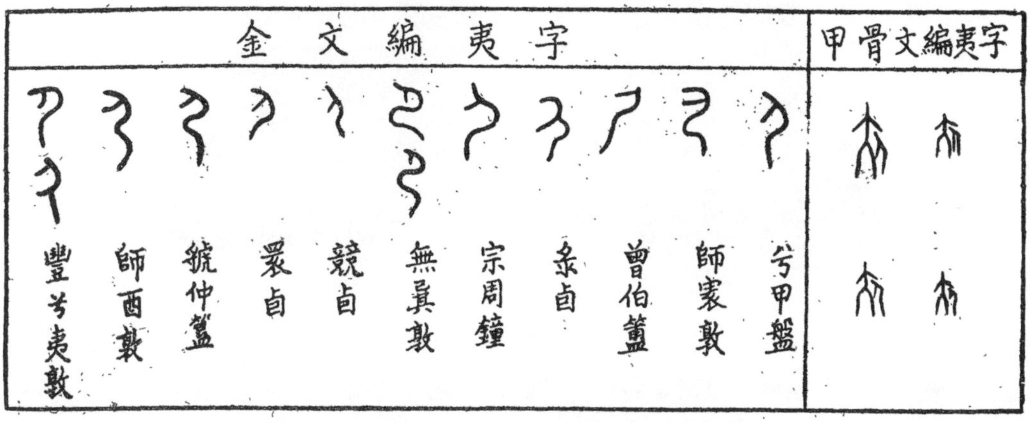

插圖三：金文編中之「夷」字及甲骨文編之「夷」字。

俯伏在地（無異敦）的姿態都包括進去了，遠不如甲骨文中象『跪』形各字之明瞭。甲骨文編所收的『夷』字，從『大』從『人』，是一個人立在中間，一個在旁作鞠躬的樣子，又遠不如金文之尚帶有若干象形的意味（插圖三）。近代文字學家漸漸感覺到，在商朝的時候，『人』的寫法與『夷』字的寫法，沒有什麼分別，故甲骨文登記的征人方的刻辭中所認的『人方』也可認作夷方。[17] 到了周代，把夷字寫作俯伏乞憐或箕踞放肆的形象，也就等於把玁狁，獫狄等字加上犬字旁一樣的意思。[18]

故小屯像之準確時代尚不能在甲骨文字中求得旁證。但殷墟出土的器物有若干件可以幫助我們推斷小屯石像存在之確實性；其中最要緊的一件，為侯家莊第1550墓（HPKM：1550）出土的一件玉佩（插圖四；圖版叁：丁），代表蹲居的側面，像小屯石刻似的，將腳部遺去；這一佩件所刻劃的是十足的蹲居像；雖沒有著地的足，上聲的

右側面　　　　　　左側面

插圖四：侯家莊 1550墓 (HPKM 1550) 出土之佩玉拓像。

膝與下懸的睢，都顯露得很清楚。相傳殷墟出土見於其他著錄的應以陳仁濤收藏的安陽四盤磨石造像，最特出（圖版肆）。石像完整無闕，作『袒胸縮腿豎膝兩手支地蹲踞

而坐之狀』[20] 這兩件旁證肯定了商代人習於蹲居與箕踞的普遍，並且有若干不同的變相。連小屯出土的一石，我們有三個蹲居與箕踞的石刻例子了；形態雖說各個不同，尤其是手的放置，三像各在不同的地位（圖版參：乙、丙、丁），但他們的膝蓋都是向上的，脚板都是向下的。由這一發現我們得到一個啓示：就是蹲居與箕踞的習慣在商代似乎比跪坐更爲流行；侯家莊玉佩代表日常的生活，四盤磨造像是一種放肆的姿態，小屯石像可能是一種圖騰的象徵。換而言之，無論是人或神，平民或貴族，都不把膝蓋放在地上，都習於『聳其膝而下其髀』的居處方式：

傅孟眞先生考證夷夏東西問題，有一推論說：

『商人雖非夷，然曾撫有夷方之人，並用其文化，覺此人民以伐夏而滅之』[21] 照這一說法，商朝的統治階級雖不是夷，但基本幹部却大半是夷。若是甲骨文字是統治階級的文化，小屯石刻的背景似乎是夷了。傅先生的推論的第一節（商人非夷）有了侯家莊的石刻作印證，第二節（撫有夷人）有了小屯的石刻作印證。

丙、人類學與民族學的資料

在靈長目學習直立恣態的過程中，脊椎骨由與地平平行，演變到與地平成正角，顯然經過極長一個時代；這一時代，却只代表人類學習用兩隻脚走路的歷史之前半，照進化論的意見，完全是在樹上生活中習得的。[22] 到現在還留在森林中生活的猴類與猿類，大半都有發展豐滿的髀胝（Ischial Callosity），那坐骨下長有成繭的厚皮；人類學家由此推論，人類的祖先，先學成的是『坐』；坐會了才學站。站在地上的學習，自然是離開樹上以後，才漸漸的完成；站的學習開始後，生在坐骨下的厚皮（髀胝）也開始退化，而移植到脚板下去了。

猴子與猩猩的坐像，大半屬於曹憲類別在箕踞的一派，最要緊的姿態爲『髀著席』，卽以屁股著地。葉克斯教授的『幾乎是人了』[24] 與朱克曼博士的『猴子與猩猩的社會生活』[25] 以及胡敦教授的，『自猩猩上陞』[26] 三書中所載的各種猴子與猩猩的坐像——獼猴，絨毛猴，狒狒，長臂猿，黑猩猩與大猩猩——全身的重量都放在『髀』部；兩腿的放置大半是『聳其膝』，卽屈膝向上或向兩傍，腹部外露，[27]（插圖四）。兩下肢很少是上下平行的，兩上肢或交叉在腿前或撫於膝上，或放在腿後；左右並不對稱；兩手放置也似乎是沒有一定的位置。他們沒有跪着的；也沒有蹲着的，很清楚地，經常接受他們的全部身體重量的最下機構是坐骨，不是脚板，更不是膝或小腿。

以兩足接受全身重量，是人類的特別姿態；站着固是如此，蹲下也是如此。不過，人們雖學會了把全身的重量用兩脚支持的本領，但並沒有放棄以脾著地的習慣。蹲與箕踞最緊要的分別，爲脾是否著地。著地卽是箕踞；經學家認『箕踞』爲大不敬，以爲三代所無[28]大概因爲這是一副猴相吧！但說箕踞是『三代所無』是沒有根據的；事實上人的身體皆好逸而惡勞：坐具發明以前，就人的身體構造說，蹲居比箕踞吃力，跪坐比蹲居吃力。在比較素朴的文化中，箕踞與蹲居都是極普遍的；故原始民族的體骨，在脛腓與距骨的關節，大牛留有『蹲面』的痕跡(Squatting Facets),[29]證明這一姿態普遍的存在；而仍留傳在沒有椅櫈的現代農村社會。若認蹲居爲不敬，箕踞爲大不敬，這只是文明與起後，甚晚的觀念；等到椅櫈流行，經師們『高坐』論道，

插圖五：猴子，猩猩與人類之坐相種種，以及人類的蹲居像。

1. 羢毛猴坐相，原圖見：R. M. Yerkes, Almost Human, 1925. p. 44 對面圖版。
2. 獼猴，母與子，原圖見：E. A. Hooton, Up from the Ape, 1949. pl. 4b.
3. 狒狒坐相，原圖見，S. Zuckerman, the Social Life of Monkeys And Apes 1925. pl. IV.
4. 白手長臂猿坐相，原圖見上引，R. M. Yerkes, p. 56. 對面圖版。
5. 黑猩猩坐相，原圖見，H. F. Osborn, Men of the Old Stone Age. 1936 p. 53 fig. 19
6. 大猩猩坐相，原圖見：H. F. Osborn, 上書，p. 55. fig 20.
7. 四鑿磨石雕相，原圖見：陳仁濤，金匱論古初集 1952. 第一頁。
8. 瓜九突族太陽神像，原圖見：Marius Barbeau. Totem Poles. p. 373. pl. 156
9. 馬來人蹲居相，原圖見：Rudolf Martin, Lehrbuch der Anthropolgie. 1928. p. 1164. fig 539

文野的分別更為顯然，愈覺說得津津有味了。統計人類放置身體的方法，除直立一式不算外大概有四個階段可分：（一）坐地，即以臀承受全身重量，下肢的放置無定，如猿猴的坐法及人的箕踞等；（二）蹲居，即以兩足承受全身重量，下肢屈折，以膝向上，臀向下而不著地；（三）跪坐，即以兩小腿及兩腳承受全身重量，膝向前，臀在腳上；（四）高坐，臀關節與膝關節處各作九十度上下之屈折，由坐具在臀下支持全身重量。四個階段又各包括若干不同的變相。(30)

肆　歷史的意義

英國的民族學家泰勒氏認為跪的姿態是由野蠻到文明一個中間階段的發展，由俯伏演變而來；(31) 俯伏自然是衷心的恐懼與絕對的服從的表示，這是戰敗的俘虜最佳的命運，第二個選擇就是死了。在俯伏的狀態中表示了絕對的服從，就可以抬起頭來聽候命令，接受差遣；這一點似乎是比較容易了解的。但是人的恐懼對象，在戰敗的人羣固是他們的征服者，在一般的人類還是大自然。不過對於大自然的恐懼需要較高的智慧，而對於自己的征服者的恐懼却是本能的。故一般地說來，以俯伏跪拜表現屈服，最初是俘虜對於戰勝者，以後才演為普通人或巫人，僧侶，牧師，對於鬼神及上帝。(32)到了以跪坐為日常生活的習慣，顯然是第三個階段，已失了原始的屈服意義了。這一轉變如何開始，確實是一個富有歷史意義的問題。殷商時代的文字與石刻，均足證明殷商人的跪，已經不限於屈服階級的範圍；它已經取得了日常生活的意義。在埃及的長期歷史，到了新王朝（約與殷商同時），史官與錄事（Scribes）經常都盤脚或跪坐抄寫；門納墓內所繪的農事圖，(33) 各種人的動作為：監事人高坐在上，欠糧的俯伏受刑，勞動階級無論是耕，是割，或是運，或打穀子，都站着工作，登記的錄事却跪在地上抄寫，（插圖六）照佛蘭克復博士的意見，『這些人，都沒有自由…』(34) 不過『自由』在此處的意思是對王說的；除了王以外，並沒有別的階級的存在，人人都是平等地工作。因此，我們可以說，農事圖中，錄事的跪坐，已無屈服的意

插圖六：門納墓壁畫，農事圖中之記賬員，（原圖見：Henri Frankfort, the Birth of Civilization in the Near East, pl. XIX）

思，而是由於工作的需要練習出來的一種本領；這一習慣的訓練可能開始甚早，而孕育於奴工的勞役階段中；(35) 等到宗教觀念發展，加以文字的發明，分工之事亦漸趨複雜，跪坐似乎變成寫字人的最適宜的坐法；再經他們的文字宣傳，又爲一般的社會效法而成了一種風氣。假如這一解釋符合歷史事實，這些事實早期的推進，在伊郎與尼羅河間發生的機會，應該比其他區域的機會爲多。(36) 如此說來，侯家莊出土的跪坐石像，就它所代表的文化背景看，應屬於遠在埃及的一個系統之內。

至於中國經典中認爲不禮貌的蹲居與箕踞，從人類進化史與民俗學的觀點論，絕不是夷人獨有的奇怪風俗，實爲早期人類，在坐具發明以前，共守的一種最有效的緩衝體力的方式。說蹲居與箕踞不禮貌，顯然是周朝人的觀點；尙鬼的殷人，在『祝』的制度極度發展時，似乎也沒有鄙視蹲居。(37) 殷虛發現的石質人像，蹲居的與箕踞的遠比跪坐的多，(38) 可見其爲比較普遍的習俗。

蹲居與箕踞人像見於雕刻的，在早期的埃及與小亞細亞雖不算多，但在南太平洋羣島以及北美的太平洋沿岸所留傳之木刻中，却常常地碰到（圖版伍）。(39) 不過像小屯石像抱着雙腿坐在地下的仍是希罕。巴博氏的圖騰華表一書，集了 561 件存在北美西岸的圖騰雕刻，蹲居與箕踞的人形大半皆近似侯家莊佩玉所保持的姿態；抱腿而坐的只有屬於瓜九突部落，一家的大門前蹲居在兩頭蛇橫樑上的一尊太陽神像。(40) 這一像除了兩腿並在一起之一不同點外，身體的安排恰如小屯石刻（圖版伍：甲）。頭上有射出的陽光；這是西海岸神話中對於太陽的固定說法。

太平洋羣島以及北美洲的西岸之圖騰華表，神屋的樑柱，是否與早期殷商文化有實際關係，現在並無切實證據可舉；但是蹲居與箕踞的雕刻保留在此區域較多，却是大家知道的事實；而最早的這類雕刻，正在殷虛發現，意義的重要，是不待言了。

兩石像的分別，更可由外面的裝飾，加以說明。侯家莊像，有衣有裳，並有腰帶，衣服緣邊的花紋，完全由方轉旋紋，連環鈎出；此外如重疊ㅅ字，連續ㅅ字以及在腰帶上保存不完全的連續回紋，十字形回紋，方勝紋等——這些文飾的結構有一共同點，都是由短條直線聯綴而成，沒有任何曲線條，參加這一圖案的組織。各線刀法是一筆劃成，不轉角不加修整，故線條是細窄的。再看小屯像的文飾；分佈全勝全腿的外表，顯然是直施在肉體上；這是與侯家莊石像比較，另一個區別。線條大半曲轉；鈎狀，螺紋，目紋的眶線與珠線；條紋的寬度達半公分，比侯家莊像文飾的線條，寬過四倍以上；每一線條均由兩刀以上雕成；轉角處極力趨圓，雖刀法有時生硬，往往留下接縫的痕跡，但那磨去稜角的努力，也是可以看得出的。圖案中的目紋把這一像文飾的設計，與小屯出土的青銅器，象牙與骨雕刻，螺鈿鑲嵌合成一個系統，同時也顯出一點獨立的作風。石像的目紋可以說完全是塡空的，與鄰境文飾，似無『有機性』的連繫。他的功能與臀關節區所刻劃的圓轉螺紋，並無區別。哥倫比亞大學故人類教授博阿士，研究北美洲北太平洋區的裝飾的藝術，有一段說道：

『差不多各處都用的，一個最奪目的文飾單位，爲一圓形的或腰圓形的，『目紋』。這一紋普通都放在符於關節區的部位；…一般的解釋都認爲這紋象徵球臼關節的一個橫剖面』(41)

小屯石像所刻的目紋是否也具有這一涵意，固然難說，但所在部位接近肘關節，事實昭然。陳仁濤敘述所藏四盤磨像，云：

『……衣上刻目雷紋，胯下刻饕餮紋；而目雷紋之位置，尤饒深意。計除頭部兩目外，著於衣飾者凡六目：即胯下饕餮紋兩目，背部近肩處兩目，兩腿近臀處各一目……』(42)

上說的位置，顯然也是甚近關節區的。四盤磨像爲衣冠人物，而目紋的排列，仍不遠離關節區；陳氏所說的『饒有深意』誠然，但必須從另一觀點解釋。

若將兩像的裝飾技術及內容與華北史前遺存比較，我們又可看出另一區別；用兩個簡單的術語說明這一區別，侯家莊石像的細條文飾是刻劃的，沿襲黑陶文化的劃文陶的作風；小屯石像的寬條文飾是雕刻的，承受的是彩陶文化的彩繪筆法。方轉的雷紋與圓轉的旋紋，也可上溯到史前時代的陶器文飾上去。圖版陸排列的彩陶繪畫(b_1-b_3)紋與小屯石像各種文飾(B_1-B_3)之比較，及黑陶時代刻劃紋(a_1-a_4)與侯家莊石像各種文飾(A_1-A_4)之比較；再把彩陶黑陶的文飾與殷虛兩石刻的文飾加以互比，它們的相同相異的程度，顯然成了兩個派別。

關於殷虛兩石刻的分析與比較使我們得到對於形成中國古代史各成分之分合趨勢一個綜合的觀察，玆分數條列述於下：

（一） 照反映在甲骨文字的殷商的社會說，囚犯是跪着的，接受命令的人是跪着的；同時，爲母的是跪坐形，祭祀也跪坐，宴饗賓客也跪坐；故跪與跪坐的姿態不但象徵屈服，敬神，也表示是一種日常生活的狀態。侯家莊的跪坐像，是一種安閑舒適的態度，決無失去自由的任何表現；故可認爲已經發展到『跪』形演變的第三級，爲自由人的自由坐相，同現代日本的『正坐』一樣。

（二） 認蹲居與箕踞爲不恭敬似乎是周代的發展。東夷沒學習跪坐，大槪也是事實。因爲東夷不會跪坐，而罵他們無禮貌，固然持之有故；但是骨子裡還是因爲無禮的人是東夷，所以更罵得起勁。奇怪的還是以禮貌自持的孔子，在他的精神緊張的時候却極願意居九夷。看情形他似乎並不像現代的傳敎師的樣子，要宣傳跪坐的禮節；而是說，在某種情形下，就是與原壤作鄰居，也可以的；這至少可以證明，孔子對於禮貌與實際生活的關係，並沒拘泥到宗敎家的程度。

（三） 跪坐像比較常見於埃及早期的石刻與壁畫，在若干不同的姿態中出現。蹲居與箕踞爲環太平洋各區常見於石刻，木刻的人像，神像及圖騰像；也有若干不同的姿態。若說侯家莊的跪坐像與埃及的跪坐像有親屬的關係，小屯的箕踞像，專就雕刻藝術流傳下來的標本說，是與太平洋沿岸的傳統相契合的。

（四） 『商人非夷』，有跪坐的習慣；又『撫有夷方之人』也採取了黑陶文化的裝飾藝術之一部份；所以跪坐的人像，衣服上有黑陶期的刻劃文飾。同時，不是有彩陶爲夏文化的說法嗎？[44] 禹鑄九鼎又是中國盛傳的歷史故事；『鑄鼎象物』的物，照傅孟眞先生的解釋，就是圖騰。[45] 夏人有圖騰，雖尚沒有直接的證據，但間接的證據，却件件逼向這一個方向看。看來湯放桀後，是否有九鼎可遷，固難肯定，但商人把夏都的高手匠人俘走，替他們建築新都，並雕刻宮殿宗廟的神像華表，亟是應有之事。這些夏遺民以他們的專門的技藝，供奉新主人，宣揚新文化新宗敎，就創造了一種新的藝術；實際上却只是把新舊成分雜糅在一起。小屯的抱腿石像，大槪就是這一混合藝術的作品。

由這些綜合的觀察，所能得到的一條可能的結論，作者認爲：蹲居與箕踞不但是夷人的習慣，可能也是夏人的習慣；而跪坐却是尙鬼的商朝統治階級的起居法，並演習成了一種供奉祖先，祭祀神天，以及招待賓客的禮貌。周朝人商化後，[45] 加以光大，發揚成了『禮』的系統，而奠定了三千年來中國『禮』敎文化的基礎。這一系統的核心，在它的前半期，應以跪坐爲它的『染色體』；但到了南北朝以後，就變了質了。姑作此一假設，以待後證。

四十二年，二，廿夜。

註　釋

（1）黃遵憲，日本國志第十，几案條云：舊無几案，間有於讌居時設胡床爲座者。室中則例不設几。……坐起皆席地，兩膝據地，伸腰危坐而以足承尻後。若蹲坐，若跌坐，若箕踞，皆爲不恭。（上書卷三十五，十八頁至十九頁）。

（2）按『正坐』一詞見後漢書儒林傳，謂『饗射禮畢，帝正坐自講。諸儒執經，問難于前…』；日本晉爲セイザ：（Seiza）。據『人生問答』載，正坐在書院建築以後發生，可能出現于室町時代（公元1336—1573）末期，至利久時代（公元1583—1598）之間，或者是出現于茶道以後的事。書院造，可以說起原于鎌倉時代，發達于室町時代末期，完成于桃山時代（公元1583—1598），而到了江戶時代，即德川幕府時代（公元1603—1867）更有進步，遂成爲日本現在的住屋形式…。本條資料，由宋文薰君供給，特此誌謝。

（3）上引日本國志，卷三十五，第十七頁，『室』條下，云『其制始於韓人』。

（4）晦庵先生朱文公集，卷第六十八，雜著，跪坐拜說。二頁。

（5）見註（1）几案條小註。

（6）參閱，藤田豐八的胡牀考以及楊及瑥踞踂踱考。譯文見，何健民　中國南海古代交通叢書，商務本。

（7）參閱：Anthropologie, Unterleitung Von G. Schwalbe und E. Fischer, 1923. pp. 93—94

（8）文盛書局再版本，民國三年印，八篇上，十八頁，尸部三百五。

（9）呂氏春秋，卷十五，下賢。

（10）朱熹，論語章句集註，憲問第十四，原壤夷俟條註云：『夷蹲踞也，俟待也；言見孔子來而蹲踞以待之也』。

（11）吳大澂，字說第三十頁，夷字說；說文古籀補合刊本，光緒七年辛巳刊。

（12）傅斯年，新獲卜辭寫本後記跋，『殷虛卜辭中每言伐人方，此人字實當釋爲夷字。』傅孟眞先生集，（四），二三一頁。

（13）何晏集解本論語，皇侃義疏云，『原壤者，方外之聖人也……』

（14）李濟，民國十八年秋季發掘殷虛之經過及其重要發現，安陽發掘報告第二期，249—250頁。

（15）孫海波，甲骨文編，石印本，一九三四年出版，高去尋敎授云，所引象形『奴』字，近來甲骨學家皆釋爲『嘉』字。

（16）容庚：金文編，第十，第五頁：十四年原刊本。廿七年重訂本，各字改錄第八『尸』字部下，註云『退夷爲尸，而尸之意晦』云云；是容氏仍以上引各字，原爲夷字也…，今從原本。

（17）見註（12）。

（18）挿圖二。參閱，王國維，鬼方昆夷玁狁考，觀堂集林卷第十三，蔣刻本。

（19）陳仁濤，金匱論古初集，香港亞洲石印局印，1952年出版。

（20） 上文，2頁。

（21） 傅孟眞先生集，卷四，七〇頁。

（22） F. Wood Jones, Arboreal Man. p. 17 etc

（23） E. A. Hooton, Up from the Ape. pp. 40—41; 112—113:

（24） R. M. Yerkcs, Almost Human. 1925

（25） S. Zuckerman, The Social Life of Monkeys and Apes.

（26） 見（23）

（27） 除揷圖五外，並參閱：（23）pl. 6；（24）對 116頁圖版；（25）圖版 VII，XIV，XVIII，XXI 等。

（28） 註（8）段註『居』引曹憲說，下段云『…箕踞爲大不敬，三代所無…』

（29） 見註（7）

（30） 照此分類，小屯的抱腿坐相，屬於『坐地』隔的段，與『箕踞』在同一類屬。

（31） 見大英百科全書，第十一版，第二十四本，94—95頁，（E. Br. llth, Vol. 24. pp. 94—95. Salutation, 條）。

（32） E. A. Wallis Budge, Easy Lessons in Egyptian Hieroglyphics: pp. 41—50，共錄與『人』有關之象形文字一百三十七字；側面作跪坐狀者（一腿長踞者不計）有86—88號之俘虜，及待決的囚犯，97號之奏樂的琴師，103—104 號之淸滌的僧侶，108 號之寫字的史官，111. 112 號之亡故的神聖死人。參閱註（31）

（33） Henri Frankfört: The Birth of Civilization in the Near East, Plate XIX. 30. Agricultural Scenes from Tomb of Menna, New Kingdom.

（34） 上文，P. 90

（35） 埃及早期的人像雕刻，屬於女人操作方面的，多作跪坐委態：參閱，W. S. Smith, A. History of Egyptian Sculpture and Painting in the Old Kingdom, 1946: Fig 14 a（p, 43）; Fig 150（65）。在中國古代的戰爭中，戰敗的俘虜中，女爲人妾的『妾』，固作跪像，男爲入臣的『臣』，亦象躺下去的『目』形，也就是跪的姿態。

（36） 奴工的發展，顯然是農業社會興起以後的事；最早的農業社會，照現在考古學的證據，應在這一區域

（37） 商人的習於箕踞與蹲居，除了陳仁濤所藏的一件石像外，墨子非命上所引的『杵夷處不肯事上帝鬼神』以及天志中所引的『杵越厥夷居而不肯事上帝』，兩文中的『夷處』與『夷居』似乎可以以解釋原壤夷俟的『夷俟』同樣的意思註解：卽習於蹲居或箕踞的生活而不肯跪坐，恭敬地以事上帝鬼神也。

（38） 侯家莊出土的蹲居形玉佩，除了本所之發掘品外，尚有盜掘出土的，如陳仁濤金匱論古集（頁5）所引的的玉璜（註19）。

（39） 參閱：Ralph Linton, Paul S. Wingert. Arts of the South Seas, p. 93 p. 186. 1946. Ettsie A. Rout. Maori Symbolism, 1926 Pl. VII. p. 54。Marius Barbeau. Totem Poles, National Museum of Canada: Dept. of Resource and Development Bulletin No. 119 Vol I and II

（40） 上引，Totem Poles: Vol I. P. 373，又 Vol. II, P. 648, P. 663, 所載兩像，極近此形，但皆抱膝上部，不抱腿。

（41） Franz Boas, Primitive Art. P. 252

(42) 註 (19) 第 2 頁。

(43) 徐中舒，再論小屯與仰韶，安陽發掘報告，第三期，523—557頁。

(44) 傅斯年，跋陳槃君『春秋公矢魚于棠說』傅孟真先生集，(四) 二三九頁。

(45) 傅斯年，薪獲卜辭寫本後記跋，傅孟真先生集，(四) 二二一至二二三頁。

附註　本文承董彥堂高曉梅兩先生校正數處，特此誌謝。　　李濟　四月三日。

圖 版 說 明

圖版壹：小屯石像六面：甲，上面；乙，前面；丙，右面；丁，左面；戊，後面；已，下面。詳細說明，見本文。

圖版貳：侯家莊石像三面：甲，前面；乙，右面；丙，後面。詳細說明，見本文。

圖版參：殷虛石彫人像四種：甲，侯家莊像；乙，小屯像；丙，四盤磨像；丁，侯家莊玉佩。

圖版肆：四盤磨石像三面：甲，後面；乙，前面；丙，側面。原圖及說明，見陳仁濤：金匱論古初集。

圖版伍：比較資料：(甲) 瓜九突部落，一家門前兩頭蛇橫橾上抱腿而坐之太陽神，原圖見：Marius Barbeau, Totem Poles, Vol. p. 373. (乙) 埃及早期之跪坐石刻，原圖見：W. S. Smith, A History of Egyptian Sculpture and Painting in the old Kingdom, pl. 2. b. (丙) 新基尼，馬西孟區木刻人像，原圖見：Arts of the South Seas, 93頁。Ralph Linton, Paul S. Wingert 等編纂。

圖版陸：殷虛兩石像文飾與華北史前陶器文飾之比較：A 1—4. 侯家莊石像文飾單位；a 1—4. 殷虛出土黑陶劃紋之各文飾單位。B 1—3. 小屯石像文飾單位；b 1—3. 彩陶繪畫文飾單位舉例，採自：阿爾納，河南石器時代之着色陶器，第貳，第柒，第陸版。

本文原載於國立中央研究院歷史語言研究所集刊第二十四本　　民國四十二年

圖版壹

戊

己

丙

丁

小 屯 石 像 六 面

甲

乙

圖版貳

丙

侯 家 莊 石 像 三 面

乙

甲

殷墟石雕人像四種

甲 乙 丙 丁

1865

4.984

827

大連坑中段

HPKM1550

HPKM1217

金龜坑土堆

圖版肆

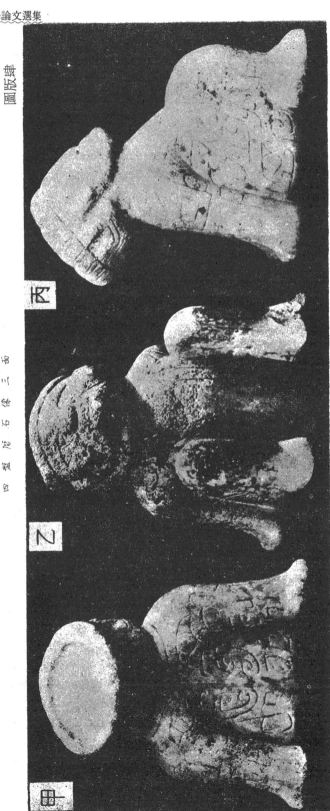

四盤磨石偶三面

丙　乙　甲

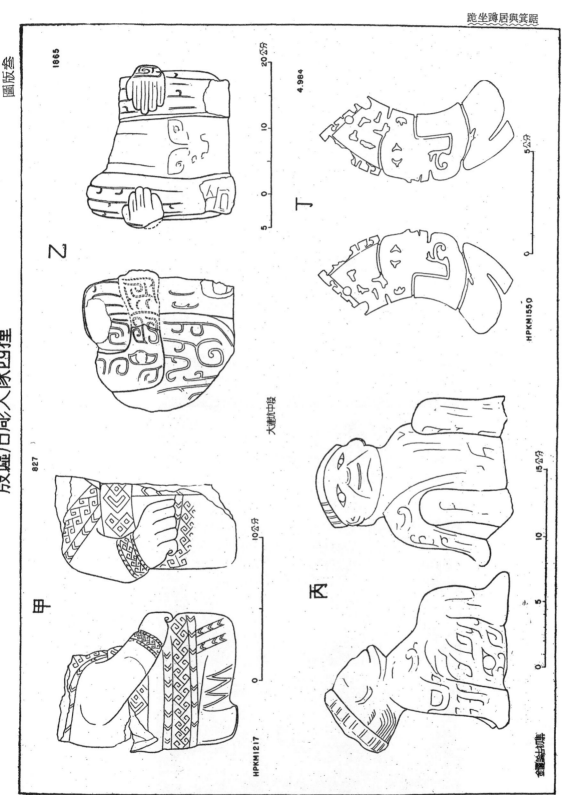

殷墟□口彫人像四種

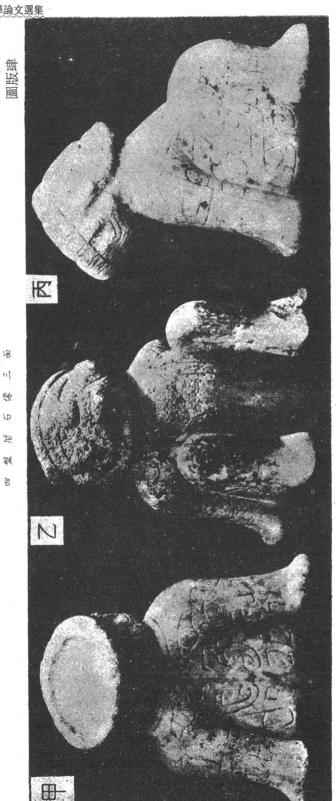

西 陰 邨 石 像 三 面

甲　乙　丙

乙

丙

b. Kneeling man, Cairo.

Seated figure from the Massim area, New Guinea, 9½" high. Collection Chicago Natural History Museum, Chicago. (143.957)

例舉坐相之人像彫刻太平洋區及南太平洋及北太平洋，及埃

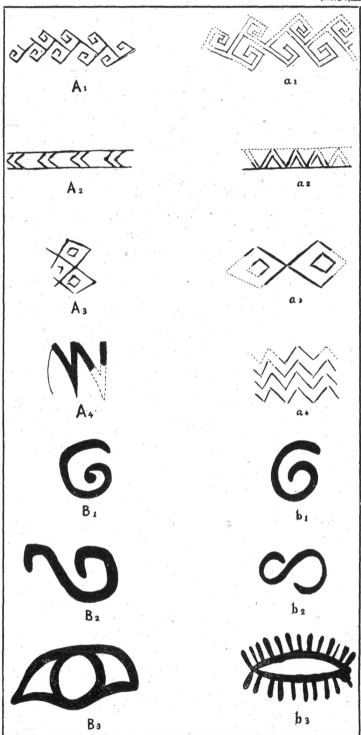

殷虛石刻文飾與華北史前陶器文飾之比較